Beckervordersandfort · Gestaltungen zum Erhalt des Familienvermögens

www.nwb.de

Gestaltungen zum Erhalt des Familienvermögens

herausgegeben von

Dr. Ansgar Beckervordersandfort, LL.M., EMBA
Rechtsanwalt und Notar,
Fachanwalt für Erbrecht,
Fachanwalt für Handels- und Gesellschaftsrecht, Münster

nwb

Hinweis:
Die Formulierungsbeispiele in diesem Buch wurden mit Sorgfalt und nach bestem Wissen erstellt, sie stellen jedoch lediglich Anregungen für die Lösung typischer Fallgestaltungen dar. Autoren und Verlag übernehmen keine Haftung für die Richtigkeit und Vollständigkeit der in dem Buch enthaltenen Ausführungen.

Bibliografische Information der Deutschen Nationalbibliothek
Die Deutsche Nationalbibliothek verzeichnet diese Publikation in der Deutschen Nationalbibliografie; detaillierte bibliografische Daten sind im Internet über http://dnb.d-nb.de abrufbar

Lizenzausgabe für den NWB Verlag GmbH & Co. KG, Herne
www.nwb.de

ISBN 978-3-482-66691-9

1. Auflage 2016

ISBN 978-3-95661-037-0

erscheint auch als Lizenzausgabe im Deutschen Notarverlag, Bonn

Satz: Cicero Computer GmbH, Bonn
Druck: Druckhaus Nomos, Sinzheim

Vorwort

In Deutschland werden in den nächsten 10 Jahren voraussichtlich 3,1 Billionen Euro vererbt oder verschenkt, so viel wie nie zuvor. Es sind große komplexe Familienvermögen entstanden, für die spezielle Nachfolgekonzepte erforderlich sind, um das Vermögen zu sichern und Streitigkeiten innerhalb der Familie zu vermeiden.

Dieser Ratgeber zeigt zunächst die diversen Risiken für komplexe Familienvermögen auf, bevor dann jeweils praxiserprobte Lösungen für den langfristigen Erhalt des Familienvermögens dargestellt werden. So werden neben verschiedenen testamentarischen Gestaltungen insbesondere mögliche Gestaltungen durch Eheverträge, Verzichtsverträge, Vorsorgevollmachten, Familienpoolgesellschaften und Stiftungen behandelt. Zusätzlich enthalten sind Themen wie Familienstrategie, Familiencharta, Mediation und Schiedsgerichtsbarkeit sowie auch Vermögensmanagement und Family-Office. Zum Familienpool sind detaillierte steuerliche Darstellungen enthalten.

Das Buch richtet sich an Rechtanwälte, Notare, Steuerberater und Vermögensverwalter, die Familien mit komplexen Vermögen beraten, aber auch an diese Familien selbst. Die fundierte praxisrelevante Darstellung der Themen sowie die vielen Formulierungshilfen und Vertragsmuster machen das Buch zu einem hilfreichen Begleiter.

Als Herausgeber und Autor dieses Buches bedanke ich mich ganz herzlich bei meinen Mitautoren, ohne deren Unterstützung dieses Buch nicht entstanden wäre.

Ich würde mich freuen, wenn Sie sich bei Kritik, Anregungen oder Verbesserungsvorschlägen per E-Mail an bvds@wbvds.de oder per Telefon unter 0251/49093210 an mich wenden würden.

Münster, im April 2016

Ansgar Beckervordersandfort

Inhaltsübersicht

Autorenverzeichnis

Dr. Ansgar Beckervordersandfort, LL.M., EMBA
Rechtsanwalt und Notar, Mediator, Fachanwalt für Erbrecht, Fachanwalt für Handels- und Gesellschaftsrecht, Münster

Cathrin Beckervordersandfort
Rechtsanwältin, Fachanwältin für Erbrecht, Münster

Amelie Fritsch
Diplom-Kauffrau, Gerlingen

Rüdiger Gockel
Rechtsanwalt und Notar, Fachanwalt für Erbrecht, Beckum

Stefanie Gockel
Rechtsanwältin, Beckum

Friederike Korn
Diplom-Betriebswirtin (FH), Steuerberaterin, Wirtschaftsprüferin, Fachberaterin für Unternehmensnachfolge (DStV e.V.), Münster

Dr. Pierre Plottek
Rechtsanwalt, Fachanwalt für Erbrecht, Bochum

Peter Preller, LL.M.
Diplom-Kaufmann, Zertifizierter Unternehmensnachfolgeberater (zentUma e.V.), Bad Homburg

Andreas Rose
Diplom-Kaufmann, Steuerberater, Wirtschaftsprüfer, Münster

Andreas Sielker, LL.M.
Rechtsanwalt, Münster

Dr. Sebastian Trappe
Rechtsanwalt, Mediator, Fachanwalt für Erbrecht, Bochum

Dr. Anke Warlich, LL.M.
Rechtsanwältin, Fachanwältin für Steuerrecht, Bonn

Literaturverzeichnis

Albrecht/Albrecht, Die Patientenverfügung, 2009

Andrick/Suerbaum, Stiftung und Aufsicht, 2001

Aronoff/Ward, Family Business Governance, 2011

Bamberger/Roth, Kommentar zum Bürgerlichen Gesetzbuch, 3. Auflage 2012

Baumbach/Hopt, Handelsgesetzbuch: HGB, 37. Auflage 2016

Baumbach/Hueck, GmbHG, 20. Auflage 2013

Baumbach/Lauterbach/Albers/Hartmann, Zivilprozessordnung, 74. Auflage 2016

Baus, Die Familienstrategie, 4. Auflage 2013

Baus/Fritsch, Fairness in Unternehmerfamilien – Überlegungen zu einem schwierigen Begriff, Schriftenreihe des Kirsten Baus Institut für Familienstrategie, Heft 18, 2012

Baus/Kögl, Vertrauen statt Mißtrauen, Schriftenreihe des Kirsten Baus Institut für Familienstrategie, Heft 6, 2006

Beck'sches Notar-Handbuch, 6. Auflage 2015

Beck'scher Onlinekommentar BGB, 37. Edition, 1.11.2015

Bengel/Reimann, Handbuch der Testamentsvollstreckung, 5. Auflage 2013

Bonefeld/Kroiß/Tanck, Der Erbprozess, 4. Auflage 2012

Bonefeld/Wachter, Der Fachanwalt für Erbrecht, 3. Auflage 2014

Brambring/Mutter, Beck'sches Formularbuch Erbrecht, 3. Auflage 2014

Burgard, Gestaltungsfreiheit im Stiftungsrecht, Habil., 2006

Crezelius, Schiedsgerichte und Erbrecht, in Festschrift für Harm Peter Westermann, 2008

Damrau/Tanck, Praxiskommentar Erbrecht, 3. Auflage 2014

Daragan/Halaczinsky/Riedel, Praxiskommentar ErbStG und BewG, 2. Auflage 2012

Duve/Eidenmüller/Hacke, Mediation in der Wirtschaft: Wege zum professionellen Konfliktmanagement, 2. Auflage 2011

Ebenroth, Erbrecht, 1992

Ebenroth/Boujong/Joost/Strohn, Handelsgesetzbuch: HGB, 3. Auflage 2014

Ebersbach, Handbuch des deutschen Stiftungsrechts, 1972

Enneccerus/Nipperdey, Allgemeiner Teil des Bürgerlichen Rechts, 1959

Erman, Handkommentar zum Bürgerlichen Gesetzbuch, 14. Auflage 2014

Fischer/Kühne/Warlich, Anwaltformulare Bankvermögen im Erbfall, 2015

Flume, Allgemeiner Teil des BGB, Zweiter Teil: die juristische Person, 1983/2011

Frasl/Rieger (Hrsg.), Family Business Handbuch, 2007

Gantenbrink, Die hoheitliche Beendigung der Stiftung durch die Stiftungsbehörde – Zur Aufhebung und Zusammenführung von Stiftungen, Dissertation, 2011

Gockel, Verzichtserklärungen im Erbrecht, 2011

Groth/Vater, Die Familie im Familienunternehmen – Ressource oder Risiko, in Frasl/Rieger (Hrsg.), Family Business Handbuch, 2007

Hennerkes/Kirchdörfer, Die Familie und ihr Unternehmen, 3. Auflage 2015

Hoffmann-Becking/Gebele, Beck'sches Formularbuch Bürgerliches, Handels- und Wirtschaftsrecht, 12. Auflage 2016

Hopt/Reuter, Stiftungsrecht in Europa, 2001

Kindl/Meller-Hannich/Wolf, Gesamtes Recht der Zwangsvollstreckung, 3. Auflage 2016

Klein, Bürgerstiftungen in Deutschland – Entwicklungen, Erfahrungen und Ausblicke, Dissertation, 2013

Krauß, Vermögensnachfolge in der Praxis, 4. Auflage 2015

Krug, Pflichtteilsprozess, 2014

Künnemann, Die Stiftung im System des Unterordnungs-Konzerns, Dissertation, 1996

Lange, Erbrecht, 2011

Lange, Die Familiencharta und das Familienunternehmen – Bedeutung und Schnittstellen zum Gesellschaftsvertrag, in Röthel/Schmidt (Hrsg.), Die Verträge der Familienunternehmer, 2013

Limmer/Hertel/Frenz/Mayer, Würzburger Notarhandbuch, 4. Auflage 2015

May, Die Familienstrategie – Ein Weg zu Good Governance in Familienunternehmen, in Frasl/Rieger (Hrsg.), Family Business Handbuch, 2007

Mayer/Bonefeld, Testamentsvollstreckung, 4. Auflage 2015

Mayer/Geck, Der Übergabevertrag, 3. Auflage 2013

Mayer/Süß/Tanck/Bittler/Wälzholz, Handbuch Pflichtteilsrecht, 3. Auflage 2013

Meincke, Erbschaftsteuer- und Schenkungsteuergesetz: ErbStG, 16. Auflage 2012

Münchener Handbuch des Gesellschaftsrechts, Band 5, 4. Auflage 2016

Münchener Kommentar zum Bürgerlichen Gesetzbuch, Band 9: Erbrecht, 7. Auflage 2016 (zit. MüKo/*Bearbeiter*)

Münchener Kommentar zur Insolvenzordnung, Band 3, 3. Auflage 2014 (zit. MüKo-InsO/Bearbeiter)

Münchener Vertragshandbuch, Band 6, Bürgerliches Recht II, 7. Auflage 2016

Münchener Anwaltshandbuch Erbrecht, (hrsg. von *Scherer*), 4. Auflage 2014 (zit.: Münchener Anwaltshandbuch/*Bearbeiter*)

Muscheler, Erbrecht, 2010

Muscheler, Stiftungsrecht, 2. Auflage 2011

Musielak, Zivilprozessordnung, 11. Auflage 2014

Nieder/Kössinger, Handbuch der Testamentsgestaltung, 5. Auflage 2015

Niklas, Die subjektive Reichweite von Schiedsvereinbarungen, 2008

NomosKommentar BGB, Band 5: Erbrecht, hrsg. von Kroiß/Ann/J. Mayer, 4. Auflage 2014 (zit.: NK-BGB/*Bearbeiter*)

Palandt, Bürgerliches Gesetzbuch, 75. Auflage 2016

Pues/Scheerbarth, Gemeinnützige Stiftungen im Zivil- und Steuerrecht, 3. Auflage 2008

Riedel (Hrsg.), Praxishandbuch Unternehmensnachfolge, 2011

Röthel (Hrsg.), Verträge in der Unternehmerfamilie – Autonomie in Nähebeziehungen, 2014

Röthel/Schmidt (Hrsg.), Die Verträge der Familienunternehmer, 2013

Ruby/Schindler/Wirich, Das Behindertentestament, 2. Auflage 2014

Rudolf/Bittler/Roth, Vorsorgevollmacht, Betreuungsverfügung und Patientenverfügung, 4. Auflage 2015

Saenger, Zivilprozessordnung: ZPO, Handkommentar, 6. Auflage 2015 (zit. Hk-ZPO/*Bearbeiter*)

Muscheler, Die Verbrauchsstiftung, in Saenger/Bayer/Koch/Körber, Gründen und Stiften, Festschrift für Olaf Werner (zit: *Muscheler*, FS O. Werner)

Schauhoff, Handbuch der Gemeinnützigkeit, 3. Auflage 2010

Schewe, Die Errichtung der rechtsfähigen Stiftung von Todes wegen, Dissertation, 2004

Schiffer (Hrsg.), Mandatspraxis Schiedsverfahren und Mediation, 2. Auflage 2005

Schiffer (Hrsg.), Die Stiftung in der Beraterpraxis, 4. Auflage 2015

Schiffer/Rott/Pruns (Hrsg.), Die Vergütung des Testamentsvollstreckers, 2014

Schuck, Die Doppelstiftung – Instrument zur Gestaltung der Unternehmensnachfolge, Dissertation, 2009

Schulze, Grenzen der objektiven Schiedsfähigkeit im Rahmen des § 1030 ZPO, 2003

Schwab/Walter, Schiedsgerichtsbarkeit, 7. Auflage 2005

Simon/Wimmer/Groth, Mehr-Generationen-Familienunternehmen, 2012

Soergel, Bürgerliches Gesetzbuch mit Einführungsgesetz und Nebengesetzen, 13. Auflage 2002

Sorg, Die Familienstiftung – Wesen, Probleme, Gestaltungsvorschläge für die Praxis, Dissertation, 1984

Staudinger, Kommentar zum Bürgerlichen Gesetzbuch, Buch 5: Erbrecht, Neubearb. 2016

Stein/Jonas, Kommentar zur Zivilprozessordnung, 22. Auflage 2013

Stengel, Stiftung und Personengesellschaft, – Die Beteiligung einer Stiftung an einer Personengesellschaft des Handelsrechts, Dissertation, 1993

Stumpf/Suerbaum/Schulte/Pauli, Stiftungsrecht: StiftR, 2. Auflage 2015

Tanck/Krug, Anwaltformulare Testamente, 5. Auflage 2015

Tàpies/Ward, Family Values and Value Creation, 2008

Tilch/Arloth, Deutsches Rechts-Lexikon, 3. Auflage 2001

Twehues, Rechtsfragen kommunaler Stiftungen, 1996

von Campenhausen/Richter, Stiftungsrechts-Handbuch, 4. Auflage 2014

von Löwe, Familienstiftungen, Band 5, 2010

von Oertzen/Ponath, Asset Protection im deutschen Recht, 2. Auflage 2012

Wachter/Richter, Handbuch des internationalen Stiftungsrechts, 2007

Ward, How Values Dilemmas Underscore the Difficult Issues of Governing the Large, Enterprising Family, in Tàpies/Ward, Family Values and Value Creation, 2008

Warlich, Die Auseinandersetzung zwischen Vor- und Nacherben, Dissertation, 2012

Werner/Saenger, Die Stiftung, 2008

Winkler, Der Testamentsvollstrecker nach bürgerlichem, Handels- und Steuerrecht, 21. Auflage 2013

Zeising, Pflichten und Haftung des Testamentsvollstreckers bei der Verwaltung von Großvermögen, 2004

Zimmermann, Praxiskommentar Erbrechtliche Nebengesetze, 2013

Zöller, Zivilprozessordnung, 31. Auflage 2016

§ 1 Risiken für das Familienvermögen

Übersicht:

A. Einleitung

Die Risiken für das Familienvermögen sind vielfältig. Erkennt die Familie mögliche Risiken und deren oft gravierende Auswirkungen, kann sie ihnen wirksam begegnen. Einige lassen sich vermeiden, andere zumindest reduzieren. Um ihr Vermögen zu schützen und zu erhalten, ist die Familie gut beraten, nicht aus den eigenen, sondern aus den Fehlern Anderer zu lernen. Die nachfolgenden Ausführungen sensibilisieren und vermitteln einen ersten Einblick in die Gestaltungsmöglichkeiten für den Vermögenserhalt. 1

B. Risiken durch Streit, Stillstand und Desinteresse

I. Vorbeugen ist besser als heilen

Streit ist vermeidbar. Er ist eine häufige, nicht aber einer zwangsläufige Folge von Konflikten. 2

Konflikte indes gehören zur Normalität unseres Lebens – und das seit Menschengedenken. Es ist hilfreich, diese Tatsache anzuerkennen. Denn die Erfahrung zeigt, dass wir mit dem, was wir erwartbar und normal finden, ungleich souveräner umgehen. Es ist nicht der Konflikt, der zerstörerisch wirkt. Es ist die Art und Weise, wie wir ihn behandeln.

Der „kühle Kopf“ ist ein alltagssprachliches Bild, das einen nützlichen Anknüpfungspunkt liefert. Konflikte zu versachlichen hilft, ihnen die zerstörerische Kraft zu nehmen. Es ist gewissermaßen der weise dritte Weg, der sowohl dem Tabuisieren als auch dem Dramatisieren des Konfliktes vorzuziehen ist. Versachlichen eröffnet die Chance, Streit vorzubeugen. 3

Der zweite – eigentlich banale – Ansatz zur Streitvermeidung lautet, nicht nur die Schärfe der Auseinandersetzung, sondern auch die Anzahl der Konflikte zu minimieren.

Und schließlich ist es eine Frage des Vertrauens. Gibt es ein gemeinsames Fundament und ein gemeinsames Interesse? Kann ich darauf vertrauen, dass wir jenseits aller Unterschiede für die gleichen Ziele ringen?

4 Für Familien mit gemeinsamem Vermögen, wie zum Beispiel Unternehmerfamilien, hat Streit erhebliche Konsequenzen: immaterielle und materielle. Konflikte sind nicht auf die Familie begrenzt. Privater Streit hat Auswirkungen auf das Geschäftliche, gefährdet nicht nur den Familienfrieden, sondern auch die Zukunft des Unternehmens, den Vermögenserhalt. Familien, die langfristig kooperieren müssen, profitieren daher in besonderem Maße von Versachlichung und Konfliktminimierung. Für sie ist Vertrauen zentral.

II. Streit, Stillstand und Desinteresse in der Familie

5 Anlässe für **Streit** gibt es in Unternehmerfamilien oder Familien mit komplexen Vermögen einige. Der Erbfall – oder allgemeiner gesprochen der Generationswechsel – ist gerade für sie ein besonders kritisches Ereignis. Aber auch der Alltag birgt mannigfache Gelegenheiten. Wer darf was? Wer bekommt was? sind vermutlich die markantesten Fragen. Dabei findet diese Auseinandersetzung nicht nur innerhalb einer Generation, z.B. zwischen Geschwistern oder Vettern und Cousinen statt, sondern auch generationsübergreifend zwischen Vater und Sohn, Onkel und Neffe etc. und auch über die engsten familiären Grenzen, die Blutsbande, hinweg: was dürfen oder bekommen Schwiegerkinder, Geschiedene?

6 Je intensiver eine Familie zusammenarbeitet, desto stärker wirken sich Streitpunkte aus: Geschwister, die operativ in der Geschäftsführung oder auf unterschiedlichen Hierarchiestufen zusammenarbeiten, haben sowohl mehr Konfliktpotential als auch mehr Kooperationsbedarf.

7 Während offene Anfeindungen vermutlich seltener sind, als es uns die Medien glauben machen wollen, sind die stillen Symptome von Streit häufig und mitunter ebenso folgenschwer. Familie und Unternehmen verlieren, wenn z.B. die Durchsetzung individueller Interessen Entscheidungen dominieren oder wenn Sprachlosigkeit die Verständigung über Ziele, den richtigen Weg oder den Ausgleich von Interessen verhindert. Sie verlieren nicht nur, weil im Einzelfall ungünstige Entscheidungen getroffen werden. Ebenso gewichtig ist der schleichende Verlust von Vertrauen und Handlungsfähigkeit. Mangelnde Kommunikation, Misstrauen, Patt oder Blockaden bedeuten **Stillstand**.

Eine besondere Gefahr für das Unternehmen besteht im Aufschieben strategischer Entscheidungen. Während Routinen operative Entscheidungen noch eine Zeitlang ermöglichen, fehlt ein solcher Entlastungsmechanismus für komplexe, insbesondere strategische Fragen. Schleichend wird die Zukunftsfähigkeit des

Unternehmens unterhöhlt. Und in kleinen und mittleren, oft aber auch in größeren Familienunternehmen gibt es keine unabhängige Instanz, die einen strategischen Diskurs und strategische Entscheidungen einfordern könnte.

Auf der strategischen Ebene zeigt sich die Abhängigkeit des Unternehmens von der Kooperationsfähigkeit der Unternehmerfamilie in besonderer Weise. Das gilt speziell für familiengeführte Unternehmen, aber auch für solche mit Fremdmanagement. Tückisch ist es, wenn mangelnde oder mangelhafte strategische Entscheidungen zunächst keine spürbaren Folgen haben: Der Aufschub von Investitionen etwa führt mitunter kurzfristig zu verbesserten Ergebnissen, wenn bei zunächst gleichem Umsatz weniger Abschreibungen das Ergebnis belasten. Gleiches gilt für reduzierte Entwicklungskosten etc. Das sind günstige Voraussetzungen, Konflikte weiter zu verschleppen.

Aber nicht nur offener Streit oder Stillstand gefährden das Familienvermögen. 8
Ein weiterer Faktor ist **mangelndes Interesse** von Familienmitgliedern an ihrem Unternehmen oder sonstigen Vermögenswerten, oft einhergehend mit unzureichenden Kenntnissen.

Mancher geschäftsführender Gesellschafter würde hier widersprechen: Uninteressierte Minderheitsgesellschafter können aus Sicht eines Mehrheitsgesellschafters von Vorteil sein. In normalen Zeiten, in denen sie vertrauensvoll seinen Empfehlungen folgen, ist das nachvollziehbar. Die Erfahrung zeigt aber zweierlei Risiken. Zum einen kommt es auf konstruktives Verhalten bzw. ein gewisses Verständnis der Unternehmens- oder Vermögenssituation an, wenn bestimmte außerordentliche Entscheidungen zu treffen sind (häufiger sind Änderungen des Gesellschaftsvertrages, seltener – aber keine Seltenheit – Kapitalerhöhungen oder der Verkauf, üblicherweise wird auch der Generationswechsel gerne einvernehmlich organisiert). Zum anderen haben auch entfremdete Gesellschafter Erwartungen, z.B. an Ausschüttungen oder faire Behandlung. Während sie einen gewissen Verzicht klaglos hinnehmen, kann aus massiv enttäuschten Erwartungen der Verlust von Vertrauen und Opposition erwachsen. Und schließlich wirkt sich ihre Haltung auf die nächste Generation aus. Mit dem Rollenverständnis ihrer Generation stellt sie die alten Spielregeln infrage und wird – womöglich zur Unzeit – zu einem schwer kalkulierbaren Faktor für das Unternehmen.[1]

Wie so oft gilt: Nicht die guten Zeiten, sondern die schwierigen stellen eine Gemeinschaft auf die Probe. Und hier wirkt umgekehrt, worauf eingangs hingewiesen wurde: Enttäuschung auf Unternehmensebene gefährdet zugleich den Familienfrieden, wenn dessen Fundament nicht gefestigt ist.

1 Brisant wird es, wenn es in der nächsten Generation keinen geschäftsführenden Mehrheitsgesellschafter mehr gibt, z.B. weil kein Nachfolger zur Verfügung steht oder weil der Mehrheitsanteil auf mehrere Erben verteilt wurde.

9 In stark zersplittertem Gesellschafterkreis ist Desinteresse eine besondere Herausforderung. Hier ist auch für Entscheidungen mit einfacher Mehrheit eine Vielzahl an Gesellschaftern zu interessieren. Üblicherweise werden daher strategische Entscheidungen auf (zum Teil) familienfremd besetzte Gremien übertragen, aber bspw. die Personalentscheidungen für die Gremienbesetzung bedürfen weiterhin kooperationsfähiger und -williger Gesellschafter.

10 Eine besondere Herausforderung stellt Desinteresse auch für Familien dar, die gemeinsam über diversifiziertes oder liquides Vermögen entscheiden. Hier geht der Interessensverlust nicht erst mit der Zersplitterung des Gesellschafterkreises einher. Weniger ein Mangel an Einfluss als ein Mangel an Identifikation ist die Ursache. Der abnehmende Grenznutzen des Geldes einerseits sowie andererseits die Austauschbarkeit der Anlageobjekte erschweren häufig schon die Übernahme von Verantwortung in der zweiten Generation.

III. Charakteristische Streitursachen

11 Streit, Stillstand und Desinteresse bedrohen den Erhalt gemeinsamen Vermögens. Sie sind risikoreiche Folgen von Konflikten, gleichzusetzen mit dem Verlust von Handlungs- und Entscheidungsfähigkeit.

12 Eine vielversprechende Risikobegrenzung ist die **Familienstrategie** (siehe § 13 Rdn 13 ff.). Sie unterstützt Familien mit gemeinsamem Vermögen, charakteristischen Konflikt- und Streitursachen zu begegnen, insbesondere Missverständnissen, hohen Anforderungen an die Zusammenarbeit von Familienmitgliedern und Entfremdung.

1. Missverständnisse

13 Eine besondere Quelle von Missverständnissen ist die fehlende Unterscheidung von Funktion und Person. Familien, die geübt sind, Person und Funktion zu trennen, gehen souveräner mit den Paradoxien von Familienunternehmen um. Sie beurteilen Privates nach familiären Maßstäben und Geschäftliches nach professionellen/denen des Unternehmens. Das Streitpotential wird verringert, wenn überdacht und artikuliert wird, ob Fragestellungen dem Geschäftlichen oder Privaten zuzuordnen sind (siehe § 13 Rdn 15 ff.).

14 Eine Unterscheidung von Person und Funktion ist besonders schwierig, wenn Privatleben und Geschäft eng miteinander verwoben sind – räumlich, personell oder zeitlich. Mitunter wird Familiäres weitgehend zurückgestellt. Bisweilen kann sich nur unzureichend eine professionelle Kultur herausbilden. Es erfordert spezifische Maßnahmen, um Funktionen (Geschäftsführer, Mitarbeiter, Gesellschafter etc.) von Personen (Vater, Mutter, Tochter etc.) abzugrenzen und neben der geschäftlichen eine private Kommunikation zu etablieren. In der Trennung

wird es möglich, geschäftliche Beurteilungen und Entscheidungen aus Unternehmenssicht zu begründen (bzw. zu verstehen) und private aus Sicht der Familie.

2. Hohe Anforderungen an die Zusammenarbeit von Familienmitgliedern

Unter Geschwistern, Cousins oder in Senior/Junior-Konstellationen gibt es au- 15
ßergewöhnliche Dream Teams. Aber sie sind nicht die Regel. Es empfiehlt sich, die jeweilige Situation unverklärt zu betrachten, und dort, wo die Zusammenarbeit belastet ist, für Entlastung zu sorgen. Das gilt unabhängig von der Ebene, auf der Kooperation notwendig ist: ob im Gesellschafterkreis, im Zusammenspiel von Gesellschaftern und Geschäftsführung, im Geschäftsführungsteam oder zwischen Geschäftsführung und Mitarbeitern.

Häufig ist zu beobachten, dass Zuständigkeiten von Familienmitgliedern nicht 16
klar sind. Entweder wurden sie nie besprochen (der Junior, dem kein Aufgabenfeld beim Einstieg ins Unternehmen vorgegeben wurde) oder sie werden permanenten Veränderungen unterworfen, weil es die Umstände offenbar erfordern. Darüber hinaus fühlen sich Familienmitglieder im Unternehmen bisweilen für quasi alles zuständig, was sie z.B. von ihrem Verantwortungsgefühl als Gesellschafter oder als Mitglied der Unternehmerfamilie ableiten. Ähnlich gelagert sind Beispiele, in denen der Senior – wohlmeinend oder mangels Zutrauen oder aus Gewohnheit – direkt auf die Mitarbeiter des Juniors zugreift. In allen diesen Fällen sind die Grenzen der Zuständigkeit unklar oder werden (systematisch) verletzt. Das belastet Kooperation, sorgt für Konflikte und ist eine verbreitete Ursache von Streit und Stillstand.

Selbst klar geregelte und respektierte Verantwortlichkeiten führen nicht automa- 17
tisch zu guter Zusammenarbeit. Familienmitglieder, die nicht miteinander harmonieren, sind keine Seltenheit. Junioren, die pflichtschuldig Aufgaben übernehmen, die ihren Neigungen nicht entsprechen, füllen diese nicht zu ihrer und anderer Zufriedenheit aus, das belastet die Zusammenarbeit.

Es ist nützlich anzuerkennen, dass Familienunternehmen oder komplexe Vermö- 18
gen hohe Anforderungen an die Zusammenarbeit von Familienmitgliedern stellen. Diese Herausforderungen zu tabuisieren oder die Probleme zu dramatisieren führt nicht zu einer Atmosphäre, in der konstruktive Lösungen im Sinne des Unternehmens und im Sinne der Familie gefunden werden. Versachlichung, Trennung von Funktion und Person, Verringerung von Komplexität, indem die Funktionen im Unternehmen voneinander abgegrenzt und die Verantwortlichkeiten geklärt werden, ist Teil des Familienstrategieprozesses. Zu berücksichtigen ist dabei, in welchem Maße die Familie kooperationsbereit und -fähig ist. Das entscheidet über die Wahl der jeweils geeigneten Strukturen, Regeln und Entlastungsmechanismen.

3. Entfremdung

19 Die Zersplitterung von Gesellschaftsanteilen in großen Unternehmerfamilien kann an der Schnittstelle zum Unternehmen zu sehr professionellen Entscheidungsabläufen führen, in der Regel unter Einbindung von Gremien mit klar geregelten Zuständigkeiten. Im günstigen Fall hat die Familie ein Systemvertrauen ausgebildet, das das Vertrauen in Einzelpersonen flankiert und ersetzt. Zudem kann die Sachlichkeit im Diskurs der Gesellschafter von der Größe des Kreises profitieren. Die wechselseitigen Abhängigkeiten von Unternehmen und Anteilseignern sind geringer als in kleinen Unternehmerfamilien: Kleinstanteile ernähren ihre Eigentümer einerseits meist nicht, andererseits ist der Einfluss des Einzelnen auf der Gesellschafterversammlung gering. Mitunter sind die Anteile sogar fungibel, so dass ein Exit für denjenigen konfliktfrei möglich ist, der das Interesse an Kooperation verloren hat.

20 Problematisch ist es hingegen, wenn sich Konflikte zwischen Familienstämmen auf weitere Generationen übertragen und das gemeinsame Interesse überdecken. Anstelle von Sachargumenten werden Unterstellungen und Vorurteile ausgetauscht. Selbst wenn weitgehende Kompetenzen auf Gremien übertragen wurden, bleiben Streitpunkte: beispielsweise die Besetzung von Gremien, ggf. Neuordnung von Gremien, aber auch weitreichende unternehmerische Entscheidungen, z.B. Investment oder (mindestens so konfliktträchtig) Desinvestment von Beteiligungsunternehmen. Die Kooperationsbereitschaft und -fähigkeit bedarf hier einer Stärkung von Fundament und Perspektive der Unternehmerfamilie. Hier gilt es, der Entfremdung der Familienmitglieder untereinander aber auch der Entfremdung vom Unternehmen zu begegnen. Die Familie kann sich – auf der Basis ihrer Werte und Traditionen – an selbstgesteckten Zielen für Familie und Unternehmen neu ausrichten und so ihre Handlungsfähigkeit zurück gewinnen.

21 Besonders in großen Unternehmerfamilien sollten Fundament, Perspektive und Verantwortlichkeiten in einer Familiencharta dokumentiert werden (siehe § 13 Rdn 56 ff.). Das begünstigt Systemvertrauen. Dieses immaterielle Vermögen der Familie bedarf ebenso der Pflege und Weitergabe wie das materielle. Je eher eine Unternehmerfamilie es sich zur Aufgabe macht, ihre Kooperationsfähigkeit zu sichern, umso besser wird sie die unternehmerischen Chancen für den Vermögenserhalt nutzen können. Konfliktpotential ist stets vorhanden. Es lohnt vorbeugend mithilfe einer Familienstrategie die Stabilität zu erzeugen, die den Risiken für den Vermögenserhalt begegnet.

IV. Fazit

22 Für Familien mit gemeinsamem Vermögen ist Kooperation Voraussetzung für den Vermögenserhalt. Besonders deutlich wird dies am Beispiel von Unternehmerfamilien. Denn ohne Kooperationsbereitschaft und -fähigkeit wird ihr Einfluss kaum positive Kraft im Unternehmen entfalten. Streit gefährdet Kooperation-

tion und damit die Handlungs- und Entscheidungsfähigkeit. Er ist häufige aber keine zwangsläufige Folge von Konflikten. Es lohnt vielmehr, Streit vorzubeugen.

Kooperation braucht Vertrauen und profitiert von einem sachlichen Umgang mit Konflikten und einem Weniger an Konfliktpotential. Die **Familienstrategie** ist besonders geeignet, gerade den charakteristischen Streitursachen von Familien mit gemeinsamem Vermögen vorzubeugen und das Miteinander zu entlasten, indem sie das Fundament der Familie festigt, die Perspektive für Unternehmen, Vermögen und Familie klärt, die Verantwortlichkeiten ordnet und die Ergebnisse in einer **Familiencharta** dokumentiert (vgl. hierzu § 13). Sie berücksichtigt die konkrete Situation der Familie und die Rahmenbedingungen des Unternehmens. Im Zentrum steht die Familie – nicht steuerliche Optimierung, nicht rechtliche Beziehungen oder Ansprüche, sondern das gemeinsame Interesse. 23

Die steuerliche Optimierung und die rechtliche Ausgestaltung der erforderlichen Gesellschaftsverträge, Testamente, Eheverträge, Verzichtsverträge, Vollmachten etc. erfolgen idealerweise im Anschluss.[2] Die rechtssichere Umsetzung leistet ebenfalls einen erheblichen Beitrag zur Streitvermeidung. Sie ist ein wichtiger Pfeiler für Systemvertrauen. Eine Familienstrategie im Vorfeld erleichtert, dass die juristischen Regelungen aufeinander abgestimmt und in ein tragfähiges Gesamtkonzept eingebettet sind, das das gemeinsame Interesse der Familie widerspiegelt. Denn selbst unmissverständlich und mit Weitblick formulierte Verträge und notarielle Urkunden beugen Streitigkeiten meist nur dann vor, wenn die Beteiligten/Betroffenen angemessen einbezogen wurden. Ein anschauliches Beispiel, wie wohlüberlegte Regelungen ins Leere laufen können, ist das Testament, das bei den Unternehmenserben Überraschung auslöst und ihnen damit die erforderliche Kooperation erschwert. 24

Ist Streit eskaliert, braucht es Verfahren zur Streitbeilegung. Einer Konfrontation vor Gericht mag eine Familie ein Mediationsverfahren vorziehen, das neben der Lösung des punktuellen Streites bewusst auch den Schutz der familiären Beziehungen im Blick behält (vgl. hierzu § 12). 25

C. Risiken durch Pflichtteilsansprüche

Sollen oder können nicht alle Familienmitglieder bei der Erbfolge mindestens in Höhe des hälftigen gesetzlichen Erbteils berücksichtigt werden, so stellen die dann möglicherweise entstehenden Pflichtteils- und Pflichtteilsergänzungsansprüche nicht zu unterschätzende Risiken für das Familienvermögen dar. Die Ansprüche der Pflichtteilsberechtigten sind sofort fällig und es steht je nach Strukturierung des Familienvermögens möglicherweise keine ausreichende Li- 26

2 Die rechtliche Gestaltung ist nicht Teil der Familienstrategie und nicht Gegenstand der Familiencharta.

quidität zur Verfügung, um die Ansprüche zu bedienen. Zudem führen Pflichtteilsstreitigkeiten oft zu einer starken emotionalen Belastung der Familie, mit meist extrem hohen Anwalts- und Sachverständigenkosten für die Bewertung der Nachlassgegenstände. Am effektivsten lassen sich die Risiken durch Pflichtteilsansprüche natürlich durch entsprechende Verzichtsverträge vermeiden (vgl. hierzu § 3). Sind die Pflichtteilsberechtigten Familienmitglieder nicht dazu bereit einen Pflichtteilsverzicht zu erklären, lassen sich die Pflichtteilsansprüche durch geschickte lebzeitige Übertragungen (vgl. hierzu § 5) oder durch einen Wechsel des Güterstandes (vgl. § 4 Rn 14 ff.) reduzieren.

D. Risiken durch Sozialhilfeträger und/oder Gläubiger des Erben

27 Ganz andere Risiken bestehen, wenn Familienmitglieder auf Sozialleistungen angewiesen sind oder ein Vollstreckungs- oder Insolvenzrisiko besteht (vgl. hierzu § 2 Rn 66 ff.).

28 So müssen erwerbsunfähige behinderte Angehörige vor einer weiteren Gewährung von Sozialhilfe zunächst das ihnen per Erbschaft zugeflossene Vermögen aufbrauchen, bevor sie wieder Sozialhilfe erhalten, denn das Sozialhilferecht wird vom Nachranggrundsatz beherrscht. Erwerbsfähige, aber dennoch bedürftige Angehörige erhalten erst wieder Arbeitslosengeld II, wenn Sie das zugeflossene Vermögen aufgebraucht haben, denn auch ALG II wird grundsätzlich nur nachrangig gewährt. Auch hier zählen zum verwertbaren Vermögen das als Erbe oder Vermächtnisnehmer Erlangte und auch der mit dem Erbfall entstandene Pflichtteilsanspruch eines Leistungsempfängers.

29 Bei überschuldeten bzw. insolventen Angehörigen droht die Gefahr, dass die Gläubiger oder der Insolvenzverwalter sich aus dem Erb- oder Pflichtteil befriedigen und dadurch die Vermögenssubstanz für die Angehörigen und ihre Nachkommen nicht mehr zur Verfügung steht.

E. Risiken durch „Zersplitterung" des Familienvermögens

30 Zudem birgt auch die „Zersplitterung“ des Familienvermögens langfristig gesehen enorme Risiken, denn eine vernünftige Risikostreuung bei der Vermögensanlage ist nur möglich, wenn das investierte Vermögen ausreichend hoch ist. Gute Anlageberater sind erst ab einer entsprechend hohen Investitionssumme bereit, tätig zu werden. Immobilien können langfristig nur bei einem ausreichend großen Bestand rentabel verwaltet werden. Bestimmte Anlageformen, z.B. Private Equity Fonds, stehen zudem überhaupt erst ab einem bestimmten Investitionsvolumen zur Verfügung. Die Risiken durch „Zersplitterung“ des Familienvermögens kön-

nen z.B. durch die Einbringung der relevanten Vermögenswerte in einen sog. Familienpool vermieden werden (vgl. hierzu § 8).

F. Risiken durch „Verschwendung" des Familienvermögens

Manche Familienmitglieder müssen auch vor sich selbst geschützt werden, damit 31
sie das möglicherweise über Generationen hinweg aufgebaute Familienvermögen nicht durch übermäßigen Konsum in kurzer Zeit aufbrauchen. Oft kann die „Verschwendung" des Familienvermögens schon durch die Einbringung der relevanten Vermögenswerte in einen Familienpool ausreichend verhindert werden (vgl. hierzu § 8). Zudem kann durch die Anordnung von Dauertestamentsvollstreckung erreicht werden, dass einzelne Familienmitglieder bis zur Erreichung eines bestimmten Alters oder dauerhaft nur eingeschränkt auf die Vermögenssubstanz und die Erträge zugreifen können (vgl. hierzu § 7). Auch die Einbringung des Familienvermögens in eine Stiftung stellt einen effektiven Schutz vor „Verschwendung" dar (vgl. hierzu § 9).

G. Risiken durch Fehlinvestitionen und Entwicklung an den Finanzmärkten

Auch Fehlinvestitionen und die Entwicklung an den Finanzmärkten stellen ein 32
erhebliches Risiko für das Familienvermögen dar. Diese Risiken können durch ein professionelles Vermögensmanagement zumindest stark reduziert werden (vgl. hierzu § 14).

H. Risiken durch Steuerbelastung

Schließlich können große Risiken für das Familienvermögen durch eine unge- 33
plante Belastung mit Erbschaft- und Schenkungsteuer oder Ertragsteuern entstehen. Aber auch der „schleichende Verzehr" des Familienvermögens durch eine Belastung mit einkalkulierter Erbschaft- und Schenkungsteuer oder Ertragsteuer stellt ein erhebliches Risiko dar, zumal wenn die Vermögenssubstanz aufgrund einer risikoarmen Anlage keine hohen Erträge (mehr) erbringt.

Besonders wichtig ist im Vorfeld einer jeden Gestaltung die Erhebung des aktuel- 34
len steuerlichen Status der zu übertragenden Vermögenswerte. Die Zugehörigkeit zum Privatvermögen führt in der Regel zum Einsatz anderer Instrumente als bei Betriebsvermögen. Steuerliche Gefahren können in einer nicht erkannten Betriebsaufspaltung, in ungenau ermittelten Fristen oder in nicht explizit erklärten Betriebsaufgaben lauern.

§ 2 Testamentarische Regelungen

Übersicht:

A. Einleitung

Eine schlechte testamentarische Regelung birgt eine große Gefahr für das Familienvermögen, da sich z.B. bei widersprüchlichen oder nicht eindeutigen Formulierungen ein **wertvernichtender Streit** unter den Familienmitgliedern über die Auslegung des Testamentes entzünden kann. Gute testamentarische Regelungen hingegen sind das Herzstück jeder nachhaltigen Vermögensnachfolgegestaltung. 1

Nachfolgend werden einige relevante Problembereiche bei testamentarischen Regelungen aufgezeigt und geeignete Gestaltungsmöglichkeiten dargestellt.

2 Wenn ein langfristiger Erhalt des Vermögens in der Familie gesichert werden soll, sollte sich der Erblasser nicht einfach „blind" auf die Bindungswirkung eines Testamentes oder Erbvertrages verlassen. Bei dem sog. **Berliner Testament** steht nämlich lediglich der Schutz durch die §§ 2287, 2288 BGB zur Verfügung. Dieser ist in der Praxis jedoch sehr gering. Eine **Umgehung der Bindungswirkung durch lebzeitige Verfügungen** ist hier meist ohne große Anstrengungen möglich, denn es genügt nach der aktuellen Rechtsprechung, wenn sich der Beschenkte gegen eine auf § 2287 BGB gestützte Klage mehr oder weniger unsubstantiiert auf eine Pflegeerwartung des Erblassers beruft, da dies dann vom Kläger (Erben) widerlegt werden muss. Das ist in den meisten Fällen nicht möglich. Wenn der Erblasser zwingend sicherstellen möchte, dass sein Vermögen in der Familie erhalten bleibt, muss er daher andere Gestaltungen wählen.

3 Eine solche sichere Alternative ist z.B. die sog. Trennungslösung durch **Anordnung von Vor- und Nacherbschaft**. Nachteil der Vor- und Nacherbschaft ist jedoch die starke Einschränkung des Vorerben und die teilweise sehr konfliktanfällige Umsetzung in der Praxis. Der Laie versteht oft die Trennung der Vermögensmassen der Vorerbschaft und des Eigenvermögens nicht und ist auch nicht in der Lage, diese vom Gesetz vorgesehene Trennung der Vermögensmassen in der Praxis durchzuhalten.

4 Teilweise bietet es sich auch an, dass direkt die Kinder als Erben eingesetzt werden und der Ehegatte über auf die jeweilige Situation abgestimmte Vermächtnisse begünstigt wird. Durch Anordnung von Testamentsvollstreckung kann diese Gestaltung abgesichert werden. Oft wird die testamentarische Gestaltung auch von der Gründung eines Familienpools (siehe hierzu § 8) flankiert.

B. Gemeinschaftliches Testament (sog. Ehegattentestament)

5 Ehegatten haben meist den Wunsch, dass der überlebende Ehegatte für die Zeit nach dem Tod des Erstversterbenden bis zu seinem eigenen Tod gut abgesichert und versorgt ist. Sind Kinder vorhanden, sollen diese aber schlussendlich in den Genuss des Familienvermögens oder zumindest doch wesentlicher Bestandteile davon kommen. Dieser Erwerb soll meist von dem Erstbedachten nach dem Tod des Erblassers nicht mehr beeinträchtigt werden können. Je höher das Vermögen der jeweiligen Ehegatten ist, umso größer wird der Wunsch des Erstversterbenden nach einer Absicherung der Position der Zweitbedachten vor anderweitigen Verfügungen des überlebenden Ehegatten sein.

I. „Berliner Testament" (sog. Einheitslösung)

1. Wechselseitige Alleinerbeneinsetzung mit Schlusserbenbestimmung

Beim sog. Berliner Testament[1] setzen die Ehegatten sich wechselseitig zu Alleinerben und die gemeinsamen Kinder zu Schlusserben ein. Man spricht hier von der Einheitslösung, da sich der Nachlass des Erstversterbenden mit dem Vermögen des überlebenden Ehegatten zu einem einheitlichen Vermögen vermischt. 6

Formulierungsbeispiel

1. Wir setzen uns gegenseitig zu alleinigen Erben ein.
2. Der Längstlebende von uns und ein jeder von uns für den Fall, dass wir gleichzeitig oder kurz hintereinander aus gleichem Anlass versterben, setzt zu seinen alleinigen und unbeschränkten Erben und Ersatzerben unsere gemeinsamen Kinder zu gleichen Teilen ein. Sollte eins unserer Kinder vor dem Erbfall versterben oder aus einem sonstigen Grunde nicht Erbe werden, treten seine Abkömmlinge entsprechend den Regeln über die gesetzliche Erbfolge an seine Stelle. Sind solche nicht vorhanden, so soll der Erbteil des Weggefallenen den anderen Erben im Verhältnis ihrer Erbteile anwachsen.

2. Wechselbezüglichkeit

Der Schutz der zweitbedachten Kinder vor einer anderweitigen testamentarischen Verfügung des überlebenden Ehegatten ist sichergestellt, wenn die **Schlusserbeneinsetzung** der Kinder **wechselbezüglich** im Sinne des § 2270 BGB ist. Zwar enthält § 2270 Abs. 2 BGB eine Auslegungsregel, wonach bei Ehegatten mit gemeinsamen Kindern im Zweifel von einer Wechselbezüglichkeit auszugehen ist, dennoch sollte zur Streitvermeidung eine klare und eindeutige Anordnung zur Wechselbezüglichkeit erfolgen. 7

Formulierungsbeispiel: Wechselbezüglichkeit 8

Sämtliche Verfügungen in diesem Testament erfolgen grundsätzlich wechselbezüglich.

1 Heute wird der Begriff überwiegend für ein Ehegattentestament verwendet, das die Einheitslösung beinhaltet. Früher wurde der Begriff jedoch für ein Testament mit Vor- und Nacherbschaft (sog. Trennungslösung) verwendet. Der Begriff hat nämlich seinen Ursprung im allgemeinen Landrecht für die Preußischen Staaten von 1794, welches vor Inkrafttreten des BGB auch für Berlin Gültigkeit hatte. Danach war es üblich, Testamente mit Vor- u. Nacherbschaft (sog. Trennungsprinzip) zu gestalten. Beim Gesetzgebungsverfahren zum BGB wurde schließlich unter Hinweis auf das bayrische Landrecht § 2269 BGB normiert und die (preußische) Trennungslösung als Grundform des Ehegattentestamentes nicht berücksichtigt. Vgl. *Sticherling*, JuS 2002, 1248 m.w.N.

9 Falls gewünscht, kann die Wechselbezüglichkeit auch differenzierter angeordnet werden. So kann z.B. angeordnet werden, dass der überlebende Ehegatte in Bezug auf die gemeinsamen Abkömmlinge die Schlusserbfolge noch ändern kann.

10 **Formulierungsbeispiel: Differenzierte Wechselbezüglichkeit**
Der Längstlebende kann die Schlusserbfolge unter den gemeinsamen Abkömmlingen frei ändern und auch zu Lebzeiten über das von dem Erstversterbenden geerbte Vermögen an gemeinsame Abkömmlinge unentgeltlich verfügen, ohne dass Ansprüche der Schlusserben aus § 2287 BGB entstehen.

11 Die Bindungswirkung eines gemeinschaftlichen Testamentes tritt mit dem Tod des ersten Ehegatten ein, wenn Verfügungen wechselbezüglich getroffen werden. Wechselbezüglich können nur solche Verfügungen der Ehegatten sein, die voneinander abhängig sein sollen, also bei denen die eine Verfügung mit der anderen stehen und fallen sollen.[2] Gemäß § 2270 Abs. 3 BGB können andere Verfügungen als Erbeinsetzungen, Vermächtnisse oder Auflagen nicht wechselbezüglich sein.

3. Schutz vor beeinträchtigenden Verfügungen durch § 2287 BGB

12 Sofern Verfügungen in einem gemeinschaftlichen Testament wechselbezüglich gem. § 2270 sind oder es sich um bindende Verfügungen in einem Erbvertrag gem. § 2289 handelt, führt diese Bindung grundsätzlich zur Anwendbarkeit der §§ 2287, 2288 BGB. Danach hat der bindend bedachte Erbe einen Herausgabeanspruch nach Bereicherungsrecht, falls der Erblasser den Erben durch eine böswillige Schenkung im Sinne des § 2287 oder durch eine böswillige Verfügung im Sinne des § 2288 beeinträchtigt hat. Der Anspruch entsteht jedoch erst mit dem Tod des Erblassers.

13 Zu Lebzeiten schützen die Ansprüche wegen § 2286 BGB nicht gegen **beeinträchtigende Verfügungen**. Grundsätzlich erhält jeder Erbe nämlich nur das, was beim Eintritt des Erbfalls noch im Nachlass vorhanden ist. Das gilt selbstverständlich für jeden nicht bindend bedachten Erben. Es gilt jedoch gem. § 2286 BGB grundsätzlich auch für bindend bedachte Schlusserben eines gemeinschaftlichen Testamentes, da der Erblasser gem. § 2286 BGB zu Lebzeiten frei über sein Vermögen verfügen kann. Diese Verfügungsmacht wird durch eine erbrechtliche Bindung nicht eingeschränkt, auch nicht bei einem gemeinschaftlichen Testament, da § 2286 BGB hier nach dem Tod des Erstversterbenden entsprechend angewendet wird.[3] Es steht daher weder dem Vertragserben noch dem Erben aufgrund eines nach dem Tod des ersten Ehegatten bindend gewordenen gemeinschaftlichen Testamentes eine rechtlich gesicherte Anwartschaft auf das Vermögen des Erblassers zu, sondern lediglich eine tatsächliche Aussicht.[4] Da demnach kein

2 Palandt/*Weidlich*, § 2270 Rn 1 ff.
3 BGH, Urt. v. 11.5.64 – III ZR 132/63, DNotZ 1965, 357.
4 *Nieder/Kössinger*, § 11 Rn 49.

Erwerbsanspruch besteht, sondern nur eine Erwerbsaussicht, kann diese auch nicht durch eine Vormerkung gesichert werden.[5] Es stellt sich somit die Frage, wie groß der Schutz durch § 2287 BGB tatsächlich ist.

a) Entwicklung der Rechtsprechung zu § 2287 BGB

Durch die alte Rechtsprechung des BGH[6] waren bindend bedachte Erben durch § 2287 BGB bestens geschützt. Unter dem Schlagwort **„Testamentsaushöhlung"** wurden Verfügungen des gebundenen Erblassers fast vollständig unmöglich gemacht. Widersprach die Verfügung dem wirtschaftlichen Ziel des Erbvertrages oder gemeinschaftlichen Testamentes, wurde diese entweder wegen Umgehung des Gesetzes gem. § 134 BGB oder wegen Verstoßes gegen die guten Sitten gem. § 138 BGB für nichtig erklärt. Dieser Schutz des Erben wird heute jedoch seit der Abkehr des BGH von der Aushöhlungsnichtigkeit insgesamt abgelehnt.[7] 14

Die alte Rechtsprechung des BGH führte dazu, dass der gebundene Erblasser praktisch gar nicht mehr zu Lebzeiten über sein Vermögen verfügen konnte, obwohl § 2286 BGB dies gerade ermöglichen sollte.[8] Daher wurde sodann auf das subjektive Element der Beeinträchtigungsabsicht abgestellt. Nur wenn eine böswillige Schenkung vorlag, sollte § 2287 BGB gelten. Diese Einschränkung allein führte jedoch ebenfalls noch zu keinem wesentlich besseren Ergebnis. Denn durch das Vorliegen einer Schenkung wurde das Vorliegen der Beeinträchtigungsabsicht indiziert. Dadurch dass der Erblasser bewusst sein Vermögen durch eine Schenkung minderte, musste er sich der Beeinträchtigung des Erben bewusst sein, also mit entsprechender Absicht handeln.[9] 15

Als weitere Korrektur wurde daher das **ungeschriebene Tatbestandsmerkmal des lebzeitigen Eigeninteresses** eingeführt, womit der BGH einen Missbrauch der Verfügungsmacht des § 2286 zu Lasten des bindend Bedachten prüft.[10] Danach schließt das Vorliegen eines vom Erben anzuerkennenden lebzeitigen Eigeninteresses des Erblassers an der beeinträchtigenden Verfügung die Beeinträchtigungsabsicht aus. Dabei ist das Eigeninteresse des Erblassers objektiv zu bewerten unter Berücksichtigung der jeweils gegebenen Umstände des Einzelfalls. Abzuwägen sind die Beweggründe des Erblassers für die beeinträchtigende Verfügung einerseits und die berechtigten Erberwartungen des bindend Bedachten andererseits. Dabei haben sich Fallgruppen entwickelt, bei deren Vorliegen grundsätzlich von einem lebzeitigen Eigeninteresse ausgegangen werden kann, z.B. wenn sich der Erblasser durch die Schenkung die Pflege bei Krankheit oder 16

5 *Nieder/Kössinger*, § 12 Rn 3.
6 Z.B. BGH, Urt. v. 24.1.1958 – IV ZR 234/57, NJW 58, 547.
7 BGH, Urt. v. 5.7.1972 – IV ZR 125/70, NJW 1973, 240.
8 BGH, Urt. v. 5.7.1972 – IV ZR 125/70, NJW 1973, 240.
9 BGH, Urt. v. 17.12.1997 – IV ZR 138/96, NJW-RR 1998, 577.
10 BGH, Urt. v. 27.1.1982 – IVa ZR 240/80, NJW 1982, 1100.

Alter sichern oder erhalten will.[11] Auch die Absicherung der Unternehmensnachfolge wird als anerkennenswertes lebzeitiges Eigeninteresse eingestuft.[12]

b) Entwertung des Schutzes von § 2287 BGB durch aktuelle Rechtsprechung

17 Die Entwicklung der Rechtsprechung zu § 2287 BGB hat dazu geführt, dass die bindend bedachten Schlusserben praktisch nur noch selten gegen beeinträchtigende Verfügungen geschützt sind. Es ist für den Bedachten nämlich in den meisten Fällen möglich, ein lebzeitiges Eigeninteresse zu behaupten.

aa) Lebzeitiges Eigeninteresse des Erblassers

18 Einer der häufigsten Einwände des Bedachten gegen den Anspruch aus § 2287 BGB ist, dass die Verfügung des Erblassers, der gegen die Bindungswirkung einer letztwilligen Verfügung verstoßen hat, gerechtfertigt sei, da der Erblasser erwartet habe, der Beschenkte werde sich angesichts der Schenkung um die **Versorgung des Erblassers** kümmern und ihn gegebenenfalls bei **Alter und Krankheit pflegen**. Für den BGH ist es ausreichend, dass die Versorgungsleistungen Geschäftsgrundlage geworden sind, auch wenn dies nicht ausdrücklich im Vertrag erwähnt worden ist.[13] Wenn nachgewiesen werden kann, dass für alle Beteiligten die Übernahme der Pflegeleistung Vertragsgrundlage war, liegt ein lebzeitiges Eigeninteresse vor.[14] Dagegen soll die bloße mündliche Anerkennung einer moralischen Verpflichtung im Bedarfsfall für den Schenker zu sorgen nicht für das Vorliegen eines lebzeitigen Eigeninteresses ausreichen.[15] Dieser Fall unterscheidet sich dadurch, dass der Beschenkte zwar auch eine zu erbringende Pflege übernommen hätte, aus seiner Sicht dies aber nicht Grund für die Übertragung durch den Erblasser war.

19 Weitere Entscheidungen zu § 2287 BGB:
- Die Absicht, den **Bestand eines Unternehmens zu erhalten** und dieses auf einen geeigneten Nachfolger zu übertragen, ist ein billigenswertes Eigeninteresse des Erblassers i.S.v. § 2287 BGB.[16]
- Lebzeitiges Eigeninteresse liegt vor, wenn Hilfeleistung wie **Gartenarbeit, Einkaufen, Haushaltsführung, handwerkliche Verrichtungen, Integration in die Familie** von dem Beschenkten erbracht wird, der einen Teil der gemeinsam mit dem Erblasser bewohnten Immobilie geschenkt bekommt.[17]

---

11 *Nieder/Kössinger,* § 12 Rn 9 f.
12 *Tanck*, ZErb 2015, 220.
13 BGH, Urt. v. 23.4.1986 – IVa ZR 97/85, NJW-RR 1987, 2; BGH, Beschl. v. 26.10.2011 – IV ZR 72/11, ZEV 2012, 37.
14 *Nieder/Kössinger,* § 12 Rn 12.
15 OLG Oldenburg, Urt. v. 26.10.1993 – 5 U 60/93, FamRZ 1994, 1423.
16 OLG Oldenburg, Urt. v. 5.10.2010 – 12 U 51/10, BeckRS 2011, 23182.
17 OLG Karlsruhe, Beschl. v. 4.8.2014 – 8 U 120/13, BeckRS 2014, 23075.

- Lebzeitiges Eigeninteresse liegt vor bei **Übernahme von Winterdienst, Gartenpflege mit Rasenmähen, Heckenschnitt etc.** sowie der Durchführung einer monatlichen Fahrt zum Großeinkauf im Zeitraum von über 20 Jahren, der Übernahme des wöchentlichen Besorgen des Haushalts (Putzen, Staubsaugen, Betten abziehen) nach der Erkrankung der Erblasserin, Übernahme der wöchentlichen Einkäufe und Botengänge für die Erblasserin sowie die Übernahme sämtlicher Fahrdienste.[18]
- Lebzeitiges Eigeninteresse liegt vor, wenn eine Mutter an den Sohn nur schenkt, da dieser zuvor depressiv gewesen ist, seelische und finanzielle Unterstützung benötigte, Probleme hatte, eine angemessene Arbeit zu finden, die **Mutter Angst um ihn gehabt hat** und ihn hatte retten wollen. Ob das Geschenk wirtschaftlich notwendig war oder das gleiche Ziel (etwa durch ein Wohnrecht) auch „billiger" hätte erreicht werden können, ist nicht von entscheidender Bedeutung.[19]
- Kein lebzeitiges Eigeninteresse durch Alterssicherung, wenn der 52-jährigen zweiten Ehefrau nach nur einem Ehejahr ein Grundstück übertragen wird, während der „undankbare" Sohn noch den Pflichtteil nach seiner nur wenige Jahre zuvor verstorbenen Mutter (und 1. Ehefrau des Erblassers) geltend macht. Hier war das Motiv der Alterssicherung aus Sicht des Gerichtes offensichtlich nur vorgeschoben.[20]
- Lebzeitiges Eigeninteresse kann auch vorliegen, wenn der Beschenkte – ohne dazu rechtlich verpflichtet zu sein – Leistungen, etwa zur Betreuung im weiteren Sinne, übernimmt, tatsächlich erbringt und auch in der Zukunft vornehmen will. Hier kümmerte sich der Beschenkte um Haus, Garten, Einkäufe, Reinigung etc., damit die Erblasserin zu Hause wohnen bleiben konnte, obwohl dies nach dem Vertragstext des Übergabevertrags ausdrücklich nicht vereinbart und geschuldet war. Dies steht aus Sicht des BGH der Annahme eines **anerkennenswerten lebzeitigen Eigeninteresses** nicht entgegen. Hätte eine vertragliche Verpflichtung hierzu bestanden, hätte dies bereits das Vorliegen einer Schenkung i.S.d. § 2287 BGB ausgeschlossen.[21]
- Lebzeitiges Eigeninteresse liegt vor, wenn einer der bindend bedachten Erben noch zu Lebzeiten des Erblassers so schwer erkrankt, dass er den Familienbetrieb, wie bei Errichtung des Erbvertrages beabsichtigt, nicht weiterführen kann, und deshalb dieser Betrieb noch zu Lebzeiten des Erblassers auf einen anderen Sohn übertragen wird, der einen geeigneten Nachfolger darstellt, **damit der Betrieb in Familienbesitz bleibt.**[22]

---

18 BGH, Beschl. v. 26.10.2011 – IV ZR 72/11, ZErb 2012, 25.
19 OLG München, Urt. v. 20.2.2014 – 23 U 3244/13, FamRZ 2015, 608.
20 OLG Frankfurt a.M., Urt. v. 20.12.2012 – 22 U 45/11, BeckRS 2013, 21474.
21 BGH, Beschl. v. 26.10.2011 – IV ZR 72/11, ZErb 2012, 25.
22 OLG Oldenburg, Urt. v. 5.10.2010 – 12 U 51/10, BeckRS 2011, 23182.

bb) Beweisproblem des Erben

20 Es ist Sache des durch die Schenkung benachteiligten Vertrags- bzw. Schlusserben darzulegen und zu beweisen, dass ein lebzeitiges Eigeninteresse des Erblassers gefehlt hat. Da dieser Nachweis schwer zu führen ist, insbesondere dann, wenn der Vertragserbe die Hintergründe der Schenkung nicht kennt, darf sich der Anspruchsgegner nicht darauf beschränken, den Missbrauch des Rechts zu Verfügungen unter Lebenden schlicht zu bestreiten. Er muss vielmehr die **Umstände darlegen, aus denen sich das lebzeitige Eigeninteresse des Erblassers ergeben soll**. Ist der Anspruchsgegner seiner Substantiierungspflicht nachgekommen, dann muss der Vertrags- bzw. Schlusserbe entweder die **Darstellung des Anspruchsgegners widerlegen** oder nachweisen, dass die vorgetragenen Gründe den Erblasser in Wahrheit nicht zu der Schenkung bewegt haben. Ein **„non-liquet" geht zulasten des Erben.**[23]

21 Im Regelfall wird der Beschenkte jedoch Ausführungen zu einem lebzeitigen Eigeninteresse machen. Die anwaltliche Beratung hat mittlerweile erkannt, dass insbesondere mit Pflegeerwartungen ein lebzeitiges Eigeninteresse leicht zu begründen ist. Dies ist selbst dann der Fall, wenn diese Pflegeerwartungen mit keinem Wort in dem Übertragungsvertrag erwähnt worden sind.

22 Oft wird der Fall so gelagert sein, dass der Erblasser älter als der Beschenkte war. Meistens wird der Erblasser zum Zeitpunkt der Schenkung noch recht rüstig und wenig oder gar nicht pflegebedürftig gewesen sein. Der Erblasser wird eine besondere Nähebeziehung zu dem Beschenkten gehabt haben, z.B. zu seinem neuen Ehegatten, anders als zu dem bindend eingesetzten Erben, vielleicht weil dieser mittlerweile weit entfernt vom Erblasser lebt. Aufgrund dieser Umstände wird dann der Beschenkte später behaupten, dass selbstverständlich eine Pflege von ihm übernommen worden wäre, auch wenn es tatsächlich gar nicht zu einer Pflegebedürftigkeit des Erblassers gekommen ist. Dies habe man jedoch in dem Vertrag nicht schriftlich geregelt, das sei ja selbstverständlich Grundlage des Vertrages gewesen. Einen solchen Vortrag kann der Erbe, der möglicherweise längere Zeit keinen Kontakt zum Erblasser hatte, nicht widerlegen. Aus diesem Grund wird dann ein Anspruch aus § 2287 BGB oft scheitern.

cc) Fehlende Unentgeltlichkeit

23 Ein weiteres Problem für den Anspruchsteller aus § 2287 BGB kann die Frage der Unentgeltlichkeit sein. Nur wenn ein **unentgeltliches Rechtsgeschäft** vorliegt, liegt auch eine Beeinträchtigung des Erben vor. Bei der Frage der Unentgeltlichkeit kommt es sowohl auf die objektive als auch auf die subjektive Unentgeltlichkeit an.[24] Es reicht demnach nicht aus, wenn bloß objektiv zwischen Leistung

---

23 So OLG Karlsruhe, Beschl. v. 4.8.2014 – 8 U 120/13, BeckRS 2014, 23075, mit Verweis auf BGHZ 116, 167, 176; 97, 188, 193; 66, 8, 17.

24 BGH, Urt. v. 23.9.1981 – IVa ZR 185/80, NJW 1982, 43.

und Gegenleistung ein derartiges Missverhältnis liegt, dass ein objektiver Dritter von einer unentgeltlichen Leistung ausgehen würde. Vielmehr müssen sich die Vertragsparteien subjektiv auch darüber einig gewesen sein, dass Unentgeltlichkeit vorliegt. Dies kann im Einzelfall schwer zu beweisen sein. Wenn die beschenkte Partei behauptet, man sei von Entgeltlichkeit ausgegangen, spricht zwar möglicherweise die objektive Unentgeltlichkeit als Indiz dagegen. Liegen aber andere Umstände vor, insbesondere durch die allgemeinen Lebensumstände und wirtschaftlichen Verhältnisse von Schenker und Beschenktem, die es nicht unwahrscheinlich erscheinen lassen, dass tatsächlich das Geschäft als entgeltlich angesehen wurde, kann der Anspruch des vermeintlich geschützten Erben auch hieran scheitern. Das objektive Vorliegen von inäquivalenten beidseitigen Leistungen kann dann aber die Annahme einer gemischten Schenkung rechtfertigen.[25]

dd) Zwischenergebnis

Somit erscheint die auf den ersten Blick sehr starke Position des bindend bedachten Erben doch nicht mehr so stark. Egal wie stark die Bindungswirkung ausgestaltet worden ist, durch die einfache Behauptung, die spätere Schenkung sei mit lebzeitigem Eigeninteresse erfolgt, kann die gesamte Bindungswirkung oft ausgehebelt werden. Dies selbst dann, wenn bis zum Streit über die Herausgabe nach § 2287 BGB niemals ein Wort über Pflege oder Pflegeerwartung geschrieben worden ist. 24

ee) Grenzen der aktuellen Rechtsprechung zu § 2287 BGB

Zu klären ist, ob die große Freiheit des Erblassers, die die aktuelle Rechtsprechung bietet, grenzenlos ist. So stellt sich die Frage, wie viel sich der Erblasser die zu erwartende Pflege kosten lassen darf. Auch hier werden für den Erblasser allerdings sehr großzügige Maßstäbe angelegt. Damit Rechtssicherheit für Erblasser und Beschenkten eintritt, wird keine wirtschaftliche Betrachtungsweise vorgenommen. Der Erblasser darf sich die ihm erbrachte oder noch zu erbringende Leistung auch etwas „kosten lassen".[26] Es wird daher nicht darauf abgestellt, ob die Altersversorgung „günstiger" hätte erreicht werden können, beispielsweise durch eine Pflegevereinbarung mit dem bereits bindend bedachten Erben.[27] 25

Diese Einschätzung kann jedoch nicht schrankenlos gelten. Erforderlich ist eine Gesamtabwägung aller Umstände.[28] Es wird dazu beispielsweise eine Abwägung dieser Umstände nach den Kriterien Geeignetheit, Erforderlichkeit und Verhält- 26

25 BGH, Beschl. v. 26.10.2011 – IV ZR 72/11, ZEV 2012, 37.
26 BGH, Beschl. v. 26.10.2011 – IV ZR 72/11, ZEV 2012, 37.
27 *Nieder/Kössinger,* § 12 Rn 12.
28 OLG Hamm, Urt. v. 21.7.2009 – 10 U 30/09, BeckRS 2010, 03240.

nismäßigkeit vorgenommen.[29] Diese Kriterien bedingen, dass feste Wertangaben oder Quoten nicht festgesetzt werden können.[30]

27 Da der Vertrags- oder Schlusserbe, wie beschrieben, oft ein Beweisproblem bezüglich der behaupteten und schlüssig vorgetragenen Beweggründe des Erblassers haben wird, was die Feststellung eines Missbrauchs der Verfügungsmacht durch das Gericht unmöglich macht, kann der Anspruchsteller versuchen, die objektiv leichter feststellbaren Kriterien der Erforderlichkeit oder Verhältnismäßigkeit anzugreifen.

28 Ein Erblasser, der über ein Millionenvermögen verfügt und dieses nach und nach zu Lebzeiten überträgt, da ihm bekannt ist, dass er aufgrund eines bindend gewordenen Testamentes nicht mehr neu testieren kann, wird gewiss einen Teil seines Vermögens zur Sicherung der Pflege im Alter aufwenden dürfen. Sicherlich darf der Erblasser den Beschenkten, beispielsweise wenn es sich um seinen Ehegatten handelt, so absichern, dass der gehobene Lebensstandard, der aufgrund des Vermögens des Erblassers auch dessen Ehegatten zugutekam, gehalten werden kann. Das bedeutet, dass die Pflegeperson beispielsweise durch Zahlung einer monatlichen Leibrente, die deutlich über einer Aufwandsentschädigung für Pflegeleistungen oder für das Entgelt einer professionellen Pflegeleistung liegen würde, abgesichert werden kann. Wenn aber der Bedachte, der Pflegeleistungen erbringen soll und auch tatsächlich erbringt, durch Zuwendungen so abgesichert ist, dass der (hohe) Lebensstandard ohne Weiteres über viele weitere Jahre hinweg gehalten werden kann, ist die weitere Übertragung von Vermögen nicht mehr zu rechtfertigen.

c) Weitere Lücken im Schutz durch § 2287 BGB

29 Wenn es dem bindend bedachten Erben gelingt, sowohl das Vorliegen einer Schenkung als auch das Vorliegen eines Missbrauchs der Verfügungsmacht darzulegen und zu beweisen, ergibt sich für ihn eine weitere Lücke im vermeintlichen Schutz des § 2287 BGB. Der Anspruch aus § 2287 BGB stellt nämlich nur einen Bereicherungsanspruch auf Herausgabe des Geschenkes gemäß den §§ 812–822 BGB dar. Demnach kann der Beschenkte den Wegfall der Bereicherung gemäß § 818 Abs. 3 BGB einwenden. Hat also der Beschenkte nicht die Möglichkeit, das Geschenk herauszugeben und liegt Entreicherung vor, geht der Vertragserbe ebenfalls leer aus. Auch hier bestehen vielfältige Möglichkeiten, wie die Ansprüche des bindend Bedachten gezielt vereitelt werden können.[31]

30 Die Verjährungsfrist für den Anspruch aus § 2287 BGB beträgt drei Jahre. Sie beginnt jedoch nicht erst mit Schluss des Jahres, in dem der Anspruch entstanden

29 So *Schindler*, ErbR 2015, 526, 532 mit weiteren sehr ausführlichen Anmerkungen.
30 OLG Köln, Beschl. v. 30.9.1991 – 2 W 140/91, NJW-RR 1992, 200; *Schindler*, ErbR 2015, 526, 532.
31 *Nieder/Kössinger*, § 13 Rn 3.

ist, in dem also der Erblasser verstorben ist. Sie beginnt bereits mit dem Todestag zu laufen und endet daher stichtagsgenau drei Jahre nach dem Tod des Erblassers. Dabei kommt es für den Fristbeginn nicht darauf an, dass der bedachte Erbe Kenntnis von seiner Erbeinsetzung, der Schenkung oder der Beeinträchtigungsabsicht des Erblassers hatte. Auch hier ist der Erbe vergleichsweise schlecht gestellt, vor allem dann, wenn er zunächst die Hintergründe einer ihm bis dahin unbekannten Schenkung aufzuklären versuchen muss.

Auch § 826 BGB schützt den bindend bedachten Erben oder Vermächtnisnehmer 31
nicht. Nach dem BGH kann selbst kollusives Zusammenwirken von Erblasser und Beschenkten ein Anspruch aus § 826 BGB nicht rechtfertigen, da die speziellen Regelungen der §§ 2287, 2288 BGB vorgehen.[32]

d) Ergebnis zum Schutz durch § 2287 BGB

Im Ergebnis ist festzuhalten, dass die **Erwerbsposition** der **bindend bedachten** 32
Kinder beim sog. Berliner Testament **nur schlecht geschützt** ist. Selbst wenn der Verstoß gegen eine bindende Verfügung und das Vorliegen der Beeinträchtigungsabsicht offensichtlich erscheinen, steht der bindend bedachte Erbe regelmäßig vor einem Beweisproblem, wenn er das Nichtvorliegen eines lebzeitigen Eigeninteresses beweisen muss. Dies umso mehr, als dass an den Vortrag des Beschenkten bezüglich der Umstände des lebzeitigen Eigeninteresses viel zu geringe Anforderungen gestellt werden. Die einfache Behauptung, die Schenkung sei in der Absicht erfolgt, sich dadurch die Pflege in der Zukunft zu sichern oder zu erhalten, reicht meistens aus, damit eine Klage aus § 2287 BGB erfolglos bleibt.

Wenn der durch eine Verfügung von Todes wegen gebundene Erblasser sich 33
nicht mehr an die bindende Verfügung halten möchte, gibt es für ihn zahlreiche gestalterische Wege, um die Bindungswirkung zu umgehen. Der bindend bedachte Erbe kann sich somit nicht darauf verlassen, dass er durch die bindende Verfügung ausreichend geschützt ist. Auch der Erstversterbende kann nicht sicher sein, dass bei einem Sinneswandel des anderen Vertragschließenden oder testierenden Ehegatten tatsächlich auch Jahre nach dem Tod des Erstversterbenden die gemeinsame Verfügung von Todes wegen wie besprochen und erwartet umgesetzt werden wird.

II. Vor- und Nacherbschaft (sog. Trennungslösung)

Anders als beim sog. Berliner Testament, in welchem sich die Ehegatten zunächst 34
gegenseitig zu alleinigen Erben einsetzen und die gemeinsamen Kinder Schlusserben sind, kann der überlebende **Ehegatte auch nur Vorerbe** und die Kinder **Nacherben** werden (sog. Trennungslösung, da zwei getrennte Vermögensmassen

32 BGH, Urt. v. 21.6.1989 – IVa ZR 302/87, NJW 1989, 2389.

in der Hand des überlebenden Ehegatten entstehen). Der Vorerbe ist dabei durch die §§ 2113 ff. BGB diversen Beschränkungen unterworfen. Er darf z.B. über Immobilien nicht verfügen und auch keine Schenkungen vornehmen. Von einigen Beschränkungen kann der Erblasser gemäß § 2136 BGB befreien.

35 **Formulierungsbeispiel**

1. Wir setzen uns gegenseitig zu alleinigen Erben ein.
2. Der Längstlebende ist bezogen auf das von dem Erstversterbenden geerbte Vermögen nur Vorerbe. Nacherben sind unsere gemeinsamen Kinder zu gleichen Teilen. Sollte eines unserer Kinder vor dem Erbfall versterben oder aus einem sonstigen Grunde nicht Erbe werden, treten seine Abkömmlinge entsprechend den Regeln über die gesetzliche Erbfolge an seine Stelle. Sind solche nicht vorhanden, so soll der Erbteil des Weggefallenen den anderen Erben im Verhältnis ihrer Erbteile anwachsen. Die Vererblichkeit und/oder Übertragbarkeit der Nacherbenanwartschaftsrechte ist ausgeschlossen. Der Vorerbe ist von den gesetzlichen Beschränkungen, soweit nachfolgend nicht anders geregelt und soweit rechtlich zulässig, (nicht) befreit.
3. Der Längstlebende von uns und ein jeder von uns für den Fall, dass wir gleichzeitig oder kurz hintereinander aus gleichem Anlass versterben, setzt zu seinen alleinigen und unbeschränkten Erben und Ersatzerben unsere gemeinsamen Kinder zu gleichen Teilen ein. Sollte eins unserer Kinder vor dem Erbfall versterben oder aus einem sonstigen Grunde nicht Erbe werden, treten seine Abkömmlinge entsprechend den Regeln über die gesetzliche Erbfolge an seine Stelle. Sind solche nicht vorhanden, so soll der Erbteil des Weggefallenen den anderen Erben im Verhältnis ihrer Erbteile anwachsen.

1. Schutzmechanismus der Vor- und Nacherbschaft

36 Der Vorerbe hat grundsätzlich nur das Recht, die zum Nachlass gehörenden Vermögenswerte zu gebrauchen und die Nutzungen zu ziehen. Die Substanz darf der Vorerbe jedoch grundsätzlich nicht beeinträchtigen, da die Vorerbschaft beim Eintritt des Nacherbfalls ungeschmälert auf die Nacherben übergehen soll. Die wichtigsten Schutzvorschriften stellen dabei § 2113 Abs. 1 und Abs. 2 BGB dar.

37 Nach § 2113 Abs. 1 BGB ist eine Verfügung des Vorerben über ein zur Vorerbschaft gehörendes Grundstück oder Recht an einem Grundstück insoweit unwirksam, als diese Verfügung das **Recht des Nacherben vereiteln** oder beeinträchtigen würde. Dabei stellt jede Übertragung, Aufhebung, Inhaltsänderung, Belastung oder Aufgabe des Grundstücksrechts eine Verfügung des Vorerben dar.[33] Jegliche Übertragung des Eigentums durch den Vorerben, wodurch z.B.

33 Palandt/*Weidlich*, § 2113 Rn 2.

eine Immobilie aus dem Nachlass ausscheidet, wäre somit eine unzulässige Verfügung. Hierdurch wird der Erhalt der Substanz für den Nacherben gesichert. Die Verfügung muss auch zu einer Beeinträchtigung des Nacherben führen. Dabei ist eine rechtliche und nicht eine wirtschaftliche Betrachtung der Verfügung vorzunehmen.[34] Auf eine eventuelle Gegenleistung kommt es somit nicht an. Selbst der Verkauf der Immobilie zum Verkehrswert oder sogar darüber würde eine Beeinträchtigung des Nacherben darstellen. Es kommt einzig und allein auf den Erhalt der Substanz des Nachlasses an.

Rechtsfolge einer solchen beeinträchtigenden Verfügung ist deren Unwirksam- 38
keit. Diese tritt jedoch erst mit dem Eintritt des Nacherbfalls ein.[35] Für die Dauer der Vorerbschaft ist die Verfügung dinglich wirksam. Fällt die Nacherbfolge weg, tritt auch keine Unwirksamkeit der Verfügung ein. Der Wegfall könnte sich beispielsweise dadurch ergeben, dass der Nacherbe die Nacherbschaft ausschlägt, eine aufschiebende Bedingung eintritt oder der Nacherbe verstirbt, ohne dass das Nacherbrecht vererbt wird.[36] In diesem Fall wird der Vorerbe zum Vollerben, § 2142 BGB.

Tritt die Nacherbschaft und damit die Unwirksamkeit der Verfügung ein, wirkt 39
diese absolut.[37] Der Nacherbe kann von jedem Erwerber die Herausgabe verlangen. Das Grundbuch ist unrichtig geworden und der Nacherbe hat einen Anspruch auf Berichtigung gegenüber dem eingetragenen Eigentümer. Auch ein gutgläubiger Erwerb vom Vorerben ist in der Regel ausgeschlossen. Im Grundbuch wird ein Vermerk eingetragen, woraus ersichtlich ist, dass das Grundstück zu einer Vorerbschaft gehört und der entsprechenden Bindung unterliegt, § 51 GBO. Somit kann sich ein Erwerber nicht darauf berufen, dass er die Verfügungsbeschränkung des Vorerben als Veräußerer nicht gekannt hat. Es kommt aber eine Veräußerung der Immobilie mit Zustimmung des Nacherben in Betracht. Durch die Zustimmung entfällt eine Beeinträchtigung des Nacherben.[38] Eine mit Zustimmung des Nacherben erfolgte Veräußerung ist somit direkt wirksam.[39]

Damit stellt die Anordnung von Vor- und Nacherbschaft eine Möglichkeit dar, 40
eine dingliche Sicherung der erbrechtlichen Ansprüche des Nacherben zu erreichen. Gemäß § 2136 BGB kann der Vorerbe jedoch von der Beschränkung des § 2113 Abs. 1 BGB befreit werden. Kommt es dem Erblasser jedoch auf den insbesondere auch dinglichen Schutz des Nacherben an, sollte diese Befreiung selbstverständlich nicht erteilt werden.

34 Palandt/*Weidlich*, § 2113 Rn 5.
35 Damrau/Tanck/*Bothe*, § 2113 Rn 11.
36 MüKo/*Grunsky*, § 2113 Rn 18.
37 Palandt/*Weidlich*, § 2113 Rn 8.
38 Palandt/*Weidlich*, § 2113 Rn 5.
39 OLG München, Beschl. v. 7.8.2013 – 34 Wx 161/13, NJW-RR 2014, 8.

2. Geringerer Schutz bei beweglichen Gegenständen

41 Der gutgläubige Erwerb von beweglichen Gegenständen ist jedoch nicht ausgeschlossen. Hierbei ist der Erwerber geschützt, wenn er annimmt, dass der Gegenstand entweder keiner Nacherbfolge unterliegt oder der Vorerbe gemäß § 2136 BGB befreit ist.

3. Absolute Sicherheit vor Schenkungen

42 Weiterhin stellt die Anordnung der **Vor- und Nacherbschaft** eine **absolute Sicherung** des Nacherben **vor unentgeltlichen Verfügungen** dar. Auch diese Verfügungen sind gemäß § 2113 Abs. 2 BGB unwirksam, soweit sie das Recht des Nacherben vereiteln oder beeinträchtigen würden. Von dieser Beschränkung kann der Vorerbe nicht gemäß § 2136 BGB befreit werden. Eine Ausnahme bilden lediglich so genannte Pflicht- oder Anstandsschenkungen gemäß § 2113 Abs. 2 S. 2 BGB. Rechtsgrundlose Verfügungen sollen dabei unentgeltlichen Verfügung gleichgestellt sein.[40]

43 Unentgeltlichkeit liegt ansonsten dann vor, wenn eine Gegenleistung nicht erfolgt und somit dem Nachlass nichts Gleichwertiges wieder zugutekommt.[41] Hierbei muss sowohl objektiv als auch subjektiv Unentgeltlichkeit gegeben sein. Objektiv ist dies der Fall, wenn keine oder keine gleichwertige Gegenleistung in den Nachlass fließt. Subjektiv liegt Unentgeltlichkeit dann vor, wenn der Vorerbe das Fehlen einer Gegenleistung oder deren Ungleichwertigkeit erkannt hat oder nach den Maßstäben ordnungsgemäßer Verwaltung hätte erkennen müssen.[42] Im Gegensatz zu § 2113 Abs. 1 BGB wird hier jedoch eine wirtschaftliche und nicht eine rechtliche Betrachtungsweise angelegt.[43] Dabei kommt es darauf an, ob der Vorerbe im Hinblick auf die ihm bekannte Herausgabepflicht der Vorerbschaft erkennen konnte, dass die Rechte des Nacherben durch die Verfügung beeinträchtigt werden. Auch wenn eine Gegenleistung in den Nachlass zurückfließt, diese jedoch deutlich weniger wert ist als der veräußerte Gegenstand, führt diese Teilunentgeltlichkeit zur Unwirksamkeit der gesamten Verfügung.[44] Unentgeltlichkeit liegt ebenfalls vor, wenn zwar eine Gegenleistung des Vertragspartners vereinbart und auch geleistet wird, diese aber nicht dem Nachlass, sondern dem Vorerben direkt zukommt und es ausgeschlossen ist, dass die Leistung (auch) dem Nachlass zugutekommen kann, z.B. beim Verkauf eines Nachlassgegenstandes gegen eine Leibrente für den Vorerben.[45] In diesem Fall findet keine Surroga-

40 MüKo/*Grunsky*, § 2113 Rn 36.
41 Palandt/*Weidlich*, § 2113 Rn 9.
42 BGH, Urt. v. 23.11.1983 – IVa ZR 147/81, NJW 1984, 366.
43 Palandt/*Weidlich*, § 2113 Rn 10.
44 *Nieder/Kössinger*, § 10 Rn 16, 37.
45 MüKo/*Grunsky*, § 2113 Rn 30.

tion gemäß § 2111 BGB statt, so dass aus Sicht des Nacherben eine unentgeltliche Verfügung vorliegt.[46]

4. Grenzen der Absicherung des Nacherben

Grundsätzlich führt die Anordnung der Vor- und Nacherbschaft zu einer hohen 44
Sicherheit des Nacherben. Dennoch ist der Vorerbe bei der Verwaltung des Nachlasses grundsätzlich frei. Er hat zwar für eine ordnungsgemäße Verwaltung zu sorgen, haftet jedoch nur für eigenübliche Sorgfalt, § 2131 BGB. Außerdem tritt die Haftung erst mit Eintritt des Nacherbfalles ein, § 2130 BGB.[47] Auch ist der Vorerbe gemäß § 2134 BGB berechtigt, Erbschaftsgegenstände eigennützig für sich zu verwenden. Auch hier ist er zum Ersatz des Wertes erst nach Eintritt des Nacherbfalls verpflichtet. Dadurch wird der Anspruch auf Herausgabe des Nachlasses für den Nacherben gefährdet.

Das Recht zur eigennützigen Verwendung birgt beim nach § 2136 BGB befreiten 45
Vorerben ein weiteres Risiko, obwohl auch dieser zu Schenkungen nicht berechtigt ist. Hier wird ausnahmsweise eine Verfügung auch dann nicht als unentgeltlich angesehen, wenn die Gegenleistung dem Vorerben ausschließlich persönlich zufließt. Aufgrund des Rechtes zum Eigenverbrauch sei eine Beeinträchtigung des Nacherben ausgeschlossen.[48] Die objektiv unentgeltliche Verfügung des befreiten Vorerben ist dann dennoch wirksam.

Daher stehen dem Nacherben weitere Kontroll- und Sicherungsrechte zur Verfü- 46
gung. Besteht Grund zu der Annahme, dass durch die Verwaltung des Vorerben die Rechte des Nacherben erheblich verletzt werden, kann der Nacherbe von dem Vorerben Auskunft über den Bestand der Erbschaft gemäß § 2127 BGB verlangen. Hierfür ist es nicht erforderlich, dass bereits eine Rechtsverletzung des Nacherben nachgewiesen ist. Es muss jedoch ein Verhalten des Vorerben vorliegen, das die Besorgnis einer Rechtsverletzung rechtfertigt, wie beispielsweise die Unwirtschaftlichkeit der Verwaltung des eigenen Vermögens oder ungünstige Vermögensanlagen.[49] Wird durch das Verhalten des Vorerben die Besorgnis einer erheblichen Rechtsverletzung des Nacherben begründet, so kann der Nacherbe gemäß § 2128 BGB eine Sicherheitsleistung vom Vorerben verlangen. Wird die Sicherheit nicht innerhalb einer zu setzenden Frist gestellt, kann die Zwangsverwaltung der Vorerbschaft gemäß §§ 2129, 1052 BGB angeordnet werden. Dann hat ein Zwangsverwalter dafür Sorge zu tragen, dass die Rechte des Nacherben nicht beeinträchtigt werden.

---

46 *Nieder/Kössinger,* § 10 Rn 16, 37.
47 *Nieder/Kössinger,* § 10 Rn 26.
48 Palandt/*Weidlich,* § 2113 Rn 11; MüKo/*Grunsky,* § 2113 Rn 31.
49 Palandt/*Weidlich,* § 2127 Rn 1.

47 Verfügt der Vorerbe dagegen nicht über ein Grundstück und liegt auch keine unentgeltliche Verfügung vor, ist der Nacherbe nur durch § 2111 BGB, der eine Surrogation der erhaltenen Gegenleistung vorschreibt, und auf Schadensersatzansprüche gemäß den §§ 2131, 2139 BGB, die auf eine nicht ordnungsgemäße Verwaltung des Nachlasses gestützt werden, geschützt.[50] Dieser „Schutz" bewirkt jedoch keine dingliche Sicherung, was den Erhalt bestimmter Vermögenswerte in der Familie unterlaufen kann.

5. Sicherung der Handlungsfähigkeit des Vorerben

48 Gerade bei komplexen Vermögensstrukturen können die gesetzlichen Schutzvorschriften für die Nacherben beim Vorerben zur Handlungsunfähigkeit führen und eine wirtschaftlich sinnvolle oder sogar erforderliche Umstrukturierung eines zum Nachlass gehörenden Unternehmens praktisch unmöglich machen oder doch zumindest erheblich erschweren, wenn der Nacherbe nicht bereit ist, daran mitzuwirken.

49 Zwar ist der Nacherbe gem. § 2120 BGB zur Zustimmung zu Verfügungen verpflichtet, die der **ordnungsgemäßen Verwaltung** des Nachlasses durch den Vorerben dienen. Es bietet sich aber dennoch an, den Nacherben testamentarisch über die gesetzliche Zustimmungspflicht hinaus zur Mitwirkung bzw. Zustimmung bei wirtschaftlich sinnvollen Umstrukturierungen zu verpflichten. Den Maßstab der ordnungsgemäßen Verwaltung kann nämlich der Erblasser in seiner letztwilligen Verfügung selbst bestimmen.[51] Dies gilt jedoch nicht schrankenlos, die Grenzen der Befreiungsmöglichkeiten gem. § 2136 BGB sind vom Erblasser stets zu beachten.

50 Über die Frage, ob eine Maßnahme der ordnungsgemäßen Verwaltung gem. § 2120 BGB entspricht, kann im Einzelfall trefflich gestritten werden. Zwar hat der Vorerbe, der ein Unternehmen führt, einen weiteren Entscheidungsspielraum als ein Erbe, der Vermögen nur verwaltet. Jedoch kann der Vorerbe im Zweifel den Widerstand des Nacherben nur durch ein langwieriges Gerichtsverfahren überwinden, was einen potentiellen Geschäftspartner sicher davon abhalten wird, mit dem Vorerben ernsthafte Verhandlungen über eine Umstrukturierung o.Ä. zu führen. Eine solche Abhängigkeit vom Nacherben kann auf die evtl. lange Dauer der Vorerbschaft (denkbar sind ja 30 Jahre und mehr, vgl. § 2109 BGB) sicherlich ein erhöhtes Streitpotential und damit eine Gefährdung des zu erhaltenden Vorerbes bedeuten. Die gesetzliche Zustimmungspflicht ist also nicht geeignet, die Handlungsfähigkeit des Vorerben für wirtschaftlich sinnvolle Maßnahmen ausreichend zu sichern.

---

50 *Nieder/Kössinger,* § 10 Rn 19.
51 MüKo/*Grunsky,* § 2120 Rn 7.

Zur effektiven **Sicherung der Handlungsfähigkeit des Vorerben** kann sich daher eine Nacherbentestamentsvollstreckung gem. § 2222 BGB anbieten. Der Nacherbenvollstrecker gem. § 2222 BGB nimmt die Rechte des Nacherben in der Zeit zwischen Eintritt des Erbfalls und Eintritt des Nacherbfalls wahr.[52] Sie belastet demnach den Nacherben.[53] 51

Der Nacherbentestamentsvollstrecker und der Testamentsvollstrecker über die Vorerbschaft können die gleichen Personen sein.[54] Der alleinige Vorerbe kann nach h.M. in Rechtsprechung und Literatur allerdings nicht Nacherbentestamentsvollstrecker sein, da sonst die mit der Nacherbenvollstreckung bezweckte Beaufsichtigung des Vorerben hinfällig wär.[55] Anweisungen des Erblassers an den Testamentsvollstrecker, die seine Rechte extrem erweitern, können jedoch gem. § 138 BGB nichtig sein.[56] 52

Als Leitbild für das Ausmaß des zulässigen Ermessens des Testamentsvollstreckers für den Vorerben dient der **„dynamische Geschäftsführer“**, der, um neue Chancen nutzen zu können, nach sorgfältiger Abwägung des Für und Widers auch Risiken eingeht.[57] Die Grenze dieses Ermessens für den Testamentsvollstrecker findet sich in § 2205 BGB, der unentgeltliche Verfügungen verbietet.[58] 53

Formulierungsbeispiel: Nacherbentestamentsvollstreckung 54
Während der Dauer der Vorerbschaft soll der Testamentsvollstrecker auch die Rechte der Nacherben gemäß § 2222 wahrnehmen. Sollte die Zustimmung der Nacherben zu Verfügungen oder sonstigen Handlungen der Vorerben erforderlich werden, ordnen wir an, dass diese insbesondere zur Zustimmung zu allen sinnvollen Umstrukturierungsmaßnahmen verpflichtet sind. Diese Maßnahmen stellen stets eine ordnungsgemäße Verwaltung im Sinne der §§ 2120, 2216 BGB dar. Der Testamentsvollstrecker ist berechtigt und verpflichtet, die Zustimmung der Nacherben nach eigenem Ermessen als Nacherbentestamentsvollstrecker abzugeben. Er ist von den Beschränkungen des § 181 BGB befreit.

52 Tanck/Krug/*Uricher,* Anwaltformulare Testamente, § 17 Rn 36.

53 Tanck/Krug/*Uricher,* Anwaltformulare Testamente, § 17 Rn 38.

54 MüKo/*Zimmermann,* § 2222 Rn 1, 9. Es wird sogar vertreten, dass der Testamentsvollstrecker, der gleichzeitig für den Vorerben und den Nacherben ernannt worden ist, gar nicht den Beschränkungen des Vorerben gem. §§ 2113, 2114 BGB unterliegt, sondern nur den Begrenzungen der Testamentsvollstreckung, namentlich dem Verbot von Schenkungen aus § 2205 BGB.

55 Vgl. DNotI-Report 24/2015, 185, 186 m.v.w.N.

56 Palandt/*Weidlich,* § 2216 Rn 4; NK-BGB/*Kroiß*, § 2216 Rn 18.

57 BGH, Urt. v. 14.12.1994 – IV ZR 184/93, NJW-RR 1995, 577; *Iliou*, ZErb 2008, 96.

58 Palandt/*Weidlich*, § 2216 Rn 2.

6. Ergebnis zum Schutz durch Vor- und Nacherbschaft

55 Die Anordnung der Vor- und Nacherbschaft stellt für den Erblasser eine sehr sichere Möglichkeit dar, die erbrechtlichen Ansprüche des Zweitbedachten zu sichern. Ein unerwünschtes „Abwandern“ von Vermögenswerten aus der Familie kann vermieden werden. Außerdem besteht ein Schutz vor Pflichtteilsansprüchen eines Pflichtteilsberechtigten des Vorerben, denn die Vorerbschaft wird bei der Berechnung etwaiger Pflichtteilsansprüche nach dem Tod des Vorerben nicht berücksichtigt. Dies kann etwa dann relevant sein, wenn in Patchworkfamilien der zweite Ehegatte zunächst bedacht werden soll, aber dessen Kinder nicht an dem Vermögen partizipieren sollen. Auch kann so abgesichert werden, dass, falls die eigenen Kinder zunächst Erben werden und dann vor dem geschiedenen Ehepartner sterben, dieser so mittelbar doch wieder in den Genuss des eigenen Vermögens gelangt. Diese Gestaltung ist daher beim Geschiedenentestament von großer Bedeutung.

56 Insbesondere die Verbindung der Ziele des Erblassers, einerseits die Versorgung einer nahestehenden Person, beispielsweise des Ehegatten, zu sichern und andererseits das Familiengut im Stamm der eigenen Familie zu erhalten, kann so problemlos umgesetzt werden.

57 Die Vor- und Nacherbschaft hat jedoch auch erhebliche Nachteile. Der Erblasser schränkt damit seinen vermeintlichen Haupterben, nämlich den Vorerben, ganz erheblich ein. Oft ist eine solche Einschränkung in dem Maße gerade nicht gewollt, worüber auch die Befreiungsmöglichkeiten des § 2136 BGB nicht hinweghelfen können. Hinzu kommt, dass die Konstruktion der Vor- und Nacherbschaft rechtlich sehr komplex und für den Laien kaum durchschaubar und beherrschbar ist. Dies ist insbesondere dann der Fall, wenn absehbar ist, dass der Eintritt des Nacherbfalls erst nach Ablauf einer langen Zeit seit Eintritt des Vorerbfalls erfolgen wird. Es wird dem Vorerben zunehmend schwer fallen, die Trennung der zwei Vermögensmassen Vorerbschaft und Eigenvermögen durchzuhalten. Das ist vom Erblasser überdies auch oft nicht gewollt.

58 Falls der Vorerbe zum Kreis der Pflichtteilsberechtigten gehört, wird er daher möglicherweise überlegen, ob er die Vorerbschaft gemäß § 2306 BGB ausschlägt und stattdessen den Pflichtteil verlangt. Damit wäre die vom Erblasser gewünschte Erbfolge vollständig unterlaufen.

59 Gem. § 6 ErbStG gilt der Nacherbe steuerrechtlich als Erbe des Vorerben. Dieser wiederum wird als Vollerbe des Erblassers angesehen, obwohl beim Eintritt des Nacherbfalls der Vorerbe das Vermögen an den Nacherben herauszugeben hat. Damit führt die Vor- und Nacherbschaft zu einer **Doppelbesteuerung des Vermögens des Erblassers**. Eine Abmilderung kann sich aus § 6 Abs. 3 ErbStG ergeben, wenn der Nacherbfall zu Lebzeiten des Vorerben eintritt, da dann die vom Vorerben entrichtete Steuer (teilweise) auf die Steuerlast des Nacherben angerechnet werden kann. Zudem hat der Nacherbe gem. § 6 Abs. 2 S. 2 ErbStG

ein Wahlrecht, wonach er beantragen kann, dass der Besteuerung des Nacherbfalles das Verhältnis zum ursprünglichen Erblasser statt zum Vorerben zugrunde gelegt wird. Auch § 27 ErbStG kann die Steuerlast etwas verringern, wenn zwischen Erbfall des Erblassers und Eintritt der Nacherbfolge weniger als 10 Jahre liegen. Falls Vor- und Nacherbe zur Steuerklasse I gehören, verringert sich die zu zahlende Steuer um bis zu 50 %.[59] Das bedeutet, dass bei Vor- und Nacherbschaft aber immer mindestens 50 % mehr Steuern anfallen, wenn die Steuerfreibeträge überschritten sind, als bei direktem Erwerb des Nacherben. Falls der Nacherbe auch Erbe des Vorerben wird (oft bei Ehegatten und gemeinsamen Kindern als Nacherben des Erstverstorbenen und Vollerben des Zweitverstorbenen), kann er für den zweiten Erbfall einen Steuerfreibetrag nur insoweit geltend machen, als dieser nicht durch den Erwerb des Nacherbes bereits aufgebraucht worden ist. Grundsätzlich stünden z.B. den Kindern sowohl beim Tod des erstversterbenden als auch beim Tod des zweitversterbenden Elternteils jeweils ein Freibetrag zu. Die Vor- und Nacherbschaft führt daher dazu, dass der Freibetrag des Nacherben, den dieser beim Tod des Erstversterbenden ggf. geltend machen könnte, nicht genutzt werden kann.

III. Sog. Württemberger Testament

Um eine ähnliche Absicherung wie bei der Vor- und Nacherbschaft zu erreichen, 60
ohne jedoch die oben dargestellten Nachteile der Vor- und Nacherbschaft, insbesondere die erbschaftsteuerlichen Nachteile, in Kauf nehmen zu müssen, kann es sinnvoll sein, dass die Ehegatten jeweils ihre Kinder direkt zu Erben einsetzten und der überlebende Ehegatte mit auf dessen jeweiligen Bedürfnisse genau abgestimmten Vermächtnissen bedacht wird. Diese Form der Testamentsgestaltung ist stark verbreitet in Württemberg und wir daher auch als „Württemberger Testament“ bezeichnet.[60]

So kann z.B. das gemeinsame Familienheim samt Hausrat per Vermächtnis zuge- 61
wandt werden. Dies hat den Vorteil, dass der überlebende Ehegatte dann nicht durch die Regelungen der Vor- und Nacherbschaft in der Verfügungsbefugnis eingeschränkt ist.

Bei vermieteten Immobilien oder Gesellschaftsbeteiligungen kann, soweit der 62
überlebende Ehegatte die Einnahmen zu seiner Versorgung benötigt, ein Nießbrauch bestellt werden.

59 Daragan/Halaczinsky/Riedel/*Halaczinsky*, § 27 ErbStG Rn 4.
60 *Nieder/Kössinger*, § 10 Rn 170.

Muster: Sog. Württemberger Testament

Erbeinsetzung

Wir setzen beide jeweils unsere Kinder und zu gleichen Teilen als Erben ein. Sollte eins unserer Kinder vor dem Erbfall versterben oder aus einem sonstigen Grunde nicht Erbe werden, treten dessen Abkömmlinge entsprechend den Regeln über die gesetzliche Erbfolge an seine Stelle. Sind solche nicht vorhanden, so soll der Erbteil des Weggefallenen den anderen Erben im Verhältnis ihrer Erbteile anwachsen. Sollten keine eigenen Abkömmlinge vorhanden sein, so sind Ersatzerben.

Vermächtnis

(1) Jeder von uns wendet für den Fall, dass er der Erstversterbende ist, dem überlebenden Ehegatten per Vermächtnis seinen ½ Miteigentumsanteil an der Immobilie in (Grundbuch von Blatt) zu.

(2) Außerdem wendet jeder von uns für den Fall, dass er der Erstversterbende ist, dem überlebenden Ehegatten per Vermächtnis den gesamten Hausrat im weitesten Sinne, die gesamten persönlichen Gegenstände und sämtliche Kraftfahrzeuge, soweit die Gegenstände in seinem Eigentum stehen, zu.

(3) Ich, der Ehemann, wende meiner Ehefrau zudem, für den Fall, dass ich der Längstlebende bin, ein Nießbrauchsrecht an meiner vermieteten Gewerbeimmobilie in (Grundbuch von Blatt) zu.

(4) Jeder von uns wird möglicherweise noch in weiteren Verfügungen von Todes wegen weitere Vermächtnisse anordnen.

Testamentsvollstreckung

(1) Wir ordnen beide jeweils Testamentsvollstreckung an. Zum Testamentsvollstrecker ernennen wir . Sollte dieser das Amt des Testamentsvollstreckers aus irgendeinem Grunde nicht antreten können oder wollen bzw. später nach Annahme niederlegen oder aus sonstigen Gründen wegfallen und keinen Nachfolger bestimmen, so soll weiter ersatzweise das zuständige Nachlassgericht einen geeigneten Testamentsvollstrecker ernennen. Das Nachlassgericht soll dabei die Vorschläge der der Testamentsvollstreckung unterliegenden Erben oder Vermächtnisnehmer möglichst berücksichtigen.

(2) Der Testamentsvollstrecker erhält eine Vergütung nach der Neuen Rheinischen Tabelle. Die Vergütung ist von den Erben und Vermächtnisnehmern, die der Testamentsvollstreckung unterliegen, im Verhältnis ihrer Begünstigung zu tragen. Dies gilt auch für sämtliche weiteren durch die Testamentsvollstreckung entstehenden Auslagen und Kosten.

(3) Der Testamentsvollstrecker hat die angeordneten erbrechtlichen Verfügungen zu erfüllen und unter mehreren Miterben die Auseinandersetzung des Nachlasses vorzunehmen. Bis zur Erfüllung seiner Aufgaben hat er die Nachlassgegenstände soweit rechtlich zulässig auch zu verwalten. Ergänzend zu den gesetzlichen Bestimmungen kann er bei der Erfüllung seiner Aufgaben auch nach billigem Ermessen vorgehen.

(4) In der Eingehung von Verbindlichkeiten für den Nachlass soll der Testamentsvollstrecker nicht beschränkt sein. Auch sonst ist er in dem gesetzlich zulässigen Umfang von Beschränkun-

gen befreit, im Rahmen der ordnungsgemäßen Amtsführung auch von den Beschränkungen des § 181 BGB.

(5) Der Testamentsvollstrecker hat zudem die Aufgabe sicherzustellen, dass die Zuwendungen zugunsten der Erben oder Vermächtnisnehmer jeweils bis zu deren 30. Geburtstag möglichst nur für Ausbildungs- und Erziehungszwecke sowie notwendigen Sonderbedarf und Existenzgründungen verwendet werden. Hierfür kann auch die Vermögenssubstanz aufgebraucht werden. Der Testamentsvollstrecker kann nach billigem Ermessen über die Verwendung der Vermächtnisgegenstände bzw. Erbschaft entscheiden. Er ist auch zur Eingehung von Verbindlichkeiten berechtigt.

C. Erbvertrag

Alle Verfügungen eines gemeinschaftlichen Testamentes können auch in einem Erbvertrag getroffen werden. Anders als ein gemeinschaftliches Testament kann ein Erbvertrag aber nicht nur von Ehegatten oder Lebenspartnern errichtet werden. 63

Die Bindungswirkung bei vertragsmäßigen Verfügungen eines Erbvertrages tritt unmittelbar bei Abschluss des Erbvertrages ein, wenn die Verfügungen vertragsmäßig getroffen werden. Insofern geht die Bindung des Erblassers beim Erbvertrag also weiter. Sie entsteht schon zu Lebzeiten des Erblassers und betrifft alle zulässigerweise als vertraglich getroffenen Verfügungen, das sind Erbeinsetzung, Vermächtnis und Auflage (§§ 2270 Abs. 3, 2278 Abs. 2 BGB). 64

Aufgrund der stärkeren Bindungswirkung des Erbvertrages eignet sich dieser insbesondere besser für Konstellationen, bei denen der Bedachte und durch die Bindungswirkung zu Schützende eine Gegenleistung oder ein Entgelt zu erbringen hat, um die Begünstigung aus dem Erbvertrag zu erhalten. Dies könnten z.B. Abfindungszahlungen an weichende Erben, die Zahlung einer Leibrente an den Erblasser oder die Erklärung eines Pflichtteilsverzichts nach dem Erstversterbenden sein. Je mehr der Erbe in „Vorleistung“ treten muss, umso mehr wird er auf eine Sicherung seines späteren Erbes bedacht sein. Dies wäre auch bei Patchwork-Gestaltungen relevant. Soll der gemeinsame Nachlass schlussendlich an alle Kinder, also eigene und Stiefkinder, fallen, so sind beim gemeinschaftlichen Testament die Kinder des einen Ehegatten gegen Verfügungen des anderen an seine eigenen Kinder zu Lebzeiten beider Ehegatten nicht geschützt. Der Schutz greift erst beim Tod des ersten Ehegatten ein. Bei einem Erbvertrag bestünde der Schutz dagegen ab Vertragsschluss.[61] 65

61 *Nieder/Kössinger*, § 11 Rn 7 ff.

D. Testamente bei behinderten, bedürftigen oder überschuldeten Angehörigen

66 Bei behinderten, bedürftigen oder insolventen Angehörigen gibt es oft ein Spannungsverhältnis zwischen dem Wunsch nach großzügiger finanzieller Zuwendung zur ausreichenden Versorgung der Angehörigen und dem Schutz des Vermögens vor dem Zugriff des Sozialhilfeträgers oder der Gläubiger. Alle Fallgruppen haben gemeinsam, dass der zukünftige Erblasser sichergestellt wissen will, dass die dem Angehörigen zugedachten finanziellen Mittel auch tatsächlich nur diesem zugutekommen.

I. Grundproblematik bei der Nachfolgegestaltung?

67 Bei allen Fallgruppen liegt die Problematik darin, dass ohne entsprechende Gestaltung den Angehörigen die ihnen zugewandten Vermögenswerte letztendlich nicht dauerhaft voll verbleiben.

1. Behinderte Angehörige

68 Erwerbsunfähige behinderte Angehörige müssen vor einer weiteren Gewährung von Sozialhilfe zunächst das zugeflossene Vermögen aufbrauchen, bevor sie wieder Sozialhilfe erhalten, denn das **Sozialhilferecht wird vom Nachranggrundsatz beherrscht**. Gemäß § 2 Abs. 1 SGB XII erhält keine Sozialhilfe, wer sich durch Einsatz seiner Arbeitskraft, seines Einkommens und seines Vermögens sich selbst helfen kann oder wer die erforderliche Leistung von anderen, insbesondere von Angehörigen erhält. Bevor Sozialhilfe gewährt wird, ist daher grundsätzlich das gesamte verwertbare Vermögen – mit Ausnahme des Schonvermögens – einzusetzen (§ 90 Abs. 1 SGB XII). Zum verwertbaren Vermögen zählen das als Erbe oder Vermächtnisnehmer Erlangte und auch der mit dem Erbfall entstandene Pflichtteilsanspruch eines Leistungsempfängers.

2. Bedürftige Angehörige

69 Erwerbsfähige, aber dennoch bedürftige Angehörige erhalten erst wieder Arbeitslosengeld (ALG) II, wenn Sie das zugeflossene Vermögen aufgebraucht haben, denn auch ALG II wird grundsätzlich nur nachrangig gewährt. § 7 Abs. 1 Nr. 3 SGB II setzt voraus, dass der **Leistungsberechtigte hilfebedürftig** ist. Nach § 9 Abs. 1 SGB II ist hilfebedürftig, wer seinen Lebensunterhalt nicht oder nicht ausreichend aus eigenen Kräften und Mitteln, vor allem nicht aus dem zu berücksichtigenden Einkommen oder Vermögen sichern kann und die erforderliche Hilfe nicht von anderen, insbesondere von Angehörigen erhält. Auch hier ist also grundsätzlich das gesamte verwertbare Vermögen – mit Ausnahme des Schonvermögens – einzusetzen (§ 12 SGB II). Auch hier zählen zum verwertba-

ren Vermögen das als Erbe oder Vermächtnisnehmer Erlangte und auch der mit dem Erbfall entstandene Pflichtteilsanspruch eines Leistungsempfängers.

3. Überschuldete bzw. insolvente Angehörige

Bei überschuldeten bzw. insolventen Angehörigen droht die Gefahr, dass die Gläubiger oder der Insolvenzverwalter sich aus dem Erb- oder Pflichtteil befriedigen und dadurch die Vermögenssubstanz für die Angehörigen und ihre Nachkommen nicht mehr zur Verfügung steht. Daher werden bei der Gestaltung von Testamenten zugunsten überschuldeter oder insolventer Angehöriger üblicherweise folgende Ziele verfolgt: 70

- Vermeidung der Pfändung und Verwertung durch die Eigengläubiger im Wege der Einzelvollstreckung,
- Vermeidung des Vermögenszugriffs des Insolvenzverwalters,
- keine Verletzung der Obliegenheitspflichten innerhalb der Wohlverhaltensphase (§ 295 InsO), um die Restschuldbefreiung nicht zu gefährden,
- möglichst umfassende Begünstigung des überschuldeten Erben nach der Beendigung der Überschuldung, insbesondere bei erfolgreicher Durchführung des Restschuldbefreiungsverfahrens.

Mit dem Erbfall geht im Wege der Universalsukzession und aufgrund des Prinzips des „Vonselbsterwerbs" automatisch die gesamte Erbschaft mit allen damit verbundenen Rechten und Pflichten auf den Erben über. Sind keine weiteren Anordnungen getroffen, so sind die im Nachlass befindlichen pfändbaren Vermögenswerte einer uneingeschränkten Pfändung durch die Gläubiger des Erben unterworfen. In dem Fall, dass der überschuldete Angehörige nur einen Erbteil erbt, ist dieser Erbteil pfändbar. Hat der Erblasser daher nicht durch eine entsprechende Testamentsgestaltung gegen diese Probleme vorgebeugt, so bleibt den Erben nur die Möglichkeit, in der sehr kurzen Ausschlagungsfrist des § 1944 Abs. 2 BGB die Erbschaft auszuschlagen. Eine solche Ausschlagung ist aufgrund der Wertung des § 83 InsO zulässig, denn wenn sogar der in einem Insolvenzverfahren befindliche Erbe sanktionslos die Erbschaft ausschlagen kann, so muss dies auch dem Erben möglich sein, gegen den nur Einzelvollstreckungsmaßnahmen zu befürchten sind.[62] 71

Nimmt der Erbe die Erbschaft oder das Vermächtnis an, fällt dies in die Insolvenzmasse. Der erbrechtliche Erwerb wird damit Massebestandteil. Er steht dann den Insolvenzgläubigern zur Befriedigung ihrer Ansprüche zu. Der Insolvenzverwalter selbst hat dann keine Möglichkeit mehr, die Annahme oder Ausschlagung der Erbschaft oder des Vermächtnisses selbst zu erklären oder zu beeinflussen. Er kann auch die Erbschaft nicht im Ganzen von der Insolvenz freigeben. Jedoch besteht gem. § 83 InsO eben keine Verpflichtung des Schuldners zur Annahme der Erbschaft oder des Vermächtnisses. 72

62 *Mayer*, MittBayNot 2011, 445.

73 Schlägt der Insolvenzschuldner die Erbschaft oder das Vermächtnis aus, so fällt der erbrechtliche Erwerb an den dann berufenen Erben oder Vermächtnisnehmer. Nach ganz herrschender Meinung kann die Ausschlagungsentscheidung des Insolvenzschuldners nicht nach den §§ 129 ff. InsO angefochten werden, was sich letztlich wiederum aus der Wertung des § 83 InsO ergibt. Durch den noch nicht endgültigen Erwerb ist die Masse nicht vermindert. Verzichtet der Insolvenzschuldner vor Eintritt des Erbfalls auf sein gesetzliches Erb- oder Pflichtteilsrecht, so gilt das zur Ausschlagung der Erbschaft Ausgeführte entsprechend, denn Gegenstand des Verzichts ist eine mehr oder weniger unsichere bloße „Erwerbschance“.[63]

74 Nach erfolgreichem Abschluss des Insolvenzverfahrens und Ablauf der Wohlverhaltensphase von sechs Jahren kann der Schuldner eine Restschuldbefreiung erlangen. Dann unterliegt der erbrechtliche Erwerb nicht mehr den vorstehend geschilderten Gefahren. Allerdings verlangt das Gesetz bis dahin die Einhaltung gewisser Obliegenheiten, damit eine solche Restschuldbefreiung erlangt werden kann. Hierzu bestimmt § 295 Abs. 1 Nr. 2 InsO, dass Vermögen, welches der Insolvenzschuldner innerhalb der Wohlverhaltensphase von Todes wegen erwirbt, zur Hälfte des Wertes an den Treuhänder zur Durchführung des Restschuldbefreiungsverfahrens herauszugeben ist. Allerdings betrifft diese Obliegenheit nach herrschender Meinung nur einen solchen erbrechtlichen Erwerb, den der Insolvenzschuldner tatsächlich angenommen hat. Schlägt er im Rahmen der erbrechtlichen Bestimmungen wirksam aus, so handelt es sich nur um einen vorläufigen Erwerb, so dass dies nach überwiegender Auffassung kein Verstoß gegen die Wohlverhaltenspflicht darstellt.[64] Gleiches gilt natürlich für einen vor Eintritt des Erbfalls abgegebenen Erb- oder Pflichtteilsverzicht.

75 Wird ein pflichtteilsberechtigter Abkömmling enterbt, so steht ihm ein Pflichtteils- und ggf. auch Pflichtteilsergänzungsanspruch zu. Gemäß § 852 Abs. 1 ZPO ist der Pflichtteilsanspruch der Pfändung nur unterworfen, wenn er durch Vertrag anerkannt oder rechtshängig gemacht wurde. Nach der Rechtsprechung des BGH ist jedoch ein Pflichtteilsanspruch schon vor vertraglicher Anerkennung oder Rechtshängigkeit als in seiner zwangsweisen Verwertbarkeit aufschiebend bedingter Anspruch pfändbar. Der Anspruch ist dann ohne Einschränkung mit einem Pfandrecht belegt, darf aber erst verwertet werden, wenn die Voraussetzungen des § 852 ZPO vorliegen.[65] Unbedingt berücksichtigt werden muss dabei das Nachtragsverteilungsverfahren nach § 203 Abs. 1 Nr. 3 InsO. Nach einer Entscheidung des BGH vom 2.12.2010[66] unterliegt nämlich sogar der erst nach der Aufhebung des Insolvenzverfahrens anerkannte oder rechtshängig gemachte Pflichtteilsanspruch der Nachtragsverteilung. Die zunächst eintretende be-

63 *Mayer*, MittBayNot 2011, 445, 446.
64 MüKo-InsO/*Stricker*, § 295 Rn 64; *Mayer*, MittBayNot 2011, 445, 446.
65 BGH, Beschl. v. 26.2.2009 – VII ZB 30/08, ZEV 2009, 247.
66 BGH, Beschl. v. 2.12.2010 – IX ZB 184/09, ZEV 2011, 87.

schränkte Pfändbarkeit des Pflichtteilsanspruch nach § 852 ZPO ist daher für die insolvenzrechtliche Verwertbarkeit irrelevant.

II. Lösungsansätze zum Behindertentestament/Bedürftigentestament

Die Gestaltungspraxis versucht die dargestellten Probleme zu lösen, indem dem behinderten oder bedürftigen Angehörigen Vermögen so zugewendet wird, dass die Vermögenssubstanz langfristig geschützt und auch die Erträge möglichst nicht auf die Sozialhilfe oder das Arbeitslosengeld II angerechnet werden. Man bedient sich hierzu der erbrechtlichen Institute der Vor- und Nacherbschaft (sog. Erbschaftslösung) bzw. des Vor- und Nachvermächtnisses (sog. Vermächtnislösung), jeweils kombiniert mit der Anordnung der Dauertestamentsvollstreckung. Auch wird ein Erbverzicht empfohlen. Diese Vorgehensweise ist auch grundsätzlich durch die Rechtsprechung des BGH abgesegnet.[67] 76

Das sog. Behinderten- oder Bedürftigentestament kommt in verschiedenen Varianten vor.

1. Sog. Erbschaftslösung

Die sog. Erbschaftslösung ist der Prototyp eines Testaments zugunsten Behinderter. Es handelt sich dabei um eine Kombination aus Vor- und Nacherbschaft mit Dauertestamentsvollstreckung. Sie wird vom BGH als zulässiges Gestaltungsmittel voll akzeptiert. *Wendt*, ehemaliges Mitglied des Erbrechtssenats beim BGH, schreibt bei seiner Darstellung der Erbschaftslösung sogar: „zum ständigen Repetieren anempfohlen“.[68] Die sog. Erbschaftslösung besteht aus drei Bausteinen. 77

- Durch die nicht befreite Vorerbschaft wird der Vollstreckungszugriff gemäß § 2115 BGB ausgeschlossen.
- Durch die Anordnung der Dauertestamentsvollstreckung mit weitgehenden Rechten für den Testamentsvollstrecker erreicht man eine Abschirmung des Vermögensstocks gemäß § 2214 BGB und über bindende Verwaltungsanordnungen gemäß § 2216 Abs. 2 BGB wird eine zusätzliche Unterstützung durch Erträge aus der Vorerbschaft ermöglicht, ohne dass die Sozialhilfeleistungen gekürzt werden.
- Durch die Nacherbeneinsetzung wird erreicht, dass auch beim Tode des Behinderten keine Kostenerstattungsansprüche gegen die Erben geltend gemacht werden können und so die Vermögenssubstanz langfristig für die Familie erhalten bleibt.

Nachteil der sog. Erbschaftslösung ist, dass der Behinderte gerade beim Tod des erstversterbenden Ehegatten mit dem überlebenden Ehegatten eine **Erbengemeinschaft** bildet und dadurch Beteiligungsrechte an Verwaltung und Auseinan- 78

67 BGH, Urt. v. 19.1.2011 – IV ZR 7/10, ZEV 2011, 258.
68 *Wendt*, ZErb 2012, 313, 314.

dersetzung des Nachlasses erhält. Das kann wegen der Notwendigkeit, Testamentsvollstrecker und Betreuer einzuschalten, gegebenenfalls ein Mitregieren durch familienfremde Außenstehende zur Folge haben, wenn nicht ausreichend kompetente Familienmitglieder zur Verfügung stehen. Es wird dann oft auch die Einsetzung eines Dauerpflegers bzw. Dauerersatzbetreuers erforderlich. Diese Nachteile der sog. Erbschaftslösung versucht man mit der sog. Vermächtnislösung zu vermeiden.

2. Sog. Vermächtnislösung

79 Bei der sog. Vermächtnislösung wird der Behinderte enterbt und mit einem Vorvermächtnis mindestens in Höhe des Pflichtteils bedacht. Auch die **Vermächtnislösung** wird von der Anordnung der Dauertestamentsvollstreckung flankiert. Bisher gibt es keine höchstrichterliche Entscheidung zur Zulässigkeit der sog. Vermächtnislösung. Die Sozialhilfeträger versuchen daher auch immer wieder diese Art der Gestaltung „anzugreifen“.

80 *Wendt* hält die Vermächtnislösung grundsätzlich für wirksam. Zumindest empfiehlt er die Vermächtnislösung für bestimmte Konstellationen und sieht es nur als Problem an, dass es noch keine höchstrichterliche Rechtsprechung zu der stark umstrittenen Frage gibt, wie im Falle des Todes des Behinderten bei der Vermächtnislösung das Konkurrenzverhältnis zwischen der noch nicht erfüllten Verbindlichkeit gegenüber dem Nachvermächtnisnehmer (§ 2174 BGB) und der Ersatzpflicht gegenüber dem Sozialversicherungsträger (§ 102 SGB XII) zu entscheiden ist. Der Erbe des Vorvermächtnisnehmers schulde beides – Ersatz der Sozialhilfekosten einerseits und Erfüllung des Nachvermächtnisses andererseits. Zusätzlich stelle sich das Problem, dass vor dinglicher Erfüllung der Gegenstand des Nachvermächtnisses zur Insolvenzmasse eines über den Nachlass des Vorvermächtnisnehmers eröffneten Nachlassinsolvenzverfahrens gehöre. Dennoch empfiehlt er für bestimmte Konstellationen die Vermächtnislösung.[69] Die Vermächtnislösung ist daher gewissermaßen durch den Erbrechtssenat des BGH „abgesegnet“.[70]

81 Das LSG Nordrhein-Westfalen hat im Rahmen eines PKH-Prüfungsverfahrens bestätigt, dass eine Überleitung des Ausschlagungsrechtes zum Zwecke der Geltendmachung von Pflichtteilsansprüchen auch bei der sog. Vermächtnislösung unzulässig ist.[71] Es dürfte daher wohl inzwischen davon auszugehen sein, dass die sog. Vermächtnislösung zumindest für die Zeit bis zum Tode des behinderten

69 *Wendt*, ZErb 2012, 313, 314.

70 So auch *Frhr. v. Proff*, RNotZ 2012, 272; Ruby/Schindler/Wirich/*Schindler*, Das Behindertentestament, § 2 Rn 41 ff.

71 LSG Nordrhein-Westfalen, Beschl. v. 23.1.2012 – L 20 SO 565/11 B, mit zustimmender Anm. *Zimmer*, ZEV 2012, 273.

oder bedürftigen Angehörigen eine wirksame Gestaltungsalternative zur klassischen Erbschaftslösung ist.

Mit einem Restrisiko belastet bleibt die Zeit nach dem Tod des behinderten oder bedürftigen Angehörigen. Hier vertritt ein Teil der Literatur die Auffassung, dass der Anspruch des Nachvermächtnisnehmers und der Erstattungsanspruch des Sozialhilfeträgers gleichrangig seien. Beide Forderungen seien als Eigenschulden des Behinderten zu qualifizieren, so dass das vom Behinderten hinterlassene Vermögen quotal zwischen den beiden Gläubigern zu verteilen sei.[72] Richtig ist aber wohl, dass der Anspruch des Nachvermächtnisnehmers vom Nachlass abzuziehen ist und insoweit vorrangig vor dem Kostenersatzanspruch aus § 102 SGB XII ist. So wohl auch die h.M. in der Literatur.[73] Wenn der Behinderte beim Tod des Erblassers die ihm vermächtnisweise zufallenden Vermögenswerte erhält, sind diese bereits mit dem Anspruch aus dem Nachvermächtnis beschwert. Es handelt sich deshalb um eine Verbindlichkeit, welche nicht erst bei seinem eigenen Ableben entsteht, sondern bereits sein lebzeitiges Vermögen mindert.[74] Rechtsprechung zu dieser Thematik fehlt bisher. 82

3. Pflichtteilsanspruch: Achillessehne der Erbschafts- und Vermächtnislösung

Die Achillessehne sowohl der Erbschafts- als auch der Vermächtnislösung ist der Pflichtteilsanspruch des Abkömmlings, da der **Pflichtteilsanspruch** nämlich eben nicht durch die Regelungen der Vor- und Nacherbschaft bzw. des Vor- und Nachvermächtnisses oder durch die Dauertestamentsvollstreckung vor dem Zugriff der Sozialhilfeträger geschützt ist. 83

a) Überleitbarkeit des Pflichtteilsanspruchs?

Bezieht der Pflichtteilsberechtigte bereits beim Erbfall ALG II, geht der Pflichtteilsanspruch nach bislang überwiegender Auffassung mit dem Erbfall kraft Gesetzes und ohne dass eine Überleitungsanzeige erforderlich wäre auf den Leistungsträger über (§ 33 Abs. 1 S. 1 SGB II). Demgegenüber findet bei der Sozialhilfe kein Übergang kraft Gesetzes statt. Vielmehr bewirkt erst die **schriftliche Überleitungsanzeige**, dass der Pflichtteilsanspruch auf den Träger in der Höhe der von ihm seit dem Erbfall erbrachten Sozialleistungen übergeht (§ 93 Abs. 1 S. 1 SGB XII). Die in § 93 Abs. 2 SGB XII angeordnete Rückwirkung führt dazu, dass der Leistungsempfänger seine Forderungsinhaberschaft am entstandenen Pflichtteilsanspruch für die Zukunft, nicht jedoch rückwirkend verliert. 84

72 *Damrau*, ZEV 1998, 1; *Damrau/J. Mayer*, ZEV 2001, 293.

73 Ruby/Schindler/Wirich/*Schindler*, Das Behindertentestament, § 2 Rn 61; *Zimmer*, Anm. zu Beschl. LSG NRW v. 23.1.2012, ZEV 2012, 273; *Weidlich*, ZEV 2001, 94, 96; Palandt/*Weidlich*, § 2191 Rn 1.

74 Ruby/Schindler/Wirich/*Schindler*, Das Behindertentestament, § 2 Rn 61.

85 Weil auch unpfändbare Ansprüche auf den Leistungsträger übergehen (§ 33 Abs. 1 S. 2 SGB II, § 93 Abs. 1 S. 4 SGB XII), kann der Leistungsträger den Pflichtteils- bzw. Pflichtteilsergänzungsanspruch auch dann durchsetzen, wenn die lediglich für andere Gläubiger geltenden einschränkenden Pfändungsvoraussetzungen des § 852 Abs. 1 ZPO (vertragliche Anerkennung oder Rechtshängigkeit) nicht gegeben sind. Der Leistungsträger ist insoweit privilegiert. Gestaltungsziel ist daher, durch Einsetzung des Behinderten als Vorerben oder Zuwendung eines Vermächtnisses erst gar keinen Pflichtteilsanspruch entstehen zu lassen.

b) Überleitbarkeit des Ausschlagungsrechts?

86 Der Sozialhilfeträger kann das Ausschlagungsrecht nicht auf sich überleiten. Die Befugnis, die Erbschaft anzunehmen, auszuschlagen oder die Annahme bzw. Ausschlagung anzufechten, geht nach dem BGH und der h.M. nicht auf den Leistungsträger über, denn die Ausschlagung ist ein höchstpersönliches Gestaltungsrecht. In den Fällen, in denen der Behinderte Vorerbe wird oder ein Vorvermächtnis erhält, welches mindestens der Höhe des Pflichtteils- bzw. Pflichtteilsergänzungsanspruches entspricht, kann der Sozialhilfeträger daher nicht über die Regelungen der §§ 2306 bzw. 2307 BGB durch Ausschlagung einen verwertbaren Pflichtteils- bzw. Pflichtteilsergänzungsanspruch schaffen.[75]

c) Zulässigkeit von Pflichtteilsverzicht?

87 Der BGH hält es sogar für zulässig, dass der Behinderte einen Pflichtteilsverzicht erklärt, und begründet dies mit der negativen Erbfreiheit.[76] Häufig wird der Behinderte jedoch geschäftsunfähig sein. Der gesetzliche Vertreter des Behinderten (Eltern, Vormund bzw. Betreuer) kann für diesen mit Genehmigung des Familien- bzw. Betreuungsgerichts auf den Pflichtteil verzichten, wenn dies dem Wohl des Behinderten entspricht. Dank der neuen BGH-Rechtsprechung steht fest, dass die Ausschlagung durch den Behinderten zivilrechtlich wirksam, insbesondere nicht anstößig oder gar sittenwidrig ist. Der Pflichtteilsverzicht verstößt auch nicht gegen das Schenkungsverbot des § 1804 S. 1 BGB, weil er gemäß § 517 BGB keine Schenkung ist und er zumindest im Falle einer Kombination mit der Erbschafts- oder Vermächtnislösung auch im wohlverstandenen Interesse des Behinderten liegt.[77]

---

75 BGH, Urt. v. 19.1.2011 – IV ZR 7/10, ZEV 2011, 258; MüKo/*Leipold,* § 1942 Rn 14.

76 BGH, Urt. v. 19.1.2011 – IV ZR 7/10, ZEV 2011, 258.

77 So auch *Frhr. v. Proff,* RNotZ 2012, 272, 279.

d) Zulässigkeit von Ausschlagung?

Wurde es versäumt, rechtzeitig ein sog. Behindertentestament zu errichten oder einen Pflichtteilsverzicht zu vereinbaren, so bleibt noch die Möglichkeit der Ausschlagung, die ebenfalls vom BGH als zulässig erachtet werden müsste. Zumindest lässt die klare Stellungnahme von Wendt keine andere Vermutung zu.[78] Die Ausschlagung liegt dann im wohlverstandenen Interesse des Behinderten, wenn er durch einen parallel abgeschlossenen Ausschlagungsvertrag im Ergebnis zu Lebzeiten so gestellt wird, wie er beim Erbfall aufgrund eines Behindertentestaments stünde.[79] 88

e) Zulässigkeit von Erlass des Pflichtteils?

Ein **Erlassvertrag**, den ein Pflichtteilsberechtigter vereinbart, der bereits beim Erbfall ALG II bezog, ist mangels Forderungsinhaberschaft und unabhängig von § 138 BGB unwirksam, denn in diesem Fall geht der Pflichtteilsanspruch mit dem Erbfall kraft Gesetzes auf den Leistungsträger über, ohne dass eine Überleitungsanzeige erforderlich wäre (§ 33 Abs. 1 S. 1 SGB II). Bezog der Pflichtteilsberechtigte beim Erbfall Sozialhilfe, bewirkt erst die schriftliche Überleitungsanzeige, dass der Pflichtteilsanspruch auf den Sozialhilfeträger in Höhe der von ihm seit dem Erbfall erbrachten Sozialleistungen übergeht (§ 93 Abs. 1 S. 1 SGB XII), vorher wäre ein Erlassvertrag also noch möglich. 89

Bis zum BGH-Urteil vom 19.1.2011 sprach viel dafür, dass der Erlassvertrag über die mit dem Erbfall bereits entstandene Pflichtteilsschuld regelmäßig sittenwidrig und nichtig ist, da es sich um ein Handeln zu Lasten der Sozialhilfeträger handelt.[80] Man ging davon aus, dass die BGH-Rechtsprechung zum Verzicht auf nachehelichen Unterhalt zu Lasten des Sozialhilfeträgers auch für den Verzicht auf den entstandenen Pflichtteil übertragbar sei. 90

Nach dem BGH-Urteil vom 19.1.2011 dürfte entgegen der bisherigen Rechtsprechung der Obergerichte aber auch ein Erlassvertrag nicht sittenwidrig sein, denn auch der Abschluss des Erlassvertrages dürfte von der „negativen Erbfreiheit" des Pflichtteilsberechtigten erfasst sein. Dem Erlassvertrag dürfte aber wohl eine Schenkung zugrunde liegen, da § 517 BGB weder unmittelbar noch analog anwendbar ist. Daher würde der Anspruch auf Rückforderung der Schenkung wegen Verarmung des Schenkers gem. § 528 BGB auf den Leistungsträger übergehen. 91

---

78 Vgl. *Wendt*, ZErb 2012, 313, 321.

79 So auch *Frhr. v. Proff*, RNotZ 2012, 272, 279.

80 So VGH Mannheim, Urt. v. 8.6.1993 – 6 S 1068/92, NJW 1993, 2953, 2955; OLG Stuttgart, Beschl. v. 25.6.2001 – 8 W 494/99, ZEV 2002, 367, 369 m. Anm. *J. Mayer*; OLG Frankfurt a.M., Beschl. v. 22.6.2004 – 20 W 332/03, FamRZ 2005, 60; *Muscheler*, ZEV 2005, 119, 120.

f) Übertragbarkeit der Grundsätze zum Behindertentestament auf das Bedürftigentestament?

92 Von einem **Bedürftigentestament** spricht man, wenn die Konstruktion des oben dargestellten sog. Behindertentestamentes bei Abkömmlingen angewendet wird, die zwar arbeitsfähig sind, aber dennoch auf staatliche Unterstützung in Form von ALG II oder Hartz IV angewiesen sind. Nach einem Beschluss des SG Dortmund vom 25.9.2009[81] waren Zweifel daran aufgekommen, ob die Gestaltung noch gangbar ist. Das SG Dortmund hat in einem knappen obiter dictum durchscheinen lassen, dass es das Bedürftigentestament für sittenwidrig hält. Die Argumente des BGH für die Rechtswirksamkeit von Behindertentestamenten und Pflichtteilsverzichten Behinderter sind nicht ohne Weiteres auf die Bedürftigenkonstellation übertragbar, da z.B. die Argumentation mit dem Familienlastenausgleich nicht auf volljährige erwerbsfähige Angehörige übertragen werden kann. Zudem werden Behinderte im Sozialrecht in vielfältiger Weise gegenüber anderen Hilfebeziehern, insbesondere erwerbsfähigen Arbeitslosen privilegiert. Allerdings steht die vom BGH anerkannte **„negative Erbfreiheit“** auch dem bedürftigen Erben bzw. Pflichtteilsberechtigten zu. *Wendt* nimmt dann auch klar zu der Frage Stellung und führt wörtlich aus: *„Zu arbeitslosen Leistungsbeziehern nach dem ALG II konnte der Senat sich noch nicht äußern. Für diese Gruppe der wirtschaftlich Behinderten müssen jedoch dieselben vom Senat aufgestellten Beurteilungskriterien angewandt werden.“*[82] Es ist daher davon auszugehen, dass die Rechtsprechung zukünftig beide Konstellationen gleich behandelt.[83]

g) Übertragbarkeit der Grundsätze des BGH zum Behindertentestament auf große Nachlässe?

93 Nicht abschließend geklärt ist, ab welchem Nachlassumfang die Sittenwidrigkeitsgrenze erreicht sein könnte. Hierzu führt *Wendt* wörtlich aus: *„Der Senat brauchte sich noch nicht konkret damit zu befassen, ab welchem Nachlassvolumen der Ausübung erbrechtlicher Gestaltungsrechte Grenzen gesetzt sein könnten. Der Grundsatzentscheidung von 1993 lässt sich aber zumindest entnehmen, dass diese Grenze nicht schon dann erreicht ist, wenn die Versorgung der behinderten Person allein mit dem Pflichtteil auf Lebenszeit gerade mal sichergestellt wäre. Die Schwelle dürfte unter der Regie des § 138 BGB erheblich darüber liegen.“*[84] Es ist also davon auszugehen, dass der BGH die Sittenwidrigkeitsgrenze erst bei extrem großen Nachlässen sieht.

---

81 SG Dortmund, Beschl. v. 25.9.2009 – S 29 AS 309/09 ER, BeckRS 2009, 72868.

82 *Wendt*, ZErb 2012, 313, 316.

83 So wohl BSG, Urt. v. 17.2.2015 – B 14 KG 1/14, DNotI-Report 21/2015, 166 ohne dies ausdrücklich festzustellen.

84 *Wendt*, ZErb 2012, 290, 293.

4. Ergebnis

Durch das Urteil des BGH vom 19.1.2011 sowie die deutliche Anmerkung zu dem Urteil von *Wendt*, damals Mitglied des Erbrechtssenats beim BGH, steht fest, dass durch geschickte Gestaltung der Vermögensnachfolge dem behinderten oder bedürftigen Angehörigen Vermögenswerte zugewendet werden können, ohne dass der Sozialhilfeträger auf die Vermögenssubstanz oder die Erträge zugreifen kann. Regelmäßig ist die Einsetzung des behinderten oder bedürftigen Angehörigen als Vorerbe, kombiniert mit der Anordnung der Dauertestamentsvollstreckung, die richtige Gestaltung. In bestimmten Situationen ist auch lediglich die Zuwendung eines Vorvermächtnisses mit Anordnung der Dauertestamentsvollstreckung die passende Gestaltung. Die Gestaltung kann zudem noch durch einen Pflichtteilsverzicht des behinderten oder bedürftigen Angehörigen abgesichert werden. 94

5. Fallbeispiel Behindertentestament

Das nachfolgende Fallbeispiel soll die praktische Umsetzung der Gestaltung bei einer Familie mit einem behinderten Kind darstellen. 95

> **Fallbeispiel: Behindertentestament**
> Die Eheleute E haben einen gemeinsamen Sohn S und eine gemeinsame Tochter T. Der Sohn ist geistig behindert und bewohnt eine Einrichtung für geistig Behinderte. Die Kosten werden vom Landschaftsverband getragen. Sowohl die Eltern als auch die Schwester engagieren sich ehrenamtlich für die Einrichtung und spenden regelmäßig an den Förderverein der Einrichtung. Von der Krankenkasse oder dem Landschaftsverband nicht getragene Therapiekosten zahlen sie regelmäßig selbst. Dies gilt auch für die Kosten von Reisen und Hobbies des behinderten Sohnes. Die Schwester ist gesetzliche Betreuerin des Bruders. Die Eheleute möchten sichergestellt wissen, dass der behinderte Sohn auch nach deren Tod jede sinnvolle Therapie erhält und insbesondere auch seinen Hobbies nachgehen kann. Die Eheleute E betreiben gemeinsam ein Handwerksunternehmen mit 25 Mitarbeitern in der Rechtsform einer GmbH. Beide sind Gesellschafter und Geschäftsführer. Zudem sind beide Eigentümer der selbst bewohnten Immobilie. Beim Tod des Erstversterbenden soll der überlebende Ehegatte zunächst sämtliche Vermögenswerte erhalten und darüber vollkommen frei verfügen können. Insbesondere in der GmbH muss die Handlungsfähigkeit nach dem Tode des Erstversterbenden sichergestellt sein. Nach dem Tod des Längstlebenden sollen die Tochter und der Sohn gemeinsam erben, wobei die Vermögenssubstanz möglichst für die Familie erhalten bleiben soll. Da die Tochter kein Interesse an dem Unternehmen hat, soll langfristig ein langjähriger und sehr qualifizierter Mitarbeiter das Unternehmen fortführen.

Nachfolgend wird eine geeignete Gestaltung für den oben beschriebenen Sachverhalt dargestellt. Es wird bewusst nur auf die für die Beteiligung von behinderten Angehörigen relevanten Punkte eingegangen.

96 **1. Errichtung eines gemeinschaftlichen Testamentes**

Die Eheleute E sollten ein gemeinschaftliches Testament errichten. Aufgrund der GmbH-Beteiligung und der Immobilie bietet sich die notarielle Beurkundung an, da dann kein Erbschein benötigt wird. Wirksam ist aber auch ein privatschriftliches Testament.

97 **2. Wechselseitige Erbeinsetzung bei Erstversterben**

Die Eheleute E sollten sich zunächst wechselseitig zu Alleinerben einsetzen. Abweichend von der früher üblichen Gestaltung sollte der behinderte Sohn nicht auch zum Vorerben eingesetzt werden, da die dann entstehende Erbengemeinschaft zwischen dem überlebenden Ehegatten und dem behinderten Sohn nicht dem Wunsch der Eheleute E nach möglichst geringen Einschränkung des überlebenden Ehegatten entspricht. Stattdessen erhält der behinderte Sohn ein Vorvermächtnis mindestens in der Höhe seines Pflichtteils. Seit dem Urteil des BGH vom 19.1.2011 und der klaren Anmerkung bzw. Empfehlung von *Wendt* dürfte diese Gestaltung als vom BGH „abgesegnet“ gelten.

Formulierungsbeispiel
Der Erstversterbende von uns beruft den überlebenden Ehegatten zu seinem unbeschränkten Alleinerben.

98 **3. Längstlebende setzt beide Kinder zu Erben ein.**

Der Längstlebende setzt die beiden Kinder zu gemeinschaftlichen Erben ein, wobei der behinderte Sohn nur Vorerbe wird.

Formulierungsbeispiel
Der Längstlebende von uns und für den Fall, dass wir beide gleichzeitig oder kurz nacheinander aufgrund des gleichen Ereignisses versterben, ein jeder von uns, beruft zu seinen Erben unseren behinderten Sohn S und unsere Tochter T. Unser behinderter Sohn S ist allerdings nur nicht befreiter Vorerbe. Der Nacherbfall tritt mit dem Tod des Vorerben ein. Nacherbin ist unsere Tochter T, ersatzweise deren Abkömmlinge nach den Regeln der gesetzlichen Erbfolge.

99 **4. Vorvermächtnis für behinderten Sohn S**

Beim Tode des erstversterbenden Ehegatten muss der behinderte Sohn S bereits ein Vorvermächtnis mindestens in Höhe des Pflichtteils erhalten, da der Sozialhilfeträger sonst den Pflichtteilsanspruch des Sohnes auf sich überleiten und geltend machen könnte. Zudem sollte immer ein Vorvermächtnis in Höhe eines möglichen Pflichtteilsergänzungsanspruchs angeordnet werden, weil lebzeitige Vermögensübertragungen in der Familie nie ausgeschlossen werden können.

Formulierungsbeispiel: Vermächtnis
(1) Unser behinderte Sohn S erhält bereits beim Tode des erstversterbenden Ehegatten ein Vermächtnis in Höhe von 103 % des Wertes seines sich sonst ergebenden Pflichtteilsanspruches.
(2) Ein jeder von uns ordnet unabhängig von der Reihenfolge unseres Versterbens für den Fall, dass unserem behinderten Sohn bei einem der beiden Erbfälle im Hinblick auf lebzeitige Zuwendungen des jeweiligen Erblassers an eine andere Person Pflichtteilsergänzungsansprüche zustünden, als weiteres Vorausvermächtnis die Zahlung eines baren Geldbetrages an. Dieser beträgt 103 % des Wertes der sich sonst ergebenden Pflichtteilsergänzungsansprüche.
(3) Unser behinderte Sohn S ist hinsichtlich der vorstehend angeordneten Vermächtnisse jedoch nur Vorvermächtnisnehmer. Das Nachvermächtnis fällt mit seinem Tod an. Nachvermächtnisnehmerin ist unsere Tochter T, ersatzweise deren Abkömmlinge nach den Regeln der gesetzlichen Erbfolge.
(4) Bis zum Anfall des Nachvermächtnisses stehen die Nutzungen aus dem als Vorvermächtnis zugewandten Geldbetrag dem Vorvermächtnisnehmer zu. Hinsichtlich der Verwendung der Nutzungen gelten dieselben Beschränkungen wie für die sonstigen Nachlassbeteiligungen des Vorvermächtnisnehmers.

5. Anordnung von Testamentsvollstreckung 100

Schließlich wird für den Erbteil und das Vorvermächtnis des behinderten Sohnes noch Testamentsvollstreckung angeordnet. Es ist dabei darauf zu achten, dass die Person des Testamentsvollstreckers und des Betreuers nicht identisch sind, da sonst eine Interessenkollision vorliegt und die Bestellung eines Ergänzungsbetreuers erforderlich wird.

Formulierungsbeispiel: Testamentsvollstreckung
(1) Für die unserem behinderten Sohn S zugewendeten Vermächtnisse und die Erbenstellung ordnen wir Dauertestamentsvollstreckung an. Hierdurch wollen wir erreichen, dass unserem Sohn aus seiner Beteiligung am Nachlass dauerhaft ein angemessener Lebensstandard, der über das Niveau der Sozialhilfe als staatlicher Grundversorgung hinausgeht, ermöglicht wird. Diese Zielsetzung wollen wir auch dann beachtet wissen, wenn in Zukunft aufgrund einer Änderung der derzeitigen Rechtslage die Anordnung von Dauertestamentsvollstreckung in der hier getroffenen Weise nicht möglich sein sollte.
(2) Aufgabe des Testamentsvollstreckers ist es, die Beteiligung unseres behinderten Sohnes am Nachlass, d.h. seinen Erbteil und einen ihm etwaig als Vermächtnis zugewandten baren Geldbetrag zu verwalten. Er soll hierzu zunächst gemeinsam mit den Miterben den Nachlass in Besitz nehmen, Nachlassverbindlichkeiten erfüllen und sodann bei der Auseinandersetzung der Erbengemeinschaft mitwirken. Danach soll er alle Vermögenswerte dauerhaft verwalten, die unserem behinderten Sohn durch die Erbauseinandersetzung oder die Vermächtniserfüllung zugefallen sind. Der Testamentsvollstrecker

nimmt bis zum Eintritt des Nacherbfalls insbesondere für die Auseinandersetzung auch die Rechte des Nacherben und Nachvermächtnisnehmers wahr.
(3) Im Wege der Verwaltungsanordnung gemäß § 2216 Abs. 2 BGB weist ein jeder von uns den Testamentsvollstrecker verbindlich an, unserem behinderten Sohn aus den jährlichen Reinerträgen des Nachlasses solche Geld- oder Sachleistungen zuzuwenden, die der Verbesserung der Lebensqualität unseres Sohnes dienen, auf die der Sozialhilfeträger aber nach den sozialhilferechtlichen Vorschriften (insbesondere Sozialhilfe und Grundsicherung) nicht zugreifen kann und hinsichtlich derer eine Anrechnung auf die unserem behinderten Sohn gewährte Sozialhilfe nicht in Betracht kommt.
(4) Der Testamentsvollstrecker hat die Erträge unter den vorstehenden Voraussetzungen insbesondere in folgender Form zuzuwenden:
- angemessene Geschenke zum Geburtstag von S, zu den üblichen Feiertagen sowie zu besonderen Anlässen oder bei anderen Gelegenheiten, die durch Sitte und Anstand geboten sind; bei der Auswahl der Geschenke hat der jeweilige Testamentsvollstrecker auf die Bedürfnisse und Wünsche von S Rücksicht zu nehmen,
- Zuwendungen zur Ermöglichung individueller geistiger und künstlerischer Bedürfnisse sowie individueller Bedürfnisse bei der Freizeitgestaltung,
- Zuwendungen für die Anschaffung von Gegenstände des persönlichen Bedarfs, soweit deren Besitz kein Luxus ist,
- Geldbeträge zur Finanzierung von Besuchsfahrten, Kur- und Ferienaufenthalten sowie Bezahlung einer ggf. erforderlichen Begleitperson,
- Finanzierung ärztlicher Behandlungen, Heilbehandlungen, Therapien und von Medikamenten, Hilfsmitteln und Ausstattungsgegenständen, die von der Krankenkasse oder sonstigen Trägern von Sozialleistungen nicht oder nicht vollständig getragen werden,
- Geldzuwendungen, die jedoch im Falle der Gewährung von Sozialleistungen innerhalb des nach den einschlägigen sozialrechtlichen Bestimmungen zulässigen Rahmens bleiben müssen.

(5) Bei der Verwendung der Mittel kann der Testamentsvollstrecker nach billigem Ermessen entscheiden, soll aber die Bedürfnisse und – soweit möglich – die Wünsche unseres behinderten Sohnes berücksichtigen. Notfalls darf er auch die Vermögenssubstanz aufbrauchen oder Verbindlichkeiten für den Nachlass eingehen.
(6) Werden die jährlichen Reinerträge nicht in voller Höhe in der vorstehend aufgeführten Weise verwendet, so soll der Testamentsvollstrecker sie nach seinem Ermessen gewinnbringend anlegen und entsprechend der genannten Ziele verwenden. Eine mündelsichere Geldanlage obliegt ihm nicht.
(7) Zum Testamentsvollstrecker ernennen wir unseren Steuerberater (...). Sollte dieser das Amt als Testamentsvollstrecker aus irgendeinem Grunde nicht antreten können, so kann er einen geeigneten Ersatztestamentsvollstrecker bestimmen. Dies gilt auch, wenn der berufene Testamentsvollstrecker

nach Annahme des Amtes dieses niederlegt oder nicht mehr ausüben kann. Notfalls soll das Nachlassgericht einen geeigneten Testamentsvollstrecker benennen.

6. Pflichtteilsverzicht des Sohnes 101

Seit dem Urteil des BGH vom 19.1.2011 sollte man zudem auf einen Pflichtteilsverzicht des behinderten Sohnes nach beiden Ehegatten hinwirken. Gemäß BGH ist ein solcher Pflichtteilsverzichtsvertrag nicht sittenwidrig. Da die Tochter als Betreuerin gemäß § 1908i i.V.m. § 1795 Abs. 1 Nr. 1 BGB von der Vertretung des Bruders bei dem Vertragsschluss mit den gemeinsamen Eltern ausgeschlossen ist, muss ein Ergänzungspfleger bestellt werden. Zudem ist die Genehmigung des Familiengerichts gemäß § 1908i i.V.m. § 1822 Nr. 1 BGB erforderlich. Im Falle einer Kombination mit der Erbschafts- oder Vermächtnislösung, möglicherweise sogar in derselben notariellen Urkunde, liegt der Pflichtteilsverzicht auch im wohlverstandenen Interesse des Behinderten.[85]

6. Perspektiven beim Behinderten- und Bedürftigentestament durch BGH-Urteil aus 2011

Aufgrund der Möglichkeit, einen wirksamen Pflichtteilsverzicht mit dem behinderten Angehörigen zu vereinbaren, erschließen sich ganz **neue Gestaltungsmöglichkeiten** für die Versorgung von behinderten Angehörigen, da das Problem des überleitbaren Pflichtteilsanspruchs durch einen wirksamen **Pflichtteilsverzicht** gelöst ist. Der behinderte Angehörige muss daher nicht mehr mit einer Vorerbschaft oder einem Vorvermächtnis mindestens in Höhe des Pflichtteilsanspruches bedacht werden. Um die Versorgung des behinderten Angehörigen sicherzustellen, kann ihm dann per Vermächtnis z.B. ein Nießbrauch an einer Immobilie, einer Gesellschaftsbeteiligung oder einem Wertpapierdepot zugewendet werden. Für dieses Vermächtnis müsste dann wieder Dauertestamentsvollstreckung angeordnet werden. 102

Auf diese Weise kann die Entstehung einer Erbengemeinschaft mit dem überlebenden Ehegatten bzw. den anderen Erben im Schlusserbfall vermieden werden, ohne dass die noch nicht höchstrichterlich geklärten Fragen nach dem Konkurrenzverhältnis zwischen der noch nicht erfüllten Verbindlichkeit gegenüber dem Nachvermächtnisnehmer (§ 2174 BGB) und der Ersatzpflicht gegenüber dem Sozialhilfeträger (§ 102 SGB XII) zu entscheiden sind. 103

85 So auch *Frhr. v. Proff*, RNotZ 2012, 272, 279.

§ 3 Vermögenserhalt durch Verzichtsverträge und Anrechnungsbestimmungen

Übersicht:

A. Einleitung

Selbst durchdachte Nachfolgeplanungen, die sich für einen objektiven Dritten auch als vernünftig darstellen, werden häufig durch nicht oder nicht ausreichend bedachte Pflichtteilsberechtigte durchkreuzt. Der Königsweg einer sicheren Gestaltung ist daher ganz sicher darin zu sehen, die Nachfolgeplanung im Einvernehmen aller in Betracht kommenden Pflichtteilsberechtigten durchzuführen, sie an den Überlegungen, aber auch den Ergebnissen dieser Planung zu beteiligen und sie verbindlich einzubeziehen, sodass häufig der **Erbvertrag** die einzig sinnvolle Lösung darstellt. 1

Im Rahmen eines derartigen Erbvertrages könnten dann auch Erklärungen zu den Pflichtteilsansprüchen der so genannten weichenden Erben enthalten sein, darüber hinaus kann man in dieses Vertragswerk Erklärungen zu bereits erhaltenen Vermögenswerten aufnehmen, indem dort Anrechnungs- oder Ausgleichungsvereinbarungen getroffen werden. 2

Das alles in eine Urkunde aufzunehmen, ist allerdings nicht zwingend. So wäre es denkbar, die Vermögensnachfolge im Rahmen eines Testamentes oder Erbvertrages zu regeln und flankierend dazu die notwendigen Erklärungen der übrigen Beteiligten einzuholen. Isolierte Pflichtteilsverzichtsverträge tauchen in der Gestaltungspraxis häufig auf. Sie sind insbesondere dann sinnvoll, wenn Verzichte unabhängig von der ansonsten vorgesehenen Erbeinsetzung vollzogen werden sollen, so dass man keinerlei Abhängigkeit der Verträge untereinander herstellen möchte. Aber selbst ein Bedingungszusammenhang ließe sich konstruieren. Der Pflichtteilsverzicht als solcher kann durchaus unter die Bedingung weiterer erbrechtlicher Verfügungen des Erblassers gestellt werden. 3

4 **Beispiel**
Die Eltern wollen sich gegenseitig zu alleinigen Erben einsetzen und verhindern, dass die Kinder nach dem Erstversterbenden der Eltern dem Längerlebenden gegenüber Pflichtteilsansprüche geltend machen können. Andererseits wollen sie die Kinder zu Schlusserben des Längerlebenden einsetzen, ohne sich jedoch endgültig binden zu wollen. In diesem Falle ist auf einen Verzicht auf Pflichtteils- und Pflichtteilsergänzungsansprüche durch die Kinder den Eltern gegenüber hinzuwirken. Wenn sich dieser sowohl auf den Tod des Erstversterbenden der Eltern wie auch auf den des Längerlebenden bezieht, sollte er indes unter die Bedingung gestellt werden, dass die Kinder tatsächlich Erben des Längerlebenden zu gleichen Teilen werden.

5 **Formulierungsbeispiel: Pflichtteilsverzicht**
Die Erschienenen zu 2. und 3. (im Beispielsfall die Kinder) verzichten gegenüber ihren Eltern, den Erschienenen zu 1., für sich und ihre Abkömmlinge auf die Geltendmachung von Pflichtteils- und Pflichtteilsergänzungsansprüchen, und zwar sowohl nach dem Erstversterbenden wie auch nach dem Längerlebenden.
Der auf den Tod des Längerlebenden abgegebene Verzicht steht unter der Bedingung, dass es bei der Erbeinsetzung der Erschienenen zu 2. und 3. auf den Tod des Längerlebenden gemäß Erbvertrag vom heutigen Tage (UR-Nr. (...) uneingeschränkt verbleibt.
Die Erschienenen zu 1. (Eltern) nehmen die Verzichte ihrer Kinder hiermit an.

6 Ebenso denkbar ist, in diesen Fällen die Verzichtserklärungen nur auf den Tod des Erstversterbenden zu beschränken, damit die Kinder nach dem Längerlebenden noch ihre Pflichtteilsansprüche geltend machen können, sollten sie nicht als Erben in Betracht kommen.

7 Pflichtteilsberechtigte bei der Strukturierung der Nachfolgeplanung aber außen vor zu lassen, rächt sich spätestens im Zeitpunkt des Erbfalls. Nicht selten können solche übergangenen Kinder dem auserkorenen Erben das Leben so schwer machen, dass am Ende ein teuer erkaufter Vergleich oder gar die Ausschlagung der Erbschaft steht.

Wenn es also dem Erblasser um den **Erhalt seiner Vermögensstrukturen** geht, geht kein Weg daran vorbei, auch ungeliebte Abkömmlinge mit einzubeziehen oder aber durch geschickte – an anderer Stelle abzuhandelnde – Gestaltungen zu erreichen, dass der Pflichtteilsanspruch nicht oder nicht mehr werthaltig ist.

8 Ein weiteres Problem besteht darin, dass Pflichtteilsberechtigte übersehen werden. So ist das Pflichtteilsrecht der Eltern bei kinderlosen Abkömmlingen nicht selten Gegenstand gerichtlicher Streitigkeiten, in deren Verlauf klar wird, dass dieses Pflichtteilsrecht, welches sich aus § 2303 Abs. 2 S. 1 BGB ergibt, unbekannt war. Erst recht wird in der Praxis übersehen, dass zu den pflichtteilsberechtigten

Eltern grundsätzlich auch die Adoptiveltern (§§ 1754, 1767 Abs. 2 BGB) zählen, während das Erbrecht der leiblichen Eltern bei der Minderjährigenadoption erlischt (§ 1755 BGB), bei der Volljährigenadoption aber grundsätzlich bestehen bleibt (§ 1770 Abs. 2 BGB).[1]

In Zeiten, in denen immer mehr Beteiligte in nichtehelicher Lebensgemeinschaft 9
leben und jedenfalls über längere Zeit als früher kinderlos bleiben, gewinnt das Pflichtteilsrecht der jeweiligen Eltern erheblich an Bedeutung, und zwar nicht nur der Bestand des Rechts, sondern auch die erhebliche Quote, wenn sich die Eltern als alleinige gesetzliche Erben darstellen. Insoweit wird man den Begriff der Familie gelegentlich neu definieren müssen. Denn der Vermögenserhalt etwa eines von jungen nichtehelich zusammenlebenden Personen errichteten Eigenheims hat zum Gegenstand, dass das Heim nicht an die jeweiligen Eltern fällt, die mit diesem Vermögen letztlich gar nichts mehr zu tun haben, sondern in der neuen „Familie" verbleibt, die aber möglicherweise mit erheblichen Pflichtteilsansprüchen der Eltern belastet wird, wenn der Erbfall zur unrechten Zeit eintritt. Zu einer sinnvollen Vermögensplanung gehört daher in diesen Fällen die Einbeziehung von Verzichtserklärungen der jeweiligen Eltern.

B. Erb- und Pflichtteilsverzicht

Das Gesetz bietet für die hier abzuhandelnden Verzichtserklärungen ganze sieben 10
Paragrafen, nämlich die §§ 2346–2352 BGB. Der siebte Abschnitt des fünften Buchs des BGB ist mit „Erbverzicht" überschrieben, handelt aber auch Pflichtteilsverzichte und Zuwendungsverzichte ab.

I. Erbverzicht

1. Allgemeines

So wichtig die Einholung von Verzichtserklärungen für eine vernünftige Planung 11
ist, so gering ist die Bedeutung des klassischen Erbverzichts in der Praxis. Der Erbverzicht ist die weitestgehende Verzichtserklärung. Sie wird auch als scharfes Schwert bezeichnet, beseitigt sie doch den Verzichtenden und seine Abkömmlinge endgültig aus der Reihe der Erbprätendenten. § 2346 Abs. 1 S. 2 BGB beschreibt die so genannte **Vorversterbensfiktion**, indem dort geregelt ist, dass der Verzichtende von der gesetzlichen Erbfolge ausgeschlossen ist, wie wenn er zur Zeit des Erbfalls nicht mehr lebte; er hat auch kein Pflichtteilsrecht.

Das bedeutet, dass derjenige, der einen Erbverzicht erklärt, so behandelt wird, 12
als hätte er nie gelebt. Das gilt auch für seine Abkömmlinge (§ 2349 BGB). Diese

---

1 Dazu Mayer/Süß/Tanck/Bittler/Wälzholz/*Mayer*, Handbuch Pflichtteilsrecht, § 2 Rn 14.

weitreichende Verzichtserklärung mag zwar auf den ersten Blick genau dem Ziel entsprechen, das mit einem solchen Verzicht erreicht werden soll, nämlich dass der Verzichtende und dessen Stamm eben keine Ansprüche mehr haben. Die Verzichtserklärung, die sich als Erbverzicht versteht, hat aber leider auch die Folge, dass die gesetzlichen Erbteile der übrigen gesetzlichen Erben sich entsprechend erhöhen, was zur Folge hat, dass sich die Pflichtteilsansprüche eben dieser Personen als werthaltiger darstellen.[2]

Diese Folge wird von den Beteiligten oft nicht bedacht, das unbedachte Verwenden eines Erbverzichtes kann sogar zu einem Notarregress führen.[3]

13 Wenn dies zur Konsequenz hat, dass in der Gestaltungspraxis nur in ganz wenigen Ausnahmefällen zum Erbverzicht gegriffen wird, heißt das noch nicht, dass die Gefahren des reinen Erbverzichts damit gebannt wären, denn die Rechtsprechung neigt dazu, auch stillschweigend erklärte Erbverzichte anzunehmen. So wurde beispielsweise die Erklärung eines Sohnes, er sei nach dem Erhalt eines Geldbetrages vom elterlichen Vermögen unter Lebenden und von Todes wegen ein für alle Mal abgefunden, als Erbverzicht ausgelegt.[4] Findet sich eine derartige Erklärung also in einem notariellen Vertrag, kann das zum endgültigen Verlust aller Ansprüche führen. Ob das letztlich so gewollt war, mag dahinstehen. Die Gefahr, dass unklare Formulierungen in notariellen Verträgen im Ergebnis als ein Erbverzicht ausgelegt werden, besteht nach dieser Rechtsprechung aber alle Mal.

Demzufolge kann auch vor solchen umfassenden Erklärungen nur gewarnt werden, es sei denn, man will ihnen tatsächlich Verzichtscharakter geben. Dann allerdings ist zu empfehlen, einen Erbverzicht auch als solchen zu benennen.

2. Erbverzicht und Gegenleistung

14 Ein ohne Wenn und Aber abgegebener Erbverzicht ist selten anzutreffen. In den meisten Fällen lassen die Eltern dem verzichtenden Kind Gegenleistungen zukommen oder haben dies in der Vergangenheit bereits getan, und das Kind verzichtet angesichts dieser Gegenleistungen dann auf weitergehende Ansprüche, indem es einen Erbverzicht erklärt. Im Rahmen geschickter Nachfolgeplanung ist das ein häufig eingesetztes Instrumentarium.

15 Dennoch birgt diese Gestaltung Risiken, wie eine Entscheidung des BGH[5] aus dem Jahre 2008 zeigt. Hier stellte sich nämlich die Rechtsfrage, ob die Gegenleistung, die bei Abgabe eines Erbverzichts erfolgt, Entgeltcharakter hat. Wäre sie unentgeltlich, kämen wir sogleich in den Anwendungsbereich des § 2325 BGB,

---

2 *Gockel*, Verzichtserklärungen im Erbrecht, § 1 Rn 69 ff.
3 OLG Celle 3 U 36/00, juris.
4 OLG Hamm ZErb 2014, 314.
5 BGH NJW 2009, 1143.

sodass der Empfänger der Leistung sogar noch mit Pflichtteilsergänzungsansprüchen rechnen muss.

Die Auffassungen zur Entgeltlichkeit gehen auseinander. In der Literatur wird überwiegend vertreten, dass die Abfindung für einen Erbverzicht keine Schenkung, sondern ein entgeltliches Geschäft darstelle.[6] Der BGH ist der Auffassung, die Abfindung für einen Erbverzicht stelle eine unentgeltliche Zuwendung dar, soweit sie sich jedoch im Rahmen der Erberwartung des Verzichtenden halte, werde der Verzicht auf das gesetzliche Erbrecht nach § 2310 S. 2 BGB kompensiert, da sich infolge der Vorversterbensfiktion der Pflichtteil der übrigen Beteiligten entsprechend erhöhe. Wäre das anders, würde der Pflichtteilsberechtigte, dem die Erhöhung seiner Pflichtteilsquote durch den Erbverzicht des anderen zugutekommt, daneben noch einen Pflichtteilsergänzungsanspruch erhalten, was zu einer doppelten Bevorzugung führen würde. Nach dieser Rechtsprechung verbleibt es indes bei einem Pflichtteilsergänzungsanspruch, wenn die Leistung des Erblassers an den Verzichtenden über eine angemessene Abfindung für einen Erbverzicht hinausgeht. Bei der Wertung ist auf den Erbteil abzustellen und nicht auf den Wert des Pflichtteils. 16

Höchst umstritten ist hierbei im Ergebnis noch, wie bei einem Erbverzicht gegen Abfindung die Berechnung des Pflichtteilsergänzungsanspruchs erfolgen muss.[7] Die an sich nachvollziehbare Rechtsprechung des BGH passt allerdings nur auf die Konstellation eines Erbverzichts, bei dem die Systematik des § 2310 S. 2 BGB ausgelöst wird, nicht jedoch auf einen Pflichtteilsverzicht, der die Vorversterbensfiktion nicht kennt. 17

Schwierig sind die Fragen zu beantworten, wie die Übertragung von Geschäftsanteilen zu bewerten ist, wenn sie etwa als „Gegenleistung“ für einen Erbverzicht erfolgt. Wenngleich man in der Rechtsprechung zunächst davon ausging, dass auch insoweit eine unentgeltliche Zuwendung vorliegt, ist vom BGH dann doch im Einzelfall eine nur noch gemischte Schenkung angenommen worden, wenn sich das aus einer Gesamtbetrachtung der gesellschaftsrechtlichen Regelungen und aller maßgeblichen Umstände ergibt.[8] 18

Damit sind natürlich derartige Zuwendungen mit dem Risiko eines Pflichtteilsergänzungsanspruchs verbunden. Ob ein solcher besteht oder nicht, hängt von einer nicht sicher vorhersehbaren richterlichen Einschätzung ab, die von der Beantwortung der Frage abhängt, ob ein grobes Missverhältnis zwischen Leistung und Gegenleistung besteht.

---

6 Mayer/Süß/Tanck/Bittler/Wälzholz/*Pawlytta,* Handbuch Pflichtteilsrecht, § 7 Rn 97 m.w.N.

7 OLG Hamm ZEV 2000, 277; Mayer/Süß/Tanck/Bittler/Wälzholz/*Pawlytta,* Handbuch Pflichtteilsrecht, § 7 Rn 69.

8 BGH NJW 1981, 1956.

19 Ebenso risikobehaftet ist die Frage, ob etwa ein Abfindungsausschluss unter den Gesellschaftern zu einer Pflichtteilsproblematik führt.[9] Schließlich taucht die Frage einer Pflichtteilsergänzung auch bei einer unentgeltlichen Zuwendung an eine Stiftung auf, die der BGH zunächst grundsätzlich als unter § 2325 Abs. 3 BGB fallend qualifiziert hat.[10] Bei einer Stiftungserrichtung unter Lebenden (§ 81 BGB) kann man Zweifel an der Anwendung des § 2325 BGB haben, da die Vermögenszuwendung ja nicht durch übereinstimmende Willenserklärungen erfolgt, sondern die Stiftungserrichtung als solche eine einseitige Willenserklärung ist. Hier wird nach herrschender Auffassung eine analoge Anwendung des § 2325 BGB für richtig gehalten.[11]

II. Pflichtteilsverzicht

1. Allgemeines

20 Der Pflichtteilsverzicht stellt sich in der Praxis als wesentlich bedeutsamer dar. Es hat sich als üblich und auch richtig herausgestellt, vom Erbverzicht abzusehen und lediglich Pflichtteilsverzichte zu beurkunden, wobei natürlich darauf zu achten ist, dass – soweit gewollt – auch ein Verzicht auf Pflichtteilsergänzungsansprüche zu erfolgen hat, da es sich um selbstständig nebeneinander stehende Ansprüche handelt.[12]

2. Umfang des Pflichtteilsverzichts

21 Der Pflichtteilsverzicht kann beschränkt werden. Gegenstand eines **beschränkten Pflichtteilsverzichts** kann sein

- ein Bruchteil des ideellen Pflichtteils
- der Pflichtteilsrestanspruch nach § 2305 BGB (Erbeinsetzung) oder § 2307 BGB (Vermächtnis)
- der Pflichtteilsergänzungsanspruch nach § 2325 BGB
- die Akzeptanz von Beschränkungen nach § 2306 BGB
- die Vereinbarung einer nachträglichen Anrechnung auf den Pflichtteil
- die Vereinbarung über eine Stundung oder Ratenzahlung eines späteren Pflichtteilsanspruchs
- die Herausnahme bislang ausgleichspflichtiger Zuwendungen an andere Abkömmlinge aus der Pflichtteilsberechnung.[13]

---

9 BGHZ 22, 186; Mayer/Süß/Tanck/Bittler/Wälzholz/*Pawlytta*, Handbuch Pflichtteilsrecht, § 7 Rn 79.

10 BGH NJW 2004, 1382.

11 *Rawert/Katschinski*, ZEV 1996, 161.

12 *Gockel*, Verzichtserklärungen im Erbrecht, § 2 Rn 2

13 Dazu ergänzend *Gockel*, Verzichtserklärungen im Erbrecht, § 2 Rn 14 ff.

Damit stellt sich der Pflichtteilsverzicht als die variable Lösung geschickter Vermögensnachfolge dar. Er beseitigt den Verzichtenden nicht aus der Reihe der Abkömmlinge, die für die Berechnung der Pflichtteilsquote der übrigen Beteiligten mitgezählt werden, da er keine Vorversterbensfiktion kennt. Der Verzicht kommt also den übrigen Beteiligten nicht etwa durch Erhöhung der Pflichtteilsquote zugute. Überdies kann er maßgeschneidert auf den Einzelfall eingesetzt werden, da sich der Verzicht auf exakt umrissene Zuwendungen, Bewertungen oder andere Positionen erstrecken kann und nicht darüber hinausgehen muss. Allerdings kann er auch umfangreich ausgestaltet sein, sodass ein Pflichtteilsverzicht auf sämtliche denkbaren Pflichtteils- und Pflichtteilsergänzungsansprüche ebenso denkbar ist wie ein sehr eng begrenzter Verzicht, der nur eine bestimmte Zuwendung oder ein Bewertungsmodell zum Gegenstand hat. Daran zeigt sich die Variabilität des Pflichtteilsverzichts, der nicht zuletzt deswegen in der Praxis große Bedeutung hat. Eine geschickte Nachfolgegestaltung wird ohne den Pflichtteilsverzicht kaum auskommen. 22

Im Rahmen der **Unternehmensnachfolge** sind Verzichtserklärungen derer, die nicht Unternehmensnachfolger werden sollen, unabdingbar, um nicht das Unternehmen nach dem Erbfall in den Strudel von nicht absehbaren Pflichtteilsprozessen zu führen.[14] Geht es bei dem Pflichtteilsverzicht tatsächlich um ein Unternehmen (Beispiel: Der Unternehmer überträgt seine Geschäftsanteile auf einen Sohn, dessen Bruder bezogen auf die Unternehmensbeteiligungen auf sein Pflichtteilsrecht verzichtet, möglicherweise gegen Erhalt eines bestimmten Betrages), ist der Pflichtteilsverzicht dahingehend maßzuschneidern, dass auch tatsächlich sämtliche Unternehmensbestandteile erfasst sind, sodass also im Einzelfall zu klären ist, ob zum Betriebsvermögen etwa auch Gegenstände des notwendigen, gewillkürten Betriebsvermögens oder Sonderbetriebsvermögen gehören, ob dazu auch die aufgrund gewerblicher Tätigkeit gehaltenen Geschäftsanteile sowie gepachtete Unternehmen zu zählen sind, ob Vermögen, das dem Betrieb langfristig zur Nutzung überlassen ist, mit einbezogen werden soll und anderes. 23

Damit ist also bei der Gestaltung eines derartigen Pflichtteilsverzichts besondere Sorgfalt geboten. Im Rahmen der möglicherweise nach dem Erbfall erfolgenden Überprüfung des Ausmaßes des Pflichtteilsverzichtes ergeben sich mitunter bedenkliche Lücken, die dann doch noch zu Ansprüchen führen können. 24

Formulierungsbeispiel: Pflichtteilsverzicht 25

Nunmehr erklärten die Erschienenen zu 2. und 3.:

Hiermit verzichten wir für uns und unsere Abkömmlinge auf die Geltendmachung von Pflichtteils- und Pflichtteilsergänzungsansprüchen nach dem Erstversterbenden unserer Eltern.

14 Dazu ergänzend *Spiegelberger*, Unternehmensnachfolge, Rn 26 ff.

Die Erschienenen zu 1. erklärten:
Wir nehmen die vorstehenden Verzichte unserer Kinder (...) und (...) hiermit an.

III. Zuwendungsverzicht

1. Allgemeines

26 Ein Unterfall des Erbverzichts ist der Zuwendungsverzicht, der seinerseits in § 2352 BGB geregelt ist. Durch den Zuwendungsverzicht wird erreicht, dass eine ansonsten erbrechtlich verbindlich gewordene Folge eintritt. Voraussetzung ist also, dass der Anfall einer Zuwendung bereits feststeht. Der Begünstigte erklärt, dass er auf diese Zuwendung verzichtet. Er wird dann so angesehen, wie wenn er den Erbfall nicht erlebt hätte.

Bis zur Erbrechtsreform des Jahres 2010 führte der Zuwendungsverzicht ein Schattendasein, da er sich grundsätzlich nicht auf Abkömmlinge erstreckte. Dadurch, dass § 2352 S. 3 BGB nunmehr für den Zuwendungsverzicht auch die Vorschrift des § 2349 BGB für anwendbar erklärt, hat der Zuwendungsverzicht Erstreckungswirkung und ist seitdem vermehrt anzutreffen.

2. Systematik

27 Der Zuwendungsverzicht setzt voraus, dass eine erbrechtliche Verfügung (Erbeinsetzung oder Vermächtnis) verbindlich geworden ist, also etwa erbvertraglich verbindlich angeordnet oder wechselbezüglich verfügt war und einer der beiden Testierenden vorverstorben ist. Der Längerlebende unterliegt nun einer Bindungswirkung, die es ihm an sich nicht ermöglicht, hiervon abweichende Verfügungen zu tätigen. Um diese Bindungswirkung zu beseitigen, ist ein Zuwendungsverzicht erforderlich.

28 Allerdings ist zu bedenken, dass der Zuwendungsverzicht sich nach der Neuregelung nicht auf ausdrücklich zu Ersatzerben oder Ersatzvermächtnisnehmern Berufene erstreckt (§§ 2096, 2190 BGB), sondern nur der unmittelbar betroffene Schlusserbe aus der Reihe der Begünstigten ausscheidet.[15] Noch wichtiger ist der Hinweis darauf, dass durch den Zuwendungsverzicht der länger lebende Ehegatte nicht von der Bindung an seine wechselbezüglichen Verfügungen befreit wird, sondern dass der gewissermaßen frei werdende Erbteil den anderen Begünstigten anwächst oder eine ausdrückliche Ersatzberufung auslöst.

29 Ein erklärter Zuwendungsverzicht beseitigt nicht die zugrunde liegende letztwillige Verfügung, sondern verhindert nur den Anfall der Zuwendung an den Ver-

15 *Nieder/Kössinger*, § 19 Rn 35.

zichtenden.[16] Der Verzichtende wird also kein Erbe mehr. Das heißt aber nicht, dass dessen Erbteil nunmehr frei würde, vielmehr ist zu prüfen, ob nicht eine Anwachsung nach § 2094 Abs. 1 BGB gegeben ist, sodass also automatisch mit dem Verzicht der freiwerdende Erbteil dem in der Erbfolge verbleibenden Abkömmling anwächst. Die Rechtsprechung nimmt hierzu an, dass die Anwachsung einer Bindung unterliegt.[17]

Demzufolge müsste ein längerlebender Ehegatte alle begünstigten Schlusserben zu einem Zuwendungsverzicht veranlassen, um entsprechende neue Verfügungen treffen zu können, ansonsten würde durch den Zuwendungsverzicht nur erreicht, dass der jeweils Begünstigte wegfällt, die Begünstigung dann aber den jeweils anderen zukommt, ohne dass der länger lebende Ehegatte das noch steuern könnte. 30

Bei Verfügungen über das Familienvermögen kann das von Bedeutung sein, wenn der ursprüngliche Verteilungsplan nach dem Tode des ersten der Eltern sich als nicht tragfähig erweist und gewissermaßen eine Neuverteilung stattfinden soll. Rechtssicher ist das nur gestaltbar, wenn alle begünstigten Schlusserben an einem Strang ziehen. 31

Formulierungsbeispiel: Zuwendungsverzicht 32

1. Die Eheleute X und Y haben sich durch Erbvertrag vom (…) (UR-Nr. (…) des Notars (…) in (…)) wechselseitig zu Erben und erbvertraglich verbindlich zum Schlusserben ihren Sohn S eingesetzt.
   Der Ehemann der Erschienenen zu 1., Herr X, ist vorverstorben. Es ist nunmehr beabsichtigt, die Erbeinsetzung dahingehend zu ändern, dass die Erschienene zu 1., Frau Y, ihre Tochter T zur alleinigen Erbin einsetzt, womit der Erschienene zu 2., Sohn S, einverstanden ist.
2. Der Erschienene zu 2. verzichtet hiermit gegenüber seiner Mutter Y im Wege eines Zuwendungsverzichtsvertrags auf das ihm aufgrund des oben genannten Erbvertrages zustehende Erbrecht.
   Der Erschienene zu 2. hat seinerseits zwei Abkömmlinge. Der Notar wies darauf hin, dass der Zuwendungsverzicht gem. § 2349 BGB sich auch auf die Abkömmlinge des Verzichtenden erstreckt.
3. Die Erschienenen erklärten:
   Vorstehender Verzicht bezieht sich ausschließlich auf die genannte erbvertragliche Zuwendung. Er erstreckt sich nicht auf das gesetzliche Erb- und Pflichtteilsrecht des Verzichtenden.
4. Die Erschienene Y nimmt die vorstehenden Verzichte ihres Sohnes S hiermit an.

16 BeckOK-BGB/*J. Mayer*, § 2352 Rn 16.
17 OLG Hamm ZErb 2015, 123.

5. Der Notar wies darauf hin, dass mit dem vorstehenden Zuwendungsverzicht eine anderweitige Erbeinsetzung noch nicht verbunden ist, die Erschienene Y aber ihre Testierfreiheit zurückgewinnt.

C. Verzicht auf Zugewinnausgleich

33 Nachdem die Tragweite eines Pflichtteilsverzichts erfasst ist, darf nicht vergessen werden, die **güterrechtlichen Auswirkungen** einer entsprechenden erbrechtlichen Regelung, bei der dann der Ehegatte unter Umständen nicht mehr bedacht ist und auch auf sein Pflichtteilsrecht verzichtet hat, zu bedenken. Schließlich kann er gemäß § 1371 Abs. 2 BGB den güterrechtlichen Zugewinnausgleich verlangen. Auch hierauf müsste der Ehegatte sinnvollerweise verzichten, um ihm nicht die Möglichkeit zu geben, mit diesem güterrechtlichen Hebel die Gesamtregelung doch wieder aus den Angeln zu heben.

34 **Formulierungsbeispiel: Verzicht auf Zugewinnausgleich**

Im Wege einer erbvertraglichen Vereinbarung vereinbaren wir hiermit:

Wird unsere Ehe durch den Tod eines Ehegatten aufgelöst, ist die reale Durchführung des Zugewinnausgleichs, welche der überlebende Ehegatte gemäß § 1371 Abs. 2, 3 BGB im Wege der sogenannten güterrechtlichen Lösung verlangen könnte, ausgeschlossen.

Ausdrücklich nicht ausgeschlossen ist dagegen:

1. die Erhöhung des gesetzlichen Erbteils für den überlebenden Ehegatten gemäß § 1371 Abs. 1 BGB bei der sogenannten erbrechtlichen Lösung;
2. die Durchführung des Zugewinnausgleichs, falls unsere Ehe durch eine Entscheidung des Familiengerichts, also insbesondere durch Ehescheidung, aufgelöst wird;
3. die Durchführung des Zugewinnausgleichs, falls der Güterstand der Zugewinngemeinschaft nicht durch Auflösung unserer Ehe, sondern durch ehevertragliche Vereinbarung eines anderen Güterstandes beendet wird.

D. Anrechnungsbestimmungen

I. Gesetzliche Regelung

35 § 2315 BGB sieht vor, dass der Pflichtteilsberechtigte sich auf den Pflichtteil das anrechnen zu lassen hat, was ihm von dem Erblasser durch Rechtsgeschäft unter Lebenden mit der Bestimmung zugewendet worden ist, dass es auf den Pflichtteil angerechnet werden soll.

Eine wirksam angeordnete Anrechnung hat also unmittelbare Auswirkungen auf den Pflichtteil des Anrechnungspflichtigen, die Pflichtteilsschuld des Erben wird tatsächlich geschmälert. Damit führt die wirksame Anrechnungsbestimmung zu einer verminderten Belastung des Nachlassvermögens.[18]

II. Voraussetzungen der Anrechnung

1. Lebzeitige freigiebige Zuwendung

Der Erblasser muss dem Pflichtteilsberechtigten eine irgendwie geartete Zuwendung zukommen lassen. Zu diesen Zuwendungen darf er nicht verpflichtet sein, denn sie muss freigiebig sein. Hierunter fallen auch Ausstattungen gemäß § 1624 BGB.[19] Unter einer Zuwendung versteht man jede freiwillige und freigiebige Verschaffung eines irgendwie gearteten Vorteils.[20] So kann auch das Begleichen von Schulden hierher gehören. Allerdings muss es sich um unmittelbare Zuwendungen an einen Pflichtteilsberechtigten handeln, nicht ausreichend sind mittelbare Zuwendungen zum Beispiel an die Ehefrau des Pflichtteilsberechtigten[21] oder Zuwendungen, die der Pflichtteilsberechtigte vom Ehegatten des Erblassers erhält.[22] 36

2. Anrechnungsbestimmung

Entscheidend ist, dass der Erblasser **vor oder spätestens bei der Zuwendung** eine Anrechnungsbestimmung getroffen haben muss, die sich als einseitige empfangsbedürftige Willenserklärung darstellt, die dem Empfänger rechtzeitig zugehen muss.[23] Diese Anrechnungsbestimmung ist nicht formgebunden, sie ist sogar konkludent möglich, wobei jedoch bloßes Stillschweigen nicht reicht.[24] Allerdings kann die Bestimmung auch mündlich und schlüssig erfolgen. 37

Auch bei einer möglicherweise stillschweigend enthaltenen Anrechnungsbestimmung muss die Erklärung des Erblassers so eindeutig sein, dass sie für die Pflichtteilsberechtigten vor oder bei der Zuwendung als solche erkennbar ist.[25] Die Pflichtteilsreform hat diesbezüglich leider keine Änderung gebracht. Hier war zunächst vorgesehen, dass der Zuwendende eine solche Anrechnungsverfügung auch nachträglich etwa durch Testament treffen kann. Damit wäre es dem Zuwendenden möglich gewesen, spätere Korrekturen vorzunehmen, etwa im Sinne einer Gleichbehandlung seiner Abkömmlinge oder der Berücksichtigung späterer Veränderungen in der Familienbiografie. 38

---

18 Krug/*Horn*, Pflichtteilsprozess, Kap. 6 Rn 8.
19 MüKo/*Lange*, § 2315 Rn 7.
20 OLG Düsseldorf ZEV 1994, 173.
21 *Keim*, MittBayNot 2008, 8.
22 Palandt/*Weidlich*, § 2315 Rn 1.
23 *Krauß*, Vermögensnachfolge in der Praxis, Rn 3297.
24 OLG Köln ZEV 2008, 244.
25 Palandt/*Weidlich*, § 2315 Rn 3.

39 Diese Stärkung der Testierfreiheit hat der Gesetzgeber leider nicht in die Tat umgesetzt, sondern sie kurz bevor Beschlussfassung wieder aus dem Gesetz gestrichen. Damit ist es bei dem „alten" Rechtsstand verblieben, dass die Anrechnungsbestimmung spätestens bei der Zuwendung erfolgen muss. Ein Reformbedarf ist aber nach wie vor erkennbar.[26] Wenn also ein Erblasser im Rahmen einer strategischen Familienplanung beabsichtigt, dass bestimmte Zuwendungen späterhin im Rahmen der Berechnung des Pflichtteils Berücksichtigung finden sollen, ist die Anrechnungsbestimmung, in der gebotenen klaren Form ausgesprochen, ein patentes Mittel. Zu Beweiszwecken sollte sie schriftlich fixiert und der Empfang von dem Begünstigten bestätigt sein.

Stellt sich im weiteren Verlauf heraus, dass es doch nicht zu einer Anrechnung kommen soll, könnte eine solche Anrechnungsbestimmung ohne Weiteres nachträglich beseitigt werden.[27] Dies kann auch durch formlose Erklärung erfolgen.

40 Der Schwachpunkt der gesetzlichen Regelung ist, dass es keine Vorgaben für Form und Inhalt der Anrechnungsbestimmung gibt. Aus diesem Grunde gibt es in der Praxis immer wieder Streit zu der Frage, ob und wenn ja mit welchem Inhalt der Erblasser Bestimmung getroffen hat. Dies umso mehr, als auch durch Auslegung ermittelt werden kann, ob eine Schenkung möglicherweise unter Anrechnung auf den Pflichtteil gewährt wurde.[28] Da für die Feststellung der Anrechnung auf den Pflichtteil kein strenger Maßstab gelten soll,[29] ist das Feld für Streitigkeiten weit. Je großzügiger man hier ist, umso eher wird man zu einer Anrechnung kommen, wobei beispielhaft die Frage auftaucht, ob die Zuwendung mit der Bestimmung „Erbteil" dann auch als Anrechnungsbestimmung auf den Pflichtteil gelten soll.[30] Besonders die in der notariellen Praxis gepflegte Terminologie der **„vorweggenommenen Erbfolge"** hat hier zu erheblicher Verwirrung geführt.

41 Durch das Urteil des BGH[31] sind die Dinge nicht klarer geworden, denn der BGH hat letztlich nur die verschiedenen Möglichkeiten aufgezeigt (Anrechnung, Ausgleichung oder Anrechnung plus Ausgleichung) und den Willen des Erblassers als ausschlaggebend dafür deklariert, was mit der Zuwendung gemeint war. Das bringt der Praxis wenig brauchbare Handhabe.

42 Besondere Schwierigkeiten ergeben sich noch bei der Zuwendung an Minderjährige, die ja den verstärkten Schutz der §§ 104 ff. BGB genießen. Hier stellt sich die Frage, ob eine Anrechnungsbestimmung sich nicht als rechtlicher Nachteil darstellt, sodass gemäß § 107 BGB eine solche Anrechnungsbestimmung dem

26 A.A. Krug/*Horn*, Pflichtteilsprozess, Kap. 6 Rn 13.
27 *J. Mayer*, ZEV 1996, 441.
28 Staudinger/*Haas*, § 2315 Rn 33.
29 *Muscheler*, Erbrecht, Rn 4193.
30 Verneinend OLG Düsseldorf FamRZ 1994, 1491; OLG Schleswig ZEV 2008, 386.
31 BGH ZEV 2010, 190.

Minderjährigen gegenüber möglicherweise unwirksam ist. Es dürfte zutreffend sein, die Zuwendung unter Anrechnungsbestimmung nicht als lediglich rechtlich vorteilhaft einzustufen,[32] sodass bei dieser Art der Zuwendung ein Ergänzungspfleger nach §§ 1909 Abs. 1, 1629 Abs. 2 S. 1, 1795 Abs. 2, 181 BGB bestellt werden müsste. Darüber hinaus ist hier noch die Genehmigung durch das Familiengericht erforderlich.[33]

III. Berechnung

Die Berechnung der Anrechnung erfolgt grundsätzlich in **drei Schritten**. Zunächst ist dem Nachlass die Zuwendung hinzuzurechnen. § 2315 Abs. 2 BGB sagt hierzu, dass der Wert sich nach der Zeit bestimmt, zu welcher die Zuwendung erfolgt ist. Der Erblasser kann dazu einen anderen Zeitpunkt festlegen, er könnte also beispielsweise anordnen, dass der Wert auf den Erbfall selbst bezogen zu errechnen ist.[34] Verbleibt es bei der gesetzlichen Regelung des § 2315 Abs. 2 BGB, ist allerdings der Wert auf den Zeitpunkt des Erbfalls zu indexieren.[35] 43

In einem zweiten Schritt wird nach erfolgter Addition des Nachlasses und des Vorempfangs hieraus der fiktive Pflichtteil errechnet, und zwar nach der Quote (§ 2303 Abs. 1 BGB). 44

In einem dritten Schritt ergibt sich der geschuldete Pflichtteil aus dem fiktiven Pflichtteil abzüglich des Vorempfangs (§ 2315 Abs. 1 BGB). Die Berechnung ist also relativ einfach.

Hat beispielsweise der Erblasser einem seiner Kinder lebzeitig eine Zuwendung von 50.000 EUR gemacht und ist der Nachlass anschließend 250.000 EUR wert, so wäre für den Fall, dass der Erblasser ein anderes Kind zum alleinigen Erben einsetzt, der Pflichtteilsanspruch des beschenkten Kindes bei wirksamer Anrechnungsbestimmung wie folgt zu errechnen: 45

Beispiel: Berechnung 46
Erster Schritt:
Nachlasswert: 250.000 EUR zuzüglich Schenkung 50.000 EUR = 300.000 EUR
Zweiter Schritt:
Fiktiver Pflichtteilsanspruch bei zwei Kindern 1/4 = 75.000 EUR
Dritter Schritt:
75.000 EUR – 50.000 EUR = 25.000 EUR
Letzteres ist der zu zahlende Pflichtteilsanspruch.

32 OLG München DNotZ 2008, 199; Krug/*Horn*, Pflichtteilsprozess, Kap. 6 Rn 75.
33 Staudinger/*Haas*, bei § 1315 Rn 33.
34 OLG Nürnberg ZEV 2006, 361.
35 BGH NJW 1975, 1831.

47 Die Indexierung ist bei diesem Rechenbeispiel aus Vereinfachungsgründen außen vor geblieben. Wäre zu indexieren, müsste man den Verbraucherpreisindex (VPI) zugrunde legen und käme dann zu einem höheren lebzeitig zugewandten Betrag je nachdem, wann die Schenkung erfolgt ist.

48 Schwieriger wird es dann, wenn beispielsweise Gegenleistungen des Erblassers zu berücksichtigen sind. So ergäbe sich diese Problematik etwa für den Fall, dass der Erblasser dem Sohn kein Bargeld geschenkt hätte, sondern ein Haus übertragen hätte und sich hier ein Nießbrauchs- oder Wohnungsrecht vorbehalten hätte.

Bei vorbehaltenen Rechten erfolgt grundsätzlich eine Kapitalisierung nach der Lebenserwartung. Dieses Recht wird dann vom anzurechnenden Wert abgezogen (so genannte abstrakte ex ante-Berechnung ähnlich wie bei § 2325 BGB).[36] Kompliziert wird es auch dann, wenn es mehrere Anrechnungspflichtige mit unterschiedlichen Zuwendungen gibt. Hier ist im Ergebnis bei jedem getrennt zu rechnen.

49 **Formulierungsbeispiel: Anrechnungsbestimmung**
Der Erschienene zu 2. (Übertragsnehmer) hat die vorstehende Übertragung des Grundbesitzes mit einem Wert von 250.000 EUR auf seinen Pflichtteil anrechnen lassen. Hinsichtlich einer etwaigen Überbewertung wird hiermit ein beschränkter Pflichtteilsverzicht erklärt.
Der Pflichtteilsverzicht wird hiermit von den Erschienenen zu 1. angenommen.

E. Ausgleichsanordnungen

I. Gesetzliche Regelung

50 Die Ausgleichspflicht ist in § 2316 BGB geregelt. Voraussetzung für die Anwendbarkeit des § 2316 BGB ist, dass mehrere Abkömmlinge vorhanden sind. Neben dem Pflichtteilsberechtigten ist denkbar, dass ein weiterer Erbe oder ein weiterer Pflichtteilsberechtigter vorhanden ist. Voraussetzung ist, dass diese weitere Person zum Erben berufen ist.

Dem Gesetzgeber schwebte hierbei vor, dass bestimmte Zuwendungen an Abkömmlinge bei der Auseinandersetzung des Nachlasses unter den Miterben unter diesen Abkömmlingen zur Verschiebung des Wertes des jeweiligen Erbteils trotz gleicher Erbquote führen sollten. Leitbild des Gesetzes ist die gleichmäßige Teilhabe aller Kinder am Nachlass. Dieser Gedanke wird in das Pflichtteilsrecht

36 *Krauß*, Vermögensnachfolge in der Praxis, Rn 3309.

übernommen.[37] Wie bereits erwähnt, muss im Zeitpunkt des Erbfalls eine Mehrzahl von Abkömmlingen vorhanden sein.

Abkömmlinge sind alle Personen, die direkt vom Erblasser abstammen, also 51
Kinder, Enkel, Urenkel in absteigender gerader Linie.[38] Auch hier ist allerdings darauf hinzuweisen, dass ein Erbverzicht zu einer **Vorversterbensfiktion** führt.

Eine Ausgleichung nach § 2316 BGB setzt voraus, dass dem entsprechenden Abkömmling eine Zuwendung gemacht worden ist.

Anders als im Zusammenhang des § 2315 BGB kann es sich nach einer Literatur- 52
meinung bei der Zuwendung gemäß § 2316 BGB auch um die Erfüllung einer gesetzlichen Verpflichtung, also etwa einer Unterhaltspflicht, handeln.[39] Nach anderer Auffassung ist auch im Rahmen des § 2316 BGB Freiwilligkeit der Leistung erforderlich.[40] Der wesentliche Fall des § 2316 BGB ist eine Ausstattung gemäß § 2050 Abs. 1 BGB. Nach dieser Vorschrift haben Abkömmlinge das, was sie vom Erblasser lebzeitig als Ausstattung erhalten, zur Ausgleichung zu bringen. § 2316 Abs. 3 BGB überträgt diese Regelung auf das Pflichtteilsrecht. Diese Regelung kann ein Erblasser nicht abändern.[41] Anders ist das bei Schenkungen, die den Ausstattungsbegriff nicht erfüllen. Hier gibt es keine Ausgleichspflicht kraft Gesetzes. Daher liegt es auf der Hand, dass es zur Frage, ob eine Zuwendung nun als Ausstattung zu verstehen war oder nicht, immer wieder Streit gibt. Auf die zu § 1624 BGB ergangene Rechtsprechung muss hier verwiesen werden.

Beispiele für eine Ausstattung sind Kapitalzuwendungen zur Begründung eines 53
eigenen Hausstandes, für den beruflichen Start, die Einrichtung eines Handwerksbetriebes, Grundstücksnutzungsrechte wie Nießbrauch, Aussteuerzahlungen und ähnliches.[42] Nur die Zuwendungen, die die Ausstattung im Normalmaß übersteigen, so genannte Übermaßausstattungen, werden als Schenkungen qualifiziert. Diese unterliegen dann einer Pflichtteilsergänzung.

Nach § 2050 Abs. 2 BGB sind Zuschüsse, die zu dem Zweck gegeben worden 54
sind, als Einkünfte verwendet zu werden, sowie Aufwendungen für die Vorbildung zu einem Beruf ebenfalls zur Ausgleichung zu bringen, soweit sie den Vermögensverhältnissen des Erblassers nicht mehr entsprechen, sondern dieses Maß überstiegen haben, also im Übermaß erfolgt sind. Das ist indiziell dann der Fall, wenn die Zuwendung aus dem Kapitalstamm des Erblassers und nicht **aus laufendem** Einkommen stammt.[43] Auch hier ist erhebliches Ermessen bei der richterlichen Zuordnung der jeweiligen Leistungen zu sehen.

---

37 *Lange*, Erbrecht, § 90 Rn 114.

38 MüKo/*Leipholz*, § 1924 Rn 3.

39 BeckOK-BGB/*J. Mayer*, § 2316 Rn 5.

40 Krug/*Horn*, Pflichtteilsprozess, Kap. 6 Rn 90.

41 Staudinger/*Haas*, § 2316 Rn 7.

42 *Everts*, MittBayNot 2011, 107.

43 MüKo/*Ann*, § 2050 Rn 26.

55 Schließlich sieht § 2050 Abs. 3 BGB vor, dass eine Ausgleichung auch dann stattzufinden hat, wenn der Erblasser bei der Zuwendung die Ausgleichung angeordnet hat. Auch hier gilt, dass eine nachträgliche Anordnung einseitig nicht möglich ist. Die einzig denkbare Möglichkeit besteht auch hier in dem formgerecht abgeschlossenen Erb- bzw. Pflichtteilsverzichtsvertrag.

Auf die Besonderheiten des § 2057a BGB, also Mitarbeit des Abkömmlings im Haushalt, Beruf oder Geschäft des Erblassers, wird hier nur der Vollständigkeit halber verwiesen.

II. Berechnung der Ausgleichung

56 Hier wird in einem ersten Schritt zunächst einmal der Erbteil all derer Personen in Abzug gebracht, die nicht Abkömmlinge sind, da nur eine Ausgleichung auf der Ebene der Abkömmlinge erfolgt. Lebt also noch ein Ehegatte, geht in diesen Fällen die Hälfte des Nachlasses zunächst auf die nicht zu berücksichtigende Seite. Sodann werden in einem zweiten Schritt alle ausgleichspflichtigen Zuwendungen dem Nachlassteil, der für die Abkömmlinge übrig bleibt, zugerechnet (fiktiver Nachlass) und in einem dritten Schritt für jeden einzelnen Abkömmling sein fiktiver Erbteil errechnet.

In einem vierten Schritt wird dann von dem rechnerischen Teil die Zuwendung abgezogen, die er erhalten hat (Ausgleichungserbteil), um dann in einem fünften Schritt hieraus den Ausgleichspflichtteil zu errechnen.

57 **Einfaches Rechenbeispiel**
Der Erblasser hinterlässt zwei Kinder, von denen der Sohn lebzeitig bereits 30.000 EUR erhalten hat. Die Tochter hat ein Grundstück im Wert von 20.000 EUR erhalten. Der Nachlasswert beträgt 100.000 EUR.
Die Rechenschritte sind hier wie folgt:

Erster Schritt:
Nachlasswert 100.000 EUR zuzüglich der beiden Vorempfänge 30.000 EUR + 20.000 EUR = 150.000 EUR.

Zweiter Schritt:
Erbteil eines jeden Kindes 75.000 EUR abzüglich Vorempfang.
Hier muss getrennt gerechnet werden:

a)	Bei dem Sohn 30.000 EUR, Erbteil also nur noch	45.000 EUR
b)	Bei der Tochter 20.000 EUR, Ausgleichserbteil also nur noch	55.000 EUR

Dritter Schritt:
Ausgleichspflichtteil jeweils die Hälfte, also

a)	Sohn	22.500 EUR
b)	Tochter	27.500 EUR

Auch bei dieser Berechnung wurde aus Darstellungsgründen auf die Indexierung, die auch hier vorzunehmen ist, verzichtet. 58

Zu der Frage der Abänderung der Bewertung durch den Erblasser wird im Rahmen des § 2316 BGB vertreten, sie sei in noch weitergehendem Maße unzulässig als bei § 2315 BGB.[44] Nach dieser Auffassung wäre nur im Rahmen der Anordnung der Ausgleichung gemäß § 2050 Abs. 3 BGB eine niedrigere Festsetzung in Form eines Erb- und Pflichtteilsverzichts zulässig.[45]

III. Anrechnung und Ausgleichung

Die Kombination von Anrechnung und Ausgleichung führt oft zu überraschen- 59
den Ergebnissen, sieht doch § 2316 Abs. 4 BGB vor, dass in diesen Fällen, in denen eine ausgleichspflichtige Zuwendung zugleich auch anzurechnen ist, diese Zuwendung nur mit der Hälfte des Wertes angerechnet wird. Das kann in bestimmten Fällen sogar zu einer geringeren Berücksichtigung der Zuwendungen führen.

Grundsätzlich wird man sich merken dürfen, dass bei der Ausgleichung nach § 2316 BGB die Zuwendung auf den Erbteil berechnet wird, während sie bei der Anrechnung auf den Pflichtteil angerechnet wird.

> **Beispiel: Ausgleichsanordnung für folgenden Ausgangsfall** 60
> Der Vater schenkt seinem Sohn ein Grundstück, dessen Wert bei der späteren Erbfolge ausgeglichen werden soll. Dieser Vorgang ist ohnehin notariell zu beurkunden. Im Rahmen des Schenkungsvertrages könnte sich folgende Vereinbarung finden:
> „Der Erschienene zu 1. (Vater/Schenker) ordnet an, dass der Erschienene zu 2. (Sohn/Beschenkter) hinsichtlich des Wertes der heutigen Zuwendung nach dem Erbfall eine Ausgleichung durchzuführen hat."
> oder
> „Die Erschienenen sind darüber einig, dass der Wert der heutigen Zuwendung, der übereinstimmend mit (...) EUR angegeben wird, nach dem Erbfall (Tod des Erschienenen zu 1.) unter den Erben auszugleichen ist."

Denkbar ist, in die Urkunde die Rechenschritte für eine derartige Ausgleichung noch aufzunehmen.

44 Krug/*Horn*, Pflichtteilsprozess, Kap. 6 Rn 124.
45 Staudinger/*Haas*, § 2316 Rn 26.

F. Vergessene Anrechnungsbestimmung

61 Ein großes Problem in der Praxis ist darin zu sehen, dass bei den Zuwendungen die an sich gewollte Anrechnungsbestimmung nicht erfolgt. Oft wird eine Nachholung einer solchen Anrechnungsbestimmung in handschriftlicher Form praktiziert. Dies ist ein untauglicher Versuch, führt er doch nicht zu der gewünschten Anrechnung. Zwar war ursprünglich im Rahmen der Erbrechtsreform beabsichtigt, einem Erblasser die Möglichkeit der nachträglichen Anrechnung in der Form der letztwilligen Verfügung einzuräumen, diese Gesetzesänderung ist jedoch nicht umgesetzt worden. Will der Erblasser nachträglich einer bereits erfolgten Zuwendung noch einen Anrechnungscharakter geben, verbleibt ihm nichts anderes, als einen entsprechenden Pflichtteilsverzicht mit dem Empfänger notariell beurkunden zu lassen.

62 Eine weitere Möglichkeit besteht in der in der Praxis oft übersehenen Alternative, dass die erfolgte Zuwendung als Ausstattung einzustufen ist, die nach § 2316 BGB von Gesetzes wegen zu berücksichtigen wäre. Wie bereits erwähnt, sind Ausstattungen Vermögenszuwendungen, die einem Kind anlässlich einer Heirat gemacht werden, also die sogenannte Mitgift, eine Aussteuer oder Zuwendungen zur Begründung oder Unterhaltung der Selbstständigkeit.

63 Eine dritte Möglichkeit besteht darin, die Regelungen des § 2327 BGB zu aktivieren. Dann müsste der Erblasser weitere lebzeitige Zuwendungen an die anderen Abkömmlinge machen. § 2327 BGB schreibt vor, dass bei einem Pflichtteilsergänzungsanspruch die erfolgten **Eigengeschenke** an den jeweiligen Pflichtteilsberechtigten immer angerechnet werden.

64 **Beispielsfall**

Der Witwer W. hat seiner Tochter zu Lebzeiten einen Betrag i.H.v. 100.000 EUR ohne weitere Bestimmungen geschenkt.

Nach späterem Streit mit ihr setzt er seine beiden Söhne S1 und S2 zu seinen Erben ein. Er hinterlässt einen Nachlass von 300.000 EUR.

Hier hätte die Tochter einen Pflichtteilsanspruch von 1/6, errechnet aus einem Nachlasswert von 300.000 EUR, also i.H.v. 50.000 EUR. Unter dem Strich hat die Tochter also am Gesamtnachlass einen Anteil i.H.v. 150.000 EUR, während die beiden Söhne jeweils nur 1/2 des Nachlasses abzüglich des Pflichtteilsanspruchs ihrer Schwester erhalten, jeder also lediglich 125.000 EUR.

Entschlösse sich jetzt der Witwer angesichts der sich abzeichnenden Pflichtteilsproblematik, sein gesamtes Vermögen noch lebzeitig auf seine beiden Söhne zu übertragen, würde wie folgt gerechnet:

Ein Nachlass wäre nicht mehr vorhanden (da insgesamt lebzeitig verschenkt).

Der Pflichtteilsergänzungsnachlass errechnet sich aus allen Geschenken zusammengenommen, ergibt also den Betrag von 400.000 EUR.

Der Pflichtteilsergänzungsanspruch der Tochter beträgt auch hier 1/6, ergibt also den Betrag von 66.666 EUR.

Nach § 2327 BGB muss sie sich in diesem Falle das Eigengeschenk von 100.000 EUR anrechnen lassen, so dass sie keinen werthaltigen Anspruch mehr hätte.
Der Charme dieser Lösung liegt auch noch darin, dass die zeitliche Schranke des § 2325 Abs. 3 BGB für die Berücksichtigung von Eigengeschenken nicht gilt.[46]

Muster: Pflichtteilsverzicht (vergessene Anrechnungsbestimmung) 65

§ 1

Urkundseingang pp.

§ 2

Nachträgliche Vereinbarungen zur Anrechnung einer lebzeitigen Zuwendung auf den Pflichtteil

Der Erschienene zu 1. … und der Erschienene zu 2. … stellen übereinstimmend fest, dass der Erschienene zu 2. bislang aus dem Vermögen des Erschienenen zu 1. bereits Zuwendungen i.H.v. … EUR erhalten hat.

§ 3

Hiermit wird vereinbart, dass diese Zuwendungen auf den Pflichtteilsanspruch des Erschienenen zu 2. nach dem Erschienenen zu 1. anzurechnen sind.

§ 4

Die Erschienenen sind sich über den damit vereinbarten beschränkten Pflichtteilsverzichts einig. Vorsorglich nimmt der Erschienene zu 1. den Pflichtteilsverzicht des Erschienenen zu 2. hiermit an. Der Verzicht erstreckt sich auf die Abkömmlinge des Erschienenen zu 2.

§ 5

Kosten

Die Kosten dieses Vertrages trägt ….

Vorlesungs-/Schlussvermerk

46 *Wall*, ZErb 2011, 10, 12; BGHZ 108, 393, 399.

§ 4 Güterstandswahl und Güterstandswechsel

Übersicht:

A. Einleitung

Bei vermögenden Familien wird regelmäßig großen Wert darauf gelegt, dass die Ehepartner der Kinder im Falle einer Ehescheidung über güterrechtliche Ansprüche keinen Zugriff auf das Familienvermögen haben. Andererseits bietet die erbschaftsteuerliche Befreiung des Zugewinnausgleichsanspruches große steuerliche Optimierungsmöglichkeiten. Nachfolgend sollen daher zunächst Hinweise zur Wahl des richtigen Güterstandes gegeben werden, bevor dann auf Optimierungsmöglichkeiten durch einen Güterstandswechsel eingegangen wird. 1

B. Wahl des richtigen Güterstandes

In der Praxis kommen heute im Wesentlichen der gesetzliche Güterstand der Zugewinngemeinschaft ohne jede Modifikation, der Güterstand der Gütertrennung und der Güterstand der modifizierten Zugewinngemeinschaft vor. Der Güterstand der Gütergemeinschaft wird so gut wie gar nicht mehr gewählt. 2

I. Güterstand der Zugewinngemeinschaft ohne Modifikation

Ohne ehevertragliche Regelung leben die Eheleute grundsätzlich im Güterstand der Zugewinngemeinschaft. Wird der Güterstand der Zugewinngemeinschaft durch den Tod eines Ehegatten beendet, so wird der Ausgleich des Zugewinns dadurch verwirklicht, dass sich der gesetzliche Erbteil des überlebenden Ehegatten um ein Viertel der Erbschaft erhöht. Hierbei ist unerheblich, ob die Ehegatten 3 im einzelnen Fall einen Zugewinn erzielt haben. Wird der Güterstand auf andere Weise als durch den Tod eines Ehegatten beendet, so wird der Zugewinnausgleich konkret berechnet, indem für jeden Ehegatten der während der Ehe erzielte Zugewinn ermittelt wird. Übersteigt der Zugewinn des einen Ehegatten den Zugewinn des anderen, so steht die Hälfte des Überschusses dem anderen Ehegatten als Ausgleichsforderung zu.

4 Gemäß § 1374 Abs. 2 BGB wird Vermögen, das ein Ehegatte nach Eintritt des Güterstandes von Todes wegen oder mit Rücksicht auf ein künftiges Erbrecht, durch Schenkung oder als Ausstattung erwirbt, nach Abzug der Verbindlichkeiten dem Anfangsvermögen hinzugerechnet, soweit es nicht den Umständen nach zu den Einkünften zu rechnen ist. Über diese Vorschrift wäre das Familienvermögen, das durch Erbschaft oder lebzeitige Übertragung auf die nächste Generation übertragen wird, grundsätzlich vor Zugewinnausgleichsansprüchen des Ehegatten geschützt. Ausgleichspflichtig bleiben aber Wertsteigerungen infolge eines allgemeinen Anstiegs der Immobilien- oder Unternehmenswerte sowie aufgrund von Investitionen. Zudem ist dann immer eine Bewertung sämtlicher Vermögensgegenstände erforderlich, was meist sehr streitanfällig und teuer ist.

II. Güterstand der Gütertrennung

5 Beim Güterstand der Gütertrennung findet weder bei Ehescheidung noch beim Tod eines Ehegatten ein Zugewinnausgleich statt. Außer im Rahmen der sog. Güterstandsschaukel ist der Güterstand der Gütertrennung aber meist wenig sinnvoll, denn er hat die folgenden oft nicht gewollten Konsequenzen:

- Die pauschale Erhöhung des gesetzlichen Erbteils des überlebenden Ehegatten um 1/4 der Erbschaft zur Verwirklichung des Zugewinnausgleichs entfällt (§§ 1931 Abs. 3, 1371 Abs. 1 BGB).
- Die Pflichtteilsansprüche der Kinder erhöhen sich für den Fall, dass beim Tod des erstversterbenden Ehegatten mehr als ein Kind vorhanden ist. So beträgt die Pflichtteilsquote der Kinder bei zwei Kindern im Falle der Gütertrennung z.B. jeweils 1/6, bei Zugewinngemeinschaft hingegen nur jeweils 1/8.
- Die Steuerbefreiung der fiktiven Zugewinnausgleichsforderung gemäß § 5 Abs. 1 ErbStG im Falle des Todes oder der konkreten Zugewinnausgleichsforderung gemäß § 5 Abs. 2 ErbStG, wenn die Zugewinngemeinschaft in anderer Weise als durch den Tod eines Ehegatten beendet wird oder der Ehegatte im Todesfall den Ausgleich des Zugewinns nach § 1371 Abs. 2 BGB geltend macht, entfällt.

6 Dennoch wird der Güterstand der Gütertrennung oft aufgrund von Fehlvorstellungen über den gesetzlichen Güterstand der Zugewinngemeinschaft vereinbart. So meinen immer noch viele Ehegatten und leider auch viele Berater, durch die Eheschließung werde das vorhandene und künftige Vermögen eines jeden Ehegatten gemeinschaftliches Vermögen der Ehegatten mit der Folge, dass der eine Ehegatte für Verbindlichkeiten des anderen Ehegatten hafte. Diese Vorstel-

lung ist falsch; Ehegatten haften grundsätzlich nicht mit ihrem Vermögen für Verbindlichkeiten des anderen.[1]

Formulierungsbeispiel: Regelung zum Güterstand der Gütertrennung 7

(1) Wir vereinbaren für unsere künftige Ehe den Güterstand der Gütertrennung und schließen deshalb den gesetzlichen Güterstand aus.

(2) Der Notar hat uns darauf hingewiesen, dass durch die Vereinbarung der Gütertrennung ein Ausgleich des Zugewinns bei Beendigung der Ehe, insbesondere nach einer Scheidung oder durch Tod, nicht stattfindet und auch die Steuerbefreiung nach dem Erbschaft- und Schenkungsteuergesetz für den Zugewinnausgleich im Todesfall nicht mehr gewährt wird. Der gesetzliche Erbteil der Abkömmlinge und damit auch deren Pflichtteilsanspruch erhöhen sich regelmäßig durch die Vereinbarung der Gütertrennung. Jeder von uns ist berechtigt, ohne Zustimmung des anderen über sein Vermögen im Ganzen, auch über die ihm gehörenden Gegenstände des ehelichen Haushalts, frei zu verfügen.

(3) Wir sind uns darüber einig, dass Zuwendungen eines Ehegatten an den anderen bei Scheidung der Ehe grundsätzlich nicht zurückgefordert werden können. Die Scheidung der Ehe führt nicht zum Wegfall der Geschäftsgrundlage für derartige Zuwendungen. Dies gilt unabhängig vom Verschulden am Scheitern der Ehe. Die Rückforderung ist nur dann möglich, wenn sie bei der Zuwendung ausdrücklich vorbehalten wurde.

(4) Wir sind uns darüber einig, dass auch bei Mitarbeit des anderen Ehegatten keine Ehegatteninnengesellschaft vorliegt, sondern eine rein arbeitsrechtliche Gestaltung. Wir verpflichten uns insoweit, eine abschließende vertragliche Regelung zu treffen, über die hinaus keine Ansprüche bestehen sollen, egal aus welchem Rechtsgrunde sie hergeleitet werden könnten, insbesondere nicht aus Ehegatteninnengesellschaft und nicht wegen Wegfalls der Geschäftsgrundlage.

(5) Die Gütertrennung soll derzeit nicht in das Güterrechtsregister eingetragen werden. Jeder von uns ist jedoch berechtigt, den Eintragungsantrag jetzt oder künftig alleine zu stellen.

(6) Der Notar hat uns darauf hingewiesen, dass die vorstehende Regelung dazu führt, dass im Falle einer Scheidung der Ehe oder bei Tod eines Ehegatten jeder Ehegatte Eigentümer oder Inhaber „seiner“ Vermögenswerte bleibt, ohne einen Zugewinnausgleich zahlen zu müssen. Gemeinschaftliche Konten oder Depots werden geteilt, wenn keine andere Regelung ausdrücklich oder konkludent getroffen wurde. Wir vereinbaren hiermit, dass im Zweifel davon auszugehen ist, dass uns gemeinschaftliche Konten oder Depots je zur Hälfte zuzuordnen sind.

---

1 Vgl. z.B. Hoffmann-Becking/Rawert/*Brambring*, Beck'sches Formularbuch Wirtschaftsrecht, 10. Aufl. 2010, V. 8.

III. Modifizierte Zugewinngemeinschaft

8 Der gesetzliche Güterstand der Zugewinngemeinschaft kann auch modifiziert werden. Die Modifizierungen bleiben gemäß § 5 Abs. 1 S. 2 ErbStG bei Bestimmung der fiktiven erbschaftsteuerfreien Ausgleichsforderung unberücksichtigt, sodass ein zivilrechtlicher Ausschluss der Zugewinnausgleichsforderung die erbschaftsteuerliche Befreiung nach § 5 Abs. 1 ErbStG nicht entfallen lässt, soweit der Güterstand der Zugewinngemeinschaft grundsätzlich fortbesteht.[2] Die Modifikation des Güterstandes der Zugewinngemeinschaft erfolgt regelmäßig auf zwei Arten.

1. Beschränkung des Zugewinnausgleichsanspruches für den Fall der Ehescheidung

9 Eine übliche und sehr praktikable Modifizierung des gesetzlichen Güterstandes der Zugewinngemeinschaft ist der ehevertragliche Ausschluss des Zugewinnausgleichs für den Fall der Ehescheidung. Dieser Ausschluss bedarf zwingend der notariellen Beurkundung.[3]

10 **Formulierungsbeispiel: Regelung zur modifizierten Zugewinngemeinschaft für den Fall der Ehescheidung**

(1) Für den Fall der Beendigung des Güterstandes durch den Tod eines Ehegatten soll es beim Zugewinnausgleich durch Erhöhung des gesetzlichen Erbteils oder die güterrechtliche Lösung verbleiben. Wird der Güterstand aufgrund eines Ehevertrages beendet, der nicht in Zusammenhang mit einer Trennung oder Scheidung geschlossen wird, so soll es bei der gesetzlichen Regelung zum Zugewinnausgleich bleiben.

(2) Wird jedoch ansonsten der Güterstand auf andere Weise als durch den Tod eines Ehegatten beendet, so findet ein Zugewinnausgleich nicht statt. Insofern wird auf den Zugewinnausgleich wechselseitig verzichtet. Dies gilt auch für den vorzeitigen Zugewinnausgleich bei Getrenntleben. Der Verzicht wird wechselseitig angenommen.

(3) Ein Zugewinnausgleich findet weiter nicht statt, wenn der Güterstand durch den Tod eines Ehegatten beendet wird, aber ein Scheidungsverfahren anhängig ist.

(4) Eine Korrektur der bei Scheidung der Ehe bestehenden Vermögenszuordnung oder ein Ausgleich für Zuwendungen von Vermögen oder Arbeitskraft an den anderen Ehegatten ist aus jedem Rechtsgrund ausgeschlossen, insbesondere auf der Grundlage der Rückforderung oder des geldlichen Ausgleichs ehebedingter Zuwendungen, des Ausgleichs für eheliche Kooperation und des Ausgleichs nach den Grundsätzen der Ehegatteninnengesellschaft. Abwei-

2 Daragan/Halaczinsky/Riedel/*Griesel*, § 5 ErbStG Rn 24.

3 Vgl. z.B. Hoffmann-Becking/Rawert/*Brambring*, Beck'sches Formularbuch Wirtschaftsrecht, 10. Aufl. 2010, V. 6.

chend hiervon findet eine Rückforderung oder ein Ausgleich allerdings dann statt, wenn in der erforderlichen Form, mindestens aber privatschriftlich, ausdrücklich eine Ehegatteninnengesellschaft, Rückforderungsrechte, Arbeitsverhältnisse oder Darlehen vereinbart wurden und sich hieraus entsprechende Ansprüche ergeben.
(5) Die Verfügungsbeschränkungen der §§ 1365, 1369 BGB werden ausgeschlossen.
(6) Der Notar hat uns darauf hingewiesen, dass die vorstehende Regelung dazu führt, dass insbesondere im Falle einer Scheidung der Ehe jeder Ehegatte Eigentümer oder Inhaber „seiner" Vermögenswerte bleibt, ohne einen Zugewinnausgleich zahlen zu müssen. Gemeinschaftliche Konten oder Depots werden geteilt, wenn keine andere Regelung ausdrücklich oder konkludent getroffen wurde. Wir vereinbaren hiermit, dass im Zweifel davon auszugehen ist, dass uns gemeinschaftliche Konten oder Depots je zur Hälfte zuzuordnen sind.

Die vorstehende Regelung ist insbesondere dann sinnvoll, wenn der überlebende 11
Ehegatte große Teile des Vermögens erben soll, da er dann die erbschaftsteuerliche Befreiung des Zugewinnausgleichsanspruches gemäß § 5 ErbStG in Anspruch nehmen kann. Wenn bei vermögenden Familien die Ehepartner der Kinder aber gerade nicht in großem Umfang erben sollen, sondern z.B. die Beteiligungen an dem Familienunternehmen oder dem Immobilienbestand der Familie direkt von den Kindern auf die Enkelkinder übergehen soll, kann der Zugewinnausgleichsanspruch des angeheirateten Ehepartners im Falle des Todes zu Problemen führen. Zudem ist der komplette Ausschluss des Zugewinnausgleichsanspruches für den Fall der Ehescheidung möglicherweise dann nicht interessengerecht, wenn die Ehegatten während ihrer Ehe auch eigenes Vermögen aufbauen.

2. Gegenständliche Beschränkung des Zugewinnausgleichsanspruches

Um die oben dargestellten Nachteile des kompletten Ausschlusses des Zugewinn- 12
ausgleichsanspruches nur für den Fall der Ehescheidung zu vermeiden, kann der Zugewinnausgleich auch nur bezogen auf einen genau definierten Teil des Vermögens ausgeschlossen werden.

**Formulierungsbeispiel: Regelung zur gegenständlichen Beschränkung der 13
Zugewinngemeinschaft**
Den gesetzlichen Güterstand der Zugewinngemeinschaft wollen wir für unsere Ehe ausdrücklich aufrechterhalten, ihn allerdings wie folgt modifizieren:
(1) Die Ehefrau/Der Ehemann ist Gesellschafter der (...) Vermögensverwaltungs-KG, eingetragen beim Amtsgericht (...) unter HRA (...) (nachfolgend auch „**Verzichtsgegenstand**" genannt). Zu dem Verzichtsgegenstand zählen auch Surrogate des Verzichtsgegenstandes. Surrogate sind insbesondere Ersatzinvestitionen, Nachfolgeunternehmen, Nachfolgebeteiligungen und Tochterunternehmen, unabhängig von der verwendeten Rechtsform, auch bei Auf-

nahme weiterer Gesellschafter und auch wenn die Nachfolgebeteiligung in Form von Kapitalgesellschaftsanteilen gehalten wird, die ihrerseits zum Privatvermögen gehören. In gleicher Weise zählt zum Verzichtsgegenstand dasjenige Vermögen, das an den vorbezeichneten Verzichtsgegenstand langfristig zur Nutzung überlassen und ihm zu dienen bestimmt ist, sofern die entsprechenden Verträge jeweils vor mehr als zwei Jahren vor Rechtshängigkeit eines Scheidungsantrages oder dem Tod abgeschlossen wurden. Auch Erträge des Verzichtsgegenstandes gelten als Verzichtsgegenstand, wenn sie den Bereich des Verzichtsgegenstandes noch nicht verlassen haben (insbesondere also Guthaben auf Kapital-, Darlehens-, Verrechnungs- oder Privatkonten sowie stehengelassene Gewinne, Gewinnvorträge oder Gewinnrücklagen). Vorsorglich wird klargestellt, dass auch zukünftig übertragene Gesellschaftsanteile an dem Verzichtsgegenstand von dem Verzicht umfasst sind.
(2) Der Verzichtsgegenstand soll für den Fall der Beendigung unserer Ehe durch Scheidung oder Tod beim Zugewinnausgleich in keiner Weise berücksichtigt werden. Dies gilt auch für den vorzeitigen Zugewinnausgleich aus Anlass einer Trennung oder Scheidung.
(3) Der Verzichtsgegenstand soll weder bei der Berechnung des Anfangsvermögens noch bei der Berechnung des Endvermögens des Vermögensinhabers berücksichtigt werden, und zwar auch dann nicht, wenn sich ein negativer Betrag ergibt. Gleiches gilt für Wertsteigerungen oder Verluste dieses Vermögens.
(4) Zur Befriedigung einer sich möglicherweise ergebenden Zugewinnausgleichsforderung gilt das vom Zugewinn ausgenommene Vermögen als vorhandenes Vermögen im Sinne des § 1378 Abs. 2 BGB.
(5) Eine Vollstreckung in den Verzichtsgegenstand ist erst zulässig, wenn die Vollstreckung in das ausgleichspflichtige Vermögen erfolglos war.
(6) Ein Ehegatte ist nicht verpflichtet seinen Zugewinn auszugleichen, soweit er unter Berücksichtigung des vom Zugewinn ausgenommenen Vermögens des anderen Ehegatten nicht zum Zugewinnausgleich verpflichtet wäre.
(7) Die Verfügungsbeschränkungen der §§ 1365, 1369 BGB werden ausgeschlossen.
(8) Wir sind uns darüber einig, dass hinsichtlich des Verzichtsgegenstandes auch bei Mitarbeit des anderen Ehegatten keine Ehegatteninnengesellschaft vorliegt, sondern eine rein arbeitsrechtliche Gestaltung. Wir verpflichten uns insoweit, eine abschließende vertragliche Regelung zu treffen, worüber hinaus keine Ansprüche bestehen sollen, egal aus welchem Rechtsgrunde sie hergeleitet werden könnten, insbesondere nicht aus einer sog. Ehegatteninnengesellschaft und nicht wegen Wegfalls der Geschäftsgrundlage.
(9) Sollten aus unserem eigenen Einkommen oder Vermögen Investitionen in den Verzichtsgegenstand getätigt werden, so werden wir eine abschließende Vereinbarung über die Erstattung der Investitionen für den Fall der Beendigung der Ehe treffen.

Die vorstehenden ehevertraglichen Vereinbarungen nehmen wir hiermit wechselseitig an.

C. Optimierung durch Güterstandswechsel

Ein Wechsel des Güterstandes eröffnet vielfältige Gestaltungsmöglichkeiten im Hinblick auf die Erbschaftsteuer sowie das Pflichtteils- und Haftungsrecht, da die Erfüllung des bei entsprechender Gestaltung entstehenden Zugewinnausgleichsanspruchs eine entgeltliche Verfügung darstellt.[4] Leben die Ehegatten im Güterstand der Zugewinngemeinschaft, so kann bereits die Vereinbarung der Gütertrennung einen vorzeitigen Zugewinnausgleich bewirken. Leben die Ehepartner im Güterstand der Gütertrennung, muss zunächst rückwirkend der Güterstand der Zugewinngemeinschaft mit Wirkung ab dem Zeitpunkt der Eheschließung vereinbart und dann in einem weiteren Schritt wieder in den Güterstand der Gütertrennung gewechselt werden. 14

I. Darstellung der üblichen Fallkonstellationen

Die wichtigsten in der Praxis immer wieder vorkommenden Problemstellungen bei vermögenden Ehegatten und die jeweils passenden Gestaltungsmöglichkeiten sollen anhand des folgenden Beispielsfalls verdeutlicht werden: 15

Beispiel 16
Ausgangsfall
Der Ehemann (M) verfügt bei Eheschließung über ein Anfangsvermögen von 0 EUR. Auch die Ehefrau (F) verfügt bei der Eheschließung über ein Anfangsvermögen von 0 EUR. Heute verfügt der Ehemann über ein Vermögen von 6.000.000 EUR. Die Ehefrau verfügt über ein Vermögen von 500.000 EUR, welches durch Schenkungen des Ehemannes während der Ehe in Teilbeträgen jeweils unterhalb der Schenkungsteuerfreibetragsgrenze entstanden ist. Die Eheleute leben im Güterstand der Zugewinngemeinschaft und haben zwei Kinder.
Die Eheleute M und F wollen die Vermögensnachfolge steueroptimiert gestalten.
1. Abwandlung:
Das Endvermögen der Ehefrau beträgt 2.000.000 EUR und ist komplett durch Barzuwendungen des Ehemannes innerhalb der letzten zehn Jahre entstanden. Diese Zuwendungen wurden noch nicht gegenüber dem Finanzamt erklärt.

4 Palandt/*Weidlich*, § 2325 Rn 12; *Meincke*, § 5 ErbStG Rn 38; Daragan/Halaczinsky/Riedel/*Griesel*, § 5 ErbStG Rn 41; BFH, Urt. v. 12.7.2005, II R 29/02, ZEV 2005, 490; FG Düsseldorf, Urt. v. 14.6.2006, 4 K 7107/02 Erb, ZErb 2007, 24; FG Köln, Urt. v. 30.4.2003, 7 K 6553/01, DStRE 2004, 216.

Zudem hat M einen weiteren Sohn aus erster Ehe, der nicht Erbe werden soll und auch nur einen möglichst geringen Pflichtteil erhalten soll.

2. Abwandlung:

Die Eheleute M und F leben im Güterstand der Gütertrennung.

II. Rechtliche Bewertung des Beispielsfalls

17 Der Beispielsfall mit seinen Abwandlungen ist wie folgt rechtlich zu bewerten.

1. Zugewinngemeinschaft ohne hohe Zuwendungen unter den Ehegatten (Ausgangsfall)

18 Leben die Ehegatten im Güterstand der Zugewinngemeinschaft und ist es in der Vergangenheit nicht zu unentgeltlichen Zuwendungen gekommen, die die jeweils geltenden Schenkungsteuerfreibeträge überschritten haben, so besteht kein akuter Handlungsbedarf. Beim Ausgangsfall können aber die aktuell geltenden Erbschaftsteuerfreibeträge der Kinder im Verhältnis zur Mutter i.H.v. 400.000 EUR pro Kind nicht voll ausgenutzt, wenn die Mutter vor dem Vater verstirbt. Um die **Erbschaftsteuerfreibeträge** optimal auszunutzen, müsste das Vermögen zwischen den Ehegatten möglichst gleichmäßig verteilt sein. Dann könnten auch bereits lebzeitige Vermögensübertragungen von beiden Ehegatten auf die Kinder vorgenommen werden, um so die alle 10 Jahre zur Verfügung stehenden Erbschaftsteuerfreibeträge mehrmals auszunutzen.

19 Indem die Ehegatten den Güterstand der Gütertrennung vereinbaren, ist der bis dahin entstandene Zugewinn auszugleichen. Diese konkret berechnete Zugewinnausgleichsforderung kann schenkungsteuerfrei erfüllt werden.[5] Der Güterstand der Zugewinngemeinschaft kann nach der Rechtsprechung des BFH auch bei Fortbestand der Ehe beendet werden. Erforderlich ist aber stets, dass der Güterstand zumindest vorübergehend auch tatsächlich gewechselt wird. Der sog. fliegende Güterstandswechsel ist unter keinen Umständen ausreichend.[6]

20 **Muster: Ehevertrag zur Vereinbarung von Gütertrennung mit Abfindung**

Urkundenrolle Nummer für das Jahr

Verhandelt zu am

Vor mir, dem unterzeichnenden

mit dem Amtssitz in

---

5 *Meincke*, § 5 ErbStG Rn 38; Daragan/Halaczinsky/Riedel/*Griesel*, § 5 ErbStG Rn 41; BFH, Urt. v. 12.7.2005, II R 29/02, ZEV 2005, 490; FG Düsseldorf, Urt. v. 14.6.2006, 4 K 7107/02 Erb, ZErb 2007,24; FG Köln, Urt. v. 30.4.2003, 7 K 6553/01, DStRE 2004, 216.

6 BFH, Urt. v. 12.7.2005, II R 29/02, ZEV 2005, 490; so auch die h.M. der Literatur siehe z.B. Daragan/Halaczinsky/Riedel/*Griesel*, § 5 Rn 40 f.; a.A. *Meincke*, § 5 Rn 39.

erschienen heute:

1. …, wohnhaft …
   ausgewiesen durch gültige Ausweispapiere
2. …, wohnhaft …
   ausgewiesen durch gültige Ausweispapiere

Die Erschienenen erklärten vorab, dass der beurkundende Notar oder einer der mit ihm zur gemeinsamen Berufsausübung verbundenen Berufsträger als Anwalt in dieser Angelegenheit bisher nicht tätig war oder ist (§ 3 Abs. 1 Nr. 7 BeurkG).

Die Erschienenen sind nach Überzeugung des Notars, die aufgrund der vor der Beurkundung geführten Unterredung gewonnen wurde, voll geschäftsfähig. Die Zuziehung von Zeugen oder eines zweiten Notars wurde nicht gewünscht.

Die Erschienenen baten um Beurkundung des nachstehenden

Ehevertrages zur Aufhebung der Zugewinngemeinschaft

mit Abfindung des Zugewinnausgleichsanspruchs

und erklärten bei gleichzeitiger Anwesenheit gemeinsam:

§ 1
Vorbemerkung

(1) Ich, …, bin am … in … geboren. Die Geburtenregister-Nr. lautet ….

(2) Ich, …, geborene …, bin am … in … geboren. Die Geburtenregister-Nr. lautet ….

(3) Wir haben unsere Ehe am … in … geschlossen und sind im Güterstand der Zugewinngemeinschaft verheiratet.

(4) Wir besitzen beide die deutsche Staatsangehörigkeit. Auslandsvermögen haben wir nicht.

Optional:

Bei Änderung des „Ehetyps" als Motiv für Änderung des Güterstandes

(5) Wir halten die seinerzeit getroffene Regelung heute nicht mehr für sachgerecht, da sich unser „Ehetyp" geändert hat. Wir wollen daher unsere ehelichen Verhältnisse wie folgt neu regeln.

Bei möglicher Scheidung als Motiv für Änderung des Güterstandes

(5) Für den Fall einer evtl. Scheidung der Ehe wollen wir Streitigkeiten wegen eines Zugewinnausgleiches unbedingt vermeiden. Wir wollen unsere güterrechtliche Situation darum bereits heute einvernehmlich ordnen, indem wir in den Güterstand der Gütertrennung wechseln und den Zugewinnausgleichsanspruch bereits heute feststellen.

§ 2
Vereinbarung zum Güterstand

(1) Wir vereinbaren für unsere künftige Ehe den Güterstand der Gütertrennung und schließen deshalb den gesetzlichen Güterstand aus.

(2) Der Notar hat uns darauf hingewiesen, dass durch die Vereinbarung der Gütertrennung ein Ausgleich des Zugewinns bei Beendigung der Ehe, insbesondere nach einer Scheidung oder durch Tod, nicht stattfindet und auch die Steuerbefreiung nach dem Erbschaft- und Schenkungsteuergesetz für den Zugewinnausgleich im Todesfall nicht mehr gewährt wird. Der gesetzliche Erbteil der Abkömmlinge und damit auch deren Pflichtteilsanspruch erhöhen sich regelmäßig durch die Vereinbarung der Gütertrennung. Jeder von uns ist berechtigt, ohne Zustimmung des anderen über sein Vermögen im Ganzen, auch über die ihm gehörenden Gegenstände des ehelichen Haushalts, frei zu verfügen.

(3) Wir sind uns darüber einig, dass Zuwendungen eines Ehegatten an den anderen bei Scheidung der Ehe nicht zurückgefordert werden können. Die Scheidung der Ehe führt nicht zum Wegfall der Geschäftsgrundlage für derartige Zuwendungen. Dies gilt unabhängig vom Verschulden am Scheitern der Ehe. Die Rückforderung ist nur dann möglich, wenn sie bei der Zuwendung ausdrücklich vorbehalten wurde.

(4) Wir sind uns darüber einig, dass auch bei Mitarbeit des anderen Ehegatten keine Ehegatteninnengesellschaft vorliegt, sondern eine rein arbeitsrechtliche Gestaltung. Wir verpflichten uns insoweit, eine abschließende vertragliche Regelung zu treffen, über die hinaus keine Ansprüche bestehen sollen, egal aus welchem Rechtsgrunde sie hergeleitet werden könnten, insbesondere nicht aus Ehegatteninnengesellschaft und nicht wegen Wegfalls der Geschäftsgrundlage.

(5) Die Gütertrennung soll derzeit nicht in das Güterrechtsregister eingetragen werden. Jeder von uns ist jedoch berechtigt, den Eintragungsantrag jetzt oder künftig alleine zu stellen.

(6) Der Notar hat uns darauf hingewiesen, dass die vorstehende Regelung dazu führt, dass im Falle einer Scheidung der Ehe oder bei Tod eines Ehegatten jeder Ehegatte Eigentümer oder Inhaber „seiner" Vermögenswerte bleibt, ohne einen Zugewinnausgleich zahlen zu müssen. Gemeinschaftliche Konten oder Depots werden geteilt, wenn keine andere Regelung ausdrücklich oder konkludent getroffen wurde. Wir vereinbaren hiermit, dass im Zweifel davon auszugehen ist, dass uns gemeinschaftliche Konten oder Depots je zur Hälfte zuzuordnen sind.

(7) Der Ehemann hat bisher einen Zugewinn i.H.v. ___ EUR und die Ehefrau hat bisher einen Zugewinn i.H.v. ___ EUR erzielt. Somit hat die Ehefrau einen Anspruch auf Zugewinnausgleich in Höhe von ___ EUR. Während des Güterstandes der Zugewinngemeinschaft hat der Ehemann der Ehefrau gemäß § 1380 BGB anrechnungspflichtige Zuwendungen i.H.v. ___ EUR gemacht.

§ 3
Ausgleich des Zugewinns

(1) Die Vertragsteile vereinbaren, dass der Zugewinnausgleichsanspruch der Ehefrau durch Zahlung von ___ EUR zu erfüllen ist. Die Zahlung ist bis zur Aufhebung der Ehe durch Tod oder Scheidung gestundet. Der Anspruch ist mit 2 % jährlich zu verzinsen. Der Schuldner kann jederzeit Zahlung leisten.

(2) Die Vertragsteile vereinbaren, dass mit Zahlung des Betrages i.H.v. ___ EUR der Zugewinnausgleich vollständig durchgeführt ist und keine weiteren gegenseitigen Ansprüche in Bezug auf den Zugewinnausgleich bestehen.

§ 4
Versorgungsausgleich und Unterhalt

Zum Versorgungsausgleich und zum Unterhalt wollen wir heute keine Regelung treffen.

§ 5
Belehrungen und Hinweise

(1) Der Notar hat über die rechtliche Tragweite dieser Urkunde, insbesondere über die Grundzüge des Erbschaft- u. Schenkung- sowie des Grunderwerbsteuergesetzes sowie bestimmte ertragsteuerliche Risiken belehrt, war aber nicht mit der Prüfung und Optimierung der steuerlichen Auswirkungen dieser Urkunde beauftragt. Diese Prüfung bzw. Optimierung haben wir eigenverantwortlich vorgenommen. Uns ist insbesondere bekannt, dass die Übertragung von Vermögenswerten zur Erfüllung des Zugewinnausgleichsanspruches ein entgeltlicher Vorgang ist, der ertragsteuerlich eine Gewinnrealisierung darstellen kann und Zinsen für gestundete Zugewinnausgleichsforderungen steuerpflichtig sind.

(2) Der Notar hat auf die Rechtsprechung des Bundesverfassungsgerichtes zur Inhaltskontrolle von Eheverträgen hingewiesen und erläutert, dass ehevertragliche Regelungen bei einer besonders einseitigen Aufbürdung von vertraglichen Lasten und einer erheblich ungleichen Verhandlungsposition unwirksam sein können.

3) Die Vertragsteile erklären, dass sie nach einer Vorbesprechung und dem Erhalt eines Vertragsentwurfes die rechtlichen Regelungen dieses Vertrages umfassend erörtert haben und diese Regelungen ihrem gemeinsamen Wunsch nach Gestaltung ihrer ehelichen Verhältnisse entsprechen.

(4) Der Notar hat darauf hingewiesen, dass bei einer Änderung des Ehetyps die Regelungen auch nachträglich unwirksam werden können. Er hat geraten, in diesem Falle den Vertrag der veränderten Situation anzupassen.

§ 6
Ausfertigungen und Abschriften

Von dieser Urkunde erhalten auf Wunsch der Parteien:

beglaubigte Abschriften:

die Parteien

Diese Niederschrift wurde den Erschienenen vom Notar vorgelesen, von ihnen genehmigt und von ihnen und dem Notar wie folgt eigenhändig unterschrieben:

2. Zugewinngemeinschaft mit hohen Zuwendungen unter den Ehegatten (1. Abwandlung)

Große Probleme bereiten die meist unbewusst vorgenommenen Vermögenszuwendungen zwischen Ehegatten. Oft wird z.B. der Kaufpreis bei Verkauf einer Immobilie oder eines Unternehmens auf ein gemeinschaftliches Konto der Ehegatten gezahlt, ohne dass beide Ehegatten vorher Eigentümer der Immobilie oder 21 des Unternehmens waren. Dieser Vorgang führt dann dazu, dass der eine Ehegatte i.H.d. hälftigen Gutschrift beschenkt wird, da er keinen Anspruch auf die Zahlung hat. Soweit die Zuwendung den **Schenkungsteuerfreibetrag** übersteigt, fällt Schenkungsteuer an. Bei der 1. Abwandlung hätte F daher die Zuwendung i.H.v. 1.500.000 EUR als Schenkung versteuern müssen.

22 Soll eine Zuwendung unter Ehegatten der Ausgestaltung der ehelichen Lebensgemeinschaft dienen, stellt diese Zuwendung unter Ehegatten nach ständiger Rechtsprechung keine Schenkung im Sinne des § 516 BGB dar.[7] Wird mit der Zuwendung ein ehebezogener Zweck verfolgt, so schließt dies in den meisten Fällen eine für die Schenkung notwendige Einigung der Ehepartner über die Unentgeltlichkeit aus.[8] Diese Zuwendungen werden daher regelmäßig als sog. **unbenannte oder ehebezogene Zuwendungen** qualifiziert, deren Rechtsgrundlage ein besonderer familienrechtlicher Vertrag ist.[9] Um eine Umgehung der erbrechtlichen Schutzvorschriften zum Nachteil von Pflichtteilsberechtigten, Vertragserben oder Nacherben zu verhindern, werden sie im Erbrecht wie eine Schenkung behandelt, wenn die Leistung weder unterhaltsrechtlich geschuldet war noch der Vergütung von Diensten diente noch ihr sonst eine durch sie ganz oder teilweise vergütete konkrete Gegenleitung des anderen Ehegatten gegenüberstand noch einer angemessenen Alterssicherung dient.[10] Gemäß § 2325 Abs. 3 S. 3 BGB beginnt die Abschmelzungsfrist nicht vor Auflösung der Ehe. Der Sohn aus erster Ehe in der 1. Abwandlung könnte somit, wenn keine der vorgenannten Fallgruppen vorliegt, auf den vollen Zuwendungsbetrag i.H.v. 2.000.000 EUR beim Tod von M Pflichtteilsergänzungsansprüche geltend machen.

23 Auch für die 1. Abwandlung stellt der Wechsel des Güterstandes verbunden mit dem Ausgleich des bisher entstandenen Zugewinns eine Lösung für das schenkungsteuerliche und das pflichtteilsergänzungsrechtliche Problem dar, denn der Ausgleich des Zugewinns wird als entgeltliche Leistung angesehen.[11]

24 Die nachträgliche Anrechnung ehebezogener Zuwendungen auf die Zugewinnausgleichsforderung führt dazu, dass die Zuwendungen nachträglich nicht mehr wie eine Schenkung zu behandeln sind. Sie erfüllen durch die Anrechnung eine tatsächliche zivilrechtliche Forderung (an Erfüllung statt) und werden somit entgeltlich. Alles, was bisher in der Vergangenheit zugewendet wurde, ist ab dem Zeitpunkt des Entstehens der Zugewinnausgleichsforderung nicht mehr nur ehebezogene Zuwendung. Diese Zuwendungen während der Ehe gelten als eine

7 BGH, Urt. v. 27.11.1991 – IV ZR 164/90; Damrau/Tanck/*Riedel*, § 2325 Rn 52.

8 MüKo/*Lange*, § 2325 Rn 23.

9 Palandt/*Grüneberg*, § 313 Rn 50; BGH, Urt. v. 8.7.1982, IX ZR 99/80.

10 Vgl. hierzu mit vielen weiteren Nachweisen Palandt/*Weidlich*, § 2325 Rn 10.

11 Palandt/*Weidlich*, § 2325 Rn 12; *Meincke*, § 5 ErbStG Rn 38; Daragan/Halaczinsky/Riedel/*Griesel*, § 5 ErbStG Rn 41; BFH, Urt. v. 12.7.2005, II R 29/02, ZEV 2005, 490; FG Düsseldorf, Urt. v. 14.6.2006, 4 K 7107/02 Erb, ZErb 2007, 24; FG Köln, Urt. v. 30.4.2003, 7 K 6553/01, DStRE 2004, 216.

Art **Vorleistung** auf die Ausgleichsforderung.[12] Kommt es nun zum Zugewinnausgleich, wird das ursprüngliche Rechtsgeschäft der ehebezogenen Zuwendung umgestaltet. Die Änderung des Rechtsgrundes führt nämlich dazu, dass Leistungen, die ein Ehepartner dem anderen während der Ehezeit unentgeltlich erbracht hat, nun eine Erfüllung der Zugewinnausgleichsforderung darstellen.[13] Die Zuwendung hatte nur bis zur Entstehung des Zugewinnausgleichsanspruchs einen unentgeltlichen Charakter. Die bisher geleistete Zuwendung i.H.v. 2.000.000 EUR wird auf den Betrag der Ausgleichsforderung angerechnet, denn gemäß § 1380 Abs. 1 S. 2 BGB ist auch ohne ausdrückliche Erklärung der Anrechnung im Zweifel anzunehmen, dass die Zuwendung angerechnet werden soll, wenn ihr Wert den Wert von Gelegenheitsgeschenken übersteigt, die nach den Lebensverhältnissen der Ehegatten üblich sind.

Rechenbeispiel 25

Berechnung der Zugewinnausgleichsforderung bei Schenkungen der Ehegatten[14]

	Ehemann	**Ehefrau**
Anfangsvermögen	0	0
Endvermögen	6.000.000	2.000.000
Zugewinn	6.000.000	0
Zugewinnausgleichsanspruch § 1378 BGB		2.000.000
Rechnerischer Zugewinn gem. § 1380 BGB	8.000.000	0
Ausgleichsforderung unter Beachtung des § 1380 BGB		4.000.000
Abzüglich Vorausempfang in Höhe von 2.000.000 EUR		./. 2.000.000
Endgültige noch offene Ausgleichsforderung		2.000.000

a) Erbschaft- und schenkungsteuerliche Auswirkungen

§ 5 ErbStG regelt die steuerliche Behandlung des Zugewinnausgleichsanspruches. 26
Gemäß § 5 Abs. 2 Alt. 1 ErbStG gehört die Zugewinnausgleichsforderung im Sinne des § 1378 BGB nicht zum Erwerb im Sinne der §§ 3 und 7 ErbStG, sofern der Güterstand der Zugewinngemeinschaft in anderer Weise als durch Tod eines

12 *Hollender/Schlütter*, DStR 2002, 1932.

13 MüKo/*Koch*, § 1380 Rn 8 f.; *Hollender/Schlütter*, DStR 2002, 1932.

14 Zur den Details der Berechnung der Zugewinnausgleichsforderung bei Schenkungen unter den Ehegatten *Beckervordersandfort/Beckervordersandfort*, ZErb 2014, 43.

Ehegatten beendet wird. Dies gilt auch für Ausgleichsforderungen, die den Freibetrag von 500.000 EUR übersteigen.

27 Vereinbaren also Ehepartner, die im Güterstand der Zugewinngemeinschaft leben, den Güterstand der Gütertrennung, so bleibt die konkret berechnete Zugewinnausgleichsforderung schenkungsteuerfrei.[15] Der Güterstand der Zugewinngemeinschaft kann dabei nach der Rechtsprechung des BFH auch bei Fortbestand der Ehe beendet und gegebenenfalls auch zunächst rückwirkend vereinbart werden. Erforderlich ist aber stets, dass der Güterstand zumindest vorübergehend auch tatsächlich gewechselt wird. Der sog. fliegende Güterstandswechsel ist unter keinen Umständen ausreichend.[16]

28 Auch die Finanzverwaltung akzeptiert grundsätzlich die Vertragsfreiheit der Ehepartner, solange mit den Vereinbarungen in erster Linie güterrechtliche und nicht erbrechtliche Wirkungen herbeigeführt werden sollen. Leider kann den Erbschaftsteuer-Richtlinien 2011 nicht entnommen werden, wann die Finanzverwaltung von diesem Grundsatz abweichen möchte und ausnahmsweise von einer missbräuchlichen Gestaltung ausgeht.[17] Es sollten daher die außersteuerlichen Gründe für den Güterstandswechsel in die Vorbemerkung der Urkunde aufgenommen werden.[18]

29 Die ehebezogenen Zuwendungen, die der ausgleichsberechtigte Ehegatte während der Ehezeit erhalten hat, werden dann gemäß § 29 Abs. 1 Nr. 3 ErbStG **rückwirkend schenkungsteuerfrei**, sofern sie tatsächlich im Rahmen des Zugewinnausgleichs gemäß § 1380 BGB angerechnet worden sind.[19] Dies gilt auch dann, wenn sie vorher den Freibetrag überschritten hätten und eigentlich zu versteuern gewesen wären.

30 Für die 1. Abwandlung bedeutet das, dass weitere 2.000.000 EUR steuerfrei vom Ehemann auf die Ehefrau übertragen werden können. Auch die bereits geleisteten Zuwendungen über 2.000.000 EUR des Ehemannes, die zumindest i.H.v. 1.500.000 EUR schenkungsteuerpflichtig wären, werden gemäß § 29 Abs. 1 Nr. 3 ErbStG rückwirkend schenkungsteuerfrei.

---

15 *Meincke*, § 5 ErbStG Rn 38; Daragan/Halaczinsky/Riedel/*Griesel*, § 5 ErbStG Rn 41; Fischer/Kühne/Warlich/*Fischer*, Bankvermögen im Erbfall, § 5 Rn 161; BFH, Urt. v. 12.7.2005, II R 29/02, ZEV 2005, 490; FG Düsseldorf, Urt. v. 14.6.2006, 4 K 7107/02 Erb, ZErb 2007, 24; FG Köln, Urt. v. 30.4.2003, 7 K 6553/01, DStRE 2004, 216.

16 BFH, Urt. v. 12.7.2005, II R 29/02, ZEV 2005, 490; so auch die h.M. der Literatur siehe z.B. Daragan/Halaczinsky/Riedel/*Griesel*, § 5 ErbStG Rn 40 f.; a.A. *Meincke*, § 5 Rn 39.

17 Erbschaftsteuer-Richtlinien 2011 mit Hinweisen 2011, R E 5.2.

18 Fischer/Kühne/Warlich/*Fischer*, Bankvermögen im Erbfall, § 5 Rn 172.

19 Vgl. *Kieser*, ZErb 2013, 49, 52; *Reich*, ZEV 2011, 59, 63; *Meincke*, § 29 ErbStG Rn 10; Daragan/Halaczinsky/Riedel/*Griesel*, § 5 ErbStG Rn 40.

b) Pflichtteilsrechtliche Auswirkungen

Unbenannte Zuwendungen sind in der Regel objektiv unentgeltlich und im Erbrecht (§§ 2287, 2288, 2325 BGB) grundsätzlich wie eine Schenkung zu behandeln.[20] Zuwendungen unter Ehegatten sind daher nicht pflichtteilsfest, wenn die Leistung weder unterhaltsrechtlich geschuldet war noch der Vergütung von Diensten diente noch ihr sonst eine durch sie ganz oder teilweise vergütete konkrete Gegenleitung des anderen Ehegatten gegenüberstand noch einer angemessenen Alterssicherung dient.[21] 31

Pflichtteilsfestigkeit liegt hingegen dann vor, wenn der gesetzliche Güterstand der Zugewinngemeinschaft durch Vereinbarung beendet und der dann entstehende Zugewinnausgleichsanspruch durch Übertragung entsprechender Vermögensgegenstände ausgeglichen wird.[22] Soweit es durch diese Übertragung der Vermögensgegenstände nicht zu einer erheblich über dem sich rechnerisch ergebenden Ausgleichsanspruch liegenden Vermögensverschiebung kommt, liegt in diesen Fällen eine **entgeltliche Zuwendung** vor.[23] Vertreten wird allerdings teilweise, dass bereits die Änderung des Güterstandes eine unentgeltliche Zuwendung sein könnte.[24] Dem wird jedoch zurecht entgegengehalten, dass die Ehegatten ihre güterrechtliche Situation grundsätzlich frei und ohne Auslösen von steuerlichen, pflichtteilsrechtlichen oder haftungsrechtlichen Auswirkungen gestalten können, solange es sich nicht um einen missbräuchliche Gestaltung handelt. Bei einem (einmaligen) Wechsel des Güterstandes wird in der Regel kein Missbrauchsverdacht vorliegen.[25] Die ehegüterrechtliche causa könne unter Umständen aber dann durch eine Schenkung verdrängt werden, wenn ausnahmsweise festgestellt werden könnte, dass die Geschäftsabsichten der Eheleute nicht zwecks Verwirklichung der Ehe auf eine Ordnung der beiderseitigen Vermögen gerichtet war. Anzeichen dafür könnten sein, dass Gütergemeinschaft noch kurz vor dem Tode vereinbart wurde, dass nach einem einheitlichen Plan zunächst Gütergemeinschaft und später ein anderer Güterstand vereinbart wurde oder dass wertvoller Grundbesitz aus dem Vorbehaltsgut des einen Ehegatten in das des anderen oder ins Gesamtgut verschoben wurde.[26] Um den möglichen Vorwurf einer missbräuchlichen Gestaltung zu vermeiden, muss also auf jeden Fall möglichst in der notariellen Urkunde dargelegt werden, dass es **ehebedingte Gründe** für die 32

20 BGH, Urt. v. 27.11.1991, IV ZR 164/90; Damrau/Tanck/*Riedel*, § 2325 Rn 52; MüKo/*Lange*, § 2325 Rn 23; Palandt/*Weidlich*, § 2325 Rn 10.

21 Vgl. hierzu mit vielen weiteren Nachweisen Palandt/*Weidlich*, § 2325 Rn 10.

22 Palandt/*Weidlich*, § 2325 Rn 12; Mayer/Süß/Tanck/Bittler/Wälzholz/*Pawlytta,* Handbuch Pflichtteilsrecht, § 7 Rn 63 f. m.w.N.

23 Mayer/Süß/Tanck/Bittler/Wälzholz/*Pawlytta*, Handbuch Pflichtteilsrecht, § 7 Rn 63.

24 Gute ausführliche Darstellung des Meinungsstandes Mayer/Süß/Tanck/Bittler/Wälzholz/*Pawlytta*, Handbuch Pflichtteilsrecht, § 7 Rn 62 ff.

25 Damrau/Tanck/*Riedel*, § 2325 Rn 65.

26 Palandt/*Weidlich*, § 2325 Rn 12.

Gestaltung gibt und pflichtteilsrechtliche Beweggründe für die Gestaltung nicht vorliegen.

33 Über die Regelung des § 1380 BGB werden auch Zuwendungen zwischen den Ehegatten vor Aufhebung des Güterstandes, die nach der Rechtsprechung des BGH grundsätzlich pflichtteilsergänzungspflichtig wären, rückwirkend entgeltlich und damit nicht mehr pflichtteilsergänzungspflichtig.

34 Für unsere Beispielsfälle bedeutet die Entgeltlichkeit des Zugewinnausgleichsanspruchs, dass nicht nur der Ausgleichsanspruch selbst den pflichtteilsrechtlich relevanten Nachlass reduziert, sondern auch die bereits erfolgten Zuwendungen von möglichen Pflichtteilsberechtigten nicht mehr bei der Berechnung von Pflichtteilsergänzungsansprüchen berücksichtigt werden können.

c) Haftungs- und anfechtungsrechtliche Auswirkungen

35 Werden Vermögenswerte zur Erfüllung eines Zugewinnausgleichsanspruchs übertragen, so erfolgt diese Übertragung entgeltlich, was zu einer Reduzierung der Anfechtungsfrist nach dem AnfG von vier auf zwei Jahre führt.[27] Der Ausgleichsanspruch gemäß § 1378 Abs. 1 BGB entsteht nämlich kraft Gesetzes und stellt folglich keine unentgeltliche Leistung im Sinne des § 4 AnfG dar.[28] Es bleibt aber bei der zweijährigen Anfechtungsfrist des § 3 Abs. 2 S. 1 AnfG, wonach ein entgeltlicher Vertrag vom Schuldner mit einer nahestehenden Person im Sinne des § 138 InsO innerhalb von zwei Jahren nach Abschluss des Vertrags angefochten werden kann, wenn seine Gläubiger dadurch unmittelbar benachteiligt werden.[29] Zu den nahestehenden Personen im Sinne des § 138 InsO zählt insbesondere der Ehegatte des Schuldners.

36 Wichtig ist, dass die Zugewinnausgleichsforderung richtig berechnet wird. Es müssen also auch bestehende Eventualverbindlichkeiten (z.B. Bürgschaften) der Ehegatten in der Zugewinnausgleichsbilanz berücksichtigt werden. Dabei darf z.B. das Bürgschaftsrisiko nicht ohne weitere Prüfung mit dem Nennwert in die Zugewinnausgleichsbilanz eingestellt werden. Bei der Bewertung ist vielmehr zu beachten, mit welcher Wahrscheinlichkeit der Bürgschaftsfall eintreten wird. Dies geschieht, indem man am Stichtag im Wege einer nachträglichen objektivierten Vorausschau die Wahrscheinlichkeit des Eintritts des Bürgschaftsfalles bewertet, ohne dass der tatsächliche Verlauf, der zwischenzeitlich eingetreten sein könnte, dabei Berücksichtigung findet.[30]

37 Es könnte also durchaus der Fall eintreten, dass bei der Bewertung des Bürgschaftsrisikos festgestellt wird, dass der Ehemann gar keinen Zugewinn erzielt

27 Fischer/Kühne/Warlich/*Fischer*, Bankvermögen im Erbfall, § 5 Rn 170.

28 *Von Oertzen/Ponath*, Asset Protection im deutschen Recht, § 4 Rn 2 ff.; *Scherer*, ZErb 2006, 106, 108; im Ergebnis auch *Ponath*, ZEV 2006, 49, 53 f.

29 BGH, Urt. v. 1.7.2010, IX ZR 58/09, BeckRS 2010, 18745.

30 *Braeuer*, FPR 2012, 100, 102.

hat, sondern nur die Ehefrau. Dann ist die Ehefrau im Zeitpunkt der Entstehung der Zugewinnausgleichsforderung gegenüber dem Ehemann ausgleichspflichtig. Es stellt sich dann die Frage, ob eventuelle Gläubiger des Ehemannes den Zugewinnausgleichsanspruch pfänden könnten. Dies kommt jedoch nur in Frage, soweit der Zugewinnausgleichsanspruch auch tatsächlich pfändbar ist. Gemäß § 852 Abs. 1 ZPO ist ein Pflichtteilsanspruch nur der Pfändung unterworfen, wenn er durch Vertrag anerkannt oder rechtshängig geworden ist. § 852 Abs. 2 ZPO stellt klar, dass Entsprechendes auch für den Anspruch eines Ehegatten auf Ausgleich des Zugewinns gilt. Demnach ist also auch der Zugewinnausgleichsanspruch eines Ehegatten nur dann pfändbar, wenn er durch Vertrag anerkannt oder rechtshängig geworden ist.

Der Grund dieser **Einschränkung der Pfändbarkeit** besteht darin, dass diese 38
Ansprüche auf tiefen familiären oder persönlichen Beziehungen der Beteiligten beruhen und es dem Anspruchsinhaber freistehen soll, ob er seinen Anspruch geltend macht oder nicht.[31] Die Pfändung des Anspruchs an sich ist allerdings nicht beschränkt, sondern lediglich das Entstehen der Verwertungsbefugnis. In der bloßen Vereinbarung der Ehegatten, die Zugewinngemeinschaft zu beenden und in den Güterstand der Gütertrennung überzugehen, liegt noch kein vertragliches Anerkenntnis des Zugewinnausgleichsanspruchs.

3. Besonderheiten bei Gütertrennung (2. Abwandlung)

Leben die Ehegatten im Güterstand der Gütertrennung, können die vorstehend 39
dargestellten Vorteile des Wechsels von dem Güterstand der Zugewinngemeinschaft in den Güterstand der Gütertrennung erst genutzt werden, nachdem rückwirkend auf den Beginn der Ehe der Güterstand der Zugewinngemeinschaft vereinbart wird. Zivilrechtlich ist eine solche rückwirkende Vereinbarung der Zugewinngemeinschaft ohne Weiteres möglich. Auch steuerlich ist die rückwirkende Vereinbarung der Zugewinngemeinschaft auf den Zeitpunkt der Eheschließung zulässig, wenn dann später auch durch einen erneuten Wechsel des Güterstandes gemäß § 5 Abs. 2 ErbStG tatsächlich die güterrechtliche Abwicklung stattfindet.[32]

Formulierungsbeispiel: Rückwirkende Vereinbarung von Zugewinngemeinschaft 40

(1) Wir heben den Güterstand der Gütertrennung auf und vereinbaren für unsere Ehe den Güterstand der Zugewinngemeinschaft.

(2) Dabei soll das Anfangsvermögen eines jeden Ehegatten jedoch so berechnet werden, als hätten wir seit unserer Eheschließung im gesetzlichen Güter-

31 Kindl/*Meller-Hannich*, § 852 ZPO Rn 1.

32 Vgl. z.B. Fischer/Kühne/Warlich/*Fischer*, Bankvermögen im Erbfall, § 5 Rn 163; Hoffmann-Becking/Rawert/*Brambring*, Beck'sches Formularbuch Wirtschaftsrecht, 10. Aufl. 2010, V. 9.

stand der Zugewinngemeinschaft gelebt, sodass die Vereinbarung der Zugewinngemeinschaft in dieser Weise zurückwirkt.
(3) Wir wurden von dem Notar darauf hingewiesen, dass diese Vereinbarung erbschaftsteuerlich nur dann zu einer Steuerbefreiung gemäß § 5 ErbStG führt, wenn die Zugewinngemeinschaft in anderer Weise als durch den Tod eines Ehegatten beendet wird oder der Zugewinn nach § 1371 Abs. 2 BGB ausgeglichen wird.

III. Zusammenfassung

41 Oft bietet sich ein Güterstandswechsel als Gestaltungsmittel an, um Vermögensübertragungen während der Ehezeit sowohl unter erbschaftsteuerlichen, pflichtteilsrechtlichen sowie haftungs- und anfechtungsrechtlichen Gesichtspunkten zu optimieren.

42 Steuerliche Vorteile im Rahmen des Güterstandswechsels ergeben sich daraus, dass sowohl die ehebezogenen Zuwendungen, die vor dem Wechsel des Güterstandes möglicherweise wegen Überschreitens der Freibeträge steuerpflichtig gewesen sind, als auch die gesamte Summe der Ausgleichsforderung steuerfrei übertragen werden können. Hingegen nicht wirksam (und steuerlich auch nicht befreit) sind Vereinbarungen des sogenannten fliegenden Güterstandswechsels, bei denen der Güterstand nicht formell beendet wird.

43 Pflichtteilsrechtliche Vorteile ergeben sich dadurch, dass Zuwendungen zwischen den Ehegatten während der Ehezeit nachträglich entgeltlich werden und dadurch keine Pflichtteilsergänzungsansprüche auslösen. Allerdings ist zu beachten, dass der neue Güterstand der Gütertrennung teilweise unter Pflichtteilsgesichtspunkten nachteilig ist. Es ist daher immer eine Vergleichsrechnung durchzuführen bzw. nach einer ausreichenden Schamfrist aus „ehebedingten“ Gründen wieder in den Güterstand der Zugewinngemeinschaft zurück zu wechseln.

44 Durch den Entgeltcharakter der richtig berechneten Zugewinnausgleichsforderung wird die Frist zur Anfechtung von Vermögensübertragungen zur Erfüllung der Zugewinnausgleichsforderung immerhin von vier auf zwei Jahre verkürzt.

§ 5 Lebzeitige Übertragung von Vermögenswerten

Übersicht:

A. Einleitung

Durch die lebzeitige Übertragung von Vermögenswerten im Wege der **vorweggenommenen Erbfolge** lässt sich die Nachfolgegestaltung in vielerlei Hinsicht optimieren. Neben der bereits zu Lebzeiten erzielbaren Planungssicherheit können z.B. die **Freibeträge des Erbschaft- und Schenkungsteuergesetzes** optimal ausgenutzt werden. Zudem ermöglicht der lebzeitige Vermögensübergang eine Reduzierung der Risiken durch Pflichtteils- und Pflichtteilsergänzungsansprüche, wenn die Frist des § 2325 Abs. 3 BGB in Gang gesetzt wird. 1

Hat der Übergeber ein gemeinschaftliches Testament oder einen Erbvertrag mit **wechselbezüglichen Verfügungen** errichtet, dürfen jedoch keine den Vertragserben oder wechselbezüglich bedachten Schlusserben **beeinträchtigenden Verfügungen** vorgenommen werden. Der erstversterbende Ehegatte oder sonstige erbvertraglich gebundene Übergeber kann sonst zwar zunächst wirksam zu Lebzeiten über sein Eigentum verfügen, allerdings können die Vertragserben oder 2 wechselbezüglich bedachten Testamentserben dann nach dem Tod des Übergebers unter bestimmten Voraussetzungen die Zuwendung gemäß § 2287 BGB zurückfordern (vgl. hierzu § 2 Rdn 12 ff.).

3 Ist der Übergeber selbst nur **Vorerbe**, so wird eine lebzeitige unentgeltliche Übertragung möglicherweise mit dem Eintritt des **Nacherbfalls** gemäß § 2113 BGB unwirksam (vgl. hierzu § 2 Rdn 34 ff.).

Auf jeden Fall sollte der Übergeber auf eine ausreichende eigene Absicherung achten.

B. Vorliegen einer (gemischten) Schenkung

4 Zunächst ist zu klären, ob es sich bei der **lebzeitigen Übertragung** um einen **entgeltlichen**, **teilentgeltlichen** oder **unentgeltlichen** Vorgang handelt, da von dieser Einordnung sowohl die steuerlichen als auch viele zivilrechtlichen Folgen abhängen. So löst die Übertragung i.H.d. Bereicherung Schenkungsteuer aus, wenn die Schenkungsteuerfreibeträge ausgeschöpft sind. Zivilrechtlich können bei Vorliegen einer Schenkung wie oben dargestellt die Rechtsfolgen der §§ 2325, 2287 oder 2113 BGB ausgelöst werden.

I. Begriff der Schenkung

5 Der zivilrechtliche Schenkungsbegriff erfordert objektiv eine **Bereicherung** des Zuwendungsempfängers aus dem Vermögen des Erblassers sowie subjektiv die Einigung der Parteien über die **(teilweise) Unentgeltlichkeit** der Zuwendung.[1]

6 **Gemischte Schenkungen** sind nur hinsichtlich ihres Schenkungsteils zu berücksichtigen. Die subjektive Vorstellung der Vertragsteile spielt dabei eine erhebliche Rolle. Sie entscheidet nämlich darüber, ob eine Zuwendung mit einer anderen Leistung des Empfängers verknüpft wird und insoweit die Unentgeltlichkeit ausschließt.[2] Zum anderen gilt hinsichtlich der Bewertung von Leistung und Gegenleistung das **Prinzip der subjektiven Äquivalenz**, d.h. es steht den Parteien im Rahmen der Vertragsfreiheit grundsätzlich frei, den Wert der auszutauschenden Leistungen zu bestimmen.[3] Nach der Rechtsprechung kann eine Entgeltabrede auch noch nachträglich getroffen werden.[4] Derjenige, der Ansprüche aus

1 *Mayer/Geck*, Der Übergabevertrag, § 9 Rn 32.

2 Es wird dabei in synallagmatische, konditionale und kausale Leistungsverknüpfungen unterschieden, wobei die kausale Leistungsverknüpfung von der belohnenden Schenkung abzugrenzen ist. Entscheidend für die Entgeltlichkeit ist, dass die Vorleistung in der Absicht der späteren Entlohnung erbracht wird, vgl. BeckOK-BGB/*J. Mayer*, § 2325 Rn 6.

3 BeckOK-BGB/*J. Mayer*, § 2325 Rn 6.

4 BGH, Urt. v. 14.2.2007 – IV ZR 258/05, mit zustimmender Anm. von *Kornexl*, ZEV 2007, 326; OLG Schleswig, Urt. v. 27.3.2012 – 3 U 39/11, RNotZ 2012, 513.

§§ 2325, 2287 und 2113 BGB geltend machen will, trägt die volle Beweislast dafür, dass die Vertragsparteien sich über die Unentgeltlichkeit einig waren. Nur bei einem auffallend groben Missverhältnis zwischen den objektiven Werten von Leistung und Gegenleistung billigt die Rechtsprechung eine Beweiserleichterung zu.[5] Allerdings steht es den Vertragsteilen nicht frei, eine ohne jede objektive Gegenleistung erfolgende Zuwendung als entgeltliche zu deklarieren oder die vereinbarten Leistungen völlig „zu frisieren“ oder willkürlich zu bewerten.[6]

Hinweis 7
Leistung und mögliche Gegenleistung sollten unbedingt mit realistischen Werten in den Vertrag aufgenommen werden.

Ehebezogene (unbenannte) Zuwendungen sind nach Auffassung des BGH in der Regel objektiv unentgeltlich und im Erbrecht zur Verwirklichung des gebotenen Schutzes von Pflichtteilsberechtigten, Vertrags- und Nacherben wie Schenkungen zu behandeln.[7] Nur wenn die Zuwendung der **angemessenen Alterssicherung** des Empfängers[8] oder der **nachträglichen Vergütung langjähriger Dienste** dient[9] oder **unterhaltsrechtlich geschuldet** ist, kann eine objektiv angemessene entgeltliche Zuwendung vorliegen, die nicht die Rechtsfolgen der §§ 2325, 2287 oder 2113 BGB auslöst.[10] 8

Hinweis 9
Wenn die Zuwendung an Ehegatten zur angemessenen Alterssicherung, als nachträgliche Vergütung langjähriger Dienste oder als Unterhalt erfolgt, sollte dies nach Rücksprache mit dem Steuerberater ausdrücklich in den Vertrag aufgenommen werden.

---

5 Bei einem „auffallend groben Missverhältnis“ der beiderseitigen Leistungen wird vermutet, dass die Parteien dies erkannt haben und sich über die teilweise Unentgeltlichkeit einig waren, so z.B. BGH, Urt. v. 27.11.1991 – IV ZR 266/90, NJW 1992, 558; teilweise wird die Beweiserleichterung sogar dann zugebilligt, wenn das objektive Missverhältnis der Leistungen nur „über ein geringes Maß deutlich hinausgeht“, so z.B. BGH, Urt. v. 1.2.1995 – IV ZR 36/94, NJW 1995, 1349 zu § 528 oder BGH, Urt. v. 23.9.1981 – IVa ZR 185/80, NJW 1982, 43. Die Beweiserleichterung greift aber nicht ein, wenn der Wert des Nießbrauchs und der zusätzlich gezahlte Kaufpreis 81 % des Zuwendungswertes erreicht, so z.B. OLG Koblenz, Beschl. v. 6.3.2006, 6 – W 114/06, ZErb 2006, 282.

6 BGH, Urt. v. 21.6.1972 – IV ZR 221/69, NJW 1972, 1709.

7 BGH, Urt. v. 27.11.1991 – IV ZR 164/90, NJW 1992, 564.

8 OLG Schleswig, Beschl. v. 16.2.2010 – 3 U 39/09, ZEV 2010, 369.

9 OLG Oldenburg, Urt. v. 23.3.1999 – 5 U 134/98, BeckRS 1999, 31030994.

10 Sehr gute ausführliche Darstellung m.w.N. zu § 2325 bei BeckOK-BGB/*J. Mayer*, § 2325 Rn 10.

II. Abschmelzungsfrist des § 2325 Abs. 3 BGB

10 Auch unentgeltliche oder teilentgeltliche Zuwendungen sind nicht ergänzungspflichtig, wenn zur Zeit des Erbfalls bereits zehn Jahre seit der Leistung des verschenkten Gegenstandes vergangen sind (§ 2325 Abs. 3 S. 2 BGB). Die Ausschlussfrist dient der Rechtssicherheit und wird damit gerechtfertigt, dass sich der Pflichtteilsberechtigte nach dieser Zeit auf die dadurch eingetretene Vermögensminderung eingestellt hat und bei derartigen Zuwendungen eine reine **Benachteiligungsabsicht ausgeschlossen** werden könne, weil auch der Erblasser selbst solange die Folgen der Schenkung habe tragen müssen.[11] Für seit dem 1.1.2010 eingetretene Erbfälle gilt zudem nicht mehr das Alles- oder Nichts-Prinzip sondern eine **Pro-Rata-Lösung**, d.h. innerhalb des 10-Jahres-Zeitraums wird die Schenkung Jahr für Jahr um 10 % geringer berücksichtigt. Leider ist die Frage des Beginns der **Abschmelzungsfrist** des § 2325 Abs. 3 BGB für die Vielzahl von Zuwendungsgestaltungen noch immer nicht abschließend geklärt.[12] Bei Zuwendungen an Ehegatten oder eingetragene Lebenspartner gibt es gemäß § 2325 Abs. 3 S. 3 BGB auch nach der Erbrechtsreform gar keine Abschmelzung.

11 Immerhin darf für die Praxis als gesichert gelten, dass die Frist des § 2325 Abs. 3 BGB nicht allein dadurch in Lauf gesetzt wird, dass der Erblasser alles für die Zuwendung an den Beschenkten seinerseits Erforderliche getan hat. Denn der Bundesgerichtshof hat diese noch 1970 vertretene Auffassung[13] in seinem Grundsatzurteil vom 17.9.1986[14] revidiert. Das Schrifttum ist dem mehrheitlich gefolgt.[15] Demnach soll es für den Fristbeginn auf eine **„wirtschaftliche Ausgliederung“** des Geschenks aus dem Vermögen des Erblassers ankommen. Voraussetzung sei, dass der Erblasser einen Zustand geschaffen habe, dessen Folgen er selbst noch zehn Jahre lang zu tragen habe und der schon im Hinblick auf diese Folgen von einer **„böslichen“ Schenkung** abhalten könne.

---

11 Prot. V., S. 587 f.

12 Vgl. zur aktuellen Rechtsprechung BGH, Urt. v. 25.5.1970 – III ZR 141/68; Urt. v. 17.9.1986 – IVa ZR 13/85; Urt. v. 27.4.1994 – IV ZR 132/93; OLG Düsseldorf, Urt. v. 28.2.1997– 7 U 45/96, FamRZ 1997, 1114; Urt. v. 18.12.1998 – 7 U 78/98, FamRZ 1999, 1546; OLG Celle, Urt. v. 27.5.2003 – 6 U 236/02, DNotI-Report 2004, 17; OLG Bremen, Urt. v. 25.2.2005 – 4 U 61/04, DNotZ 2005, 702; OLG Oldenburg, Beschl. v. 14.11.2005 – 5 W 223/05, ZEV 2006, 80; BGH, Urt. v. 14.2.2007 – IV ZR 258/05, FamRZ 2007, 814; OLG Karlsruhe, Urt. v. 20.9.2007 – 12 U 124/07, ZEV 2008, 244; OLG Düsseldorf, Urt. v. 11.4.2008 – 7 U 70/07, ZEV 2008, 525; OLG München, Urt. v. 25.6.2008 – 20 U 2205/08, ZEV 2008, 480.

13 BGH, Urt. v. 25.5.1970 – III ZR 141/68.

14 BGH, Urt. v. 17.9.1986 – IVa ZR 13/85.

15 Staudinger/*Olshausen* (Neubearb. 2006), § 2325 Rn 54; MüKo/*Lange*, 6. Aufl. 2013, § 2325 Rn 59; Palandt/*Weidlich*, § 2325 Rn 25.

1. Abschmelzungsfrist bei Übertragung von Immobilien

Rechtsprechung zur Frage des Beginns der Abschmelzungsfrist des § 2325 Abs. 3 BGB gibt es bisher fast ausschließlich für Fälle von lebzeitigen Übertragungen von Immobilien. 12

a) Vorbehalt eines Nießbrauchrechtes

Für den **Nießbrauchvorbehalt** an einer Immobilie ist inzwischen geklärt, dass die Umschreibung im Grundbuch alleine noch nicht als Leistung gemäß § 2325 Abs. 3 Hs. 1 BGB zu werten ist. Diese liege vielmehr erst dann vor, wenn der Erblasser nicht nur seine Rechtsstellung als Eigentümer endgültig aufgibt, sondern auch darauf verzichte, den verschenkten Gegenstand – sei es aufgrund vorbehaltener dinglicher Rechte oder durch Vereinbarung schuldrechtlicher Ansprüche – im Wesentlichen weiter zu nutzen.[16] Bei Vorbehalt eines Nießbrauchrechtes fängt die Abschmelzungsfrist daher nicht an zu laufen, d.h. auch eine mehr als 10 Jahre vor dem Erbfall erfolgte Übertragung führt weiterhin zur Entstehung von Pflichtteilsergänzungsansprüchen.[17] 13

b) Vorbehalt eines Wohnungsrechtes

Zur Frage des Fristanlaufs gem. § 2325 Abs. 3 BGB bei **Vorbehalt eines Wohnungsrechtes** liegt bisher keine Entscheidung des BGH vor. Die übrige Rechtsprechung ist uneinheitlich. 14

16 BGH, Urt. v. 27.4.1994 – IV ZR 132/93.

17 Noch ungeklärt ist die Behandlung von Teilnutzungsrechten wie bei einem Bruchteils- und Quotennießbrauch. Es soll dabei hinsichtlich des Beurteilungsmaßstabs nicht auf die reine Flächengröße, auf die sich das Nutzungsrecht bezieht, sondern auf den Wert der dem Übergeber aufgrund der Vereinbarung verbleibenden Nutzungsmöglichkeit im Verhältnis zum Gesamtnutzungswert abzustellen sein. Verbleibt dem Übergeber mehr als 50 % der Nutzungen, so soll kein Fristbeginn eintreten. Andere gehen davon aus, dass kein Fristbeginn eintritt, wenn die Restnutzungsquote unter 25 % liegt. Im Einzelfall soll sogar eine zurückbehaltene Nutzungsquote von 10 % oder 20 % schaden. Liegt die Nutzungsquote darunter, so sei immer noch zu prüfen, ob angesichts der dem Übergeber insgesamt zustehenden Einkünfte, etwa aus sonstiger beruflicher Tätigkeit, nicht doch noch eine für den Übergeber wesentliche Nutzung verbleibt, denn nach der Rechtsprechung des BGH ist es nur dann gerechtfertigt von einem Fristbeginn auszugehen, wenn die Vermögensweggabe für den Schenker einen so starken Einschnitt bedeutet, dass er sich von „böslichen Schenkungen" allein zur Pflichtteilsreduzierung abhalten lässt. Sehr gute ausführliche Darstellung des aktuellen Meinungsstandes bei BeckOK-BGB/*J. Mayer*, § 2325 Rn 33.

aa) Urteil des LG Münster vom 26.6.1996

15 Das LG Münster hat in einer Entscheidung vom 26.6.1996[18] hinsichtlich eines dem Übergeber vorbehaltenen **Altenteilsrechtes** (bestehend aus einem Wohnungsrecht sowie einer **Wart- und Pflegeverpflichtung**) das Vorliegen einer „Leistung“ i.S.d. § 2325 Abs. 3 BGB und damit den Beginn des Laufes der Zehnjahresfrist bejaht. In dem vom LG Münster entschiedenen Sachverhalt hatten sich die Eltern an der bisher von ihnen bewohnten Wohnung im Erdgeschoss (drei Zimmer) mit einer Wohnfläche von ca. 33,5 qm ein Wohnungsrecht vorbehalten und die im Erdgeschoss gelegene Küche sowie das Bad nebst Toilette mitbenutzt.

bb) Urteil des OLG Düsseldorf vom 28.2.1997

16 Das OLG Düsseldorf hat in einem Urteil vom 28.2.1997[19] bei einem Sachverhalt, in dem sich die Übergeber ein Wohnungsrecht an der Wohnung im Erdgeschoss und den zugeordneten Nebenflächen vorbehalten hatten, entschieden, dass eine „Leistung“ der Übergeber vorliegt, da die Übergeber damit nicht nur das Eigentum und damit das Bestimmungsrecht über das Hausgrundstück verloren haben, sondern ihnen ein Nutzungsrecht nur noch an der Erdgeschosswohnung und den zugehörigen Nebenflächen zustand und sie somit die Möglichkeit der Erzielung von Mietzins für die Wohnung im Obergeschoss verloren hätten. Das OLG Düsseldorf hat seine Auffassung ferner damit begründet, dass das Wohnungsrecht der Übergeber im Übrigen den Nachrang nach der gemäß dem Übertragungsvertrag ggf. einzutragenden Hypothek oder Grundschuld mit der Gefahr des Ausfalls bei einer Vollstreckung aus diesem dinglichen Recht erhalten habe.

cc) Urteil des OLG Düsseldorf vom 18.12.1998

17 In der Entscheidung des OLG Düsseldorf vom 18.12.1998[20] hatte die Erblasserin ihr mit einem Einfamilienhaus bebautes Grundstück unentgeltlich auf ihre Tochter übertragen. Als Gegenleistung wurde eine **Pflegeverpflichtung** vereinbart. Des Weiteren behielt sich die Erblasserin ein **lebenslängliches unentgeltliches Wohnrecht** an den von ihr bewohnten Räumen im Erdgeschoss und zusätzlich an einem Raum im Obergeschoss vor. Sie war außerdem berechtigt, die Gemeinschaftsanlagen des Hauses und des Grundstücks zu nutzen. Es bestand zudem ein **bedingter Rückübertragungsanspruch**, der der Erblasserin wesentlichen Einfluss auf die weitere Verwendung des Hausgrundstücks gab. Diese Umstände betrachtete das OLG Düsseldorf als ausreichend für die Ablehnung einer „Leistung“ i.S.d. § 2325 Abs. 3 BGB.

---

18 LG Münster, Urt. v. 26.6.1996, MittBayNot 1997, 113.
19 OLG Düsseldorf, Urt. v. 28.2.1997, FamRZ 1997, 1114.
20 OLG Düsseldorf, Urt. v. 18.12.1998, FamRZ 1999, 1546.

dd) Urteil des OLG Celle vom 27.5.2003

Bei der Entscheidung des OLG Celle vom 27.5.2003[21] hatte sich die Erblasserin lediglich ein **Wohnungsrecht** an der im östlichen Teil des Hauses gelegenen Wohnung mit einer Größe von 70 qm vorbehalten. Die Gesamtgröße des mit einem Zweifamilienhaus bebauten Grundstückes betrug 2.986 qm. Dies stellt nach Auffassung des OLG Celle einen Sachverhalt dar, in dem eine „Leistung" i.S.d. § 2325 Abs. 3 BGB vorliege. Begründet wird dies zum einen damit, dass das **Wohnungsrecht auf einen untergeordneten realen Teil** des Grundstückes beschränkt sei. Zum anderen sei entscheidend, dass das Wohnungsrecht auch deutlich hinter einem Totalnießbrauch zurückbleibe, weil die Erblasserin nicht mehr berechtigt gewesen sei, die wesentlichen Nutzungen der Sache zu ziehen. Auch hinsichtlich der von ihr genutzten Wohnung beschränke sich ihre Befugnis auf ein nur von ihr persönlich auszuübendes Wohnungsrecht. Die Möglichkeit einer Gebrauchsüberlassung an Dritte habe ihr nicht zugestanden. Sie habe daher auch nicht den von ihr bewohnten Teil des Hauses vermieten und hieraus Einnahmen erzielen können. 18

Das OLG Celle bezieht sich auf die Entscheidung des OLG Düsseldorf vom 18.12.1998 und führt aus, dass der Unterschied zu der dortigen Entscheidung, in der auch bei bloßer Einräumung eines Wohnungsrechtes ein Hinausschieben der Zehn-Jahres-Frist angenommen worden sei, darin zu sehen sei, dass sich die Erblasserin in dem vom OLG Düsseldorf entschiedenen Fall zusätzlich das Recht vorbehalten hatte, den Schenkungsgegenstand unter bestimmten Umständen zurückzufordern, etwa wenn der Beschenkte das Grundstück ohne ihre Zustimmung veräußern oder belasten sollte. Ein derartiger **Rückübertragungsanspruch** sei der Erblasserin in dem vom OLG Celle entschiedenen Fall gerade **nicht eingeräumt** worden. Das OLG Celle misst daher unter Bezugnahme auf die genannte letzte Entscheidung des OLG Düsseldorf dem Umstand, dass gerade kein Rückforderungsrecht vorbehalten worden sei, mitentscheidende Bedeutung zu. 19

ee) Urteil des OLG Bremen vom 25.2.2005

Das OLG Bremen hat in einem Urteil vom 25.2.2005[22] zur Frage des Fristanlaufs bei einem **auf einzelne Räume beschränkten Wohnungsrecht**, wobei dem Erblasser weitergehende Mitbenutzungsrechte eingeräumt waren, entschieden, dass eine Leistung i.S.d. § 2325 Abs. 3 BGB im Zeitpunkt der Eintragung des Beschenkten im Grundbuch vorliegen kann, wenn sich der Erblasser nur an einzelnen Räumen ein ausschließliches Wohnungsrecht, an weiteren Räumlichkeiten des Hauses sowie an den gemeinschaftlichen Einrichtungen des Grundstückes 20

21 OLG Celle, Urt. v. 27.5.2003, OLGR 2003, 370.
22 OLG Bremen, Urt. v. 25.2.2005, DNotZ 2005, 702.

lediglich ein **Mitbenutzungsrecht** einräumen lässt und an den übrigen Räumen keinerlei Wohnungs- und Nutzungsrechte behält.

ff) Beschluss des OLG Oldenburg vom 17.11.2005

21 Das OLG Oldenburg ging in einem Beschluss vom 17.11.2005[23] unter Bezugnahme auf die Urteile des LG Münster und des OLG Bremen davon aus, dass die Einräumung eines beschränkt dinglichen Wohnungsrechts zugunsten des Schenkers jedenfalls dann nicht den Beginn der Zehn-Jahres-Frist gem. § 2325 Abs. 3 BGB hindere, wenn sich das **Wohnungsrecht auf eine von mehreren Wohnungen in dem Gebäude** beziehe und nicht Dritten zur Ausübung überlassen werden dürfe. Soweit das OLG Düsseldorf in seiner Entscheidung vom 18.12.1998 auch bei einer nur teilweisen Einräumung eines Wohnungsrechtes eine Leistung im Sinne des § 2325 Abs. 3 BGB abgelehnt hat, liege der entscheidende Unterschied darin, dass sich die Erblasserin dort ein Rückübertragungsrecht vorbehalten habe.

gg) Urteil des OLG Karlsruhe vom 15.1.2008

22 Das OLG Karlsruhe hat in einem Urteil vom 15.1.2008[24] entschieden, dass ein verschenktes Hausanwesen i.S.v. § 2325 Abs. 3 BGB mit dem Eigentumsübergang geleistet sei, wenn sich der Schenker **lediglich ein Wohnungsrecht an einer der im Haus befindlichen Wohnungen** hat einräumen lassen. In dem der Entscheidung zugrundeliegenden Sachverhalt wurde ein **Leibgeding der Eltern** vereinbart, welches in einem Wohnungsrecht an der Erdgeschosswohnung eines Zweifamilienhauses einschließlich eines Mitbenutzungsrechtes an Keller, Garage, Schwimmbad und Garten sowie einer Pflegeverpflichtung der Erwerberin bestand. Außerdem war die Erwerberin für den Fall der Weiterveräußerung des Grundstückes zur Rückübertragung verpflichtet. Das OLG Karlsruhe stellte darauf ab, dass die **Eltern mit Vollzug des Übergabevertrages nicht mehr „Herren im Hause“ seien**, da sie ihre Tochter nicht mehr von der Nutzung des Grundstückes mit Ausnahme ihrer Wohnung ausschließen könnten und eine Veräußerung des Anwesens zur Finanzierung einer eventuellen Heimunterbringung nicht mehr möglich sei. Anders als ein Nießbrauch erlaube ein beschränktes Wohnungsrecht die Aktivierung des Nutzwertes des Hauses im Bedarfsfall eben nicht.

hh) Urteil des OLG München vom 25.6.2008

23 Das OLG München hat in einem Urteil vom 25.6.2008[25] eine Leistung i.S.d. § 2325 Abs. 3 BGB verneint, weil sich der Schenker im Übertragungsvertrag

---

23 OLG Oldenburg, Beschl. v. 17.11.2005, ZEV 2006, 80.
24 OLG Karlsruhe ZEV 2008, 244.
25 OLG München, Urt. v. 25.6.2008, ZEV 2008, 480.

ein **umfassendes Wohnungsrecht sowie ein umfassendes Rückforderungsrecht vorbehalten** hat, so dass mit der Eigentumsumschreibung ein spürbares Vermögensopfer nicht verbunden gewesen sei. In dem dem Urteil des OLG München zugrunde liegenden Sachverhalt hatte sich der Übergeber ein lebenslanges Wohnungsrecht am gesamten Haus vorbehalten mit Ausnahme einer eher unbedeutenden Souterrainwohnung, die vom Erwerber bewohnt wurde. Zudem war der Übergeber ohne Einschränkungen berechtigt, alle zum gemeinschaftlichen Gebrauch bestimmten Anlagen und Einrichtungen mitzubenutzen und weitere Personen in die Wohnung mitaufzunehmen. Zusätzlich wurden umfassende Rückübertragungsrechte vereinbart, die durch eine Auflassungsvormerkung gesichert wurden. Das OLG München hat festgestellt, dass eine Änderung des status quo durch die Übertragung des Grundbesitzes allenfalls in unwesentlichem Umfang eingetreten sei. Mit dem Verlust des Eigentumes an dem Grundstück sei ein spürbares Vermögensopfer nicht verbunden gewesen, so dass die Zehnjahresfrist des § 2325 Abs. 3 BGB nicht angelaufen sei.

ii) Urteil des OLG Schleswig vom 3.2.2009

Das OLG Schleswig[26] hat eine Leistung i.S.d. § 2325 Abs. 3 BGB in einem Fall 24
bejaht, in dem sich der Erblasser ein Wohnungsrecht nur an einem von insgesamt drei auf dem Grundbesitz befindlichen Häuser mit einem „Umgangsrecht“ auf dem gesamten Grundbesitz vorbehalten hatte. Ausschlaggebend war aber wohl das **Fehlen jeglichen Rücktrittvorbehalts**.

c) Fristbeginn bei Vereinbarung einer Leibrente mit Absicherung durch Reallast

Wird als Gegenleistung eine **Leibrente** oder **Dauernde Last** vereinbart und die 25
Zahlung durch eine Reallast auf dem übertragenen Grundstück abgesichert, so hindert dies den Fristanlauf des § 2325 Abs. 3 BGB nicht, denn die Leibrentenverpflichtung enthält keinen Nutzungsvorbehalt, sondern die Vereinbarung einer Gegenleistung.[27]

d) Ergebnis zum Fristanlauf bei Übertragung von Immobilien

Im Ergebnis ist es sehr schwierig, für Grundstücksübertragungen, bei denen sich 26
der Schenker weniger zurückbehält als beim Totalnießbrauch, eine Rechtsprechungsprognose zu treffen. Unklar ist vor allem, ob der BGH hinsichtlich der Frage des **Vorbehaltes der „wesentlichen Nutzung“** tatsächlich darauf abstellen wird, ob sich der Übergeber mehr oder weniger als 50 % der Nutzungen vorbehält. Andere Stimmen in der Literatur wollen auf den jeweiligen Einzelfall abstel-

26 OLG Schleswig, Urt. v. 3.2.2009 – 3 U 54/08, BeckRS 2011, 23290.
27 OLG Schleswig, Urt. v. 3.2.2009 – 3 U 54/08, BeckRS 2011, 23290; Palandt/*Weidlich*, § 2325 Rn 26.

len, wobei selbst bei einem geringen Anteil von 10 % bis 20 % vorbehaltener Nutzungsrechte eine Fristhemmung angenommen werden könnte.

27 Es dürfte nach dem Urteil des BGH vom 27.4.1994 davon auszugehen sein, dass auch ein vorbehaltenes Wohnungsrecht am gesamten Objekt dem Fristanlauf nach § 2325 Abs. 3 BGB entgegenstehen kann, da der BGH in seiner Entscheidung deutlich gemacht hat, dass es nicht darauf ankommt, ob sich der Schenker den „Genuss" der Sache aufgrund eines vorbehaltenen dinglichen Rechtes oder einer sonstigen schuldrechtlichen Vereinbarung vorbehalten hat. Danach wäre es nicht erheblich, ob der Übergeber beispielsweise das Hausgrundstück aufgrund eines **vorbehaltenen Totalnießbrauches** oder aufgrund eines **vorbehaltenen Wohnungsrechtes** bis zu seinem Tode unter Ausschluss des Erwerbers weiternutzen kann. Eine dem Totalnießbrauch vergleichbare Vertragsgestaltung liegt insoweit vor allem dann vor, wenn das Wohnungsrecht in seiner Ausübung auf Dritte übertragbar ausgestaltet wird, da der Wohnungsberechtigte insoweit eine dem Nießbraucher vergleichbare Rechtsposition erlangt.[28]

28 Wird ein Hausgrundstück übertragen, bei dem sich das Wohnungsrecht des Übergebers lediglich auf einzelne Räume beschränkt, wie dies in dem vom LG Münster entschiedenen Fall gegeben war (vorbehaltene Nutzung von 33,5 qm bei einer Gesamtwohnfläche von ca. 100 qm), spricht vieles für einen Fristanlauf. Eine starre Grenze von z.B. 50 % dürfte es aber wohl nicht geben.[29]

29 Wenn es den Beteiligten daher bei der Übertragung von Grundbesitz entscheidend darauf ankommt, die Frist des § 2325 Abs. 3 BGB in Gang zu setzen, sollte nach Abwägung aller Umstände der Katalog der Rücktrittsgründe reduziert werden, indem z.B. das Rückerwerbsrecht des Übergebers für den Fall der Veräußerung/Belastung/Vermietung ohne Zustimmung aus dem Vertragstext herausgenommen wird, so dass der Erwerber die Verfügungsbefugnis über den Gegenstand erwirbt, wenn er denn schon die Nutzungsbefugnis nur eingeschränkt erhält.

30 Auch bietet sich bei einem Mehrfamilienhaus die **Umwandlung in Wohnungseigentum** an, wenn sich der Übergeber an einzelnen Wohnungen Nutzungsrechte vorbehalten möchte. Zumindest ein Teil der neugebildeten Eigentumswohnungen könnte dann vorbehaltlos übertragen werden, so dass insoweit der Fristanlauf bewirkt wird.[30]

31 Wenn die Reduzierung von Pflichtteilsansprüchen erreicht werden soll, ist die lebzeitige Übertragung von Immobilien aber auf jeden Fall die günstigere Alternative im Vergleich zur Beibehaltung des status quo, denn auch wenn ein vorbehaltenes Nutzungsrecht möglicherweise die Frist des § 2325 Abs. 3 BGB nicht

28 So auch *Gehse*, RNotZ, 2009, 361, 367.
29 So auch *Gehse*, RNotZ, 2009, 361, 367.
30 So auch *Gehse*, RNotZ, 2009, 361, 370.

anlaufen lässt, so kann doch nach ständiger Rechtsprechung des BGH der Wert eines vorbehaltenen Nutzungsrechtes dann vom Schenkungswert in Abzug gebracht werden, wenn es entsprechend dem Niederstwertprinzip für die Berechnung des Pflichtteilsergänzungsanspruches nach § 2325 Abs. 2 S. 2 Hs. 2 BGB auf den Wert des Schenkungsobjektes zum Zeitpunkt der Schenkung selbst ankommt.

Schließlich kann der **pflichtteilsergänzungsrelevante Schenkungsanteil** der Zuwendung dadurch reduziert werden, dass **Gegenleistungen vereinbart** werden. Der BGH[31] lässt sogar eine nachträgliche Vereinbarung von Gegenleistungen zu. Den Beteiligten steht bei der Bewertung wiederkehrender Leistungen zudem ein gewisser Bewertungsspielraum zu, so dass Leistung und Gegenleistung nicht völlig ausgewogen sein müssen, wenn die Beteiligten insgesamt von einem entgeltlichen Rechtsgeschäft ausgehen. 32

Man erreicht insoweit die günstigste Gestaltung, wenn der Anteil der vorbehaltenen Nutzungsrechte so gering ist, dass der Übergeber sich nicht mehr den „**wesentlichen Genuss**" am übergebenen Grundstück vorbehält, oder die Gegenleistungen so hoch sind, dass der der Pflichtteilsergänzung unterliegende Schenkungsanteil kaum mehr ins Gewicht fällt. Bei einer nach den Umständen vertretbaren Würdigung der Werte von Leistung und Gegenleistung ist sogar die Annahme eines entgeltlichen Rechtsgeschäftes möglich.[32] 33

2. Abschmelzungsfrist bei Übertragung von Gesellschaftsbeteiligungen

Gerade bei der lebzeitigen unentgeltlichen Übertragung von Gesellschaftsbeteiligungen behält sich der Übergeber häufig Nießbrauch-, Gewinnbezugs- oder Mehrfachstimmrechte vor. Oft werden auch Rückforderungsrechte vereinbart. Teilweise wird die Übergabe auch gegen Versorgungsleistungen oder dauernde Lasten vorgenommen. Es stellt sich dann auch hier immer die Frage, ob die Frist des § 2325 Abs. 3 BGB zu laufen beginnt. 34

a) Vorbehalt von Nießbrauch an Gesellschaftsbeteiligung oder Gewinnbezugsrecht

Behält sich der Übergeber den **Nießbrauch** an der übertragenen Gesellschaftsbeteiligung vor, so fängt die Frist des § 2325 Abs. 3 BGB nach der Rechtsprechung des BGH[33] nicht an zu laufen. Eine Reduzierung von Pflichtteilsansprüchen ist dadurch also nicht möglich. 35

Nicht eindeutig geklärt ist die Rechtslage beim **Bruchteils- und Quotennießbrauch**. Klare Abgrenzungskriterien fehlen bisher. Verbleiben dem Übergeber 36

31 BGH, Urt. v. 14.2.2007, FamRZ 2007, 814.
32 So auch *Gehse*, RNotZ, 2009, 361, 379.
33 BGH, Urt. v. 27.4.1994 – IV ZR 132/93.

mehr als 50 % der Nutzungen, so soll kein Fristbeginn eintreten.[34] Bei Ein- und Mehrfamilienhäusern und kleineren Mietobjekten wird teilweise ein Nutzungsvorbehalt unter 20 % oder 15 % für unschädlich gehalten.[35] Im Einzelfall soll sogar eine zurückbehaltene Nutzungsquote von 10 % oder 20 % schaden.[36] Auch bei einer nur geringen Nutzungsquote ist immer noch zu prüfen, ob angesichts der dem Übergeber insgesamt zustehenden Einkünfte nicht doch noch eine für ihn wesentliche Nutzung verbleibt, was abhängig von den Einkommensverhältnissen sehr unterschiedlich sein kann, denn nach der Rechtsprechung des BGH ist es eben nur dann gerechtfertigt, den Fristbeginn anzunehmen, wenn die Vermögensweggabe für den Schenker einen so starken Einschnitt bedeutet, dass er sich von **„böslichen Schenkungen"** allein zur Pflichtteilsreduzierung abhalten lässt.

37 Die Fälle, in denen der Übergeber Gesellschafter bleibt und seine zurückbehaltenen Gesellschaftsbeteiligungen mit einem stark **disquotal ausgestalteten Gewinnbezugsrecht** versieht, dürften genauso zu behandeln sein wie die Fälle des Nießbrauchvorbehaltes.

b) Vorbehalt von Stimmrechtsvollmacht/Mehrfachstimmrecht

38 Ob eine **wirtschaftliche Ausgliederung** eines Gesellschaftsanteils im Sinne der Rechtsprechung des BGH vorliegt, wenn der Schenker sich durch Vollmacht die Stimmrechte an der übertragenen Gesellschaftsbeteiligung „vorbehält", wird in der Literatur bzw. der Rechtsprechung bislang nicht erörtert. Möglicherweise lassen sich aber die Gedanken der Rechtsprechung zum Vorbehalt des Wohnungsrechts heranziehen. Dort besteht im Grundsatz Übereinstimmung, dass, wenn das Wohnungsrecht lediglich einen Teil des übertragenen Grundstücks betrifft und der Übergeber die dem Wohnungsrecht unterfallenden Räume zudem nur persönlich nutzen kann, der Nutzungswert des Zuwendungsgegenstandes für den Übergeber so erheblich gemindert ist, dass von einer wirtschaftlichen Ausgliederung des Vermögensgegenstandes i.S.d. BGH-Rechtsprechung gesprochen werden kann.[37]

39 Die Übertragung der Rechtsprechungsgrundsätze zum Fristanlauf bei Immobilien müsste dazu führen, dass in Fällen, in denen lediglich dem Übergeber die Ausübung des Stimmrechts aus dem übertragenen Gesellschaftsanteil im Wege einer Stimmrechtsvollmacht gestattet wird und im Übrigen (Gewinnbezugsrecht, Anteil am Liquidationserlös etc.) eine vollständige Übertragung der Rechte auf den Beschenkten erfolgt, im Ergebnis der Nutzungswert des Zuwendungsgegenstandes für den Übergeber so erheblich gemindert ist, dass von einer wirtschaftli-

34 BeckOK-BGB/*J. Mayer*, § 2325 Rn 33; *Wegmann*, MittBayNot 1994, 307, 308.
35 *Schippers*, MittRhNotK 1996, 197, 211.
36 *Heinrich*, MittRhNotK 1995, 157, 162.
37 Vgl. OLG Karlsruhe ZEV 2008, 244 ff.; OLG Oldenburg ZEV 2006, 80.

chen Ausgliederung auszugehen ist, zumal es dem Erwerber unbenommen ist, das Stimmrecht trotz erteilter Vollmacht selbst auszuüben.[38] Behält sich der Übergeber allerdings ein stark ausgeprägtes Mehrfachstimmrecht für seine noch nicht übertragene Gesellschaftsbeteiligung vor, so dürfte in Kombination mit einem disquotal ausgestalteten Gewinnbezugsrecht und evtl. Rückforderungsrechten aber eher nicht von einer wirtschaftlichen Ausgliederung auszugehen sein.

c) Rückforderungsrechte

In der Praxis behält sich der Übergeber häufig neben einem (teilweisen) Nutzungsrecht ein Rückforderungsrecht vor. Insoweit besteht in Rechtsprechung und Literatur weitgehend Einvernehmen, dass im Wege einer Gesamtschau der vorbehaltenen Rechte darüber zu entscheiden ist, ob ein **spürbares Vermögensopfer** seitens des Übergebers und damit eine wirtschaftliche Ausgliederung i.S.v. § 2325 Abs. 3 S. 2 BGB zu bejahen ist. Zur Rechtslage bei Vereinbarung eines „isolierten" Rückforderungsrechts (ohne Vorbehalt eines Nutzungsrechts) fehlt aber nach wie vor höchstrichterliche Rechtsprechung. 40

Eine Ansicht in der Literatur vertritt, dass Rückforderungsrechte – unabhängig von ihrer Ausgestaltung im Einzelnen – generell nicht dem Fristlauf entgegenstünden, denn mache der Schenker von seinem Rückforderungsrecht Gebrauch und würde der Gegenstand an den späteren Erblasser zurückübertragen, bestünde für eine Pflichtteilsergänzung kein Anlass, da der Gegenstand dann dem ordentlichen Pflichtteil unterfalle. Werde das Rückforderungsrecht hingegen nicht ausgeübt, bleibe die außerhalb der 10-Jahres-Frist vollzogene Schenkung ergänzungsfest.[39] 41

Ein **freies Rückerwerbsrecht** wird überwiegend für **fristschädlich** gehalten, da es an der erforderlichen Ausgliederung aus dem Vermögen des Schenkers fehle. Gleiches gelte für Rückforderungsgründe, deren Eintritt allein im Einflussbereich des Übergebers liege. Demgegenüber bejaht die wohl ganz überwiegende Literaturauffassung einen Anlauf der 10-Jahres-Frist, wenn die Rückforderungsgründe außerhalb des Einflussbereichs des Übergebers im Verhalten oder den Verhältnissen des Erwerbers begründet liegen. Kennzeichnend sei insoweit, dass der Schenkende den Rückerwerbsfall nicht willkürlich herbeiführen kann. Mangels Einfluss des Übergebers auf den Eintritt des Rückforderungsfalls könne er weder selbstbestimmt auf den Substanzwert des Zuwendungsgegenstandes zugreifen, noch dessen Nutzung in seinem Sinne beeinflussen. Hierunter fallen u.a. das Rückforderungsrecht bei Vorversterben oder Insolvenz des Erwerbers, im Falle 42

38 Vgl. auch DNotI-Report 2010, 129.

39 Vgl. *Ellenbeck*, MittRhNotK 1997, 41, 53; *Heinrich*, MittRhNotK 1995, 157, 165; Staudinger/*Olshausen* (Neubearb. 2006), § 2325 Rn 59; Mayer/Süß/Tanck/Bittler/Wälzholz/*Pawlytta*, Handbuch Pflichtteilsrecht, § 7 Rn 180 f.

von Zwangsvollstreckungsmaßnahmen in den übergebenen Zuwendungsgegenstand, bei Veräußerung oder Belastung des Zuwendungsgegenstands ohne Zustimmung des Übergebers sowie bei Heirat des Erwerbers ohne Abschluss eines Ehevertrages oder Scheidung der Ehe.[40]

43 Demgegenüber hat das OLG Düsseldorf in einer Entscheidung vom 11.4.2008[41] vertreten, dass die 10-Jahres-Frist trotz Eigentumsumschreibung nicht in Gang gesetzt wird, wenn sich der Übergeber ein Rückforderungsrecht für den Fall der Weiterveräußerung oder Belastung ohne Zustimmung des Übergebers vorbehalten hat. Nach Auffassung des OLG Düsseldorf hindert ein derartiges Rückforderungsrecht den Anlauf der 10-Jahres-Frist des § 2325 Abs. 3 BGB, da die Eigentümerposition des Erwerbers dadurch erheblich beeinträchtigt werde und darin die Absicht der Übergeberin zum Ausdruck komme, den wirtschaftlichen Wert der Grundstücke zu ihrer Verfügbarkeit zu halten.

d) Übergabe gegen Versorgungsleistungen oder dauernde Last

44 Werden Gesellschaftsbeteiligungen übertragen und verpflichtet sich der Unternehmensnachfolger, eine **lebenslange und wiederkehrende Versorgungsleistung** zu erbringen, so dürfte wohl eine wirtschaftliche Ausgliederung aus dem Vermögensbestand des Erblassers vorliegen, denn während bei der Übergabe eines Grundstücks gegen Nießbrauchvorbehalt der Schenker das Grundstück nach der Übertragung zumindest faktisch genauso nutzt wie zuvor, kann das bei der Übertragung von Gesellschaftsbeteiligung gegen Versorgungsleistungen nicht mehr ohne weiteres angenommen werden. Selbst wenn ein **wirtschaftlicher „Rückfluss“** zum Schenker erfolgt, so handelt es sich doch um einen völlig anderen Gegenstand.[42]

e) Ergebnis zum Fristanlauf bei Übertragung von Gesellschaftsbeteiligungen

45 Das vom BGH für den Fristbeginn gem. § 2325 Abs. 3 BGB entwickelte **Tatbestandsmerkmal der „wirtschaftlichen Ausgliederung“** des zugewendeten Vermögensgegenstandes ist bisher von der Rechtsprechung und Literatur nur unzureichend konkretisiert worden. Sicher dürfte sein, dass bei **Vorbehalt eines Nießbrauchrechts** an der übertragenen Gesellschaftsbeteiligung die Ausschlussfrist des § 2325 Abs. 3 BGB nicht anläuft. Auch die Vereinbarung eines freien Rückforderungsrechtes dürfte kritisch sein. Weniger problematisch dürfte die Erteilung einer Stimmrechtsvollmacht an den Übergeber sein.

---

40 Palandt/*Weidlich*, § 2325 Rn 28; DNotI-Report 2011, 65.

41 OLG Düsseldorf – VII U 70/07, ZEV 2008, 525 m. abl. Anm. von *Herrler*.

42 So auch Mayer/Süß/Tanck/Bittler/Wälzholz/*Pawlytta*, Handbuch Pflichtteilsrecht, § 7 Rn 185; für Immobilien auch OLG Schleswig, Urt. v. 3.2.2009 – 3 U 54/08, BeckRS 2011, 23290; Palandt/*Weidlich*, § 2325 Rn 26.

Soll die Übertragung der Gesellschaftsbeteiligung zwingend zur Reduzierung von Pflichtteils- und Pflichtteilsergänzungsansprüchen erfolgen, so sollte möglichst keinerlei Beschränkung der Rechte des Übernehmers erfolgen, da die konkreten Auswirkungen der Rechtsprechungsänderung des BGH nach wie vor nur vollkommen unzureichend geklärt sind. 46

Es wäre zu begrüßen, wenn die Rechtsprechung den eingeschlagenen Weg der **„wirtschaftlichen Betrachtung"** konsequent zu Ende geht und sich für den Bereich der Unternehmensnachfolge an der umfassenden Rechtsprechung der Finanzgerichte zur Mitunternehmerschaft orientiert. Der Fristbeginn des § 2325 Abs. 3 BGB könnte dann angenommen werden, wenn der Übergeber seine Mitunternehmerschaft aufgibt. Man könnte dann auf diverse von der Rechtsprechung entwickelte Abgrenzungskriterien zurückgreifen, was zu einer größeren Planungssicherheit bei der Gestaltung der Unternehmensnachfolge führen würde. 47

III. Keine beeinträchtigende Verfügung i.S.d. § 2287 BGB

Sollen lebzeitige Übertragungen vorgenommen werden, um Vermögenswerte vor dem Zugriff von inzwischen aus dem Familienverbund „ausgetretenen" Familienmitgliedern zu schützen, muss unbedingt die Vorschrift des § 2287 BGB berücksichtigt werden, wenn es sich bei den aus dem Familienverbund „ausgetretenen" Familienmitgliedern um Vertragserben oder um in einem bindend gewordenen gemeinschaftlichen Testament bedachte Personen handelt. Es sollte dann bei der Vertragsgestaltung darauf geachtet werden, dass entweder **vereinbarte Gegenleistungen** vollständig und zutreffend in den Vertrag aufgenommen werden und/oder ein mögliches **lebzeitiges Eigeninteresse** in der Präambel des Vertrages aufgenommen wird (vgl. zu den Einzelheiten § 2 Rdn 12 ff.) 48

IV. Absicherung des Schenkers durch Nutzungsvorbehalte

Erfolgt die lebzeitige Übertragung mit dem Ziel der mehrfachen Ausnutzung der Schenkungsteuerfreibeträge und nicht zur Vermeidung von Pflichtteilsansprüchen,[43] so besteht meist das Bedürfnis, „wirtschaftlich alles beim Alten" zu belassen. Dies kann durch den **Vorbehalt eines Nießbrauchs** oder eines Wohnungsrechtes mit entsprechender dinglicher Absicherung erreicht werden. 49

43 Hat der Pflichtteilsberechtigte selbst bereits Schenkungen erhalten und wurde dabei vergessen, eine Anrechnungsbestimmung gem. § 2315 BGB zu vereinbaren, so kann selbst bei Nichtanlauf der Abschmelzungsfrist des § 2325 Abs. 3 BGB noch ein positiver Effekt erzielt werden, denn bei den dann entstehenden Pflichtteilsergänzungsansprüchen können Eigengeschenke gem. § 2327 BGB zeitlich unbeschränkt gegengerechnet werden.

1. Nießbrauch

50 Bei vermieteten Immobilien oder für den Fall, dass der Übergeber auch die Möglichkeit der Vermietung haben möchte, bietet sich die Vereinbarung eines Nießbrauchs an. Der vorbehaltene Nießbrauch berechtigt den Übergeber, die übertragene Immobilie selbst zu bewohnen, aber auch zu vermieten und die Mieterträge für sich zu verwenden. Der Nießbrauch kann nicht nur an einzelnen Räumen vorbehalten werden.

Formulierungsbeispiel: Nießbrauch
(1) Der Übergeber behält sich auf seine Lebensdauer den unentgeltlichen Nießbrauch an dem Übertragungsgegenstand vor. Der vorbehaltene Nießbrauch berechtigt dazu, sämtliche Nutzungen aus dem Übertragungsgegenstand zu ziehen und verpflichtet dazu, sämtliche auf dem Übertragungsgegenstand ruhenden privaten und öffentlichen Lasten, einschließlich der außerordentlichen Lasten, zu tragen. Der Nießbrauchberechtigte hat auch die nach der gesetzlichen Lastenverteilungsregelung dem Eigentümer obliegenden privaten Lasten zu tragen, insbesondere auch außergewöhnliche Ausbesserungen und Erneuerungen.
(2) Die Vertragsparteien **bewilligen** und **beantragen** die Eintragung des Nießbrauchs zugunsten des Übergebers an nächst offener Rangstelle im Grundbuch mit dem Vermerk, dass zur Löschung des Rechts der Nachweis des Todes der Berechtigten genügt.
(3) Der Übergeber bevollmächtigt den Übernehmer den Nießbrauch zu löschen. Von dieser Vollmacht kann nur gegen Vorlage der Sterbeurkunde des Übergebers Gebrauch gemacht werden. Weitere Nachweise gegenüber dem Grundbuchamt bedarf es nicht.

2. Wohnungsrecht

51 Möchte der Übergeber den Übertragungsgegenstand oder Teile davon nur selbst bewohnen und nicht vermieten, so bietet sich die Vereinbarung eines Wohnungsrechtes an.

Formulierungsbeispiel: Wohnungsrecht
(1) Der Übergeber behält sich auf seine Lebensdauer das Wohnungsrecht an (…) *(die konkreten Räume genau beschreiben)* in dem Übertragungsgegenstand vor. Dieses Wohnungsrecht berechtigt zur ausschließlichen Benutzung der vorgenannten Räume, d.h. auch unter Ausschluss des Eigentümers.
(2) Das Wohnungsrecht schließt das Recht ein, alle Gemeinschaftseinrichtungen des Übertragungsgegenstandes angemessen mit zu benutzen, das sind insbesondere der Keller, die Flure, der Hof und der Garten.

(3) Als schuldrechtlicher Inhalt des Wohnungsrechts wird vereinbart, dass der Berechtigte für die vom Wohnungsrecht umfassten Räume die anfallenden Nebenkosten wie Strom, Wasser, Heizung, Warmwasser, Abwasserbeseitigung, Müllabfuhr, Straßenreinigung, Gebäudeversicherung, Grundsteuer und sonstige öffentliche Abgaben etc. sowie die Kosten der gewöhnlichen Instandhaltung trägt. Soweit möglich, sind diese Kosten verbrauchsabhängig festzustellen, im Übrigen im Verhältnis der nutzbaren Fläche aufzuteilen. Ein Entgelt für das Wohnungsrecht ist nicht geschuldet.
(4) Der Grundstückseigentümer ist schuldrechtlich verpflichtet, die aufstehenden Gebäude für die Dauer des Wohnungsrechts in angemessener Höhe gegen Feuer-, Sturm-, Glasbruch- und Leitungswasserschaden versichert zu halten und im Schadensfall eine gleichwertige Wohnung aus der Versicherungsleistung wiederherzustellen.
(5) Die Ausübung des Wohnungsrechts durch Dritte, auch gegen Entgelt, ist nicht gestattet. Der Berechtigte darf aber Dritte seiner Wahl in die Wohnung zum gemeinsamen Wohnen aufnehmen.
(6) Ist der letzte Berechtigte aus Gründen, die der Erwerber nicht zu vertreten hat, auf Dauer aus der Wohnung ausgezogen, ist er verpflichtet, die Löschung des Wohnungsrechts zu bewilligen. Dies gilt insbesondere, wenn der Berechtigte in einem Pflegeheim, Altersheim oder Krankenhaus untergebracht werden muss. Dem Berechtigten steht dann auch keine Entschädigung oder Ersatz für ersparte Aufwendungen zu.
(7) Die Vertragsparteien **bewilligen** und **beantragen** die Eintragung des **Wohnungsrechts** zugunsten des Übergebers an nächst offener Rangstelle im Grundbuch.
(8) Der Übergeber bevollmächtigt den Übernehmer das Wohnungsrecht zu löschen. Von dieser Vollmacht kann nur gegen Vorlage der Sterbeurkunde des Übergebers Gebrauch gemacht werden. Weitere Nachweise gegenüber dem Grundbuchamt bedarf es nicht.

V. Absicherung des Schenkers durch Widerrufs- und Rückforderungsmöglichkeiten

Durch den geschickten Einsatz von Widerrufs- und Rückforderungsrechten kann der Schenker auch nach der Übertragung von Vermögenswerten sicherstellen, dass das Familienvermögen auch langfristig in der Familie verbleibt. 52

Formulierungsbeispiel: Widerrufs- und Rückforderungsrecht
(1) Der Übergeber behält sich für den Fall, dass
a) der Vermögensverfall des Übernehmers eingetreten ist oder eine wesentliche Verschlechterung der Vermögensverhältnisse vorliegt, insbesondere wenn der Übertragungsgegenstand oder Ansprüche aus dem Übertragungsgegenstand gepfändet, die eidesstattliche Versicherung abgegeben oder ein Insolvenzantrag gestellt wird,

b) wegen dem Übertragungsgegenstand ein Zugewinnausgleichs- oder Pflichtteilsanspruch oder ein Anspruch auf Auseinandersetzung des Güterstandes einer Gütergemeinschaft geltend gemacht wird,
c) der Übernehmer zu Lebzeiten des Übergebers ohne dessen Zustimmung den Übertragungsgegenstand ganz oder teilweise veräußert oder belastet, gleichgültig ob im Wege eines Rechtsgeschäfts oder im Wege der Zwangsversteigerung,
d) der Übernehmer versterben sollte, ohne dass ausschließlich leibliche Abkömmlinge aufgrund Erbfolge oder Vermächtnis den Übertragungsgegenstand erwerben,
e) der Übernehmer sich grob undankbar verhält; als solches gilt auch die nachhaltige Störung des Familienfriedens,
f) der Übernehmer geschäftsunfähig wird,
g) diese Übertragung Schenkungsteuer auslöst,
h) sich das Schenkungsteuerrecht nach dieser Zuwendung so ändert, dass für die heutige Übertragung im Vergleich zum geltenden Recht eine geringere Steuerbelastung, der gänzliche Wegfall oder die Möglichkeit ihrer Vermeidung bei Eintritt zusätzlicher Bedingungen ergibt bzw. zusätzliche Anforderungen zur Erreichung der Steuerfreiheit entfallen,
i) der Übernehmer nicht innerhalb von sechs Monaten nach Aufforderung durch den Übergeber mit seinem Ehegatten eine Regelung trifft, wonach der Übertragungsgegenstand bzw. die Wertsteigerungen des Übertragungsgegenstandes bei der Berechnung eines Zugewinn- oder Pflichtteilsanspruchs nicht berücksichtigt werden,

das Recht vor, durch schriftliche Erklärung gegenüber dem Übernehmer die Rückübertragung des Übertragungsgegenstandes zu verlangen. Das Rückübertragungsverlangen muss spätestens sechs Monate nach Kenntnis von dem Rückübertragungsgrund schriftlich geltend gemacht werden.

(2) Die Rückübertragung erfolgt unentgeltlich, jedoch gegen Erstattung der von dem Übernehmer geleisteten Investitionen und Abfindungszahlungen sowie übernommenen Belastungen. Der Übergeber hat die unter seiner Mitwirkung eingetragenen oder seiner Vormerkung vorgehenden dinglichen Belastungen zu übernehmen. Die Kosten der Rückübertragung hat der Anspruchsberechtigte zu tragen.

(3) Die Ansprüche aus dieser Vereinbarung sind – soweit sie nicht bereits zu Lebzeiten des Anspruchsberechtigten in der vereinbarten Form geltend gemacht worden sind oder dies ausdrücklich anders geregelt ist – nicht vererblich und nicht übertragbar und können nicht durch einen gesetzlichen Vertreter ausgeübt werden.

(4) Zur Sicherung des bedingten Anspruchs auf Rückübertragung **bewilligen** und **beantragen** die Beteiligten die Eintragung einer **Auflassungsvormerkung** für den Übergeber an dem Übertragungsgegenstand. Die Auflassungsvormerkung ist auflösend befristet. Sie erlischt mit dem Tod des Übergebers.

(5) Zudem bevollmächtigt der Übergeber den Übernehmer die Auflassungsvormerkung zu löschen. Von dieser Vollmacht kann nur gegen Vorlage der Sterbeurkunde des Übergebers Gebrauch gemacht werden. Weiterer Nachweise gegenüber dem Grundbuchamt bedarf es nicht.

A. Beckervordersandfort

§ 6 Sicherung der Handlungsfähigkeit bei Geschäftsunfähigkeit

Übersicht: Rn

A. Einleitung

1 Mindestens genauso wichtig wie effektive testamentarische und gesellschaftsrechtliche Regelungen sind geeignete Vollmachten, um auch im Falle der Krankheit des Vermögensträgers die nötige **Handlungsfähigkeit** zu gewährleisten. Ohne geeignete Vollmachten muss für bestimmte Entscheidungen erst vom Betreuungsgericht ein **Betreuer** bestellt werden. Oft sind komplexe Entscheidungen dann jedoch nicht mehr möglich, da der Betreuer für viele Entscheidungen noch zusätzlich die Genehmigung des Betreuungsgerichts benötigt, welche dann oft nicht oder nur nach einem sehr langwierigen Verfahren erteilt wird. Auf der anderen Seite muss vermieden werden, dass der oder die Bevollmächtigten die Vollmacht gegen die Interessen des Vollmachtgebers einsetzen.[1]

I. Verhältnis von Vollmacht und Betreuung

2 Gemäß § 1896 Abs. 2 S. 2 BGB ist die Anordnung einer Betreuung nicht erforderlich, soweit die Angelegenheiten eines Volljährigen durch einen Bevollmächtigten ebenso gut wie durch einen Betreuer besorgt werden können. Falls eine ausdrückliche und wirksame Bevollmächtigung vorliegt, ist daher die Anordnung einer Betreuung grundsätzlich nicht zulässig. Das Betreuungsgericht prüft daher vor Bestellung eines Betreuers, ob eine wirksame Bevollmächtigung vorliegt. Das ist dann der Fall, wenn der Vollmachtgeber bei Errichtung der Vollmacht noch geschäftsfähig war und der Bevollmächtigte sowohl generell als auch konkret als Bevollmächtigter geeignet ist.

II. Geschäftsfähigkeit des Vollmachtgebers

3 Die Vollmacht muss noch im **Zustand der Geschäftsfähigkeit** errichtet werden und darf nach Errichtung nicht widerrufen worden sein.[2] Grundsätzlich wird vermutet, dass der Vollmachtgeber bei Errichtung der Vollmacht geschäftsfähig war. Bestehen Zweifel an der Wirksamkeit der Vollmachtserteilung hindert dies nicht die Bestellung eines Betreuers.[3]

4 Auch der Notar darf bei der notariellen Beurkundung von Erklärungen eines Volljährigen im Grundsatz davon ausgehen, dass der Beteiligte geschäftsfähig ist. Zu weiteren Nachforschungen ist er allerdings verpflichtet, wenn er aufgrund des Verhaltens des Beteiligten oder wegen sonstiger Umstände Zweifel an dessen Geschäftsfähigkeit haben muss. Das kommt z.B. bei fehlender zeitlicher und/oder örtlicher Orientierung des Betroffenen, fehlender Einsicht in die Auswirkungen der Entscheidung, nicht gegebener intellektuelle Aufnahmefähigkeit etc.

1 Vgl. zu den Risiken durch Vollmachtsmissbrauch, *Zimmermann*, NJW 2014, 1573.
2 BGH, Beschl. v. 15.12.2010, XII ZB 165/10, NJW 2011, 915.
3 BGH, Beschl. v. 13.4.2011, XII ZB 584/10, NJW 2011, 2135.

in Betracht. Entsprechend enthält auch § 11 Abs. 2 BeurkG eine ausdrückliche Einschränkung des Grundsatzes, dass der Notar von der Geschäftsfähigkeit volljähriger Personen ausgehen kann. Bei schwerer Erkrankung, wozu nicht nur körperliche, sondern gerade auch **psychische Erkrankungen** zählen, ist der Notar in besonderem Umfang verpflichtet, die Geschäftsfähigkeit des Beteiligten zu prüfen. Da er in der Regel nicht über die erforderlichen medizinischen Kenntnisse verfügt, wird sich die Beiziehung eines Arztes oder einer anderen kompetenten Person empfehlen.[4]

Obwohl bei fehlenden Anhaltspunkten für eine Erkrankung des Vollmachtgebers die Aufnahme einer Feststellung über die Geschäftsfähigkeit in die Urkunde zwingend nur gemäß § 28 BeurkG bei der Beurkundung letztwilliger Verfügungen verlangt wird, ist die generelle Aufnahme der Feststellung der Geschäftsfähigkeit auch sonst zulässig und üblich.[5] Beglaubigt der Notar hingegen lediglich die Unterschrift unter einer nicht von ihm entworfenen Erklärung, besteht für ihn keine Verpflichtung, die Geschäftsfähigkeit des Beteiligten zu prüfen, § 40 Abs. 2 BeurkG. 5

III. Generelle Geeignetheit des Bevollmächtigten

Der Bevollmächtigte darf nicht zum Personenkreis des § 1897 Abs. 3 BGB gehören. Danach können z.B. Mitarbeiter eines Altersheims nicht bevollmächtigt werden. 6

IV. Konkrete Geeignetheit des Bevollmächtigten

Ferner muss der Bevollmächtigte konkret „geeignet“ sein. Das ist er dann nicht, wenn er die Angelegenheiten des Vollmachtgebers nicht besorgen kann, insbesondere weil zu befürchten ist, dass die Wahrnehmung der Interessen des Vollmachtgebers durch den Bevollmächtigten eine konkrete Gefahr für das Wohl des Vollmachtgebers begründet. Dies ist der Fall, wenn der Bevollmächtigte wegen erheblicher Bedenken an seiner Redlichkeit als ungeeignet erscheint.[6] Ein Vorsorgebevollmächtigter ist auch dann ungeeignet, wenn er trotz eigener Redlichkeit – auch unverschuldet – objektiv nicht in der Lage ist, die Vorsorgevollmacht zum 7

4 OLG Celle, Beschl. v. 19.2.2008, Not 16/07, BeckRS 2009, 08614; in dem Beschluss ging es um ein Disziplinarverfahren gegen einen Notar, der trotz konkreter Anhaltspunkte für eine Erkrankung keine ausreichende Prüfung der Geschäftsfähigkeit durchgeführt hatte.

5 Vgl. auch Beck'sche Online-Formulare/*Schervier*, 24.3 Generalvollmacht mit Betreuungs- und Patientenverfügung, Anm. 17.

6 BGH, Beschl. v. 26.2.2014, XII ZB 301/13, NJW 2014, 1733; BGH, Beschl. v. 13.4.2011, XII ZB 584/10, NJW 2011, 2135.

Wohle des Betroffenen auszuüben, etwa weil er sich gegen andere Angehörige nicht durchsetzen kann.[7]

B. Vorsorgevollmacht

8 Die Vorsorgevollmacht ist eine gewöhnliche Vollmacht i.S.d. §§ 164 ff. BGB; lediglich der Anlass ist ein anderer. Anders als bei einer normalen Vollmacht, die erteilt wird, weil der Vollmachtgeber z.B. aus Zeitmangel daran gehindert ist ein bestimmtes Rechtsgeschäft zu schließen, kommt die Vorsorgevollmacht bei einer inzwischen eingetretenen Geschäftsunfähigkeit des Vollmachtgebers zum Einsatz. Dabei kann die Vorsorgevollmacht verschieden ausgestaltet sein. So kann sie z.B. nur Regelungen zu vermögensrechtlichen oder nur zu persönlichen Angelegenheiten enthalten. Meist ist in der Vorsorgevollmacht auch direkt die Patientenverfügung enthalten. Vorsorglich wir oft noch eine Betreuungsverfügung mit aufgenommen.

I. Wirkung und Zulässigkeit

9 Um die Bestellung eines Betreuers zu verhindern, muss die Vorsorgevollmacht alle Bereiche umfassen, die Aufgabenbereich eines Betreuers sein können, d.h. insbesondere die Besorgung sämtlicher Vermögensangelegenheiten, die Einwilligung in ärztliche Maßnahmen, die Aufenthaltsbestimmung sowie freiheitsbeschränkende Maßnahmen.[8]

10 Für bestimmte Bereiche ist ein Handeln durch Bevollmächtigte ausgeschlossen. Im Einzelnen gilt Folgendes:
- Ein **Testament** oder **Erbvertrag** kann nur persönlich und nicht durch einen Bevollmächtigten oder Betreuer errichtet werden, § 2064 BGB.
- Bei einem **Erb-** oder **Pflichtteilsverzicht** kann der Erblasser nur persönlich handeln, § 2347 Abs. 2 S. 1 BGB. Eine Vertretung im Willen und in der Erklärung ist gänzlich ausgeschlossen.[9] Da der Verzicht dem Erblasser lediglich einen rechtlichen Vorteil bringt, bedarf er als beschränkt Geschäftsfähiger weder der Zustimmung seines gesetzlichen Vertreters noch einer gerichtlichen Genehmigung.[10] Der Verzichtende kann sich im Gegensatz zum Erblasser

7 BGH, Beschl. v. 7.8.2013, XII ZB 671/12, NJW 2013, 3373; *Zimmermann*, NJW 2014, 1573.
8 Münchener Anwaltshandbuch Erbrecht/*Keim*, § 44 Rn 3 m.w.N.
9 OLG Düsseldorf, Urt. v. 6.7.2001, 7 U 205/00, NJW-RR 2002, 584, m.w.N.
10 MüKo/*Wegerhoff*, § 2347 Rn 9.

beim Abschluss des Erbverzichts vertreten lassen.[11] Die Vollmacht hierzu bedarf nicht der Form der §§ 2348, 167 Abs. 2 BGB.

- Ein **geschäftsunfähiger Erblasser** kann bei einem **Erb-** oder **Pflichtteilsverzicht** durch den gesetzlichen Vertreter, nicht aber durch einen Bevollmächtigten vertreten werden, § 2347 Abs. 2 S. 2 BGB. Ist die Geschäftsunfähigkeit zweifelhaft, sollten vorsorglich der Erblasser und der Betreuer handeln.[12]
- Ob die Entgegennahme eines **Widerrufes einer wechselbezüglichen Verfügung** oder der **Rücktritt von einem Erbvertrag** durch den Bevollmächtigten grundsätzlich möglich ist, ist umstritten.[13] Vorsorglich sollte der Widerruf bzw. Rücktritt daher neben dem Bevollmächtigten des anderen Ehegatten bzw. Vertragserben bei Geschäftsunfähigen vorsorglich auch einem Betreuer mit entsprechendem Aufgabenkreis zugestellt werden.
- Die **Anfechtung eines Erbvertrages** kann nicht durch einen Vertreter des Erblassers erfolgen, § 2282 Abs. 1 S. 1 BGB. Wird der Erblasser nach Errichtung eines Erbvertrages geschäftsunfähig, ermöglicht § 2282 Abs. 2 BGB die Anfechtung durch einen Betreuer, nicht jedoch durch einen Bevollmächtigten. Der Betreuer bedarf der gerichtlichen Genehmigung.[14]
- **Eidesstattliche Versicherungen** können nach h.M. nicht von dem Bevollmächtigten abgegeben werden (z.B. bei Erbscheinsanträgen nach § 2356 Abs. 2 BGB).[15]
- Auch bei der **Eheschließung** ist die Vertretung gemäß § 1311 BGB ausgeschlossen.

II. Ausgestaltung der Vorsorgevollmacht

Bei der Ausgestaltung der Vorsorgevollmacht ist zwischen den vermögensrechtli- 11
chen und den persönlichen Angelegenheiten zu unterscheiden, da jeweils andere gesetzliche Vorgaben gelten.

---

11 Palandt/*Weidlich*, § 2347 Rn 1; MüKo/*Wegerhoff*, § 2347 Rn 3. Bei einem Betreuer ist der Abschluss eines Erb- und Pflichtteilsverzichts durch den Verzichtenden vom Aufgabenkreis der Vermögenssorge umfasst, vorsorglich kann aber eine ausdrückliche Erweiterung des Aufgabenkreises beantragt werden, da höchstrichterliche Rechtsprechung fehlt, DNotI-Report 7/2015, S. 51.

12 Palandt/*Weidlich*, § 2347 Rn 2.

13 Die überwiegende Auffassung geht von der grundsätzlichen Zulässigkeit aus, a.A. aber *Zimmer*, ZEV 2007, 162. Sehr gute Darstellung des aktuellen Meinungsstandes in DNotI-Report 14/2015, S. 105. Auch nach h.M. kann im Einzelfall ein Widerruf oder Rücktritt gegenüber Bevollmächtigten rechtsmissbräuchlich i.S.d. § 242 BGB sein, vgl. *Keim*, ZEV 2010, 358, 360.

14 Palandt/*Weidlich*, § 2282 Rn 1 u. 2.

15 Palandt/*Weidlich*, § 2356 Rn 12; a.A. *Litzenburger*, ZEV 2004, 450 ff.

1. Besonderheiten für vermögensrechtliche Angelegenheiten

a) Konkrete Aufzählung der Befugnisse des Bevollmächtigten

12 Bei den **vermögensrechtlichen Angelegenheiten** kann die Vollmacht generell für alle vermögensrechtlichen Angelegenheiten als Generalvollmacht ausgestaltet werden oder es können die Befugnisse konkret benannt werden. Auch wenn die generell formulierte Vollmacht rechtlich ausreichend ist, stößt eine Vollmacht mit konkret ausgestalteten Anwendungsfällen für die einzelnen Befugnisse im Rechtsverkehr auf eine größere Akzeptanz. Bei einer konkreten Benennung besteht allerdings immer das Risiko, dass Bereiche vergessen werden und auf diese Weise möglicherweise eine ungewollte Begrenzung der Vollmacht erfolgt. Sollte durch die konkrete Aufzählung keine Begrenzung der Vollmacht gewollt sein, ist daher unbedingt darauf zu achten, dass es sich bei der Aufzählung nur um eine nicht abschließende, lediglich beispielhafte Aufzählung handelt, die z.B. durch „insbesondere (...)“ gekennzeichnet wird.

b) Ausdrückliche Regelung zur Zulässigkeit von Schenkungen durch den Bevollmächtigten

13 Da insbesondere Schenkungen für den Vollmachtgeber wirtschaftlich nachteilig sind, sollte die Befugnis hierzu besonders erörtert werden.[16] Wird der Bevollmächtigte nicht ausdrücklich zur Vornahme **von unentgeltlichen Verfügungen** befugt, kommt es auch bei entgeltlichen Geschäften immer wieder zu Problemen im Rechtsverkehr, da manche Grundbuchämter dann z.B. auch bei Grundstückskaufverträgen Verkehrswertgutachten verlangen, um eine Unentgeltlichkeit ausschließen zu können. Auf der anderen Seite birgt die Befugnis zur Vornahme von Schenkungen eine **erhöhte Missbrauchsgefahr** und sollte daher nur im Einzelfall und bei besonders großem Vertrauen in den Bevollmächtigten aufgenommen werden.[17]

c) Geschäftsunfähigkeit als Bedingung für die Wirksamkeit der Vollmacht

14 Wenn die Wirksamkeit der Vollmacht von der Geschäftsunfähigkeit des Vollmachtgebers abhängen soll, darf diese Einschränkung nur im **Innenverhältnis** gelten. Im **Außenverhältnis** muss die Vollmacht unbeschränkt gelten, da die Vollmacht in der Praxis sonst nicht einsetzbar ist. Die Geschäftsunfähigkeit als Bedingung für die Wirksamkeit der Vollmacht könnte nämlich insbesondere nicht in öffentlich beglaubigter Form nachgewiesen werden, da selbst bei öffentlichen Urkunden der Inhalt der Urkunde an der Beweiskraft der Urkunde nicht teilnimmt, §§ 415 ff. ZPO. Da dem Grundbuchamt aber eine eigene Beweisaufnahme

16 Würzburger Notarhandbuch/*Müller*, Kap. 3 Rn 523 f.; Münchener Anwaltshandbuch Erbrecht/*Keim*, § 44 Rn 4.
17 *Zimmermann*, NJW 2014, 1573.

verwehrt ist, könnte daher auch durch ein amtsärztliches Gutachten zur Geschäftsfähigkeit des Vollmachtgebers der Bedingungseintritt für die Wirksamkeit der Vollmacht nicht nachgewiesen werden. Eine im Außenverhältnis bedingte Vollmacht ist deshalb unbrauchbar.[18]

d) Regelung zur Befreiung von § 181 BGB

Die Vollmacht sollte auch eine Regelung dazu enthalten, ob eine Befreiung von den Beschränkungen des § 181 BGB, also vom **Verbot des Insichgeschäfts**, erteilt wird. Ohne eine solche Befreiung stößt gerade die Vollmacht für Familienangehörige schnell an ihre Grenzen, da hier oft Insichgeschäfte vorgenommen werden müssen. Wie bei der Befugnis zur Vornahme von Schenkungen birgt aber auch die Befreiung von den Beschränkungen des § 181 BGB erhebliche Missbrauchsgefahren. *Zimmermann* empfiehlt daher dem Bevollmächtigten, Insichgeschäfte generell zu untersagen.[19] In dieser Absolutheit dürfte die Ablehnung einer Befreiung von dem Verbot des Insichgeschäfts aber nicht sachgerecht sein, da dies gerade bei komplexen Vermögensstrukturen schnell zur Handlungsunfähigkeit führen kann. Es sollte vielmehr jeweils im Einzelfall geprüft werden, ob eine Befreiung aufgrund eines besonders großen **Vertrauensverhältnisses** im Einzelfall vertretbar ist oder die Missbrauchsgefahr durch andere Sicherungsinstrumente, z.B. durch eine **Gesamtvertretung**, gebannt werden kann. 15

e) Regelung zur Wirksamkeit der Vollmacht über den Tod hinaus

Die Vollmacht sollte unbedingt eine Bestimmung dazu enthalten, ob sie über den Tod des Vollmachtgebers hinaus gilt.[20] Letzteres empfiehlt sich deshalb, weil das OLG Hamm entschieden hat, dass eine Vorsorgevollmacht entgegen der Regelung der §§ 672, 168 BGB im Zweifel mit dem Tod des Vollmachtgebers erlischt.[21] 16

Aufgrund eines Beschlusses des OLG Hamm vom 10.1.2013[22] soll jedoch selbst eine ausdrücklich über den Tod des Vollmachtgebers hinaus angeordnete Vollmacht dann nicht wirksam sein, wenn der Bevollmächtigte der Alleinerbe des Erblassers ist. In diesem Fall sei die Vollmacht durch Konfusion erloschen, da aufgrund der Alleinerbenstellung des Bevollmächtigten keine Personenverschiedenheit zwischen dem Vertreter und dem rechtsgeschäftlich Vertretenen mehr vorliegt. In dem konkreten Fall verlangte das Grundbuchamt die Vorlage eines Erbscheins, obwohl der Alleinerbe eine notarielle **transmortale Vollmacht** vor-

---

18 OLG Frankfurt a.M., Beschl. v. 15.10.2010, 20 W 399/10, FamFR 2011, 114 mit zust. Anm. von *Doering-Striening*; *Heckschen*, NZG 2012, 10, 16.

19 *Zimmermann*, NJW 2014, 1573.

20 Münchener Anwaltshandbuch Erbrecht/*Keim*, § 44 Rn 4a; a.A. *Zimmermann*, NJW 2014, 1573.

21 OLG Hamm, Beschl. v. 17.9.2002, DNotZ 2003, 120.

22 OLG Hamm, Beschl. v. 10.1.2013, DNotZ 2013, 689.

legen konnte. Die Entscheidung des OLG Hamm wird zu Recht kritisiert.[23] Der Erblasser erteilt eine transmortale Vollmacht meist unter anderem deshalb, um gerade nach seinem Tode eine schnelle Handlungsfähigkeit sicherzustellen, ohne dass ein Erbschein oder die Zustimmungserklärung der Miterben vorgelegt werden muss. Gerade beim bevollmächtigten Alleinerben ist die Einschränkung der Wirksamkeit einer transmortalen Vollmacht nicht zu rechtfertigen.[24] Aufgrund diverser kritischer Stimmen zu der Auffassung des OLG Hamm zur Frage der Wirksamkeit transmortaler Vollmachten für den Alleinerben ist zu hoffen, dass sich die Meinung nicht durchsetzt.[25] Oft müssen nach dem Tode des Erblassers schnelle Maßnahmen ergriffen werden. Da selbst bei eindeutigen Fällen die Erteilung eines Erbscheins oft mehrere Monate dauert, besteht ein erhöhtes Interesse daran, dass gerade der Alleinerbe mit einer transmortalen Vollmacht direkt handlungsfähig ist. Selbst bei Vorliegen eines notariellen Testamentes besteht ein Bedürfnis nach einer wirksamen transmortalen Vollmacht, da auch bei einem notariellen Testament noch die Eröffnung durch das Nachlassgericht erforderlich ist. Selbst dies dauert teilweise mehrere Wochen.

f) Regelung zur Befugnis der Erteilung von Untervollmachten

17 Die Befugnis zur Erteilung von Untervollmachten für einzelne Rechtgeschäfte kann eingeräumt oder ausgeschlossen werden. Gerade bei einer „nur" gemeinschaftlichen Vertretungsbefugnis sollte den Bevollmächtigten aus Praktikabilitätsgesichtspunkten die Möglichkeit gegeben werden, gemeinsam einem der Bevollmächtigten Untervollmacht zu erteilen. Die praktische Abwicklung der Bevollmächtigung bei alltäglichen Aufgaben wird sonst erheblich erschwert.[26]

g) Form der Vollmacht in vermögensrechtlichen Angelegenheiten

18 Die Vollmacht in vermögensrechtlichen Angelegenheiten kann grundsätzlich **formfrei** erteilt werden, für eine Verwendung gegenüber dem Grundbuchamt ist jedoch die Form des § 29 GBO erforderlich, d.h. mindestens **notarielle Beglaubigung**. Für den Einsatz gegenüber dem Handelsregister ist ebenfalls mindestens notarielle Beglaubigung erforderlich, § 12 HGB. Es empfiehlt sich aber auch in anderen Fällen die Beglaubigung oder Beurkundung durch einen Notar, da dies im Rechtsverkehr regelmäßig zu einer wesentlich höheren Akzeptanz führt. Bei der notariellen Beglaubigung bestätigt nämlich der Notar, dass die Unterschrift unter der Vollmacht auch tatsächlich von dem Vollmachtgeber stammt. Bei der

23 *Keim*, Anmerkung zu OLG Hamm, Beschl. v. 10.1.2013, DNotZ 2013, 689 m.w.N.

24 So auch *Keim*, Anmerkung zu OLG Hamm, Beschl. v. 10.1.2013, DNotZ 2013, 689; *Lange*, ZEV 2013, 343; *Weidlich*, MittBayNot 2013, 196, 199; Rudolf/Bittler/Roth/*Hack*, Vorsorgevollmacht, Betreuungsverfügung und Patientenverfügung, § 1 Rn 80.

25 Kritisch zum Beschluss des OLG-Hamm u.a. OLG Schleswig, Beschl. v. 15.7.2014, 2 W 48/14, ZEV 2014, 690, m.w.N.

26 So auch *Heckschen*, NZG 2012, 10, 16.

notariellen Beurkundung trifft der Notar in der Urkunde zudem regelmäßig Feststellungen zur Geschäftsfähigkeit des Vollmachtgebers. Bei der **notariellen Beurkundung** wird die Urschrift der Urkunde zudem in der Urkundensammlung des Notars sicher verwahrt. Dem Bevollmächtigten wird lediglich eine Ausfertigung der Vollmacht, die aber wie eine Urschrift einsetzbar ist, erteilt. Sollte die Ausfertigung verloren gehen, kann der Vollmachtgeber oder auch der Bevollmächtigte eine neue Ausfertigung beim beurkundenden Notar beantragen.

2. Besonderheiten für persönliche Angelegenheiten

Seit der Neufassung der §§ 1904 Abs. 2 und 1906 Abs. 5 BGB im Jahre 1998 ist 19
anerkannt, dass grundsätzlich auch in persönlichen Angelegenheiten eine Stellvertretung zulässig ist, da diese Vorschriften das Vorhandensein einer entsprechenden Vollmacht voraussetzen. Durch das 1. Betreuungsrechtsänderungsgesetz ergaben sich auch wichtige Vorgaben für die Gestaltung von Vollmachten in persönlichen Angelegenheiten. So bedürfen Vollmachten für die Einwilligung in ärztliche Maßnahmen, Entscheidungen über freiheitsentziehende Unterbringung oder unterbringungsähnliche Maßnahmen der **Schriftform** und die Vollmacht muss diese Maßnahmen ausdrücklich umfassen. Außerdem bedarf der rechtsgeschäftlich Bevollmächtigte in gleichem Umfang einer **betreuungsgerichtlichen Genehmigung**, wie ein Betreuer bei Ausübung der Gesundheitsfürsorge oder des Aufenthaltsbestimmungsrechts einer betreuungsgerichtlichen Genehmigung bedarf.

Durch das Schriftformerfordernis ist das Handeln in diesem Bereich aufgrund 20
einer mündlichen oder konkludent erteilten Vollmacht ausgeschlossen. Soll die Vollmacht den Bevollmächtigten zur Einwilligung in konkret gefährliche **ärztliche Maßnahmen** oder zur **freiheitsentziehenden Unterbringung** des Vollmachtgebers oder zu sonstigen **unterbringungsähnlichen Maßnahmen** im Sinne des § 1906 Abs. 4 BGB ermächtigen, dann muss sie die dort genannten Maßnahmen ausdrücklich umfassen, §§ 1904 Abs. 5, 1906 Abs. 5 BGB. Nach der gesetzlichen Neuregelung der **Patientenverfügung** müssen zusätzlich gemäß § 1904 Abs. 2, 5 BGB auch die Nichteinwilligung und der Widerruf einer Einwilligung ausdrücklich aufgenommen werden, wenn die begründete Gefahr besteht, dass der Betreute/Vollmachtgeber aufgrund des Unterbleibens oder des Abbruchs der Maßnahme stirbt oder einen schweren und länger dauernden gesundheitlichen Schaden erleidet. Es empfiehlt sich daher, die Vollmacht insofern in enger Anlehnung oder unter Übernahme des Wortlautes des § 1904 bzw. § 1906 BGB zu formulieren. Eine abstrakt formulierte Generalvollmacht ist daher für den Einsatz bei persönlichen Angelegenheiten nicht ausreichend.

Während im Vermögensbereich der Vorteil der Vollmacht gegenüber der Betreu- 21
ung weiterhin darin besteht, dass der Bevollmächtigte grundsätzlich alle Rechtsgeschäfte ohne Einschaltung des Betreuungsgerichts tätigen kann, ist in Angelegenheiten der Personensorge immer dann eine betreuungsgerichtliche Genehmi-

gung erforderlich, wenn auch ein Betreuer im Sinne der §§ 1896 ff. BGB dieser Genehmigung bedürfte. Eine Einwilligung in einen **medizinischen Eingriff** bedarf danach zu ihrer Wirksamkeit der **betreuungsgerichtlichen Genehmigung**, wenn der Vollmachtgeber mangels natürlicher Einsichts- und Steuerungsfähigkeit nicht selbst zur Erklärung der Einwilligung in der Lage ist, keinen eigenen Willen in einer wirksamen Patientenverfügung niedergelegt hat[27] und die begründete Gefahr besteht, dass der Vollmachtgeber aufgrund der Maßnahme stirbt oder einen schweren und länger dauernden gesundheitlichen Schaden erleidet sowie mit dem Aufschub der Maßnahme keine Gefahr verbunden ist.

22 Weiterhin bedarf der Bevollmächtigte nach § 1906 Abs. 5 S. 2 BGB in Verbindung mit § 1906 Abs. 1 BGB einer betreuungsgerichtlichen Genehmigung für die Einwilligung in eine mit einer Freiheitsentziehung verbundenen Unterbringung des Vollmachtgebers. Schließlich ist sie gem. § 1906 Abs. 5 S. 2 BGB in Verbindung mit § 1906 Abs. 4 BGB erforderlich, wenn sich der Vollmachtgeber in einer Anstalt, in einem Heim oder einer sonstigen Einrichtung aufhält, ohne untergebracht zu sein und ihm durch mechanische Vorrichtungen, Medikamente oder auf andere Weise über einen längeren Zeitraum oder regelmäßig die Freiheit entzogen werden soll.[28]

3. Registrierung der Vorsorgevollmacht

23 Jede schriftliche oder notarielle Vorsorgevollmacht kann bei dem **Zentralen Vorsorgeregister** der Bundesnotarkammer über das Internet (www.vorsorgeregister.de) oder per Post registriert werden. Dies gilt auch für Betreuungs- und Patientenverfügungen. Die Betreuungsgerichte prüfen vor Einrichtung einer Betreuung, ob Eintragungen im Vorsorgeregister der Bundesnotarkammer vorhanden sind. Damit wird sichergestellt, dass kein Betreuer bestellt wird, wenn eine wirksame Vorsorgevollmacht vorliegt. Darüber hinaus besteht nach § 1901c BGB die Verpflichtung, dass derjenige, der eine Vorsorgevollmacht oder Betreuungsverfügung besitzt, diese im Betreuungsfall an das Betreuungsgericht abzuliefern hat.

---

27 Wenn der Betroffene seinen Willen in einer Patientenverfügung (§ 1901a Abs. 1 BGB) niedergelegt hat und diese auf die konkret eingetretene Lebens- und Behandlungssituation zutrifft, bedarf es keiner Genehmigung durch das Betreuungsgericht, da es dann schon keiner Einwilligung des Betreuers gem. § 1904 Abs. 2 BGB bedarf und es dem Betreuer bzw. Bevollmächtigten obliegt, dem in der Patientenverfügung niedergelegten Willen des Betroffenen Ausdruck und Geltung zu verschaffen (§ 1901a Abs. 1 S. 2 BGB). So jetzt auch BGH, Beschl. v. 17.9.2014, XII ZB 202/13, DNotZ 2015, 48, sowie ausführliche Anmerkung in DNotI-Report 20/2014, S. 157.

28 Münchener Anwaltshandbuch Erbrecht/*Keim*, § 44 Rn 6.

4. Sicherungsmöglichkeiten gegen Vollmachtsmissbrauch

Gerade die Vollmacht in vermögensrechtlichen Angelegenheiten birgt eine erhebliche Missbrauchsgefahr in sich und sollte daher nur bei Vorliegen eines ausreichenden Vertrauensverhältnisses zur Person des Bevollmächtigten erteilt werden. Wie bereits dargestellt ist es nicht möglich, die Wirksamkeit der Bevollmächtigung auch im Außenverhältnis davon abhängig zu machen, dass der Vollmachtgeber geschäftsunfähig ist. Nachfolgend werden geeignete Sicherungsmöglichkeiten dargestellt. 24

a) Anordnung von Gesamtvertretung

Eine sehr effektive Sicherungsmöglichkeit gegen einen Vollmachtsmissbrauch ist die Anordnung der **Gesamtvertretung**. Wenn z.B. immer mindestens zwei Bevollmächtigte gemeinsam handeln müssen, dürfte ein Vollmachtsmissbrauch nahezu ausgeschlossen sein. Um trotz angeordneter Gesamtvertretung für nicht so missbrauchsanfällige Rechtsgeschäfte eine alltagstaugliche Abwicklung zu ermöglichen, kann in der Vollmacht die Erteilung einer **Untervollmacht** für einen der Bevollmächtigten für bestimmte Rechtsgeschäfte vorgesehen werden.[29] 25

Es ist zudem möglich, dass für vermögensrechtliche Angelegenheiten Gesamtvertretung angeordnet wird und in persönlichen Angelegenheiten z.B. der Ehegatte trotzdem einzeln vertreten kann. Denkbar ist auch, dass für die vermögensrechtlichen und die persönlichen Angelegenheiten jeweils separate Urkunden errichtet werden, damit z.B. bei persönlichen Angelegenheiten die Ausfertigungen direkt an die Bevollmächtigten herausgegeben werden und dadurch in medizinischen Notfällen direkte und schnelle Handlungsfähigkeit gewährleistet ist. Bei vermögensrechtlichen Angelegenheiten könnte der Vollmachtgeber zunächst die Ausfertigungen bei sich verwahren oder den Notar anweisen, die Ausfertigung erst bei Nachweis seiner Geschäftsunfähigkeit herauszugeben. Die so eintretende überschaubare zeitliche Verzögerung dürfte bei vermögensrechtlichen Angelegenheiten vertretbar sein. 26

b) Einsetzung eines Kontrollbevollmächtigten

Es ist auch möglich, einen Kontrollbevollmächtigten zu bestellen oder bei Bestellung von zwei Bevollmächtigten jedem Kontrollbefugnisse gegenüber dem anderen Bevollmächtigten zu erteilen. 27

c) Sichere Verwahrung der Ausfertigung der Vollmachtsurkunde

Es bietet sich zudem an, dass die Urschrift der Vollmachtsurkunde bzw. bei einer notariell beurkundeten Vollmacht die Ausfertigung der Vollmachtsurkunde 28

29 So auch *Heckschen*, NZG 2012, 10, 16.

zunächst von dem Vollmachtgeber oder einem engen Vertrauten wie z.B. dem Steuerberater verwahrt wird.[30] Solange der Bevollmächtigte nämlich nicht im Besitz der Urschrift oder der Ausfertigung der Vollmachtsurkunde ist, kann dieser den Vollmachtgeber nicht wirksam vertreten und die Vollmacht daher auch nicht missbrauchen. Die Erteilung einer weiteren Ausfertigung durch den Notar kann dann z.B. von der Prüfung des Vorliegens der Geschäftsunfähigkeit durch den Notar abhängig gemacht werden, ohne dass dies eine Beschränkung der Vollmacht im Außenverhältnis darstellt, die den Gebrauch der Vollmacht beeinträchtigt.

d) Einsetzung eines Kontrollbetreuers gem. § 1896 Abs. 3 BGB

29 Verletzt der Bevollmächtigte oder einer der Bevollmächtigten seine Pflichten, kann das Betreuungsgericht gem. § 1896 Abs. 3 BGB zudem einen **Kontrollbetreuer** bestellen, der dann notfalls auch die Vollmacht widerrufen kann. Eine Vollmachtskontrollbetreuung darf aber nur angeordnet werden, wenn aufgrund besonderer Umstände des Einzelfalls ein konkretes **Bedürfnis für die Überwachung** besteht. Hierfür genügt der konkrete, d.h. der durch hinreichende tatsächliche Anhaltspunkte untermauerte Verdacht, dass mit der Vollmacht dem Betreuungsbedarf nicht Genüge getan wird. Ein Überwachungsbedürfnis in diesem Sinn kann gegeben sein, wenn gegen die Redlichkeit oder die Tauglichkeit des Bevollmächtigten Bedenken bestehen, z.B. wegen eines vorangegangenen Verhaltens des Bevollmächtigten.

30 Das Bestehen solcher Bedenken ist aber nicht zwingende Voraussetzung, so soll ein Überwachungsbedürfnis vielmehr auch zu bejahen sein, wenn nach den üblichen Maßstäben aus der Sicht eines vernünftigen Vollmachtgebers unter Berücksichtigung des in den Bevollmächtigten gesetzten Vertrauens eine ständige Kontrolle schon deshalb geboten ist, weil die zu besorgenden Geschäfte von besonderer Schwierigkeit und/oder besonderem Umfang sind. Dabei wird auch die Nähe der Beziehung zwischen dem Vollmachtgeber und dem Bevollmächtigten eine Rolle spielen. So geht das Gesetz gem. § 1908i BGB i.V.m. § 1857a BGB z.B. davon aus, dass bei einer Betreuung durch die Eltern, den Ehegatten oder einen Abkömmling ein geringeres Überwachungsbedürfnis besteht.[31]

C. Betreuungsverfügung

31 Von einer Betreuungsverfügung spricht man, wenn der Betroffene bereits vor Eintritt der Betreuungsbedürftigkeit einen Vorschlag für einen möglichen Be-

30 So auch *Heckschen*, NZG 2012, 10, 17.
31 BayObLG, Beschl. v. 11.5.2005, 3 Z BR 260/04, FGPrax 2005, 151, m.w.N.

treuer macht. Gemäß § 1897 Abs. 4 BGB hat das Betreuungsgericht diesem Vorschlag zu entsprechen, wenn es dem Wohl des Volljährigen nicht zuwiderläuft.

D. Patientenverfügung

Mit einer Patientenverfügung kann man selbst bestimmen, wie man medizinisch behandelt werden möchte, wenn man krankheitsbedingt nicht mehr zu einer Willensäußerung in der Lage ist. Jeder ärztliche Eingriff stellt eine Körperverletzung dar. Er ist nur bei Einwilligung des Patienten gerechtfertigt und damit straffrei. Jeder hat das grundrechtlich geschützte Recht frei zu entscheiden, ob er einer ärztlichen Behandlung zustimmt oder sie verweigert. Handelt ein Arzt gegen den Willen des Patienten, macht er sich strafbar. In diesem Spannungsfeld zwischen strafrechtlicher Verfolgung des Arztes und möglicher Straffreiheit bei Befolgung des Patientenwillens befindet sich die Patientenverfügung. 32

I. Gesetzliche Regelungen zur Patientenverfügung

Die **Bindungswirkung** der **Patientenverfügung** ist nun in § 1901a Abs. 1 S. 2 BGB gesetzlich normiert. Danach sind alle schriftlichen Behandlungsfestlegungen bindend und von den Adressaten, etwa Ärzten oder Pflegern, vor allem aber von dem Betreuer oder dem Bevollmächtigten zu befolgen,[32] wenn 33

- der Verfasser Festlegungen gerade für diejenige Lebens- und Behandlungssituation getroffen hat, die nun zu entscheiden ist,
- sie nicht gegen ein gesetzliches Verbot verstoßen,
- sie nicht widerrufen wurden und in der vorliegenden Lebens- und Behandlungssituation noch aktuell sind und
- keine Anhaltspunkte dafür bestehen, dass die Patientenverfügung durch äußeren Druck oder aufgrund eines Irrtums zustande gekommen ist.

Zudem ist eine Patientenverfügung nur bindend, wenn sie dem **Schriftformererfordernis** (§ 126 BGB) genügt. Demgegenüber kann sie jederzeit formlos widerrufen werden (§ 1901a Abs. 1 S. 3 BGB). Erforderlich ist nur, dass die Willensänderung hinreichend deutlich zum Ausdruck kommt. 34

II. Anforderungen an eine wirksame Patientenverfügung

Aus den gesetzlichen Regelungen der §§ 1901a ff. BGB lassen sich die Mindestvoraussetzungen ersehen, die eine Patientenverfügung erfüllen muss, um Bindungswirkung zu erlangen. 35

32 *Albrecht/Albrecht*, MittBayNot 2009, 426, 432.

1. Einwilligungsfähigkeit

36 Ausschließlich volljährige, einwilligungsfähige Personen sind in der Lage, eine wirksame und bindende Patientenverfügung zu errichten (§ 1901a Abs. 1 BGB). Einwilligungsfähig ist dabei, wer die natürliche Einsichts- und Steuerungsfähigkeit besitzt, Art, Bedeutung, Tragweite und die Risiken einer konkreten ärztlichen Maßnahme zu erfassen und seinen Willen danach zu richten.[33] Die Einwilligungsfähigkeit muss dabei jedenfalls zum Zeitpunkt der Errichtung vorliegen.[34]

2. Formelle Anforderungen

37 Die Patientenverfügung bedarf der **Schriftform**. Sie muss daher entweder eigenhändig unterschrieben oder notariell beurkundet werden. Um mögliche Unsicherheiten bezüglich der Einsichts- und Geschäftsfähigkeit des Verfassers im Zeitpunkt der Errichtung auszuschließen, wenn wegen beginnender Krankheit im Errichtungszeitpunkt Zweifel an der Einsichts- und Geschäftsfähigkeit bestehen könnten, bietet sich die notarielle Beurkundung an, denn der Notar nimmt in seiner Urkunde Bezug auf die Geschäftsfähigkeit. Diese Zweifel können auch durch die Bestätigung eines Arztes bei der Errichtung ausgeschlossen werden. Der Widerruf der Patientenverfügung kann hingegen jederzeit formlos erfolgen (§ 1901a Abs. 1 S. 3 BGB).

3. Inhaltliche Anforderungen

38 Inhaltlich ist für eine Patientenverfügung wichtig, dass sie klar und bestimmt die Wünsche des Betroffenen umschreibt und keine allgemeinen, zweifelhaften Formulierungen enthält wie z.B. „Falls mein Leben nicht mehr lebenswert ist, … .“.[35] Denn wann das Leben nicht mehr lebenswert ist, entscheidet jeder Einzelne nach seinen eigenen Wertvorstellungen. Von herausragender Bedeutung ist es also, in der Verfügung die Lebens- und Behandlungssituationen zu benennen, für die die Patientenverfügung gelten soll, zum Beispiel:
- Sterbephase
- nicht aufhaltbare schwere Leiden
- dauernder Verlust der Kommunikationsfähigkeit (Koma, schwere Demenz)
- akute Lebensgefahr
- irreversible Bewusstlosigkeit.

39 Für die genannten Umstände sollte die Patientenverfügung auch genaue und bestimmte Aussagen zur Einleitung, zum gewünschten Umfang und zur **Beendigung ärztlicher Maßnahmen** enthalten, wie etwa künstliche Ernährung oder

33 BGH NJW 1972, 335; Palandt/*Götz*, § 1901a Rn 10.
34 *Lange*, ZEV 2009, 537, 540.
35 *Lange*, ZEV 2009, 537, 542.

Wiederbelebung.[36] Da das 3. BtÄndG die Wirkung einer Patientenverfügung nun auch auf Fälle des Behandlungsabbruchs ausgeweitet hat, sollte der Betroffene auch die Frage des Behandlungsabbruchs und -verzichts konkret ansprechen und regeln.[37]

4. Aktualisierungsanforderungen

Eine Pflicht zur Aktualisierung der Patientenverfügung besteht nicht, die Patientenverfügung behält auch noch Jahre nach ihrer Errichtung ihre Wirksamkeit. 40
Hilfreich ist es jedoch, wenn der Verfasser seinen in der Patientenverfügung kundgetanen Willen bei einer Veränderung der Lebenssituation z.B. durch eine schwere Krankheit oder vor einer OP bestätigt.[38] Dazu genügt eine einfache Unterschrift mit Datumsangabe unter der bestehenden Patientenverfügung und der Wortlaut „Dies ist noch immer mein Wille."

5. Bekanntmachung der Patientenverfügung

Damit die Patientenverfügung auch zur Kenntnis genommen wird, sollte ein 41
Hinweis darauf in der Brieftasche mitgeführt werden und die Registrierung im Zentralen Vorsorgeregister der Bundesnotarkammer vorgenommen werden.[39] Am sinnvollsten ist meist die Kombination von Patientenverfügung und Vorsorgevollmacht in einer Urkunde. So ist sichergestellt, dass zumindest der Bevollmächtigte die Wünsche und Vorstellungen des Vollmachtgebers kennt und diese beim Einsatz der Vollmacht auch berücksichtigt werden.

6. Aufklärung und Beratung

Nach dem Gesetz ist fachkundige ärztliche und rechtliche Beratung keine Wirk- 42
samkeitsvoraussetzung. Der Betroffene, der eine Patientenverfügung ohne Beratung abschließt, trägt aber das Risiko einer fehlenden Bindungswirkung aufgrund nicht hinreichend konkreter Formulierungen. In einem solchen Fall ist der mutmaßliche Wille unter Heranziehung früherer Äußerungen des Betroffenen und Anhörung Angehöriger zu ermitteln (§ 1901a Abs. 2 BGB).[40]

---

36 Palandt/*Götz*, § 1901a Rn 5.

37 *Müller*, DNotZ 2010, 170, 183.

38 Palandt/*Götz*, § 1901a Rn 14.

39 Zentrales Vorsorgeregister: http://www.vorsorgeregister.de/ZVR-Zentrales-Vorsorgeregister/Zentrales-Vorsorgeregister-ZVR.php.

40 *Lange*, ZEV 2009, 537, 543.

III. Aufgaben des Betreuers bzw. des Bevollmächtigten

43 Das Gesetz geht offensichtlich in § 1901a BGB davon aus, dass ein Betreuer oder Bevollmächtigter für den Betroffenen bestellt ist. Teilweise wird daher davon ausgegangen, dass zwingend ein Betreuer oder Bevollmächtigter erforderlich ist, um über die Einwilligung bzw. die Verweigerung der Einwilligung zu entscheiden.[41] Die wohl h. M. geht dagegen davon aus, dass eine hinreichend eindeutige Patientenverfügung nicht nur die ausdrücklich genannten Adressaten, sondern Ärzte, Pflegende, Familienangehörige, Betreuer, das Betreuungsgericht und andere Personen bindet. Die betroffenen Personen haben die Anordnungen in der Patientenverfügung, soweit sie rechtlich zulässig sind, ohne Weiteres auszuführen bzw. zu unterlassen.[42]

44 Liegt eine schriftliche Patientenverfügung vor und ist eine Maßnahme nach Ansicht des Arztes zu ergreifen (§ 1901b Abs. 1 BGB), prüft der Vertreter nur, ob die Festlegungen in der Patientenverfügung auf die konkrete Lebens- und Behandlungssituation des Betroffenen zutreffen. Ist das der Fall und gibt es keine konkreten Anhaltspunkte dafür, dass der Betroffene seine Entscheidung geändert hat, ist es – nach **Konsultation des Arztes** und möglicher **Anhörung naher Verwandter** und weiterer Vertrauenspersonen des Betroffenen (§ 1901b Abs. 1 BGB) – Aufgabe des Betreuers, dem Behandlungswillen des Betroffenen Ausdruck und Geltung zu verschaffen (§ 1901a Abs. 1 S. 1, 2 BGB). Eine andere Entscheidung ist aufgrund der bindenden Wirkung der Patientenverfügung nicht möglich. Eine Genehmigung der Maßnahme oder des Widerrufs der Einwilligung, z.B. in eine künstliche Ernährung, bedarf dann keiner Genehmigung durch das Betreuungsgericht.[43]

45 Liegt keine wirksame Patientenverfügung i.S.d. § 1901a Abs. 1 BGB vor, sind aber Behandlungswünsche des Betroffenen, also Äußerungen, die Festlegungen für eine konkrete Lebens- und Behandlungssituation enthalten, aber den Anforderungen an eine Patientenverfügung i.S.d. § 1901a Abs. 1 BGB nicht genügen, bekannt, hat der Betreuer bzw. der Bevollmächtigte die Behandlungswünsche des Betroffenen umzusetzen. In diesen Fällen bedarf es der Genehmigung durch das Betreuungsgericht gem. § 1904 Abs. 2 BGB. Diese Genehmigung ist zu erteilen, wenn die Nichteinwilligung oder der Widerruf der Einwilligung dem Willen des Betreuten bzw. Vollmachtgebers entspricht. Nach neuer Auffassung des BGH dürfen lebenserhaltende Maßnahmen auch dann abgebrochen werden, wenn keine Grunderkrankung mit einem „irreversibel tödlichen Verlauf" vorliegt. Der geäußerte Wille bzw. Behandlungswunsch muss jedoch hinreichend konkrete Entscheidungen des Betroffenen über die Einwilligung oder Nichteinwilligung

41 *Albrecht/Albrecht*, Die Patientenverfügung 2009, Rn 39; *Diehn/Rebhan,* NJW 2010, 326, 328.

42 Palandt/*Götz*, § 1901a BGB Rn 16.

43 BGH, Beschl. v. 17.9.2014, XII ZB 202/13, DNotZ 2015, 48.

in bestimmte, noch nicht unmittelbar bevorstehende ärztliche Maßnahmen erkennen lassen.[44]

Der mutmaßliche Wille ist nur hilfsweise heranzuziehen, wenn sich der wirkliche geäußerte Wille des Betroffenen nicht ermitteln lässt. Die bei der Ermittlung des mutmaßlichen Willens anzulegenden Beweismaßstäbe sind streng, gelten aber unabhängig davon, ob der Tod des Betroffenen unmittelbar bevorsteht oder nicht.[45] 46

IV. Betreuungsgerichtliche Kontrolle

Der Leitsatz des BGH in der Grundsatzentscheidung von 2003[46] zur **betreuungsgerichtlichen Kontrolle** der Betreuerentscheidung findet sich nun in § 1904 BGB wieder. Danach bedarf die Einwilligung des Vertreters in eine ärztliche Maßnahme der Genehmigung des Betreuungsgerichts, wenn die begründete Gefahr besteht, dass der Betreute bzw. Vollmachtgeber infolge der Maßnahme stirbt, schwer oder länger dauernd geschädigt wird. Entsprechend ist die Genehmigung in Fällen der Nichteinwilligung oder des Widerrufs der Einwilligung des Vertreters in eine Untersuchung nötig, § 1904 Abs. 1, 2 BGB. Nach § 1904 Abs. 3 BGB ist die Genehmigung zu erteilen, wenn die Entscheidung des Vertreters dem Willen des Betroffenen entspricht. 47

Diese Grundsätze zur betreuungsgerichtlichen Genehmigung gelten allerdings nur in **Konfliktfällen**, d.h. immer und nur dann, wenn zwischen Arzt und Vertreter kein Konsens darüber besteht, ob die Nichtbehandlung oder der Behandlungsabbruch dem **Patientenwillen** entspricht. Handeln Arzt und Vertreter einvernehmlich, so wird die Durchsetzung des Patientenwillens nicht durch ein gerichtliches Verfahren verzögert (vgl. § 1904 Abs. 4 BGB).[47] 48

V. Sonstige Regelungen

Aufgrund des Wortlauts der Legaldefinition in § 1901a Abs. 1 S. 1 BGB werden mündliche Willenserklärungen, Behandlungswünsche sowie allgemein gehaltene Formulierungen, Entscheidungen eines einwilligungsfähigen Betroffenen oder eilbedürftige ärztliche Maßnahmen von der Patientenverfügung nicht erfasst.[48] Weiterhin gilt, dass ärztliche Maßnahmen entgegen dem Patientenwillen, egal aus welchen Gründen, nicht zulässig sind. Danach hängt die Wirksamkeit der Patientenverfügung nicht davon ab, ob ein irreversibler Verlauf des Grundleidens 49

---

44 BGH, Beschl. v. 17.9.2014, XII ZB 202/13, DNotZ 2015, 48; a.A. noch BGH, DNotZ 2003, 850.

45 BGH, Beschl. v. 17.9.2014, XII ZB 202/13, DNotZ 2015, 48.

46 BGH NJW 2003, 1588.

47 *Schmitz*, FamFR 2009, 64.

48 *Höfling*, NJW 2009, 2489, 2850; *Diehn/Rebhan*, NJW 2010, 326, 330.

vorliegt und dieses Grundleiden trotz medizinischer Behandlung nach ärztlicher Erkenntnis zum Tode führen wird, § 1901a Abs. 3 BGB.[49]

E. Sicherstellung der Handlungsfähigkeit bei Unternehmern

50 Gerade bei **Unternehmern** ist die Errichtung geeigneter Vorsorgevollmachten besonders wichtig, da ansonsten im Falle der eintretenden **Geschäftsunfähigkeit eines Gesellschafters oder Einzelunternehmers** ein Betreuer zu bestellen wäre. Das Verfahren ist dann sehr kosten- und zeitaufwendig, da der Betroffene zunächst dem Betreuungsgericht vorzuführen und persönlich anzuhören ist, § 278 FamFG. Anschließend muss noch ein Sachverständigengutachten zur Geschäftsfähigkeit eingeholt werden, ohne welches keine Betreuung angeordnet werden darf, § 280 Abs. 1 FamFG. Angehörige sind auf Verlangen des Betroffenen anzuhören, § 279 Abs. 3 FamFG.

51 Bei geschäftsunfähigen Gesellschaftern ist zudem noch zu beachten, dass meist zusätzlich ein so genannter Gegenbetreuer als Kontrollinstanz zu bestellen ist, §§ 1908i, 1792 Abs. 2 BGB. Solange kein Betreuer bestellt ist, kann der geschäftsunfähige Gesellschafter seine Teilnahmerechte nicht wahrnehmen und eine **Ladung zur Gesellschafterversammlung** ist ihm gegenüber nicht möglich. Gesellschafterversammlungen können nicht stattfinden. Beschlüsse, die dennoch gefasst werden, sind unheilbar nichtig.[50]

52 Besonders fatal ist, dass nach einer Entscheidung des BGH aus dem Jahre 1965 die Rechte eines Betreuers durch die Gesellschafter oder den Gesellschaftsvertrag nicht eingeschränkt werden dürfen. Dies gilt nicht nur im Nachhinein, sondern nach Auffassung des BGH kann der Gesellschaftsvertrag auch nicht von vorneherein und unter Mitwirkung des später Betroffenen eine derartige Regelung vorsehen. Liegt also die Anordnung einer Betreuung vor, so dürfen die Verwaltungsrechte des Betreuten nach dieser Entscheidung nicht beschränkt sein oder werden.[51]

53 Es dürfte damit feststehen, dass gerade bei Geschäftsunfähigkeit von Unternehmern das Familienvermögen nachhaltig gefährdet wird, wenn keine geeignete Vorsorge getroffen wird.

---

49 *Höfling, NJW 2009, 2849.*

50 Sehr gute und umfangreiche Darstellung mit vielen weiteren Nachweisen bei *Heckschen*, NZG 2012, 10, 12.

51 BGH, Urt. v. 21.6.1965, II ZR 68/63, NJW 1965, 1961; a.A. *Heckschen*, NZG 2012, 10, 14.

I. Sicherung der Handlungsfähigkeit durch eine Vorsorgevollmacht

Da eine Betreuung nur dann angeordnet werden kann, wenn der Geschäftsunfähige nicht vorher selbst für den Fall der Geschäftsunfähigkeit einen Dritten mit der Wahrnehmung seiner Rechte beauftragt hat, ist die Vorsorgevollmacht ein geeignetes Mittel zur Vermeidung einer Betreuung und der damit wohl einhergehenden Handlungsunfähigkeit des Unternehmens. Es gelten grundsätzlich die oben gemachten Ausführungen zur Vorsorgevollmacht (siehe Rdn 8 ff.), wobei es meist üblich ist, für den **unternehmerischen Bereich** eine **separate Vollmacht** zu errichten. 54

1. Besonderheiten bei Kapitalgesellschaften

Für **Kapitalgesellschaften** sind die Errichtung einer Vorsorgevollmacht und die **Ausübung des Stimmrechtes** durch einen Vorsorgebevollmächtigten weitgehend unproblematisch. Vorsicht ist hingegen bei der Bevollmächtigung zur Wahrnehmung von **Geschäftsführeraufgaben** geboten. Nach ständiger Rechtsprechung des BGH ist eine **organersetzende** bzw. **organvertretende Generalvollmacht** unzulässig. Die Befugnis des Geschäftsführers einer GmbH zur organschaftlichen Willensbildung und -erklärung und die damit verbundene Verantwortung sind nicht übertragbar. Problematisch sind daher sehr weit gehende Vollmachten, insbesondere wenn auch zur Vornahme von **Geschäftsführerbefugnissen** ermächtigt wird. 55

2. Besonderheiten bei Personengesellschaften

Bei Personengesellschaften werden zwar **widerrufliche Stimmrechtsvollmachten** für zulässig erachtet, allerdings ist die ganz herrschende Meinung der Ansicht, dass eine Wirksamkeitsvoraussetzung für die Ausübung dieser Vollmachten darin besteht, dass die Mitgesellschafter der Erteilung einer Vollmacht zustimmen müssen, da die Mitgesellschafter nicht mit einer generellen **Übertragung des Stimmrechts auf einen Dritten** einverstanden sein müssen. Auch eine Zustimmungspflicht der Mitgesellschafter aus Treuegesichtspunkten wird abgelehnt und bei der Ausübung des Stimmrechts den Mitgesellschaftern ein ganz weiter Ermessensspielraum eingeräumt.[52] Es ist daher darauf zu achten, dass in den jeweiligen Gesellschaftsverträgen eine Stimmrechtsausübung durch Vorsorgebevollmächtigte zugelassen ist. *Heckschen* weist aber zu Recht darauf hin, dass die Mitgesellschafter in der Regel der Wahrnehmung der Gesellschafterrechte durch einen Bevollmächtigten wohl zustimmen werden, da sie es sonst in die Hand des Betreuungsgerichtes legen würden, einen Betreuer zu bestellen und sie sich darüber hinaus dann damit abfinden müssten, dass dieser Betreuer in allen wesentlichen Fällen einer Genehmigung durch das Betreuungsgericht einholen müsste. 56

52 A.A. *Heckschen*, NZG 2012, 10, 15.

57 Anders als bei Kapitalgesellschaften erlischt mit dem Eintritt der Geschäftsunfähigkeit nicht sofort die Geschäfts- und Vertretungsbefugnis. Auch das **Prinzip der Selbstorganschaft** soll nach überwiegender Ansicht der Übertragung der Geschäftsführungs- und Vertretungsbefugnisse auf einen Dritten nicht grundsätzlich entgegenstehen.

II. Sicherung der Handlungsfähigkeit durch Prokura- oder Geschäftsführerbestellung

58 Möglich ist es auch, einen **Prokuristen auf Vorrat** oder einen Geschäftsführer durch **Vorratsbeschluss** zu bestellen. Dies ist unproblematisch, wenn der Gesellschafter Alleingesellschafter oder Mehrheitsgesellschafter ist. Gerade wenn eine Gesellschaft nur einen Gesellschafter hat, sollten solche Maßnahmen erwogen werden. In der Praxis ist jedoch wohl eher zu empfehlen, über Anweisungen zur Ausübung einer Stimmrechtsvollmacht dafür zu sorgen, dass ein dritter kompetenter und im Sinne des Geschäftsunfähigen handelnder Prokurist oder Geschäftsführer durch Beschluss bestellt wird.[53]

III. Sicherung der Handlungsfähigkeit durch Generalhandlungsvollmacht gem. § 54 HGB

59 Statt einer unzulässigen organersetzenden bzw. organvertretenden Generalvollmacht kann eine weitgehende Handlungsvollmacht erteilt werden, die all das, was nicht exklusiv dem Organ als Zuständigkeit zugewiesen ist, an einen Dritten delegiert.[54] In einem Urteil vom 18.7.2002 hatte der BGH eine sehr weitgehende Vorsorgevollmacht als zulässige Generalhandlungsvollmacht im Sinne des § 54 HGB eingeordnet, da die Bevollmächtigung auch die gesamten persönlichen Angelegenheiten der Mutter betraf.[55]

---

53 So auch m.w.N. *Heckschen*, NZG 2012, 10, 15.
54 *Heckschen*, NZG 2012, 10, 15.
55 BGH, Urt. v. 18.7.2002, III ZR 124/01, DNotI-Report 2002, 134.

F. Muster

I. Handlungsvollmacht für den unternehmerischen Bereich

Muster: Handlungsvollmacht für den unternehmerischen Bereich 60

Urkundenrolle Nummer für das Jahr

Verhandelt zu am

Vor mir, dem unterzeichnenden

Notar

mit dem Amtssitz in

erschien heute:

ausgewiesen durch gültige Ausweispapiere.

Der Erschienene erklärte vorab, dass der beurkundende Notar oder einer der mit ihm zur gemeinsamen Berufsausübung verbundenen Berufsträger als Anwalt in dieser Angelegenheit bisher nicht tätig war oder ist (§ 3 Abs. 1 Nr. 7 BeurkG).

Der Erschienene ist nach Überzeugung des Notars, die aufgrund der vor der Beurkundung geführten Unterredung gewonnen wurde, voll geschäftsfähig.

Der Erschienene ließ folgende

Handlungsvollmacht

beurkunden und erklärte:

§ 1
Bevollmächtigung

Ich bevollmächtige hiermit
1.
2.

mich im weitesten gesetzlich zulässigen Sinne in allen Angelegenheiten bezogen auf
- mein Einzelunternehmen mit der Firma (Amtsgericht HRA),
- meine Gesellschafterrechte und die Geschäftsführung in der (Amtsgericht HRA/HRB),
- meine dem steuerlichen Sonderbetriebsvermögen zuzuordnenden Vermögenswerte, insbesondere die betrieblich genutzten Immobilien,

uneingeschränkt zu vertreten und meine Gesellschafterrechte wahrzunehmen und auszuüben.

§ 2
Allgemeine Bestimmungen

(1) Die Vollmacht soll dann gelten, wenn ich durch Alter oder Krankheit kurzfristig oder auf Dauer nicht in der Lage bin, mein Unternehmen selbst zu leiten, meine Gesellschafterrechte selbst wahrzunehmen und/oder meinen Aufgaben als Geschäftsführer selbst nachzukommen. Diese Bestimmung ist jedoch keine Beschränkung der Vollmacht gegenüber Dritten, sondern lediglich eine Anweisung von mir an den oder die Bevollmächtigten, die nur im Innenverhältnis gilt; im Außenverhältnis gegenüber Dritten und Behörden ist diese Vollmacht unbeschränkt und sofort wirksam.

Optional: Regelung für das Innenverhältnis, falls mehrere Bevollmächtigte

Ersatzbevollmächtigung im Innenverhältnis (meist bei Ehegatten)

(2) Im Innenverhältnis ist zunächst nur der erste Bevollmächtigte bevollmächtigt. Die anderen Bevollmächtigten dürfen erst von der Vollmacht Gebrauch machen, wenn der erste Bevollmächtigte die Vollmacht nicht mehr ausüben kann oder will. Auch diese Beschränkung gilt ausdrücklich nicht im Außenverhältnis.

Optional: Regelungen für das Außenverhältnis

Variante 1: Gesamtvertretung im Außenverhältnis

(3) Soweit in dieser Urkunde nicht nachfolgend anders geregelt, können auch im Außenverhältnis nur zwei Bevollmächtigte gemeinschaftlich vertreten. Die Bevollmächtigten können aber gemeinschaftlich einem Bevollmächtigen Einzelvollmacht in Form einer Untervollmacht erteilen. Auskunft, insbesondere bei Ärzten, Banken und Versicherungen, kann jeder Bevollmächtigte alleine verlangen. Für den Fall, dass durch den Tod von Bevollmächtigten nur noch ein Bevollmächtigter verbleibt, kann dieser auch einzeln vertreten.

Variante 2: Gesamtvertretung im Außenverhältnis aber Einzelvertretung des 1. Bev. (nur bei mind. 3 Bevollmächtigten denkbar)

(3) Soweit in dieser Urkunde nicht nachfolgend anders geregelt, können auch im Außenverhältnis nur zwei Bevollmächtigte gemeinschaftlich vertreten. Die Bevollmächtigten können aber gemeinschaftlich einem Bevollmächtigten Einzelvollmacht in Form einer Untervollmacht erteilen. Der erste Bevollmächtigte kann auch einzeln vertreten. Auskunft, insbesondere bei Ärzten, Banken und Versicherungen kann jeder Bevollmächtigte alleine verlangen.

Variante 3: Einzelvertretung im Außenverhältnis (nur bei mind. 2 Bevollmächtigten erforderlich)

(3) Soweit in dieser Urkunde nicht nachfolgend anders geregelt, sind die Bevollmächtigten im Außenverhältnis jeweils einzeln bevollmächtigt.

Befreiung von § 181 BGB

(4) Ich befreie von dem Verbot, Rechtsgeschäfte mit sich im eigenen Namen und als Vertreter Dritter vorzunehmen (Befreiung von § 181 BGB).

Alternativ: Keine Befreiung von § 181 BGB

(4) Ich befreie nicht von dem Verbot, Rechtsgeschäfte mit sich im eigenen Namen und als Vertreter Dritter vorzunehmen (keine Befreiung von § 181 BGB).

Keine Berechtigung zu Schenkungen

(5) Ich berechtige nicht zu Schenkungen. Davon ausgenommen sind Anstandsschenkungen in kleinem Umfang zu den üblichen Anlässen wie Geburtstagen, Weihnachten, Hochzeit, Geburt eines Kindes und Trinkgelder an das Pflegepersonal. Diese Bestimmung ist jedoch keine Beschränkung der Vollmacht gegenüber Dritten, sondern lediglich eine Anweisung von mir an den oder die Bevollmächtigten, die nur im Innenverhältnis gilt; im Außenverhältnis gegenüber Dritten und Behörden ist diese Vollmacht unbeschränkt.

Alternativ: Berechtigung zu Schenkungen

(5) Ich berechtige ausdrücklich auch zur Vornahme von teil- oder unentgeltlichen Zuwendungen.

Optionale Rechtswahlklausel für das deutsche Recht

(6) Die Vollmachtserteilung sowie die jedem Bevollmächtigten zufließende Rechtsmacht soll soweit rechtlich zulässig in jeder Hinsicht dem deutschen Recht unterliegen, gleichgültig, wo das jeweilige Vermögen belegen sein mag, wo sich der Vollmachtgeber befinden mag, wo der Bevollmächtigte von dieser Vollmacht Gebrauch macht und welchem Recht das in Ausübung der Vollmacht vorgenommene Rechts- oder sonstige Geschäft unterliegen mag. Der Notar hat darauf hingewiesen, dass insbesondere bei einem zukünftigen Wohnsitz oder gewöhnlichem Aufenthalt sowie der Belegenheit von Vermögensteilen im Ausland auch ausländisches Recht zur Anwendung kommen kann und er zur Belehrung über den Inhalt ausländischer Rechtsordnungen weder in der Lage noch Verpflichtet ist; insbesondere auch nicht darüber, inwieweit die vorstehende Rechtswahl im Ausland akzeptiert wird. Der Notar hat insoweit die Beratung durch einen Experten für das jeweilige ausländische Recht empfohlen.

§ 3
Konkrete Ausgestaltung der Vollmacht

Diese Vollmacht berechtigt dazu, mich in allen geschäftsführenden und gesellschaftsrechtlichen Angelegenheiten, soweit dies rechtlich möglich ist, zu vertreten. Die Vollmacht umfasst insbesondere die Befugnis,

- mein Unternehmen fortzuführen oder zu liquidieren oder im Wege des Formwechsels umzuwandeln oder abzuspalten bzw. auszugliedern, das Betriebsvermögen an Dritte zu veräußern und auf diese zu übertragen, mein Stimmrecht in den Gesellschafterversammlungen für mich auszuüben und sich oder Dritte zum Geschäftsführer der Gesellschaft zu bestellen oder abzuberufen;
- für mich Anmeldungen zur Eintragung in das Handelsregister vorzunehmen;
- mich vor Behörden, Dienststellen und Notariaten sowie Versicherungsgesellschaften im In- und Ausland umfassend zu vertreten;
- über meine Bankkonten und Depots sowie sonstiges Geldvermögen aller Art im In- und Ausland zu verfügen und für mich Bankkonten und Depots zu eröffnen und aufzulösen;
- meinen Grundbesitz zu veräußern und Grundbesitz für mich zu erwerben;

- für mich Grundpfandrechte einschließlich Zins- und Nebenleistungen und sonstige Rechte für beliebige Gläubiger und Berechtigte zu bestellen und die Eintragung im Grundbuch zu bewilligen und zu beantragen;
- für mich einseitige Willenserklärungen wie z.B. die Kündigung, die Anfechtung oder den Widerruf abzugeben.

§ 4
Schlussbestimmungen

(1) Die Vollmacht soll auch dann wirksam bleiben, wenn ich geschäftsunfähig werden sollte oder ein Betreuer für mich bestellt wird. Sie soll durch meinen Tod nicht erlöschen.

(2) Sollte die Vollmacht in einem Teilbereich unwirksam sein oder werden, so soll sie in allen übrigen Bereichen dennoch wirksam bleiben. Dies schließt, im Falle eines „Handelns unter falschem Recht", ausdrücklich auch die Anwendung einer anderen als der deutschen Rechtsordnung ein.

(3) Ausfertigungen dieser Urkunde für die Bevollmächtigten sollen sofort erteilt und mir ausgehändigt werden. Weitere Ausfertigungen können die Bevollmächtigten nur verlangen, wenn durch ärztliches Attest nachgewiesen ist, dass ich durch Alter oder Krankheit daran gehindert bin, für mich selber zu sorgen. Die Bedingung für die Erteilung von Ausfertigungen gilt nur im Innenverhältnis. Der Nachweis bedarf daher nicht der Form des § 29 GBO.

§ 5
Hinweise des Notars

Der Notar hat darauf hingewiesen, dass
- die Vorsorgevollmacht ein erhebliches Missbrauchsrisiko birgt und daher nur bei einem stark ausgeprägten Vertrauensverhältnis zwischen Vollmachtgeber und Bevollmächtigten sinnvoll ist;
- sich die Missbrauchsgefahr durch die Befreiung vom Verbot des Insichgeschäfts (§ 181 BGB) nochmal erhöht;
- sich die Missbrauchsgefahr durch die Berechtigung zur Vornahme von teil- oder unentgeltlichen Zuwendungen nochmal erhöht;
- die Vollmacht jederzeit einseitig widerrufen oder abgeändert werden kann und der Widerruf oder die Abänderung nicht der notariellen Beurkundung bedarf, sondern auch mündlich wirksam ist;
- der Notar unbedingt über den Widerruf der Vollmacht informiert werden muss, damit er keine weiteren Ausfertigungen erteilt;
- die erteilte Vollmacht bis zur Rückgabe der Vollmachtsurkunde abredewidrig oder sonst missbräuchlich verwendet werden kann;
- die Gesellschaftsverträge daraufhin geprüft werden sollten, inwieweit eine Vertretung in Gesellschafterversammlungen zulässig ist.

Vorgelesen, genehmigt und unterschrieben:

II. Vorsorgevollmacht mit Betreuungs- und Patientenverfügung

Muster: Vorsorgevollmacht mit Betreuungs- und Patientenverfügung 61

Urkundenrolle Nummer für das Jahr

Verhandelt zu am

Vor mir, dem unterzeichnenden

Notar

mit dem Amtssitz in

erschien heute:

ausgewiesen durch gültige Ausweispapiere.

Der Erschienene erklärte vorab, dass der beurkundende Notar oder einer der mit ihm zur gemeinsamen Berufsausübung verbundenen Berufsträger als Anwalt in dieser Angelegenheit bisher nicht tätig war oder ist (§ 3 Abs. 1 Nr. 7 BeurkG).

Der Erschienene ist nach Überzeugung des Notars, die aufgrund der vor der Beurkundung geführten Unterredung gewonnen wurde, voll geschäftsfähig.

Der Erschienene ließ folgende

Vorsorgevollmacht mit Betreuungs- und Patientenverfügung

beurkunden und erklärte:

§ 1
Bevollmächtigung

Ich bevollmächtige hiermit

1.
2.
3.

mich in allen vermögensrechtlichen und persönlichen Angelegenheiten nach Maßgabe der nachstehenden Bestimmungen gerichtlich und außergerichtlich zu vertreten.

§ 2
Allgemeine Bestimmungen

(1) Die Vollmacht soll dann gelten, wenn ich durch Alter oder Krankheit daran gehindert bin, für mich selber zu sorgen. Diese Bestimmung ist jedoch keine Beschränkung der Vollmacht gegenüber Dritten, sondern lediglich eine Anweisung von mir an den oder die Bevollmächtigten, die nur im Innenverhältnis gilt; im Außenverhältnis gegenüber Dritten und Behörden ist diese Vollmacht unbeschränkt.

Optional: Regelung für das Innenverhältnis falls mehrere Bevollmächtigte

Ersatzbevollmächtigung im Innenverhältnis (meist bei Ehegatten)

(2) Im Innenverhältnis ist zunächst nur der erste Bevollmächtigte bevollmächtigt. Die anderen Bevollmächtigten dürfen erst von der Vollmacht Gebrauch machen, wenn der erste Bevollmächtigte die Vollmacht nicht mehr ausüben kann oder will. Auch diese Beschränkung gilt ausdrücklich nicht im Außenverhältnis.

Optional: Regelungen für das Außenverhältnis

Variante 1: Gesamtvertretung im Außenverhältnis

(3) Soweit in dieser Urkunde nicht nachfolgend anders geregelt, können auch im Außenverhältnis nur zwei Bevollmächtigte gemeinschaftlich vertreten. Die Bevollmächtigten können aber gemeinschaftlich einem Bevollmächtigen Einzelvollmacht in Form einer Untervollmacht erteilen. Auskunft, insbesondere bei Ärzten, Banken und Versicherungen, kann jeder Bevollmächtigte alleine verlangen. Für den Fall, dass durch den Tod von Bevollmächtigten nur noch ein Bevollmächtigter verbleibt, kann dieser auch einzeln vertreten.

Variante 2: Gesamtvertretung im Außenverhältnis aber Einzelvertretung des 1. Bev. (nur bei mind. 3 Bevollmächtigten denkbar)

(3) Soweit in dieser Urkunde nicht nachfolgend anders geregelt, können auch im Außenverhältnis nur zwei Bevollmächtigte gemeinschaftlich vertreten. Die Bevollmächtigten können aber gemeinschaftlich einem Bevollmächtigten Einzelvollmacht in Form einer Untervollmacht erteilen. Der erste Bevollmächtigte kann auch einzeln vertreten. Auskunft, insbesondere bei Ärzten, Banken und Versicherungen kann jeder Bevollmächtigte alleine verlangen.

Variante 3: Einzelvertretung im Außenverhältnis (nur bei mind. 2 Bevollmächtigten erforderlich)

(3) Soweit in dieser Urkunde nicht nachfolgend anders geregelt, sind die Bevollmächtigten im Außenverhältnis jeweils einzeln bevollmächtigt.

Befreiung von § 181 BGB

(4) Ich befreie von dem Verbot, Rechtsgeschäfte mit sich im eigenen Namen und als Vertreter Dritter vorzunehmen (Befreiung von § 181 BGB).

Alternativ: Keine Befreiung von § 181 BGB

(4) Ich befreie nicht von dem Verbot, Rechtsgeschäfte mit sich im eigenen Namen und als Vertreter Dritter vorzunehmen (keine Befreiung von § 181 BGB).

Keine Berechtigung zu Schenkungen

(5) Ich berechtige nicht zu Schenkungen. Davon ausgenommen sind Anstandsschenkungen in kleinem Umfang zu den üblichen Anlässen wie Geburtstagen, Weihnachten, Hochzeit, Geburt eines Kindes und Trinkgelder an das Pflegepersonal. Diese Bestimmung ist jedoch keine Beschränkung der Vollmacht gegenüber Dritten, sondern lediglich eine Anweisung von mir an den oder die Bevollmächtigten, die nur im Innenverhältnis gilt; im Außenverhältnis gegenüber Dritten und Behörden ist diese Vollmacht unbeschränkt.

Alternativ: Berechtigung zu Schenkungen

(5) Ich berechtige ausdrücklich auch zur Vornahme von teil- oder unentgeltlichen Zuwendungen.

Optionale Rechtswahlklausel für das deutsche Recht

(6) Die Vollmachtserteilung sowie die jedem Bevollmächtigten zufließende Rechtsmacht soll soweit rechtlich zulässig in jeder Hinsicht dem deutschen Recht unterliegen, gleichgültig, wo das jeweilige Vermögen belegen sein mag, wo sich der Vollmachtgeber befinden mag, wo der Bevollmächtigte von dieser Vollmacht Gebrauch macht und welchem Recht das in Ausübung der Vollmacht vorgenommene Rechts- oder sonstige Geschäft unterliegen mag. Der Notar hat darauf hingewiesen, dass insbesondere bei einem zukünftigen Wohnsitz oder gewöhnlichem Aufenthalt sowie der Belegenheit von Vermögensteilen im Ausland auch ausländisches Recht zur Anwendung kommen kann und er zur Belehrung über den Inhalt ausländischer Rechtsordnungen weder in der Lage noch Verpflichtet ist; insbesondere auch nicht darüber, inwieweit die vorstehende Rechtswahl im Ausland akzeptiert wird. Der Notar hat insoweit die Beratung durch einen Experten für das jeweilige ausländische Recht empfohlen.

§ 3
Vermögensrechtliche Angelegenheiten

Diese Vollmacht berechtigt dazu, mich in allen vermögensrechtlichen Angelegenheiten, soweit dies rechtlich möglich ist, zu vertreten. Die Vollmacht umfasst insbesondere die Befugnis,
- mich vor Behörden, Dienststellen und Notariaten sowie Versicherungsgesellschaften im In- und Ausland umfassend zu vertreten;
- über meine Bankkonten und Depots sowie sonstiges Geldvermögen aller Art im In- und Ausland zu verfügen und für mich Bankkonten und Depots zu eröffnen und aufzulösen;
- meinen Grundbesitz zu veräußern und zu erwerben,
- für mich Grundpfandrechte einschließlich Zins- und Nebenleistungen und sonstige Rechte für beliebige Gläubiger und Berechtigte zu bestellen und die Eintragung im Grundbuch zu bewilligen und zu beantragen;
- für mich einseitige Willenserklärungen wie z.B. die Kündigung, die Anfechtung oder den Widerruf abzugeben;
- für mich Anmeldungen zur Eintragung in das Handelsregister vorzunehmen.

§ 4
Persönliche Angelegenheiten

(1) Diese Vollmacht berechtigt zudem dazu, mich in allen persönlichen Angelegenheiten, soweit dies rechtlich zulässig ist, zu vertreten. Insbesondere berechtigt sie zu allen Erklärungen und Handlungen, zu denen ein Betreuer mit oder ohne Genehmigung des Betreuungsgerichtes befugt wäre, wie
- zur Einwilligung in eine Untersuchung des Gesundheitszustandes, eine Heilbehandlung oder einen ärztlichen Eingriff, auch wenn die begründete Gefahr besteht, dass ich aufgrund der Maßnahme sterbe oder einen schweren und längerdauernden gesundheitlichen Schaden erleide (§ 1904 BGB); hierbei sind die Bevollmächtigten auch befugt, Krankenunterlagen

einzusehen und alle Informationen von den behandelnden Ärzten einzuholen, die von ihrer Schweigepflicht hiermit entbunden werden;
- zur Einwilligung in den Abbruch lebenserhaltender Maßnahmen;
- zur Einwilligung in eine Unterbringung, die mit einer freiheitsentziehenden Maßnahme verbunden ist (§ 1906 Abs. 1 BGB);
- zur Einwilligung in freiheitsentziehende Maßnahmen im Sinne von § 1906 Abs. 4 BGB (Freiheitsentziehung durch mechanische Vorrichtung, Medikamente oder auf andere Weise);
- zur Bestimmung meines Aufenthaltes und zur Kündigung eines Mietverhältnisses über Wohnraum (§ 1907 BGB);
- zur Bestimmung meiner letzten Ruhestätte und der Bestattungsweise.

(2) Die Vollmacht in persönlichen Angelegenheiten ist nicht übertragbar. Untervollmacht darf in persönlichen Angelegenheiten nicht erteilt werden.

§ 5

Betreuungsverfügung

Sollte trotz der hier bestellten Vollmacht für mich eine Betreuung notwendig oder zweckmäßig werden, wünsche ich, dass einer der Bevollmächtigten zu meinem Betreuer bestellt wird.

§ 6

Patientenverfügung

(1) Die nachfolgenden Anordnungen sollen gelten,
- wenn ich mich aller Wahrscheinlichkeit nach unabwendbar im unmittelbaren Sterbeprozess befinde;
- wenn ich mich im Endstadium einer unheilbaren, tödlich verlaufenden Krankheit befinde, selbst wenn der Todeszeitpunkt noch nicht absehbar ist;
- wenn infolge einer Gehirnschädigung meine Fähigkeit, Einsichten zu gewinnen, Entscheidungen zu treffen und mit anderen Menschen in Kontakt zu treten nach Einschätzung zweier erfahrener Ärzte aller Wahrscheinlichkeit nach unwiederbringlich erloschen ist, auch wenn der Todeszeitpunkt noch nicht absehbar ist, wobei mir bewusst ist, dass in solchen Situationen die Fähigkeit zu Empfindungen erhalten sein kann und dass ein Aufwachen aus diesem Zustand nicht ganz sicher auszuschließen, aber äußerst unwahrscheinlich ist;
- wenn ich infolge eines sehr weit fortgeschrittenen Hirnabbauprozesses (z.B. bei Demenzerkrankung) auch mit ausdauernder Hilfe nicht mehr in der Lage bin, Nahrung und Flüssigkeit auf natürliche Weise zu mir zu nehmen;
- wenn vergleichbare, hier nicht ausdrücklich erwähnte Krankheitszustände vorliegen sollten.

(2) In allen unter Absatz 1 beschriebenen Situationen verlange ich lindernde pflegerische Maßnahmen, insbesondere Mundpflege zur Vermeidung des Durstgefühls sowie lindernde ärztliche Maßnahmen, im speziellen Medikamente zur wirksamen Bekämpfung von Schmerzen, Luftnot, Angst, Unruhe, Erbrechen und anderen Krankheitserscheinungen. Die Möglichkeit einer Verkürzung meiner Lebenszeit durch diese Maßnahmen nehme ich in Kauf.

(3) In den unter Absatz 1 beschriebenen Situationen wünsche ich die Unterlassung lebenserhaltender Maßnahmen, die nur den Todeseintritt verzögern und dadurch mögliches Leiden unnötig verlängern würden.

(4) In den von mir unter Absatz 1 beschriebenen Situationen, insbesondere auch in den Situationen, in denen der Tod nicht unmittelbar bevorsteht, wünsche ich sterben zu dürfen und verlange ausdrücklich keine künstliche Ernährung. Verminderte Flüssigkeitsgabe verlange ich nach ärztlichem Ermessen.

(5) Eine Erklärung zur Organspende möchte ich heute nicht abgeben. Die Entscheidung hierüber bleibt dem oder den Bevollmächtigten vorbehalten. Für den Fall einer Organspende bin ich mit der zeitlich befristeten Durchführung intensivmedizinischer Maßnahmen zu Transplantationszwecken einverstanden.

(6) Ich habe diese Verfügung nach sorgfältiger Überlegung erstellt. Sie ist Ausdruck meines Selbstbestimmungsrechts. Darum wünsche ich nicht, dass mir in der konkreten Situation der Nichtentscheidungsfähigkeit eine Änderung meines Willens unterstellt wird, solange ich dies nicht ausdrücklich (schriftlich oder nachweislich mündlich) erklärt habe.

§ 7

Schlussbestimmungen

(1) Die Vollmacht soll auch dann wirksam bleiben, wenn ich geschäftsunfähig werden sollte oder ein Betreuer für mich bestellt wird. Sie soll durch meinen Tod nicht erlöschen.

(2) Sollte die Vollmacht in einem Teilbereich unwirksam sein oder werden, so soll sie in allen übrigen Bereichen dennoch wirksam bleiben. Dies schließt, im Falle eines „Handelns unter falschem Recht", ausdrücklich auch die Anwendung einer anderen als der deutschen Rechtsordnung ein.

(3) Ausfertigungen dieser Urkunde für die Bevollmächtigten sollen sofort erteilt und mir ausgehändigt werden. Weitere Ausfertigungen können die Bevollmächtigten nur verlangen, wenn durch ärztliches Attest nachgewiesen ist, dass ich durch Alter oder Krankheit daran gehindert bin, für mich selber zu sorgen. Die Bedingung für die Erteilung von Ausfertigungen gilt nur im Innenverhältnis. Der Nachweis bedarf daher nicht der Form des § 29 GBO.

(4) Ich wünsche die Erfassung dieser Urkunde einschließlich der in ihr enthaltenen personenbezogenen Daten im zentralen Register der Bundesnotarkammer für Vorsorgeurkunden. Dieses Register dient der Information der mit Betreuungsverfahren befassten Stellen.

§ 8

Hinweise des Notars

Der Notar hat darauf hingewiesen, dass
- die Vorsorgevollmacht ein erhebliches Missbrauchsrisiko birgt und daher nur bei einem stark ausgeprägten Vertrauensverhältnis zwischen Vollmachtgeber und Bevollmächtigten sinnvoll ist;
- sich die Missbrauchsgefahr durch die Befreiung vom Verbot des Insichgeschäfts (§ 181 BGB) nochmal erhöht;
- sich die Missbrauchsgefahr durch die Berechtigung zur Vornahme von teil- oder unentgeltlichen Zuwendungen nochmal erhöht;

- sowohl die Vollmacht als auch die Betreuungsverfügung und die Patientenverfügung jederzeit und unabhängig voneinander einseitig widerrufen oder abgeändert werden können und der Widerruf oder die Abänderung nicht der notariellen Beurkundung bedarf, sondern auch mündlich wirksam ist;
- der Notar unbedingt über den Widerruf der Vollmacht informiert werden muss, damit er keine weiteren Ausfertigungen erteilt;
- die erteilte Vollmacht bis zur Rückgabe der Vollmachtsurkunde abredewidrig oder sonst missbräuchlich verwendet werden kann;
- freiheitsentziehende Maßnahmen und ärztliche Zwangsmaßnahmen stets, lebensgefährliche Heileingriffe und Behandlungsabbrüche unter bestimmten Umständen der Genehmigung des Betreuungsgerichts bedürfen;
- zur wirksamen Vertretung des Vollmachtgebers in seiner Position als Gesellschafter möglicherweise die Vertretung durch Vorsorgebevollmächtigte im Gesellschaftsvertrag oder durch Gesellschafterbeschluss zugelassen werden muss.

Vorgelesen, genehmigt und unterschrieben:

§ 7 Testamentsvollstreckung

Übersicht:

A. Einleitung

I. Motive für die Anordnung einer Testamentsvollstreckung

Das Schicksal des Nachlasses nach dem Ableben des Erblassers und die Frage, inwieweit die von ihm in einer letztwilligen Verfügung getroffenen Anordnungen befolgt werden, hängen von dem Verhalten der Erben bzw. Vermächtnisnehmer ab. Oft haben Erblasser den Wunsch, auf das Schicksal des Nachlasses nach ihrem Tod über einen bestimmten Zeitraum noch **Einfluss** zu nehmen (z.B. bis ihre Abkömmlinge ein bestimmtes Alter erreicht haben) oder den Nachlass zu sichern (z.B. die Fortführung von Familienunternehmen). Dieses Ziel versuchen sie durch testamentarische Anordnungen oder Niederlegung ihrer Wünsche in ihrem letzten Willen zu erreichen. Durch einvernehmliche Regelungen können die Erben jedoch von den Anordnungen des Erblassers abweichen, wenn diese nicht in Form einer Auflage getroffen wurden. Hat der Erblasser nur den Wunsch geäußert, sein Unternehmen soll von seinen Kindern fortgeführt werden, können 1 sich die Kinder darüber hinwegsetzen und das Unternehmen veräußern. Auch über eine nur schuldrechtlich wirkende Teilungsanordnung des Erblassers können sich die Erben im Einvernehmen hinwegsetzen.[1] Um die Durchsetzung seines **Willens** zu sichern, steht dem Erblasser das Rechtsinstitut der Testamentsvollstreckung zur Verfügung.

2 Ein Motiv für die Anordnung einer Testamentsvollstreckung ist oft auch der Wunsch nach Friedenssicherung und **Streitvermeidung**, wenn die Erben voraussichtlich nicht zu einer konfliktfreien Abwicklung des Nachlasses im Stande sind.

3 Gerade bei komplexen Nachlässen, beschränkt geschäftsfähigen oder geschäftsunfähigen Erben, Vermögen im Ausland oder im Ausland lebenden Beteiligten erleichtert die Testamentsvollstreckung außerdem die **Nachlassabwicklung**. Bei einer Auslandsberührung ist jedoch zu prüfen, ob im jeweiligen Land, zu dem ein Bezug besteht, die Testamentsvollstreckung anerkannt wird.[2]

4 Eine Dauertestamentsvollstreckung ist sinnvoll bei **minderjährigen** Erben, wenn der gesetzliche Vertreter von seinem Recht zur Verwaltung des Vermögens ausgeschlossen werden soll.

5 Die Testamentsvollstreckung kann ferner dazu eingesetzt werden, einem Erben durch die Ernennung zum Testamentsvollstrecker eine **Sonderstellung** und größere Machtbefugnisse als den übrigen Miterben einzuräumen. Dies kann z.B. der Fall sein, wenn der überlebende Ehegatte und Abkömmlinge eine Erbengemeinschaft bilden. Durch die Ernennung des überlebenden Ehegatten zum Testamentsvollstrecker kann sichergestellt werden, dass die Anordnungen des Erblassers befolgt und in der Erbengemeinschaft durchgesetzt werden.

6 Ebenso häufig verbirgt sich hinter der Anordnung einer Testamentsvollstreckung der Wunsch, dass der Nachlass oder Teile des Nachlasses über einen bestimmten Zeitraum von einer sachkundigen Person verwaltet werden. Insbesondere bei **Unternehmensbeteiligungen** kann ein bestimmter Zeitraum zu überbrücken sein, bis der gewünschte Nachfolger das erforderliche Alter erreicht oder die erforderlichen Kenntnisse erworben hat, um die Nachfolge im Unternehmen zu übernehmen. Bis zu diesem Zeitpunkt besteht ein Handlungsbedarf im Unternehmen, der durch die Anordnung einer Testamentsvollstreckung gedeckt werden kann. Ferner kommt die Testamentsvollstreckung im unternehmerischen Bereich in Betracht, wenn die Erben zur Unternehmensführung (noch) nicht in der Lage oder willens sind, so dass das Bedürfnis besteht, eine erfahrene Person mit der Fortführung des Unternehmens oder dessen Veräußerung zu betrauen. Steht aus Sicht des Erblassers noch nicht fest, welche von mehreren Personen in der Lage ist, das Unternehmen fortzuführen, kann er dieses einer noch unbestimmten Person aus einem bestimmten Personenkreis (z.B. den Abkömmlingen)

---

1 Palandt/*Weidlich*, § 2048 Rn 4.
2 Vgl. hierzu Mayer/Bonefeld/*Bonefeld*, Testamentsvollstreckung, § 43 Rn 1 ff.

vermachen, indem er ein Vermächtnis aussetzt und den Testamentsvollstrecker anweist, den Bedachten auszuwählen.[3]

Ein weiteres Gestaltungsziel, das mit Hilfe der Testamentsvollstreckung erreicht werden kann, ist der Ausschluss des **Vollstreckungszugriffs** von Eigengläubigern des Erben auf den Nachlass. Dies ist in den Fällen des sog. **Behinderten- oder Bedürftigentestaments**[4] oder des **Überschuldetentestaments**[5] maßgebliches Ziel. Der Nachlass geht mit dem Erbfall in das Eigentum des Erben über (§ 1922 Abs. 1 BGB). Durch die Anordnung einer Testamentsvollstreckung bildet der Nachlass jedoch ein vom sonstigen Vermögen getrennt zu verwaltendes **Sondervermögen.**[6] Die Eigengläubiger des Erben können nach § 2214 BGB nicht auf die der Verwaltung des Testamentsvollstreckers unterliegenden Nachlassgegenstände zugreifen. 7

In den Fallgestaltungen des Behinderten- bzw. Bedürftigentestaments geht es darum, dem behinderten bzw. bedürftigen Erben kein Vermögen zukommen zu lassen, auf das der Sozialhilfeträger zugreifen kann. Dies wird zum einen durch die Anordnung einer Vor- und Nacherbfolge erreicht, wodurch der Nachlass gem. § 2115 BGB i.V.m. § 773 ZPO vor einem Zugriff geschützt wird.[7] 8

Dasselbe gilt im Fall des Überschuldetentestaments. Auch hier wird eine Vollstreckung von Eigengläubigern des Erben durch § 2115 BGB i.V.m. § 83 Abs. 2 InsO verhindert. Die Nachlassgegenstände können in diesem Fall zwar gepfändet werden, aber nur auflösend bedingt durch den Eintritt der Nacherbfolge. Eine Verwertung der gepfändeten Gegenstände ist während der Dauer der Vorerbschaft unzulässig. Weiterhin wird in diesen beiden Fallgestaltungen Testamentsvollstreckung angeordnet, wodurch ein Zugriff der Eigengläubiger des Erben auf die Erträge des Nachlasses ausgeschlossen ist (§ 2214 BGB). Durch die Kombination der Anordnung einer Vor- und Nacherbfolge und einer Dauertestamentsvollstreckung wird sichergestellt, dass Eigengläubiger weder auf den Nachlass noch auf dessen Erträge zugreifen können.[8] Ferner wird der Testamentsvollstrecker gem. § 2216 Abs. 2 S. 1 BGB angewiesen, dem Vorerben diejenigen Beträge zur freien Verfügung zu überlassen, die unterhalb der Pfändungsfreigrenzen liegen. 9

Die Anordnung einer Testamentsvollstreckung kann ferner erforderlich sein, wenn die Errichtung einer **Stiftung von Todes wegen** erfolgen soll. Hier wird 10

3 Vgl. Münchener Anwaltshandbuch Erbrecht/*Schlitt,* § 13 Rn 270 ff.

4 Vgl. zum Behindertentestament ausführlich *Ruby/Schindler/Wirich,* Das Behindertentestament, 2. Auflage 2014.

5 Zum Behindertentestament und Testamenten für Überschuldete vgl. weiterführend Tanck/Krug/*Horn,* Anwaltformulare Testamente, § 21 Rn 1 ff.

6 Damrau/Tanck/*Bonefeld,* § 2197 Rn 2.

7 Tanck/Krug/*Horn,* Anwaltformulare Testamente, § 21 Rn 25.

8 Tanck/Krug/*Horn,* Anwaltformulare Testamente, § 21 Rn 32 f.

Testamentsvollstreckung angeordnet und dem Testamentsvollstrecker aufgegeben, die Stiftungsgenehmigung einzuholen und das gewidmete Vermögen auf die Stiftung zu übertragen.

11 Ein weiterer Anwendungsbereich der Dauertestamentsvollstreckung ist die **Pflichtteilsbeschränkung in guter Absicht** zum Schutz eines überschuldeten oder verschwenderischen Abkömmlings (§ 2338 Abs. 1 S. 2 BGB). Durch die Anordnung, dass der Testamentsvollstrecker den Pflichtteil oder Erbteil verwalten soll, entzieht der Erblasser dem verschwenderischen oder überschuldeten Abkömmling zu dessen Schutz das Verfügungsrecht unter Lebenden. Hierdurch werden die Eigengläubiger vom Pfändungszugriff auf den zugewandten Pflicht- bzw. Erbteil ausgeschlossen (§ 2214 BGB). Dem Abkömmling muss jedoch der jährliche Reinertrag verbleiben (§ 2338 Abs. 1 S. 2 BGB). Dieser ist, soweit er die Pfändungsfreigrenzen (vgl. § 863 Abs. 1 ZPO) übersteigt, von Gläubigern des Abkömmlings pfändbar.

II. Rechtsstellung des Testamentsvollstreckers

12 Der Testamentsvollstrecker erlangt sein Amt durch die Anordnung des Erblassers. Eine gesetzlich angeordnete Testamentsvollstreckung existiert nicht. Der vom Erblasser ernannte Testamentsvollstrecker ist Inhaber eines **privaten Amtes**.[9] Er verwaltet den Nachlass **treuhänderisch** für die Erben.[10] Dabei unterliegt der Testamentsvollstrecker keiner Aufsicht durch das Nachlassgericht und ist – insbesondere den Erben gegenüber – nicht weisungsgebunden.[11] Soweit er keine Handlungsvorgaben durch die Anordnungen des Erblassers erhalten hat, unterliegt er nur den gesetzlichen Vorschriften der §§ 2197 ff. BGB. Den Erben schuldet er hiernach insbesondere Auskunft und Rechenschaft über sein Handeln als Testamentsvollstrecker und ist zur ordnungsgemäßen Verwaltung des Nachlasses verpflichtet.

13 Der Testamentsvollstrecker handelt grundsätzlich aus **eigenem Recht** und bedarf nicht der Zustimmung der Erben. Wo das Gesetz seine Befugnisse aber beschränkt (z.B. § 2205 S. 3 BGB), kann er von diesen Einschränkungen mit Zustimmung der Erben abweichen.[12] Mit den Erben kann der Testamentsvollstrecker auch vertragliche Vereinbarungen treffen, solange er hierdurch nicht seine Unabhängigkeit und Selbstständigkeit gegenüber den Erben aufgibt.[13]

14 Der Testamentsvollstrecker bedarf bei minderjährigen Erben nicht der Zustimmung der gesetzlichen Vertreter und keiner Genehmigung des Familiengerichts.

9 BGH NJW 1983, 40; BGH NJW 2000, 3781.
10 Mayer/Bonefeld/*Mayer*, Testamentsvollstreckung, § 2 Rn 6.
11 BGH NJW 1959, 1429.
12 MüKo/*Zimmermann*, § 2205 Rn 80.
13 BGH NJW 1957, 1916; Mayer/Bonefeld/*Mayer*, Testamentsvollstreckung, § 2 Rn 7.

Bei verheirateten Erben bedarf er keiner Einwilligung des Ehegatten nach § 1365 BGB.

Der Testamentsvollstrecker ist zwar nicht Vertreter der Erben, jedoch findet nach allgemeiner Meinung das Verbot von Insichgeschäften und Mehrfachvertretung gem. **§ 181 BGB** entsprechende Anwendung.[14] Der Erblasser kann den Testamentsvollstrecker von diesem Verbot jedoch befreien und ihm das Selbstkontrahieren gestatten. 15

III. Anordnung der Testamentsvollstreckung

Die Testamentsvollstreckung kann nur durch eine **letztwillige Verfügung** (Testament oder Erbvertrag) angeordnet werden. Im gemeinschaftlichen Testament kann die Testamentsvollstreckung nicht als wechselbezügliche Verfügung angeordnet werden (§ 2270 Abs. 1 i.V.m. Abs. 3 BGB). Im Erbvertrag kann die Testamentsvollstreckung nur als einseitige Verfügung angeordnet werden (vgl. § 2299 Abs. 1 BGB; § 2278 Abs. 1 i.V.m. Abs. 2 BGB). Die Testamentsvollstreckung kann auch isoliert oder bei ansonsten geltender gesetzlicher Erbfolge angeordnet werden. 16

Der Erblasser kann die Testamentsvollstreckung auch bedingt oder befristet anordnen (z.B. bis zum Erreichen der Volljährigkeit der zu Erben berufenen Abkömmlinge). Die Testamentsvollstreckung kann außerdem auf bestimmte Erbteile (z.B. den Erbteil von Abkömmlingen) oder auf einzelne Nachlassgegenstände (z.B. unternehmerisches Vermögen) **beschränkt** werden (vgl. § 2208 Abs. 1 S. 2 BGB). 17

Die Regelungen zur Testamentsvollstreckung sind nicht allesamt **zwingendes Recht**. Die gesetzlichen Pflichten des Testamentsvollstreckers sind nur im Umfang des § 2220 BGB zwingender Natur, d.h. eine Befreiung ist nicht möglich hinsichtlich der Pflicht zur Erstellung eines Nachlassverzeichnisses (§ 2215 BGB), zur ordnungsgemäßen Verwaltung des Nachlasses (§ 2216 BGB) und zur Rechnungslegung (§ 2218 BGB). Von den übrigen Pflichten kann der Erblasser den Testamentsvollstrecker befreien. Die Rechte und Pflichten des Testamentsvollstreckers können (in den Grenzen des § 2220 BGB) vom Erblasser individuell ausgestaltet werden: er kann die Befugnisse des Testamentsvollstreckers inhaltlich, gegenständlich oder zeitlich beschränken (vgl. § 2208 BGB), er kann die Aufgaben des Testamentsvollstreckers aber auch erweitern. 18

14 BGH NJW 1959, 1429; BGH FamRZ 1989, 963, 964; Damrau/Tanck/*Bonefeld,* § 2205 Rn 14.

B. Formen der Testamentsvollstreckung

19 Bei der Anordnung einer Testamentsvollstreckung ist zu unterscheiden zwischen der Abwicklungsvollstreckung und der Verwaltungsvollstreckung bzw. der Dauertestamentsvollstreckung und den Sonderfällen der Nacherbenvollstreckung und der Vermächtnisvollstreckung.

I. Abwicklungstestamentsvollstreckung

20 Die **Abwicklungsvollstreckung** ist der gesetzliche Regelfall. Ordnet der Erblasser lediglich Testamentsvollstreckung an, ohne die Aufgaben des Testamentsvollstreckers näher zu spezifizieren, ist hierin die Anordnung einer Abwicklungsvollstreckung zu sehen (vgl. § 2203 BGB).[15]

21 Der zur Abwicklung berufene Testamentsvollstrecker hat den Nachlass in Besitz zu nehmen, die letztwilligen Anordnungen des Erblassers auszuführen, Vermächtnisse zu erfüllen, Auflagen zu vollziehen, Nachlassverbindlichkeiten zu begleichen und schließlich die **Auseinandersetzung** des Nachlasses vorzunehmen (vgl. § 2204 BGB). Hat der Erblasser keine besonderen Anordnungen getroffen, erfolgt die Auseinandersetzung nach den gesetzlichen Vorschriften, d.h. die nicht in Natur teilbaren Nachlassgegenstände sind zu veräußern und der Erlös ist unter den Miterben zu verteilen. Der Erblasser kann abweichend hiervon Teilungsanordnungen treffen oder die Auseinandersetzung nach billigem Ermessen des Testamentsvollstreckers anordnen (vgl. § 2048 S. 2 und S. 3 BGB).

22 Der Testamentsvollstrecker ist befugt, über Nachlassgegenstände zu **verfügen** (§ 2205 S. 2 Hs. 2 BGB) und **Verbindlichkeiten** für den Nachlass einzugehen (§§ 2206, 2207 BGB). Ihm sind bei der Verwaltung des Nachlasses Grenzen gesetzt durch das **Schenkungsverbot** (§ 2205 S. 3 BGB) und die Pflicht zur **ordnungsgemäßen Verwaltung** (§ 2216 BGB). Zudem kann der Erblasser in seiner letztwilligen Verfügung abweichende Anordnungen treffen und die Befugnisse des Testamentsvollstreckers einschränken (vgl. § 2208 Abs. 1 S. 1 BGB).

23 **Formulierungsbeispiel: Anordnung einer Abwicklungsvollstreckung**
Ich ordne Abwicklungsvollstreckung gem. § 2203 BGB an. Der Testamentsvollstrecker hat die von mir angeordneten Vermächtnisse zu erfüllen, für die Erfüllung der angeordneten Auflagen zu sorgen, den Nachlass bis zur Durchführung der Auseinandersetzung zu verwalten und die Auseinandersetzung unter den Miterben nach den gesetzlichen Vorschriften durchzuführen. Der Testamentsvollstrecker ist in der Eingehung von Verbindlichkeiten für den Nachlass nicht beschränkt und von den Beschränkungen des § 181 BGB befreit.

15 MüKo/*Zimmermann*, § 2203 Rn 1.

Formulierungsbeispiel: Anordnung einer Abwicklungsvollstreckung mit Auseinandersetzung nach gesetzlichen Vorschriften und nach billigem Ermessen 24
Ich ordne Abwicklungsvollstreckung gem. § 2203 BGB an. Der Testamentsvollstrecker hat die von mir angeordneten Vermächtnisse zu erfüllen, für die Erfüllung der angeordneten Auflagen zu sorgen und den Nachlass bis zur Durchführung der Auseinandersetzung zu verwalten. Die Auseinandersetzung unter den Miterben soll grundsätzlich nach den gesetzlichen Bestimmungen erfolgen. Meine persönliche Habe, mein Schmuck und meine Kunstgegenstände sollen nach billigem Ermessen des Testamentsvollstreckers unter den Miterben verteilt werden.
Der Testamentsvollstrecker ist in der Eingehung von Verbindlichkeiten für den Nachlass nicht beschränkt und von den Beschränkungen des § 181 BGB befreit.

Eine zeitliche Grenze für die Dauer der Abwicklungsvollstreckung existiert nicht, 25
insbesondere gilt die Höchstgrenze für die Dauertestamentsvollstreckung gemäß § 2210 BGB hier nicht.[16] Das Amt endet automatisch mit der vollständigen Auseinandersetzung des Nachlasses.

Bei letztwilligen Verfügungen von **Ehegatten** kann die Anordnung der Testa- 26
mentsvollstreckung gem. § 2270 Abs. 3 i.V.m. § 2278 Abs. 2 BGB nicht bindend erfolgen. In der letztwilligen Verfügung von Ehegatten sollte ausdrücklich angeordnet werden, ob die Anordnung der Testamentsvollstreckung nach jedem Ehegatten, nach dem Ableben nur eines der beiden Ehegatten oder nur nach dem Ableben des Längerlebenden gewünscht ist.

II. Verwaltungsvollstreckung

Der Aufgabenkreis eines Verwaltungsvollstreckers unterscheidet sich von dem 27
des Abwicklungsvollstreckers, da bei der **Verwaltungsvollstreckung** (vgl. § 2209 S. 1 Hs. 1 BGB) der Nachlass (mindestens teilweise) nicht auseinandergesetzt wird. Der Testamentsvollstrecker ist hierbei lediglich zur Verwaltung des Nachlasses oder von Nachlassteilen eingesetzt. Eine Auseinandersetzung des Nachlasses hat er nicht durchzuführen.

Anwendungsbereich dieser schlichten Verwaltungsvollstreckung sind z.B. das 28
Überschuldetentestament oder die Pflichtteilsbeschränkung in guter Absicht. Ferner kann die Verwaltungsvollstreckung angeordnet werden bei einzelnen minderjährigen Abkömmlingen, für die die Verwaltungsvollstreckung bis zum Erreichen der Volljährigkeit andauert.

16 *Gottwald,* ZEV 2006, 296.

III. Dauertestamentsvollstreckung

29 Bei der **Dauertestamentsvollstreckung** (§ 2209 S. 1 Hs. 2 BGB) obliegt dem Testamentsvollstrecker zunächst die Auseinandersetzung des Nachlasses und im Folgenden für einen vom Erblasser bestimmten Zeitraum die Verwaltung des Nachlasses oder von Teilen des Nachlasses.

30 Die Dauertestamentsvollstreckung muss vom Erblasser ausdrücklich angeordnet werden. Fehlt eine ausdrückliche Anordnung des Erblassers, kann nur dann eine Dauertestamentsvollstreckung angenommen werden, wenn sich ein entsprechender Wille des Erblassers durch Auslegung der letztwilligen Verfügung ermitteln lässt. Wegen des Ausnahmecharakters[17] der Dauervollstreckung ist jedoch bei der Auslegung ein strenger Maßstab anzulegen.

31 Die Dauertestamentsvollstreckung kann längstens für eine **Höchstdauer** von 30 Jahren angeordnet werden (§ 2210 S. 1 BGB). Eine längere Vollstreckungsdauer kann sich jedoch daraus ergeben, dass der Erblasser die Verwaltung bis zum Tode des Erben oder des Testamentsvollstreckers oder bis zum Eintritt eines anderen in deren Person liegenden Ereignisses (z.B. Erreichen eines bestimmten Alters) anordnet (§ 2210 S. 2 BGB).

32 Die Dauertestamentsvollstreckung unterliegt grundsätzlich denselben Regeln wie die Abwicklungsvollstreckung. Es gilt hier jedoch die Besonderheit, dass der Dauertestamentsvollstrecker nicht zur Herausgabe des Nachlasses oder einzelner Nachlassgegenstände verpflichtet ist. Sofern der Erblasser keine anderweitigen Anordnungen trifft und es ordnungsgemäßer Verwaltung entspricht, sind aber die Erträge des Nachlasses an die Erben auszukehren.

33 **Formulierungsbeispiel: Anordnung einer Abwicklungs- und Dauertestamentsvollstreckung bis zum Erreichen des 28. Lebensjahres**

Ich ordne Abwicklungsvollstreckung und Dauertestamentsvollstreckung an.

Der Testamentsvollstrecker hat im Rahmen der Abwicklungsvollstreckung gem. § 2203 BGB die von mir angeordneten Vermächtnisse zu erfüllen, für die Erfüllung der angeordneten Auflagen zu sorgen, den Nachlass bis zur Durchführung der Auseinandersetzung zu verwalten und die Auseinandersetzung unter den Miterben nach den gesetzlichen Vorschriften durchzuführen. Als Dauertestamentsvollstrecker obliegt ihm die Verwaltung des Nachlasses einschließlich der Erträge des Nachlasses. Die Dauertestamentsvollstreckung dauert an bis zur Vollendung des 28. Lebensjahres des jeweiligen Erben bzw. Ersatzerben.

Der Testamentsvollstrecker ist in der Eingehung von Verbindlichkeiten für den Nachlass nicht beschränkt und von den Beschränkungen des § 181 BGB befreit.

---

17 MüKo/*Zimmermann*, § 2203 Rn 1.

IV. Sonderfälle

1. Nacherbentestamentsvollstreckung

Bei der **Nacherbentestamentsvollstreckung** gem. § 2222 BGB wird der Testamentsvollstrecker zu dem Zweck ernannt, bis zu dem Eintritt einer angeordneten Nacherbfolge die Rechte des Nacherben auszuüben und dessen Pflichten zu erfüllen. Der Testamentsvollstrecker hat hier nicht die allgemeinen Befugnisse der §§ 2203 ff. BGB, insbesondere hat er kein Verwaltungs- und Verfügungsrecht, da der Nacherbe vor Eintritt des Nacherbfalls noch kein „Erbe" ist und über den Nachlass selbst nicht verfügen kann. Seine Aufgaben bestimmen sich aus dem Recht der Nacherbfolge. Er hat lediglich die Aufgabe, die Rechte des Nacherben wahrzunehmen (z.B. Auskunftsrechte) und die dem Nacherben vor Eintritt des Nacherbfalls obliegenden Pflichten zu erfüllen (z.B. Zustimmung zu Verfügungen des Vorerben zu erteilen).[18] 34

Auch der Vorerbe kann einer Testamentsvollstreckung unterliegen, die bis zum Eintritt des Nacherbfalls andauert, diese unterliegt jedoch nicht den Beschränkungen des § 2222 BGB.[19] Von der Nacherbentestamentsvollstreckung gem. § 2222 BGB zu unterscheiden ist außerdem die Abwicklungs- oder Verwaltungsvollstreckung für den Nacherben, die erst mit dem Eintritt des Nacherbfalls beginnt. Hierbei handelt es sich um eine „normale" Testamentsvollstreckung, für die die allgemeinen Vorschriften der §§ 2203 ff. BGB gelten. 35

2. Vermächtnisvollstreckung

Bei der **Vermächtnisvollstreckung** gem. § 2223 BGB wird der Testamentsvollstrecker zu dem Zweck ernannt, für die Ausführung der einem Vermächtnisnehmer auferlegten Beschwerungen (z.B. der Vollziehung einer Auflage oder der Erfüllung eines Nach- oder Untervermächtnisses) zu sorgen.[20] In diesem Fall sind für die Testamentsvollstreckung weitgehend die allgemeinen Regeln der §§ 2203 ff. BGB anzuwenden, an die Stelle des Nachlasses tritt aber das beschwerte Vermächtnis. 36

Dem Vermächtnisvollstrecker kann auch die dauernde Verwaltung des Vermächtnisgegenstandes übertragen werden. §§ 2209 f. BGB gelten dann sinngemäß, § 2223 BGB findet auf diesen Fall keine Anwendung. 37

---

18 Vgl. *Warlich,* Die Auseinandersetzung zwischen Vor- und Nacherben, S. 105.

19 Vgl. zur Testamentsvollstreckung für den Vorerben MüKo/*Zimmermann,* § 2222 Rn 9 f.

20 Zur Formulierung vgl. Mayer/Bonefeld/*Mayer,* Testamentsvollstreckung, § 3 Rn 6.

C. Wer ist geeigneter Testamentsvollstrecker?

I. Ernennung durch den Erblasser

38 Der Testamentsvollstrecker wird grundsätzlich durch den Erblasser benannt (vgl. § 2197 BGB). Der Erblasser kann die Ernennung der Person des Testamentsvollstreckers aber auch einem von ihm benannten **Dritten** (vgl. § 2198 Abs. 1 S. 1 BGB) oder dem **Nachlassgericht** überlassen (§ 2200 Abs. 1 BGB). Letzteres ist anzunehmen, wenn der Erblasser zwar Testamentsvollstreckung anordnet, aber nicht die Person des Testamentsvollstreckers benennt.[21] Der Erblasser kann es auch dem von ihm berufenen Testamentsvollstrecker überlassen, einen Mitvollstrecker oder einen Nachfolger im Amt zu ernennen (§ 2199 BGB).

39 Der Erblasser kann einen, aber auch **mehrere** Testamentsvollstrecker ernennen (§ 2197 Abs. 1 BGB). Für den Fall des Wegfalls des Testamentsvollstreckers vor oder nach Amtsannahme (z.B. Vorversterben oder spätere Niederlegung des Amts) kann der Erblasser einen **Ersatztestamentsvollstrecker** benennen (§ 2197 Abs. 2 BGB).

40 **Formulierungsbeispiel: Ernennung des Testamentsvollstreckers**
Zu meinem Testamentsvollstrecker berufe ich (...), geboren am (...), wohnhaft in (...). Zum Ersatztestamentsvollstrecker für den Fall des Wegfalls des Testamentsvollstreckers vor oder nach seiner Amtsannahme berufe ich (...), geboren am (...), geschäftsansässig (...). Weiter ersatzweise ist der Testamentsvollstrecker durch das Nachlassgericht zu bestimmen. Der jeweilige Testamentsvollstrecker hat das Recht, einen Nachfolger im Amt zu ernennen.

II. Anforderungen an die Person des Testamentsvollstreckers

41 Der Testamentsvollstrecker muss zum Zeitpunkt der Amtsannahme **geschäftsfähig** sein (§ 2201 BGB). Einschränkungen hinsichtlich der Person des Testamentsvollstreckers sieht das Gesetz nicht vor. Insbesondere ist keine besondere Qualifikation für das Amt des Testamentsvollstreckers erforderlich.[22] Der Erblasser kann jede inländische oder ausländische, natürliche oder juristische Person zum Testamentsvollstrecker ernennen (vgl. §§ 2210 S. 3, 2163 Abs. 2 BGB). Behörden, insbesondere auch das Nachlassgericht, können nicht zum Testamentsvollstrecker berufen werden.[23]

42 Auch testamentarisch vom Erblasser bedachte Personen (**Erben, Vermächtnisnehmer**) können zum Testamentsvollstrecker ernannt werden. Bei der Einsetzung eines Erben als Testamentsvollstrecker können jedoch Einschränkungen

21 BeckOK-BGB/*Mayer*, § 2200 Rn 2.
22 BGH ZEV 2005, 123, 125.
23 BeckOK-BGB/*Mayer*, § 2197 Rn 28; Damrau/Tanck/*Bonefeld*, § 2197 Rn 51.

bestehen. Ein Miterbe kann stets Testamentsvollstrecker sein.[24] Ein Alleinerbe kann jedoch nicht zum alleinigen Testamentsvollstrecker ernannt werden, zulässig ist nur eine Ernennung des Alleinerben zum Mitvollstrecker. Sämtliche Miterben können hingegen zu Testamentsvollstreckern ernannt werden.[25]

Die Benennung von **Eltern**, die gleichzeitig alleinige gesetzliche Vertreter ihrer Kinder sind, als Testamentsvollstrecker ist problematisch, da in diesem Fall ein Interessengegensatz bestehen kann und die Eltern an der Besorgung verhindert sind (§ 1909 Abs. 1 BGB), sodass eine Ergänzungspflegschaft erforderlich ist.[26] Der BGH verneint zwar einen Interessengegensatz ohne konkreten Anlass, jedoch bestehe regelmäßig ein Interessengegensatz, der eine Ergänzungspflegerbestellung rechtfertige, was im Einzelfall zu prüfen sei.[27] Die Einsetzung der Eltern als Testamentsvollstrecker für minderjährige Kinder sollte daher vermieden werden. Dasselbe gilt für die Einsetzung eines gesetzlichen Vertreters, z.B. eines Betreuers oder Vormunds. 43

Auch **Rechtsanwälte, Steuerberater**[28] oder **Wirtschaftsprüfer** können zum Testamentsvollstrecker ernannt werden. Die berufsrechtlichen Regelungen dieser Berufsgruppen sehen keine Beschränkungen für die Ausübung des Testamentsvollstreckeramtes vor. Ein Rechtsanwalt ist jedoch an der Amtsausübung gehindert, wenn er zuvor gegen den Träger des zu verwaltenden Vermögens tätig geworden ist (§ 45 Abs. 2 Nr. 1 BRAO). Dieses Tätigkeitsverbot gilt auch für die mit dem Rechtsanwalt in Sozietät oder in sonstiger Weise zur gemeinschaftlichen Berufsausübung verbundenen oder verbunden gewesenen Rechtsanwälte und Angehörigen anderer Berufe (z.B. Steuerberater). 44

Notare können ebenfalls zum Testamentsvollstrecker ernannt werden. Hierbei ist jedoch zu beachten, dass die Berufung des Notars zum Testamentsvollstrecker nicht durch die Verfügung von Todes wegen erfolgen kann, die der Notar selbst beurkundet hat, da die letztwillige Verfügung insoweit unwirksam wäre (§ 7 Nr. 1 i.V.m. § 27 BeurkG). Der Erblasser kann den Notar jedoch durch gesondertes Testament zum Testamentsvollstrecker ernennen.[29] 45

Zulässig ist auch eine Testamentsvollstreckung durch **Kreditinstitute** (Banken und Sparkassen).[30] Die Testamentsvollstreckung ist, wie sich im Umkehrschluss aus § 5 Abs. 2 Nr. 1 RDG ergibt, keine Rechtsdienstleistung und kann daher auch von Kreditinstituten erbracht werden.[31] Bedenken werden im Hinblick auf die 46

24 BGH NJW 1959, 1429, 1430 m.w.N.
25 Palandt/*Weidlich*, § 2197 Rn 5; *Nieder/Kössinger*, § 15 Rn 30.
26 Rechtsprechungsnachweise bei BeckOK-BGB/*Mayer*, § 2197 Rn 27.
27 BGH ZEV 2008, 330 ff.
28 BGH ZEV 2005, 123.
29 Damrau/Tanck/*Bonefeld*, § 2197 Rn 58; *Nieder/Kössinger*, § 15 Rn 31.
30 BGH ZEV 2005, 122, 123.
31 *Balzer/Warlich*, ZIP 2012, 349, 355 f.

Durchführung der Testamentsvollstreckung durch Kreditinstitute in Bezug auf die erforderliche höchstpersönliche Amtsausübung vorgebracht. Eine Bank wird durch ihren Vorstand vertreten, der jedoch in der Praxis nicht selbst die Testamentsvollstreckung ausführt, sondern die Aufgaben auf geeignete Mitarbeiter überträgt (zumeist einer besonderen Abteilung, z.B. dem Private Banking). Dies wird von Teilen der Literatur als Verstoß gegen das Substitutionsverbot angesehen.[32] Das Substitutionsverbot ist mit zutreffender Auffassung aber dahingehend einzuschränken, dass eine Übertragung von Aufgaben zulässig ist, wenn dies nach den Grundsätzen einer ordnungsgemäßen Nachlassverwaltung erforderlich und im Einzelfall unbedenklich ist.[33]

III. Eignung des Testamentsvollstreckers

47 Der Testamentsvollstrecker sollte eine Person sein, der der Erblasser **Vertrauen** schenkt. Es empfiehlt sich, bei absehbaren Meinungsverschiedenheiten unter den Miterben, eine Person zu wählen, die auch von den Miterben oder weiteren Nachlassbeteiligten (z.B. Vermächtnisnehmern oder Pflichtteilsberechtigten) als „neutral" und vertrauenswürdig angesehen wird.

48 Ferner ist wichtig, dass die ausgewählte Person auch die fachliche und wirtschaftliche **Qualifikation** hat, den Nachlass abzuwickeln bzw. zu verwalten. Zudem ist zu berücksichtigen, dass die ausgewählte Person auch entsprechend Zeit für die Erfüllung ihrer Aufgaben aufwenden muss. Bei einer Dauertestamentsvollstreckung über einen langen Zeitraum muss daher auch das **Alter** der Person berücksichtigt werden.

49 Rechtsanwälte, Steuerberater und Wirtschaftsprüfer sind wegen ihrer **Sachkunde** und **Pflicht zur Verschwiegenheit** besonders als Testamentsvollstrecker geeignet. Die Führung eines Einzelunternehmens oder die Übernahme einer Vollhaftung bei einer Personenhandelsgesellschaft durch einen Steuerberater oder Wirtschaftsprüfer stellt aber einen Verstoß gegen das Gewerbegebot bei diesen Berufsgruppen dar.[34] Ein Steuerberater oder Wirtschaftsprüfer ist daher dann kein geeigneter Testamentsvollstrecker, wenn sich im Nachlass ein Einzelunternehmen befindet, das von ihm geführt werden soll.

IV. Ernennung mehrerer Testamentsvollstrecker

50 Bei einer besonderen Komplexität des Nachlasses kann es auch zweckmäßig sein, mehrere Testamentsvollstrecker zu benennen, die ihr Amt **gemeinschaftlich** führen, d.h. Entscheidungen grundsätzlich gemeinsam treffen müssen. Bei Mei-

32 Münchener Anwaltshandbuch Erbrecht/*Lorz,* § 19 Rn 49.

33 *Mayer,* MittBayNot 2005, 366, 369. Zur ordnungsgemäßen Verwaltung bei Kreditinstituten vgl. Mayer/Bonefeld/*Bonefeld,* Testamentsvollstreckung, § 44 Rn 8.

34 BeckOK-BGB/*Mayer,* § 2197 Rn 32 m.w.N.

nungsverschiedenheiten entscheidet, sofern der Erblasser nichts anderes bestimmt, das Nachlassgericht (§ 2224 Abs. 1 S. 1 BGB). Der Erblasser kann jedoch auch anordnen, dass bestimmte Nachlassbestandteile der Verwaltung nur eines Testamentsvollstreckers unterliegen (z.B. Herausnahme des unternehmerischen Vermögens aus der gemeinschaftlichen Verwaltung und Übertragung auf einen Testamentsvollstrecker).

V. Zusammenfassung

Folgende Punkte sollten bei der Auswahl der Person des Testamentsvollstreckers 51
bedacht werden.

Checkliste: Auswahl des Testamentsvollstreckers

1. Besitzt die Person die erforderlichen fachlichen, unternehmerischen oder rechtlichen Kenntnisse und Fähigkeiten, die das Amt mit sich bringt?
2. Ist die Person neutral genug, um von allen Nachlassbeteiligten akzeptiert zu werden?
3. Hat die Person ausreichend Zeit, um ihren Aufgaben als Testamentsvollstrecker nachzukommen?
4. Ist die Person in Anbetracht ihres Alters in der Lage, die Testamentsvollstreckung während der gesamten Dauer auszuführen?
5. Ist die Person in der Lage, das Amt alleine auszuführen oder bedarf es eines Nebenvollstreckers (z.B. bei minderjährigen Kindern, deren gesetzlicher Vertreter als Testamentsvollstrecker ernannt werden soll)?
6. Bedarf es eines weiteren (Mit-)Testamentsvollstreckers, um die Person zu kontrollieren?
7. Ist die Person willens, das Amt zu übernehmen?

D. Durchführung der Testamentsvollstreckung

I. Konstituierung des Nachlasses

Der Testamentsvollstrecker hat unverzüglich nach Amtsannahme die **Konstituierung** des Nachlasses vorzunehmen. Hierunter versteht man die Abgrenzung der 52
von ihm verwalteten Nachlassobjekte nach außen hin. Sie erfolgt durch Ermittlung und Inbesitznahme des Nachlasses und die Sicherung des Nachlasses. Bei Grundstücken wird zu diesem Zweck ein Testamentsvollstreckervermerk nach § 52 GBO im Grundbuch eingetragen.

Zur Konstituierung des Nachlasses zählen weiterhin die Erstellung eines **Nachlassverzeichnisses** gem. § 2215 BGB, die Abgabe der Erbschaftsteuererklärung, 53
die Begleichung der festgesetzten Erbschaftsteuer und der Nachlassverbindlich-

keiten. In dem Nachlassverzeichnis sind die Nachlassgegenstände und Nachlassverbindlichkeiten vollständig zu erfassen.[35]

II. Kapitalanlagen des Testamentsvollstreckers

54 Der Testamentsvollstrecker ist zur **ordnungsgemäßen Verwaltung** des Nachlasses verpflichtet (§ 2216 Abs. 1 BGB). Er muss das ihm anvertraute Vermögen erhalten und sichern, Verluste verhindern und die Nutzung des Vermögens gewährleisten.[36]

55 Der Erblasser kann dem Testamentsvollstrecker durch letztwillige Verfügung **Anordnungen** zur Verwaltung des Nachlasses gem. § 2216 Abs. 2 BGB erteilen (z.B. Verbot des Erwerbs von Aktien oder Anordnung einer bestimmten Anlagestrategie). Der Testamentsvollstrecker ist dann grundsätzlich verpflichtet, diese Anordnungen zu befolgen. Die Anordnungen des Erblassers sind für ihn bindend.[37] Eine Verwaltungsanordnung des Erblassers wirkt nur schuldrechtlich, d.h. im Außenverhältnis ist der Testamentsvollstrecker nicht in seiner Verfügungsbefugnis beschränkt.[38] Zuwiderhandlung gegen Verwaltungsanordnung des Erblassers stellen eine grobe Pflichtverletzung dar, die einen Schadensersatzanspruch gem. § 2219 BGB oder eine Entlassung aus dem Amt nach § 2227 BGB rechtfertigen können. Der Testamentsvollstrecker kann aber von Verwaltungsanordnungen des Erblassers abweichen, wenn der Nachlass hierdurch gefährdet wäre oder wenn das Nachlassgericht auf seinen Antrag hin die Verwaltungsanordnung außer Kraft gesetzt hat (vgl. § 2216 Abs. 2 S. 1 BGB).

56 Der Testamentsvollstrecker, der das ihm anvertraute Vermögen optimal nutzen muss, ist zur bestmöglichen Anlage von Bankvermögen verpflichtet. Hat der Erblasser keine besonderen Anordnungen getroffen, ist der Testamentsvollstrecker in der Wahl der **Anlageform** grundsätzlich frei. Er ist nicht verpflichtet, nur sichere oder gar mündelsichere Anlagen auszuwählen.[39] Er soll den Erhalt des Nachlasses wertmäßig sichern, so dass – unter Berücksichtigung von Steuern und Inflation – eine mündelsichere Anlage zum wertmäßigen Erhalt nicht ausreicht.[40] Der Testamentsvollstrecker kann daher auch höhere Risiken eingehen, wenn er diese sachgerecht beurteilen und kontrollieren kann.[41] Er darf sich nicht

---

35 Zum Inhalt des Nachlassverzeichnisses vgl. Mayer/Bonefeld/*Mayer*, Testamentsvollstreckung, § 8 Rn 4 ff.

36 BGH NJW 1987, 1070, 1071; BGH NJW 1967, 443.

37 MüKo/*Zimmermann*, § 2216 Rn 15; Damrau/Tanck/*Bonefeld*, § 2216 Rn 15.

38 Damrau/Tanck/*Bonefeld*, § 2216 Rn 15.

39 BGH NJW 1987, 1070, 1071.

40 Fischer/Kühne/Wahrlich/*Warlich*, § 10 Rn 13.

41 *Farkas-Richling*, ZEV 2007, 310, 312.

nur mit einem durchschnittlichem Erfolg zufrieden geben, sondern muss nach besseren Ergebnissen streben.[42]

Wichtigstes **Anlageziel** ist die Erhaltung der Substanz. Außerdem muss der Testamentsvollstrecker für eine Mehrung des Vermögens sorgen. Welche Anlageziele der Testamentsvollstrecker verfolgen muss, hängt ab von der angeordneten Testamentsvollstreckung. Bei der Abwicklungsvollstreckung steht die Liquidierbarkeit des Vermögens zum Zwecke der alsbaldigen Auseinandersetzung des Nachlasses gegenüber der Erzielung von Erträgen im Vordergrund. Bei der Dauertestamentsvollstreckung hingegen muss nur liquides Vermögen vorgehalten werden, um Nachlassverbindlichkeiten zu begleichen, das Ziel der Vermögensmehrung und Rentabilität überwiegt hier. 57

Zulässig sind bei Kapitalanlageentscheidungen grundsätzlich auch **spekulative** Anlagen, wenn diese den Grundsätzen einer wirtschaftlichen Vermögensverwaltung entsprechen. Spekulative Anlagen sind daher nur zulässig, wenn nicht der gesamte Nachlass oder ein erheblicher Teil hiervon betroffen ist.[43] 58

Der Testamentsvollstrecker ist grundsätzlich zur höchstpersönlichen Amtsausübung verpflichtet (§ 2218 Abs. 1 i.V.m. § 664 Abs. 1 BGB). Er kann daher das Amt bzw. dessen Ausübung nicht in Gänze auf einen **Dritten** übertragen.[44] Wenn der Erblasser dies nicht ausdrücklich ausgeschlossen hat, kann er aber Dritte mit der Verwaltung beauftragen, wenn er selbst nicht die für die jeweilige Tätigkeit erforderlichen Kenntnisse und Fähigkeiten besitzt (z.B. in Steuerangelegenheiten). So kann er beispielswiese in Vermögensangelegenheiten auch eine Bank oder einen Vermögensverwalter beauftragen, wenn er die konkreten Anlageentscheidungen selbst trifft, d.h. Anlagestrategie, Ertragsziele und Risiko selbst bestimmt, und den Beauftragten laufend überwacht.[45] 59

Gerade bei der Verwaltung komplexer Vermögen sollte der Erblasser dem Testamentsvollstrecker ausdrücklich gestatten, die Verwaltung des Nachlasses oder von Teilen hiervon auf geeignete Dritte zu übertragen. 60

Formulierungsbeispiel: Berechtigung des Testamentsvollstreckers zum Abschluss von Vermögensverwaltungsverträgen 61

Der Testamentsvollstrecker ist ausdrücklich berechtigt, Dritte mit der Verwaltung meines Bankvermögens zu beauftragen bzw. zum Zeitpunkt meines Ablebens bestehende Verträge mit Dritten (insbesondere Vermögensverwaltungsverträge) fortzusetzen.

---

42 BGH NJW 1987, 1070, 1071; *Klumpp*, ZEV 1994, 65, 66.

43 BGH NJW 1987, 1070, 1071; *Klumpp*, ZEV 1994, 65, 67. Vgl. hierzu weiterführend *Zeising*, Pflichten und Haftung des Testamentsvollstreckers bei der Verwaltung von Großvermögen, 2004, S. 46.

44 Bengel/Reimann/Schaub/*Klumpp*, Kap. 6 Rn 8; Staudinger/*Reimann*, § 2218 Rn 9; Palandt/*Weidlich*, § 2218 Rn 2.

45 Vgl. ausführlich Fischer/Kühne/Warlich/*Warlich*, § 10 Rn 43 f.

62 Insbesondere bei großen Vermögen stellt die Anordnung bindender Anweisungen an den Testamentsvollstrecker für den Testamentsvollstrecker eine erhebliche Erleichterung dar, da sie Streitigkeiten über die Zulässigkeit einzelner Verwaltungshandlungen mit den Erben vermeidet.

63 **Formulierungsbeispiel: Pflicht zur Investition in bestimmte Anlagenformen**
Der Testamentsvollstrecker ist verpflichtet, das der Testamentsvollstreckung unterliegende Bankvermögen ausschließlich in Einlagen (Sichteinlagen und Termineinlagen) bei in Deutschland ansässigen Kreditinstituten und in Anleihen erstklassiger Bonität anzulegen. Anlagen in Fremdwährungen sind nur bis zur Höhe von 10 % des gesamten Bankvermögens zulässig.[46]

III. Benachrichtigungs-, Auskunfts- und Rechnungslegungspflichten des Testamentsvollstreckers

64 Der Testamentsvollstrecker ist gem. § 2218 Abs. 1 i.V.m. § 666 BGB zur Information der Erben verpflichtet. Art und Umfang der **Benachrichtigungspflicht** bestimmen sich nach den Umständen des konkreten Einzelfalls. Eine generelle Benachrichtigungspflicht über beabsichtigte Verwaltungsmaßnahmen besteht nicht.[47]

65 Der Erbe kann jederzeit vom Testamentsvollstrecker **Auskunft** verlangen (§ 2218 Abs. 1 i.V.m. § 666 BGB). Art und Umfang der Auskunftserteilung sind von dem Auskunftsbegehren abhängig und am konkreten Einzelfall zu beurteilen. Grundsätzlich ist auch eine mündliche Auskunftserteilung zulässig. Der Testamentsvollstrecker kann aber auch verpflichtet sein, die Auskunft durch Vorlage eines Bestandsverzeichnisses gem. § 260 Abs. 1 2. Alt. BGB zu erteilen, z.B. wenn sich durch Neuerwerbe oder Umschichtungen des Nachlassvermögens Veränderungen im Nachlassbestand ergeben haben.[48]

66 Nach Beendigung des Amtes ist der Testamentsvollstrecker auf Verlangen des Erben zur **Rechenschaftslegung** verpflichtet (§ 2218 Abs. 1 i.V.m. § 666 BGB).[49] Hierzu sind eine Darstellung des gesamten Ablaufes, der Maßnahmen und Ergebnisse der Testamentsvollstreckertätigkeit erforderlich. Belege sind den Erben vorzulegen (§ 259 Abs. 1 BGB) und ihnen herauszugeben (§ 667 BGB). Bei länger andauernder Verwaltung kann der Erbe vom Testamentsvollstrecker jährlich Rechnungslegung verlangen (§ 2218 Abs. 2 BGB).

46 Fischer/Kühne/Warlich/*Warlich*, § 4 Rn 121.
47 MüKo/*Zimmermann*, § 2218 Rn 10.
48 Bengel/Reimann/*Klumpp*, Kap. 6 Rn 106.
49 Ganz herrschende Meinung, vgl. Mayer/Bonefeld/*Mayer*, Testamentsvollstreckung, § 9 Rn 91.

IV. Ende der Testamentsvollstreckung

Das Amt eines Testamentsvollstreckers **erlischt** gem. § 2225 BGB bei seinem Ableben oder wenn ein Fall des § 2201 BGB eintritt (Geschäftsunfähigkeit, Beschränkung der Geschäftsfähigkeit oder Bestellung eines Betreuers bzw. bei juristischen Personen Verlust der Rechtsfähigkeit). Das Amt endet weiterhin durch **Kündigung** des Testamentsvollstreckers, die jederzeit gegenüber dem Nachlassgericht erklärt werden kann (§ 2226 BGB). Schließlich endet das Amt auch durch die **Entlassung** des Testamentsvollstreckers gem. § 2227 BGB, die das Nachlassgericht auf Antrag eines Beteiligten aussprechen kann, wenn ein wichtiger Grund vorliegt. Ein wichtiger Grund ist insbesondere eine grobe Pflichtverletzung des Testamentsvollstreckers (§ 2227 Hs. 2 BGB) oder dessen Unfähigkeit zur ordnungsmäßigen Geschäftsführung. Die Beendigung der Testamentsvollstreckung führt dazu, dass der Testamentsvollstrecker zur Herausgabe des Nachlasses verpflichtet ist (§ 2218 Abs. 1 i.V.m. § 667 BGB) und der Erbe die Verfügungsbefugnis über den Nachlass zurückerlangt. 67

Eine Beendigung der Testamentsvollstreckung tritt außerdem ein bei **Zweckerreichung**, d.h. wenn alle Aufgaben erledigt sind (Abwicklungsvollstreckung)[50] oder ein vom Erblasser angeordneter **Endtermin** bzw. eine auflösende Bedingung eingetreten ist (Dauertestamentsvollstreckung). Die Dauertestamentsvollstreckung endet gem. § 2210 S. 1 BGB auch mit dem Ablauf der Dreißigjahresfrist, sofern kein Fall des § 2210 S. 2 BGB vorliegt. Bei einer Nacherbentestamentsvollstreckung gem. § 2222 BGB endet die Testamentsvollstreckung mit Eintritt des Nacherbfalls. 68

Von der Beendigung der Testamentsvollstreckung (z.B. durch Zweckerreichung oder Zeitablauf) zu unterscheiden ist das Ende des **Amtes** eines **bestimmten** Testamentsvollstreckers. In diesem Fall (z.B. durch Kündigung eines Testamentsvollstreckers) kann die Testamentsvollstreckung dennoch fortdauern, z.B. wenn der Erblasser für diesen Fall einen Ersatztestamentsvollstrecker ernannt hat (vgl. § 2197 Abs. 2 BGB) oder das Nachlassgericht ersucht hat, einen Nachfolger zu ernennen (§ 2200 BGB). Durch die Möglichkeit der Ernennung eines Nachfolgers kann die Testamentsvollstreckung jedoch nicht über die zeitliche Grenze des § 2210 S. 1 BGB hinaus verlängert werden.[51] Die Anordnung der Dauertestamentsvollstreckung verliert ihre Wirksamkeit mit dem Tode des letzten Testamentsvollstreckers, der innerhalb von 30 Jahren seit dem Erbfall zum Testamentsvollstrecker ernannt wurde.[52] 69

50 Mayer/Bonefeld/*Mayer*, Testamentsvollstreckung, § 13 Rn 43.
51 BGH ZEV 2008, 138, 139.
52 BGH ZEV 2008, 138; bestätigt durch BVerfG ZEV 2009, 390.

E. Testamentsvollstreckung und post- bzw. transmortale Vollmacht

70 Testamentsvollstreckung und trans- bzw. postmortale Vollmacht schließen sich nicht gegenseitig aus, sondern sind nebeneinander möglich. Eine bereits vom Erblasser erteilte Vollmacht über den Tod hinaus (**transmortale Vollmacht**) bleibt auch mit dessen Ableben grundsätzlich wirksam, solange sie nicht von den Erben widerrufen wird. Eine Vollmacht des Erblassers, die erst aufschiebend bedingt nach seinem Tod wirksam wird (**postmortale Vollmacht**), ist ebenfalls zulässig.[53] Der mittels trans- bzw. postmortaler Vollmacht Beauftragte vertritt ab dem Zeitpunkt des Erbfalls die Erben.[54] Grund für die Erteilung einer solchen Vollmacht ist die schnellere Einsatzfähigkeit. Der Bevollmächtigte kann mittels der Vollmacht und einer Sterbeurkunde – d.h. ohne Erbnachweis – über Nachlassgegenstände verfügen. Die Vollmacht kann daher eingesetzt werden, um die Zeit bis zur Erteilung eines Erbscheins bzw. Testamentsvollstreckerzeugnisses zu überbrücken.

71 Eine vom Erblasser erteilte post- oder transmortale Vollmacht ist grundsätzlich **widerruflich**. Die Vollmacht kann von jedem Miterben einzeln widerrufen werden, jedoch nur mit Wirkung für sich.[55] Auch der Testamentsvollstrecker kann die Vollmacht widerrufen. Die Vollmacht kann nur dann unwiderruflich erteilt werden, wenn das der Vollmacht zugrunde liegende Rechtsverhältnis auch im Interesse des Bevollmächtigten liegt und die Interessen des Bevollmächtigten und Vollmachtgebers mindestens gleichwertig sind.[56] Insbesondere kann eine dem Testamentsvollstrecker erteilte postmortale Vollmacht unwiderruflich erteilt werden.[57] Sie kann daher nur aus wichtigem Grund widerrufen werden.[58]

72 Setzt der Erblasser unterschiedliche Personen als Testamentsvollstrecker und Bevollmächtigten ein, ist streitig, in welchem Verhältnis die Bevollmächtigung und die angeordnete Testamentsvollstreckung stehen. Die überwiegende Meinung in Rechtsprechung und Literatur geht davon aus, dass der Bevollmächtigte ungeachtet der angeordneten Testamentsvollstreckung bis zum Vollmachtswiderruf über die Nachlassgegenstände verfügen kann, da beide Rechtsinstitute selbstständig nebeneinanderstehen und es nicht auf die zeitliche Reihenfolge ankommt.[59] Eine andere Ansicht stellt auf die zeitliche Reihenfolge der Anordnungen ab und nimmt bei einer Anordnung der Testamentsvollstreckung nach Vollmachtserteilung einen Widerruf der Vollmacht an.[60]

---

53 BGH NJW 1983, 1487.
54 BGH NJW 1983, 1487, 1489.
55 BGH NJW 1962, 1718; Damrau/Tanck/*Bonefeld*, § 2197 Rn 10.
56 BGH WM 1971, 956.
57 *Nieder/Kössinger*, § 15 Rn 96 m.w.N.
58 BGH WM 1985, 646, 647.
59 OLG München ZErb 2012, 18, 19.
60 *Nieder/Kössinger*, § 15 Rn 98 m.w.N.

F. Testamentsvollstreckung im Unternehmensbereich

Besondere Bedeutung erlangt die Testamentsvollstreckung im Unternehmensbereich. Sie kann eingesetzt werden, um das Unternehmen nach dem Ableben des Unternehmers abzuwickeln oder um das Unternehmen zu verwalten, z.B. bis die Kinder des Unternehmers zur Unternehmensführung in der Lage sind (z.B. volljährig sind oder eine entsprechende Ausbildung abgeschlossen haben). Die Anordnung der Testamentsvollstreckung ist hierbei mit den gesellschaftsvertraglichen Regelungen abzugleichen. 73

Weiterhin bestehen aus dem **Gesellschaftsrecht** resultierende Einschränkungen, die eine Testamentsvollstreckung nur eingeschränkt zulassen, z.B. bei einem einzelkaufmännischen Unternehmen und einem persönlich haftenden Gesellschafter einer OHG, KG oder GbR.[61] Der Testamentsvollstrecker darf Verbindlichkeiten gem. §§ 2206, 2207 BGB nur für den Nachlass eingehen, nicht für das Eigenvermögen des Erben. Der Erbe kann seine Haftung für die Nachlassverbindlichkeiten beschränken. Dieser beschränkten bzw. beschränkbaren Haftung widerspricht die Haftungssituation beim einzelkaufmännischen Unternehmen und der Beteiligung eines persönlich haftenden Gesellschafters. Der Inhaber eines Einzelunternehmens haftet gem. §§ 22, 25, 27 HGB grundsätzlich persönlich und unbeschränkt. Dasselbe gilt für den Nachfolger eines persönlich haftenden Gesellschafters einer Personengesellschaft (vgl. §§ 128, 130 HGB). 74

I. Einzelkaufmännisches Unternehmen

Bei einem **einzelkaufmännischen Unternehmen** ist eine Verwaltungsvollstreckung nicht zulässig, da die Erben nur auf den Nachlass beschränkbar haften und der Testamentsvollstrecker nicht persönlich haftet (vgl. §§ 2206, 2207 BGB), was der umfassenden Haftung eines Einzelkaufmanns widerspricht.[62] Zulässig ist lediglich eine Abwicklungsvollstreckung.[63] Um das Ergebnis einer Verwaltungsvollstreckung zu erreichen, haben Rechtsprechung und Literatur die Konstruktion einer „Vollmachtslösung" und „Treuhandlösung" entwickelt. 75

Die „**Vollmachtslösung**"[64] sieht den Testamentsvollstrecker als Bevollmächtigten der Erben, der das einzelkaufmännische Unternehmen im Namen der Erben fortführt, während die Erben als Inhaber des Handelsgeschäfts für die Neuschulden unbeschränkt haften und für die Altschulden erbrechtlich beschränkbar bzw. bei Fortführung unter Übernahme der Firma unbeschränkt gem. §§ 25, 27 HGB. 76

---

61 Bengel/Reimann/*Pauli*, Kap. 5 Rn 113 m.w.N.; a.A. *Weidlich*, NJW 2011, 641 ff.

62 Vgl. BGH NJW 1954, 636.

63 MüKo/*Zimmermann*, § 2205 Rn 18; Damrau/Tanck/*Bonefeld*, § 2205 Rn 27.

64 *Schaub*, ZEV 1994, 72; kritisch: *Weidlich*, NJW 2011, 641, 642. Vgl. zur Formulierung Tanck/Krug/*Uricher*, Anwaltformulare Testamente, § 17 Rn 137.

Der Testamentsvollstrecker benötigt, da er nur den Nachlass verpflichten kann, für diese Ersatzkonstruktion eine entsprechende Vollmacht der Erben. Der Erblasser kann die Erteilung einer Vollmacht durch die Erben sicherstellen, indem er die Erbeinsetzung auflösend bedingt durch die Vollmachtserteilung anordnet oder sie mittels einer Auflage zur Vollmachtserteilung verpflichtet.[65]

77 Die „**Treuhandlösung**" sieht den Testamentsvollstrecker als Inhaber des Geschäfts, der das Geschäft nach außen im eigenen Namen und in unbeschränkter eigener Haftung fortführt. Im Innenverhältnis zu den Erben handelt er allerdings auf ihre Rechnung als ihr Treuhänder.[66] Diese Lösung erfordert, dass die Erben das Geschäft treuhänderisch auf den Testamentsvollstrecker übertragen. Für die Neuschulden haftet der Testamentsvollstrecker uneingeschränkt mit seinem Privatvermögen.

II. Beteiligung als persönlich haftender Gesellschafter einer OHG, KG oder GbR

78 Die Abwicklungsvollstreckung bei einer Beteiligung als persönlich haftender Gesellschafter einer OHG, KG oder GbR ist grundsätzlich zulässig. Zulässig ist die Auseinandersetzung der Gesellschaft (vgl. §§ 730 ff. BGB) durch den Testamentsvollstrecker, falls die Gesellschaft durch den Tod des Erblasser-Gesellschafters oder kraft gesellschaftsvertraglicher Bestimmungen oder Gesellschafterbeschluss aufgelöst wird. Der Testamentsvollstrecker kann auch die Auseinandersetzung durchführen, wenn der Gesellschafter durch seinen Tod ausscheidet, und den Abfindungsanspruch des Erben gem. § 738 Abs. 1 S. 2 Hs. 2 BGB geltend machen.

79 Wird die Gesellschaft mit den Erben fortgesetzt, geht der Gesellschaftsanteil im Wege der Sondererbfolge unmittelbar entsprechend ihrem Anteil auf die Erben über.[67] Eine Dauertestamentsvollstreckung an der Beteiligung des Erblassers an einer OHG oder als persönlich haftender Gesellschafter einer KG ist unzulässig, da der Testamentsvollstrecker nur Verbindlichkeiten für den Nachlass eingehen kann, was der unbeschränkten persönlichen Haftung der Gesellschafter gem. § 128 HGB widerspricht.[68] Der Anteil kann nur mit seiner vermögensrechtlichen Seite, der sogenannten „**Außenseite**", der Dauertestamentsvollstreckung unterliegen.[69] Zur „Außenseite" gehören die mit der Gesellschaftsbeteiligung verbundenen Vermögensrechte, d.h. die laufenden Gewinnansprüche und ein künftiger Auseinandersetzungsanspruch. Von der Wahrnehmung der Rechte der personenrechtlichen „**Innenseite**" der Beteiligung, d.h. Geschäftsführung, Vertretung,

---

65 Vgl. BGH NJW 1954, 636, 637.
66 BGH NJW 1961, 1304, 1305; BeckOK-BGB/*Mayer*, § 2205 Rn 29 m.w.N.
67 BGH NJW 1983, 2376, 2377.
68 BGH NJW 1957, 1026, 1027 f.; BGH NJW 1989, 3152, 3154 m.w.N.
69 BGH NJW 1996, 1284, 1286; BGH NJW 1998, 1313, 1314.

Stimmrecht, Informations- und Kontrollrecht, ist der Testamentsvollstrecker ausgeschlossen, wenn nicht alle Gesellschafter der Ausübung dieser Rechte zustimmen; der Erbe kann diese Rechte dann selbst wahrnehmen.

Bei der Verwaltungsbefugnis des Testamentsvollstreckers treten hier regelmäßig 80
Abgrenzungsfragen auf im Hinblick auf den sog. **Kernbereich** der Mitgliedschaft.[70] In der Literatur wurden Ersatzlösungen entwickelt, um die Gesellschaftsbeteiligung umfassend, auch bezüglich des Innenbereichs, der Testamentsvollstreckung zu unterwerfen.[71] Als zulässig wird insbesondere die treuhänderische Übertragung der Beteiligung auf den Testamentsvollstrecker angesehen.[72]

III. Testamentsvollstreckung an GmbH-Anteilen

Die Verwaltungsvollstreckung an einem GmbH-Anteil ist grundsätzlich zuläs- 81
sig.[73] Jedoch kann die Satzung die Ausübung von Verwaltungsrechten durch Dritte beschränken oder ganz ausschließen. Dessen ungeachtet ist die Testamentsvollstreckung über den GmbH-Anteil zulässig. Der Testamentsvollstrecker kann alle Rechtshandlungen vornehmen, die der Erbe als Gesellschafter ausführen könnte, z.B. Stimmrechte ausüben und bei Satzungsänderungen mitwirken. Nur höchstpersönliche Rechte sind von der Testamentsvollstreckung ausgenommen.[74] Bei Eingriffen in den **Kernbereich** der Mitgliedschaft bedarf der Testamentsvollstrecker der Zustimmung der Erben.[75]

G. Die Vergütung des Testamentsvollstreckers

I. Angemessenheit der Vergütung

Die Vergütung des Testamentsvollstreckers ist im Gesetz nur unvollständig gere- 82
gelt. Nach § 2221 BGB kann er für seine Tätigkeit eine **angemessene Vergütung** verlangen, sofern der Erblasser nicht ein anderes bestimmt hat. Eine klare Regelung der Vergütungsfrage empfiehlt sich, da ansonsten oft Streit über die Frage der „Angemessenheit" entsteht. Trifft der Erblasser eine letztwillige Regelung über die Vergütung, ist diese abschließend, für eine Anwendung des § 2221 BGB besteht dann kein Raum. Auch findet keine gerichtliche Überprüfung der Angemessenheit der Vergütung statt.[76]

---

70 Vgl. hierzu ausführlich Bengel/Reimann/*Pauli*, Kap. 5 Rn 176 ff.
71 Vgl. hierzu *Nieder/Kössinger*, § 15 Rn 132 ff.
72 BGH NJW 1954, 636, 637.
73 BGH ZEV 2014, 662, 664; BeckOK-BGB/*Mayer*, § 2205 Rn 52 m.w.N.
74 Mayer/Bonefeld/*Weidlich*, Testamentsvollstreckung, § 19 Rn 52.
75 *Mayer*, ZEV 2002, 211, 213; ablehnend Staudinger/*Reimann*, § 2205 Rn 129b.
76 *Reimann*, DNotZ 2001, 344, 345.

83 Zur Festlegung der Vergütung kann der Erblasser auf den Nachlasswert abstellen und hieran einen bestimmten **Prozentsatz** als Vergütung festlegen. Vielfach wird auch eine Vergütung nach **Zeitaufwand** befürwortet.[77] Welches Vergütungsmodell sinnvoll und angemessen ist, ist im jeweiligen Einzelfall zu prüfen. Bei einem komplexen Nachlass ist eine Vergütung nach Prozentsätzen oft sachgerechter, während bei einer reinen Verwaltungsvollstreckung eine Abrechnung nach Zeitaufwand angemessener ist. In der Rechtsprechung wird die Vergütung nach Zeitaufwand jedoch kritisch gesehen und nicht als „angemessen" i.S.d. § 2221 BGB,[78] so dass der Erblasser, der eine Vergütung nach Zeitaufwand für sinnvoll erachtet, dies ausdrücklich anordnen muss.

84 Trifft der Erblasser keine Anordnung, kann der Testamentsvollstrecker mit den Erben eine **Vereinbarung** über die Höhe seiner Vergütung treffen.[79] Dies gilt auch für den Fall, dass der Testamentsvollstrecker mit der vom Erblasser bestimmten Vergütung nicht einverstanden ist. Die Vereinbarung mit den Erben über die Vergütung des Testamentsvollstreckers ist auch dann wirksam, wenn sie der Vergütungsanordnung des Erblassers widerspricht.[80]

85 Bei der Ermittlung einer angemessenen Vergütung i.S.d. § 2221 BGB sind stets die Umstände des **Einzelfalls** maßgeblich. Die Rechtsprechung zieht u.a. folgende **Kriterien** für die Beurteilung der Angemessenheit der Vergütung heran: Umfang und der Wert des Nachlasses; Dauer, Umfang und Komplexität der zugewiesenen Aufgaben; Anzahl und Alter der am Nachlass Beteiligten; besondere Verantwortung, Kenntnisse und Erfahrungen des Testamentsvollstreckers und der von ihm erzielte Erfolg.[81]

86 Die angemessene Vergütung wird in der Regel wie folgt berechnet: Maßgebende Bemessungsgrundlage ist grundsätzlich, sofern keine Besonderheiten vorliegen (z.B. Anordnung nur einer Vermächtnisvollstreckung), der Verkehrswert des Nachlasses im Zeitpunkt des Erbfalls (**Bruttowert** ohne Abzug von Verbindlichkeiten). Der Nettowert ist nur dann anzusetzen, wenn der Testamentsvollstrecker nicht mit Verbindlichkeiten befasst ist.[82] Für die Vergütung wird sodann ein Gebührensatz ermittelt. Zu unterscheiden sind die Regelgebühr für die Abwicklungsvollstreckung, die Konstituierungsgebühr (die nur bei besonders schwieriger Konstituierung anfällt) und die Verwaltungsgebühr bei Verwaltungs- oder Dauertestamentsvollstreckung.

---

77 Vgl. *Zimmermann*, ZEV 2001, 334, 338.

78 BGH ZEV 2005, 22, 23 f.

79 Damrau/Tanck/*Bonefeld*, § 2221 Rn 1; *Schiffer/Rott/Pruns*, Die Vergütung des Testamentsvollstreckers, § 2 Rn 43.

80 Mayer/Bonefeld/*Mayer*, Testamentsvollstreckung, § 21 Rn 2.

81 Vgl. BGH ZEV 2005, 22, 23; vgl. auch *Reimann*, DNotZ 2001, 344, 345 f. m.w.N.

82 BGH NJW 1967, 2400, 2402.

Mehrere Testamentsvollstrecker, die das Amt gemeinschaftlich führen, erhalten jeweils eine Vergütung nach Maßgabe der jeweils von ihnen ausgeführten Tätigkeit. Es ist mithin auf die jeweilige Tätigkeit, deren Umfang und Schwierigkeit und den erzielten Erfolg des einzelnen Testamentsvollstreckers abzustellen, um die für ihn angemessene Vergütung zu ermitteln, wobei eine Aufgabenteilung kürzend zu berücksichtigen sein kann.[83] 87

Es fehlt eine gesetzliche Regelung, ob der Testamentsvollstrecker berechtigt ist, die von ihm geschuldete **Umsatzsteuer** zu erheben. Hat der Erblasser keine Anordnung getroffen, erhält er eine Bruttovergütung, d.h. er muss die Umsatzsteuer selbst tragen.[84] Umsatzsteuer fällt insbesondere an bei einem Tätigwerden von Rechtsanwälten oder Steuerberatern. Hier erfolgt die Testamentsvollstreckung regelmäßig im Zusammenhang mit deren Haupttätigkeit und löst bereits bei einmaligem Tätigwerden Umsatzsteuer aus.[85] 88

Schuldner des Vergütungsanspruchs, der eine Nachlassverbindlichkeit darstellt, sind die Erben. Sie haften gemeinsam für die Vergütung. Der Ausgleich im Innenverhältnis richtet sich nach der Höhe des jeweiligen Erbteils.[86] 89

Die Vergütung des Testamentsvollstreckers ist grundsätzlich erst mit der Beendigung der Testamentsvollstreckung in einer Summe **fällig**. Bei länger dauernder Verwaltung kann der Testamentsvollstrecker jedoch jährliche Teilzahlungen auf die angemessene Vergütung verlangen. Er darf ferner nach Abschluss einer bestimmten Periode seiner Tätigkeit den hierauf entfallenden Teil der Vergütung (z. B. für die Konstituierung) verlangen. Die ihm zustehende Vergütung darf er selbst aus dem Nachlass entnehmen. 90

Der Testamentsvollstrecker erhält ferner gem. § 2218 Abs. 1 BGB i.V.m. § 670 BGB seine notwendigen **Aufwendungen** ersetzt. Ersatzfähig sind Aufwendungen, die der Testamentsvollstrecker „den Umständen nach“ für erforderlich halten durfte. 91

II. Bestimmung der angemessenen Vergütung anhand der Neuen Rheinischen Tabelle

In der Praxis wurden Richtlinien für die Ermittlung der angemessenen Vergütung in **Tabellenform** schematisiert. Zu nennen ist hier zunächst die Zahlentabelle des Vereins für das Notariat in Rheinpreußen aus dem Jahr 1925 (die sogenannte Rheinische Tabelle),[87] die von der Rechtsprechung als geeignete Berechnungs- 92

83 BGH NJW 1967, 2400, 2401.

84 *Reimann*, DNotZ 2001, 344, 354; a.A. die wohl herrschende Meinung, vgl. *Schiffer/Rott/Pruns*, Die Vergütung des Testamentsvollstreckers, § 3 Rn 45 m.w.N.

85 *Nieder/Kössinger*, § 15 Rn 149.

86 BGH ZEV 1997, 118.

87 Abgedruckt bei *Plassmann*, DNotZ 1935, 623.

grundlage anerkannt wurde,[88] sowie die *Möhring'sche* Tabelle[89] und die Tabelle von *Tschischgale*.[90] Weiterhin existieren die „*Weirich'sche* Tabelle", die „*Eckelskemper'sche* Tabelle" und die „Berliner Praxis"-Tabelle.[91] Während die „Rheinische Tabelle" zu einer relativ niedrigen Vergütung führt, ergibt sich aus der „*Möhring'schen* Tabelle" eine höhere Vergütung bei niedrigen Nachlasswerten; bei höheren Nachlasswerten ergibt sich eine höhere Vergütung aus den Tabellen von *Weirich* und *Eckelskemper*, die sich ansonsten eher im mittleren Bereich bewegen.[92]

93 Die Rheinische Tabelle von 1925 wurde vom Deutschen Notarverein fortentwickelt und wird daher als **„Neue Rheinische Tabelle"**[93] bezeichnet. Die Neue Rheinische Tabelle ist wohl am weitesten verbreitet und in der obergerichtlichen Rechtsprechung ausdrücklich bestätigt worden.[94] Danach wird vom Bruttonachlasswert (d.h. ohne den Abzug von Nachlassverbindlichkeiten) ausgehend die Vergütung für die Abwicklungsvollstreckung durch einen festen **Grundbetrag** und variable **Zuschläge** (z.B. für eine aufwendige Konstituierung etc.) ermittelt.

94 Bei der **Abwicklungsvollstreckung** beträgt der Grundbetrag nach der Neuen Rheinischen Tabelle bei einem Wert des Bruttonachlasses von bis zu 250.000 EUR 4 %, bis 500.000 EUR 3 %, bis 2,5 Mio. EUR 2,5 %. Für Beträge zwischen 2,5 Mio. EUR bis 5 Mio. EUR ist ein Vergütungsgrundbetrag in Höhe von 2 % und bei darüber hinausgehenden Nachlasswerten ein Vergütungsgrundbetrag von 1,5 % vorgesehen. Die Vergütung bemisst sich aber mindestens immer nach dem höchsten Betrag der Vorstufe.[95]

95 Zum Grundbetrag treten Zuschläge von 2/10 bis 10/10 hinzu, wobei die gesamte Vergütung in der Regel insgesamt das Dreifache des Grundbetrages nicht überschreiten soll. Zuschläge können erhoben werden bei aufwändiger Grundtätigkeit, wenn die Konstituierung des Nachlasses gegenüber dem Normalfall einen höheren Aufwand erfordert, bei der Übertragung der Aufgabe der Auseinandersetzung des Nachlasses, wenn ein Teilungsplan aufzustellen und zu vollziehen ist oder Vermächtnisse zu erfüllen sind sowie bei komplexerer Nachlassverwaltung, wenn sich z.B. Auslands- oder Gesellschaftsvermögen im Nachlass befindet.

---

88 BGH NJW 1967, 2400, 2402.

89 *Möhring*, Vermögensverwaltung in Vormundschafts- und Nachlaßsachen, 6. Aufl. 1981, 272 ff.; abgedr. bei *Winkler*, Der Testamentsvollstrecker nach bürgerlichem, Handels- und Steuerrecht, 21. Aufl. 2013, Rn 582.

90 Abgedruckt in JurBüro 1965, 89, 94.

91 Fundstellennachweise finden sich bei *Reimann*, DNotZ 2001, 344, 347. Einen Überblick der Vergütung nach den Tabellen gibt *Reimann*, DStR 2002, 2008, 2009.

92 *Reimann*, DNotZ 2001, 344, 347.

93 Abgedruckt in ZEV 2000, 181. Abrufbar unter http://www.dnotv.de/files/Dokumente/Testamentsvollstrecker/TV-Verguetungsempfehlungen-notar.pdf.

94 OLG Schleswig ZEV 2009, 625; OLG Köln ZEV 2008, 335.

95 Ziff. I der Neuen Rheinischen Tabelle, ZEV 2000, 181, 182.

Weiterhin sind Zuschläge vorgesehen bei schwierigen Gestaltungsaufgaben (z.B. Umstrukturierungen) und bei der Erledigung von Steuerangelegenheiten, sofern diese nicht nur die durch den Erbfall entstehenden inländischen Steuern (Erbschaftsteuer) umfassen.[96] Abschläge sind vorzunehmen, wenn es sich um eine Nacherbentestamentsvollstreckung oder eine bloß beaufsichtigende Testamentsvollstreckung handelt. In diesem Fall erhält der Testamentsvollstrecker wegen der dann geringeren Belastung anstelle des vollen Grundbetrages 2/10 bis 5/10 des Grundbetrages.[97]

Für die **Dauertestamentsvollstreckung** wird zusätzlich nach der Neuen Rheinischen Tabelle eine jährliche Vergütung geschuldet, die bis zu 0,5 % des Bruttonachlasswertes beträgt oder sich auf 2–4 % des jährlichen Nachlassbruttoertrags beläuft, sofern der Jahresbetrag höher ist.[98] Handelt es sich um eine Dauertestamentsvollstreckung über ein Unternehmen bzw. einen Geschäftsbetrieb gelten folgende Besonderheiten: Für die Übernahme und Ausübung der Unternehmerstellung bei Personengesellschaften erhält der Testamentsvollstrecker eine zusätzliche Vergütung von 10 % des jährlichen Reingewinns. Für die Tätigkeit als Organ einer Kapitalgesellschaft wird eine Zusatzvergütung in Höhe eines branchenüblichen Geschäftsführer- bzw. Vorstandsgehalts und einer branchenüblichen Tantieme als angemessen erachtet. Übernimmt der Testamentsvollstrecker lediglich beaufsichtigende Tätigkeiten, z.B. als Aufsichtsrats- oder Beiratsvorsitzender, soll er hierfür eine branchenübliche Vergütung eines Aufsichtsratsvorsitzenden bzw. Beiratsvorsitzenden erhalten.[99] 96

Berufsdienste, z.B. von Rechtsanwälten, Steuerberatern oder Maklern, werden gesondert vergütet.[100] 97

In der Neuen Rheinischen Tabelle ist die **Umsatzsteuer** allerdings nicht enthalten.[101] Es sollte daher durch Anordnung des Erblassers ausdrücklich klargestellt werden, ob der Testamentsvollstrecker eine Vergütung zuzüglich Umsatzsteuer erhalten soll. 98

Bei gemeinschaftlicher Testamentsvollstreckung durch **mehrere Testamentsvollstrecker** ist die Vergütung nach Köpfen aufzuteilen, sofern im Innenverhältnis eine gleichwertige oder keine Aufgabenverteilung besteht. Bei gemeinsamer Verantwortung der Testamentsvollstrecker nach außen, aber nicht gleichwertiger Geschäftsverteilung im Innenverhältnis, soll die Vergütung angemessen unter Berücksichtigung der Aufgabenbereiche aufgeteilt werden. Hat der Erblasser eine gegenständliche Verteilung der Aufgaben im Außenverhältnis angeordnet, ist die 99

96 Ziff. II der Neuen Rheinischen Tabelle, ZEV 2000, 181, 182.
97 Ziff. I der Neuen Rheinischen Tabelle, ZEV 2000, 181, 182.
98 Ziff. III.1. der Neuen Rheinischen Tabelle, ZEV 2000, 181, 183.
99 Ziff. III.2. der Neuen Rheinischen Tabelle, ZEV 2000, 181, 183.
100 Ziff. III.3. der Neuen Rheinischen Tabelle, ZEV 2000, 181, 183.
101 Ziff. IV der Neuen Rheinischen Tabelle, ZEV 2000, 181, 183.

Vergütung entsprechend der jeweiligen Verantwortungsbereiche des Testamentsvollstreckers aufzuteilen. Werden mehrere Testamentsvollstrecker nicht gemeinschaftlich, sondern sukzessive tätig, erhält der Nachfolger die Vergütung nur für die Tätigkeiten, die nicht bereits vom Vorgänger abgeschlossen worden sind.[102]

100 Der Vergütungsgrundbetrag ist zur Hälfte nach Abschluss der Konstituierung und im Übrigen mit Abschluss der Erbschaftsteuerveranlagung bzw. Abschluss der Tätigkeit **fällig.**[103] Die Vergütung ist bei Dauervollstreckung zeitgleich in Teilbeträgen, die Dauer und Ausmaß der Tätigkeit entsprechen, fällig.[104] Der Testamentsvollstrecker ist berechtigt, seine fällige Vergütung dem Nachlass zu entnehmen.

101 Die Empfehlungen des Notarvereins in der Neuen Rheinischen Tabelle sind in der Rechtsprechung anerkannt, jedoch dürfen diese nicht ohne Einzelfallprüfung angewandt werden.[105]

III. Bestimmung der Vergütung durch letztwillige Anordnung des Erblassers

102 Der Erblasser sollte mindestens zur Frage der Höhe der Vergütung, ihrer Fälligkeit und der Erhebung von Umsatzsteuer eine letztwillige Anordnung treffen. Besonders wichtig sind entsprechende Überlegungen und Anordnungen des Erblassers im Bereich der Testamentsvollstreckung über Unternehmen bzw. Unternehmensbeteiligungen, da die Vergütungstabellen in dieser Hinsicht nur unzureichend den tatsächlichen Arbeitsaufwand des Testamentsvollstreckers berücksichtigen.

1. Vergütung nach Zeitaufwand

103 In der Praxis wird vielfach nach Zeitaufwand abgerechnet, insbesondere wenn der Testamentsvollstrecker mit den Erben eine entsprechende Vereinbarung trifft. Durch den nachzuweisenden Zeitaufwand und die Bemessung der Vergütung nach dem Honorar, das in der Berufsgruppe des Testamentsvollstreckers (z.B. Rechtsanwalt) üblich ist, wird in der Regel die angemessenste Vergütung erlangt.[106]

104 **Formulierungsbeispiel: Vergütung nach Zeitaufwand**
Der Testamentsvollstrecker erhält eine sich nach dem entstandenen Zeitaufwand richtende Vergütung. Der Stundensatz beträgt (…) EUR zzgl. der ge-

---

102 Ziff. V der Neuen Rheinischen Tabelle, ZEV 2000, 181, 183.

103 Ziff. I.1. der Neuen Rheinischen Tabelle, ZEV 2000, 181, 182.

104 Ziff. III.2. der Neuen Rheinischen Tabelle, ZEV 2000, 181, 183.

105 BGH NJW 167, 2400, 2402.

106 So auch *Zimmermann*, ZEV 2001, 334, 338. Zu den Vor- und Nachteilen einer zeitbezogenen Vergütung vgl. ausführlich *Schiffer/Rott/Pruns*, Die Vergütung des Testamentsvollstreckers, § 7 Rn 13 ff.

setzlichen Umsatzsteuer. Der Testamentsvollstrecker hat den Zeitaufwand durch tabellarische Aufstellungen nachzuweisen. Die Vergütung ist vierteljährlich fällig.
Der Testamentsvollstrecker erhält neben seiner Vergütung den gesetzlich vorgesehenen Aufwendungsersatz.
Der Testamentsvollstrecker ist zur Entnahme seiner Vergütung und der Aufwendungen aus dem Nachlass berechtigt.

2. Vergütung nach der Neuen Rheinischen Tabelle

Die Anordnung der Vergütung muss in der für letztwillige Verfügungen gelten- 105
den **Form**, d.h. handschriftlich oder notariell (vgl. § 2247 BGB), erfolgen. Fraglich ist, ob es genügt, dass der Erblasser in dieser Form anordnet, dass sich die Vergütung nach der Neuen Rheinischen Tabelle richten soll. Dies wird teilweise als unwirksame Bezugnahme auf ein außerhalb der letztwilligen Verfügung liegendes Regelwerk angesehen.[107] Die unwirksame Bezugnahme könne allenfalls als Auslegungshilfe herangezogen werden.[108] Nach überwiegender Ansicht kann jedoch die Anordnung durch die Bezugnahme auf die Vergütungstabellen erfolgen, ohne dass diese in der letztwilligen Verfügung wiedergegeben werden müssen.[109]

Da **künftige** Anpassungen der Tabelle denkbar sind, empfiehlt es sich zudem 106
klarzustellen, ob auf die jeweils gültige Fassung oder auf die bei Abfassung der letztwilligen Verfügung vorliegende Fassung abzustellen ist. Im Hinblick auf Kostensteigerungen sollte bedacht werden, dass eine spätere Neufassung diesen geänderten Verhältnissen Rechnung trägt, so dass ein Abstellen auf die jeweils gültige Fassung interessengerechter und angemessen ist.

Formulierungsbeispiel: Vergütung nach der Neuen Rheinischen Tabelle 107
Der Testamentsvollstrecker erhält für seine Tätigkeit eine Vergütung nach den Empfehlungen des Deutschen Notarvereins („Neue Rheinische Tabelle") in ihrer jeweils gültigen Fassung zuzüglich Umsatzsteuer. Berufsmäßige Dienste sind von der Testamentsvollstreckervergütung nicht erfasst.
Die Höhe der Vergütung ist bei Meinungsverschiedenheiten auf Antrag eines Beteiligten durch den Präsidenten der (...) Notarkammer gem. § 317 BGB verbindlich festzusetzen.
Der Testamentsvollstrecker erhält neben seiner Vergütung den gesetzlich vorgesehenen Aufwendungsersatz.

107 *Zimmermann,* ZEV 2001, 334, 335.
108 *Zimmermann,* ZEV 2001, 334, 335.
109 *Reithmann*, ZEV 2001, 385; *Nieder/Kössinger,* § 15 Rn 150.

3. Begrenzung der Vergütungshöhe

108 Die Vergütung des Testamentsvollstreckers muss auch in einer angemessenen Relation zum Nettonachlasswert stehen. Es kann daher angebracht sein, die angeordnete Vergütung zur Streitvermeidung betragsmäßig zu **begrenzen**. In der Literatur werden 12 % des Bruttonachlasswerts als Maximalbetrag vorgeschlagen.[110] Auf Basis der Neuen Rheinischen Tabelle ergibt sich bei der maximalen Höhe von drei Gebühren aus einem Bruttonachlass bis 250.000 EUR ebenfalls ein Prozentsatz von 12 %. Zu beachten ist aber, dass bei einer Dauerverwaltung und komplizierten Auseinandersetzung der Höchstbetrag nicht zu gering bemessen sein sollte. Hier wird eine Begrenzung auf bis zu 20 % angemessener sein.

109 **Formulierungsbeispiel: Betragsmäßige Begrenzung der Vergütung**
Die vorstehend festgelegte Vergütung nach Zeitaufwand ist betragsmäßig auf insgesamt höchstens (...) % des Bruttonachlasswertes begrenzt.

H. Zusammenfassung

110 **Checkliste: Regelungen in der letztwilligen Verfügung zur Testamentsvollstreckung**

1. Anordnung der Testamentsvollstreckung
- aufschiebend oder auflösend bedingt
- für einen bestimmten Personenkreis
- für einen Erbteil

2. Ernennung des Testamentsvollstreckers

a) Bestimmung der Person des Testamentsvollstreckers
- durch den Erblasser
- durch einen Dritten
- durch Ersuchen an das Nachlassgericht

b) Bestimmung von Ersatzvollstreckern (wie a))

c) Ermächtigung des Testamentsvollstreckers
- zur Ernennung von Mitvollstreckern
- zur Ernennung eines Nachfolgers

d) bei mehreren Testamentsvollstreckern: Aufteilung der Befugnisse, falls keine gemeinschaftliche Amtsführung gewünscht

110 *Tiling,* ZEV 1998, 331, 335; ebenso bereits *Tschischgale,* JurBüro 1955, 89.

3. Aufgabenkreis des Testamentsvollstreckers

a) Abwicklungstestamentsvollstreckung
- Regelungen zur Abwicklung
- Einschränkung, z.B. nur Erfüllung eines Vermächtnisses oder Beschränkung auf bestimmte Nachlassgegenstände
- Ermächtigung zur Auseinandersetzung nach billigem Ermessen

b) Verwaltungsvollstreckung

c) Dauertestamentsvollstreckung
- Dauer der Testamentsvollstreckung
- Ende an bestimmtes Ereignis oder Tod einer bestimmten Person geknüpft

4. Anordnungen zur Nachlassverwaltung

5. Erweiterungen der Aufgaben und Befugnisse
- Erweiterung der Verpflichtungsbefugnis
- Befreiung von § 181 BGB

6. Einschränkung der Aufgaben und Befugnisse
- mit dinglicher oder nur schuldrechtlicher Wirkung
- Pflicht zur Zustimmung/Anhörung Dritter

7. Vergütung des Testamentsvollstreckers
- Höhe
- Umsatzsteuer
- Fälligkeit

§ 8 Vermögenserhalt durch Familienpool

Übersicht:

A. Einleitung

Durch den geschickten Einsatz eines sog. Familienpools[1] kann die Vermögensnachfolge optimal gesteuert und gesichert werden. Die nachfolgenden Generationen können auf diese Weise als Gesellschafter an dem Vermögen der Familie beteiligt werden, wobei die Stimmrechte sowie die Gewinnbezugsrechte zunächst noch überproportional bei den „Senioren“ verbleiben. Diese Gestaltung bietet sich bereits bei Mandanten mit mittlerem Vermögen an. Bei komplexen Immobilien- und Gesellschaftsbeteiligungen wird der Berater den Einsatz eines Familienpools zwingend in Betracht ziehen müssen, da wohl nur so eine „Zersplitterung“ des Vermögens vermieden und eine langfristig rentable Vermögensverwaltung sichergestellt werden kann.[2] 1

1 In der Praxis werden statt des Begriffs „Familienpool“ auch die Begriffe „Familienvermögensverwaltungsgesellschaft“ oder „Familiengesellschaft“ verwendet.

2 Viele bekannte große Familienunternehmen werden seit Generationen als Familiengesellschaft geführt und haben inzwischen oft mehr als 100 Gesellschafter. *Ulmer* fordert für generationenübergreifende Familien-KGs sogar die Schaffung eines Sonderrechts, um auf die spezifischen Belange bei der Reduzierung von Entnahmerechten, Kündigungsmöglichkeiten und Abfindungsbeschränkungen zur Bestandssicherung der Familienunternehmen Rücksicht nehmen zu können, *Ulmer*, ZIP 2010, 549.

B. Fallbeispiel für typische Einsatzbereiche eines Familienpools

2 Der Einsatzbereich und die erheblichen Gestaltungsspielräume durch den Einsatz eines Familienpools sollen anhand des nachfolgenden Fallbeispiels deutlich gemacht werden.

Fallbeispiel
Die Eheleute M und F haben zwei Kinder (T und S), die verheiratet sind und bereits jeweils zwei eigene noch minderjährige Kinder haben. M und F sind zu je ½ Miteigentümer von zwei vermieteten Mehrfamilienhäusern mit einem Verkehrswert von jeweils ca. 1.500.000 EUR sowie eines selbst bewohnten Einfamilienhauses im Wert von ca. 500.000 EUR. Zudem verfügen sie über ein Aktiendepot mit einem Kurswert von derzeit 250.000 EUR. Die Mehrfamilienhäuser erbringen jährliche Mieteinnahmen von jeweils 80.000 EUR. M und F sind beide 70 Jahre alt und im Ruhestand. M war Zahnarzt und erhält eine Versorgungswerkrente i.H.v. 3.500 EUR. F war Lehrerin und erhält eine Pension i.H.v. 3.000 EUR.
Für jedes Enkelkind zahlen M und F momentan monatlich einen Betrag i.H.v. 500 EUR in einen Aktienfonds ein. Die beiden Kinder werden immer mal wieder bei Sonderanschaffungen finanziell unterstützt. Ansonsten haben weder die Kinder noch die Enkelkinder bisher finanzielle Zuwendungen erhalten.
Gestaltungsziel: Das Vermögen soll steueroptimiert auf die Kinder und Enkelkinder übertragen werden, wobei M und F die größtmögliche Flexibilität behalten wollen. Insbesondere wollen sie sich im Alter nicht finanziell einschränken müssen.

Abwandlung
Die Eheleute M und F sind Miteigentümer von vermieteten Immobilien im Wert von ca. 10.000.000 EUR. Die jährlichen Mieteinnahmen betragen ca. 500.000 EUR, von denen sie meist 400.000 EUR wieder in neue Immobilien investieren. Die Immobilien sind bereits seit über 50 Jahren im Eigentum von M und F und fast vollständig abgeschrieben. Sie wünschen auch eine einkommensteuerliche Optimierung.

C. Gestaltungsempfehlung für den Ausgangsfall

Die Gestaltungsempfehlung für den Ausgangssachverhalt könnte z.B. wie folgt aussehen. 3

I. Einbringung von Immobilie und Depot in einen Familienpool

Es bietet sich die Einbringung der beiden Mehrfamilienhäuser und des Wertpapierdepots in einen Familienpool in der Form einer Kommanditgesellschaft an. 4
An dieser würden zunächst die Eheleute M und F sowie deren Kinder S und T in Höhe der noch nicht ausgenutzten Schenkungsteuerfreibeträge von zurzeit jeweils 400.000 EUR pro Kind und Elternteil beteiligt. Auf diese Weise könnte bereits Vermögenssubstanz i.H.v. 1.600.000 EUR auf die nächste Generation übertragen werden. Bereits in der Einbringungsurkunde sollte dann unbedingt ein Rücktrittsrecht für M und F als Einbringende enthalten sein, da dies die effektivste **Störfallvorsorge** ist. So können M und F über ihr **Rücktrittsrecht** der Gesellschaft wieder die „Substanz" entziehen, wenn z.B. eines der Kinder insolvent wird oder die Gesellschaft aus wichtigem Grund kündigt.

II. Übertragung von Gesellschaftsanteilen auf Enkelkinder

Die Enkelkinder könnten dann in einem zweiten Schritt an der Gesellschaft 5
beteiligt werden, indem M und F in Höhe der Schenkungsteuerfreibeträge von zurzeit 200.000 EUR pro Enkelkind und Großelternteil Kommanditanteile an die Enkelkinder übertragen. Die direkte Beteiligung der Enkelkinder bereits bei der Gründung der Gesellschaft bietet sich nicht an, da dann für jedes Enkelkind ein separater **Ergänzungspfleger** bestellt werden muss. Bei Gesellschaftsgründung können nämlich theoretisch widerstreitende Interessen zwischen den Enkelkindern bestehen, was die Bestellung nur eines Ergänzungspflegers für alle Enkelkinder ausschließt. Bei einer späteren Beteiligung der Enkelkinder durch Abtretung von Gesellschaftsanteilen von M und F auf die Enkelkinder kann ein Ergänzungspfleger nach h.M. alle Enkelkinder gemeinsam vertreten, da gleichgerichtete Interessen vorliegen.[3]

Zudem kann auch durch eine entsprechende Ausgestaltung von **Rücktrittsrechten** in den Abtretungsverträgen eine zielgenaue „Störfallvorsorge" im Verhältnis 6
zu den jeweiligen Enkelkindern erreicht werden. Ohne ein Rücktrittsrecht in dem Übertragungsvertrag könnte insbesondere nicht verhindert werden, dass minderjährige Kommanditisten mit Erreichen der Volljährigkeit über die Ausübung des **Sonderkündigungsrechts** gem. § 1629a Abs. 4 BGB Vermögenswerte „ungeschützt" erhalten. Sinnvoll ist meist auch ein Rücktrittsrecht für den Fall,

3 OLG München, Beschl. v. 17.6.2010, 31 Wx 070/10, MittBayNot 2010, 400; Palandt/*Ellenberger*, § 181 Rn 7.

dass die Enkelkinder die Gesellschaft vor Erreichen des 30. Lebensjahres kündigen. Die Rücktrittsrechte können dann jeweils aufschiebend bedingt durch den Tod der Senioren an die jeweiligen Eltern der Enkelkinder abgetreten werden.

7 Gesichert wird die Rückübertragung dadurch, dass Übergeber und Übernehmer bereits in dem Abtretungsvertrag **aufschiebend bedingt** auf den wirksamen Widerruf der Übertragung die **Rückübertragung** des Gesellschaftsanteils auf den Übergeber vereinbaren. Alternativ wäre denkbar, die Abtretung unter eine **auflösende Bedingung** zu stellen. Gem. § 158 Abs. 2 BGB tritt mit Eintritt der auflösenden Bedingung der frühere Rechtszustand wieder ein. Einen **Schutz vor Zwischenverfügungen** bietet insoweit § 161 Abs. 2 i.V.m. Abs. 1 BGB.[4]

III. Regelungen in Gesellschaftsvertrag

8 Familienpools sind meist als Kommanditgesellschaft ausgestaltet, wobei die Eltern Komplementäre und die Kinder und Enkelkinder Kommanditisten werden. Denkbar ist aber auch die Ausgestaltung als GmbH & Co. KG, GmbH oder GbR.

1. Laufzeitregelungen

9 Bisher wurde im Gesellschaftsrecht immer ein Ausschluss des **ordentlichen Kündigungsrechtes** für die Zeit von bis zu 30 Jahren für zulässig gehalten.[5] Inzwischen wird ein Zeitraum von 30 Jahren teilweise als zu lang angesehen.[6] Auch der BGH hielt eine feste Laufzeit von 30 Jahren z.B. bei einer Anwaltssozietät für unwirksam, da die vertragliche Bindung der Gesellschafter von so langer Dauer sei, dass bei Vertragsschluss die Entwicklungen und damit die Auswirkungen auf die Gesellschafter unüberschaubar seien. Ausschlaggebend für die Entscheidungen war aber wohl die mögliche Gefährdung der Berufsfreiheit des Kündigenden.[7] Bei einer Kapitalanlagegesellschaft in der Form einer GbR hielt der BGH einen Ausschluss der ordentlichen Kündigung der Beteiligung für 30 Jahre wegen des damit für den Anleger verbundenen unüberschaubaren Haftungsrisikos für eine unzulässige Kündigungsbeschränkung.[8] Familienpools zur reinen Vermögensverwaltung in der Form einer Kommanditgesellschaft sind aber gerade mit den vom BGH jüngst entschiedenen Fällen nicht vergleichbar. Laut BGH lässt sich die Frage, wo die zeitliche Grenze zulässiger Zeitbestimmungen liegt, auch nicht abstrakt, sondern nur unter Abwägung der konkreten Umstände

4 Zur Ablehnung der Eintragungsfähigkeit einer Verfügungsbeschränkung am Gesellschaftsanteil im Grundbuch und zur Möglichkeit einer auflösend bedingten Gesellschaftsanteilsübertragung vgl. OLG Köln, Beschl. v. 20.12.2010, 2 Wx 118/10, RNotZ 2011, 166.

5 BGH, Urt. v. 19.1.1967, II ZR 27/65, FHZivR 13 Nr. 5105.

6 Baumbach/*Hopt*, § 132 HGB Rn 13.

7 BGH, Urt. v. 18.9.2006, II ZR 137/04, NJW 2007, 295.

8 BGH, Urt. v. 22.5.2012, II ZR 205/10, DNotZ 2012, 869.

des Einzelfalles bestimmen. Hierbei seien auf der einen Seite die schutzwürdigen Interessen der Gesellschafter an einer absehbaren, einseitigen Lösungsmöglichkeit, auf der anderen Seite aber auch die Struktur der Gesellschaft, die Art und das Ausmaß der für die Beteiligten aus dem Gesellschaftsvertrag folgenden Pflichten sowie das durch den Gesellschaftsvertrag begründete Interesse an einem möglichst langfristigen Bestand der Gesellschaft in den Blick zu nehmen. Danach müsste bei Familienpools zur reinen Vermögensverwaltung in der Form einer Kommanditgesellschaft nach wie vor eine Laufzeit von 30 Jahren zulässig sein, wenn keine **Wettbewerbsverbote** für die Gesellschafter in die Gesellschaftsverträge aufgenommen werden.[9]

Zusätzlich zur **Laufzeitregelung** in dem Gesellschaftsvertrag selbst kann in den Einbringungsverträgen oder den Übertragungsverträgen betreffend die Gesellschaftsanteile des Familienpools ein Rückforderungsrecht für den Fall der Gesellschaftskündigung vor Erreichen eines bestimmten Alters der Gesellschafter oder vor dem Tode der Gründungsgesellschafter vorgesehen werden. Diese Regelungen unterliegen nicht den Wirksamkeitsbedenken betreffend eines **überlangen Kündigungsausschlusses**. 10

Zudem sollte überlegt werden, ob nicht nach dem Tode der Gründungsgesellschafter bzw. der einbringenden Eltern eine ordentliche Kündigung bewusst zugelassen wird, um ausstiegswillige Familienmitglieder nicht gegen deren Willen an die Gesellschaft zu „fesseln“ und dadurch Konfliktpotential in der Gesellschaft zu schaffen. Das Risiko eines übermäßigen **Liquiditätsabflusses** kann meist durch geeignete Regelungen zur Abfindung minimiert werden. 11

2. Abfindungsregelungen

Ein ausscheidender Gesellschafter hat grundsätzlich einen Anspruch auf Abfindung zum vollen Wert seiner Beteiligung. Die Abfindung ausscheidender Gesellschafter kann aber in dem Gesellschaftsvertrag betragsmäßig reduziert oder über einen längeren Zeitraum gestreckt werden. Im Erbfall kann die Abfindung sogar in bestimmten Fällen ganz ausgeschlossen werden. 12

a) Abfindungshöhe

Der BGH hält eine Abfindungsregelung gemäß § 138 Abs. 1 BGB für nichtig, wenn eine vertraglich vereinbarte Abfindung in einem **groben Missverhältnis** zu der Abfindung nach dem vollen wirtschaftlichen Wert des Gesellschaftsanteils steht.[10] Ein grobes Missverhältnis liegt vor, wenn die gesetzlich vorgesehene Abfindung nach dem **Verkehrswert** vollkommen unangemessen verkürzt wird. Schematische prozentuale Grenzen für das Vorliegen eines groben Missverhält- 13

9 So auch *Ulmer*, ZIP 2010, 805, 808.
10 BGH, Urt. v. 16.12.1991, II ZR 58/91, MittBayNot 1992, 213.

nisses gibt es nicht, da stets eine Einzelfallabwägung zwischen den Vermögensinteressen des betroffenen ausscheidenden Gesellschafters und dem Bestandsinteresse der Gesellschaft sowie der verbleibenden Gesellschafter vorzunehmen ist. Dabei spielt es nach der Rechtsprechung keine Rolle, aus welchem Rechtsgrund die Beteiligung erworben wurde. Selbst wenn der Gesellschafter den Anteil schenkweise erhalten hat, macht ihn dies nicht zu einem Gesellschafter „zweiter Klasse“.[11] Eine Abfindung i.H.v. 75 % des Verkehrswertes wird allgemein für wirksam erachtet.[12]

14 Für große, **generationenübergreifende Familiengesellschaften**, die insbesondere in der Rechtsform einer GmbH & Co.KG strukturiert sind, wird im Schrifttum jedoch diskutiert, ob als Maßstab der Abfindungshöhe nicht die tatsächlichen Ausschüttungen dienen müssten. Aufgrund der Nähe zur Familienstiftung seien Gesellschafter dieser Gesellschaften eher mit Destinatären vergleichbar.[13]

b) Regelung der Auszahlungsmodalitäten

15 Der Gesellschaftsvertrag kann auch hinsichtlich der Auszahlungsmodalitäten Regelungen treffen. Üblich ist insoweit eine zeitliche Streckung, etwa Auszahlung in mehreren gleichen Jahres- oder Halbjahresraten bei marktüblicher Verzinsung. Jedoch darf auch diesbezüglich nicht grob unbillig von der gesetzlichen Regelung des § 271 BGB abgewichen und ein übermäßig langer Auszahlungszeitraum bestimmt werden. Ein Auszahlungszeitraum von bis zu fünf Jahren ist in der Regel nicht zu beanstanden. Bei einer sonst gesellschafterfreundlichen **Abfindungsklausel** kann unter Umständen auch ein längerer Zeitraum noch angemessen sein. Ein Zeitraum von mehr als 10 Jahren wird für unzulässig gehalten.[14]

c) Abfindungsausschluss bei Tod eines Gesellschafters

16 Es wird von der Rechtsprechung und Literatur nach wie vor zugelassen, dass die Abfindung für Erben, die nach den Regelungen des Gesellschaftsvertrages nicht nachfolgeberechtigt sind, völlig ausgeschlossen wird.[15]

---

11 BGH, Urt. v. 19.9.2005, II ZR 342/03, NJW 2005, 3644.

12 Das Schrifttum hält Abfindungsbegrenzungen, die unter der Hälfte des Verkehrswertes liegen, stets für sittenwidrig, soweit die Begrenzung nicht durch besondere Umstände gerechtfertigt wird, vgl. Ebenroth/Boujong/Joost/Strohn/*Lorz*, HGB, § 131 Rn 141; *Wolf*, MittBayNot 2013, 9, 10 m.w.N. Für zwei Drittel des tatsächlichen Anteilswertes als Faustregel MüKo-BGB/*Schäfer*, § 738 Rn 52; BeckOK-BGB/*Schöne*, § 738 Rn 41.

13 *Ulmer*, ZIP 2010, 549, 552 ff.; *Ulmer*, ZIP 2010, 805, 816; *Wolf*, MittBayNot 2013, 9, 14 ff.; MüKo-BGB/*Schäfer*, § 738 Rn 59a.

14 *Ulmer*, ZIP 2010, 805, 810; *Eckhardt*, notar 2015, 347, 352.

15 Baumbach/*Hopt*, HGB, § 131 Rn 62; schon RG, Urt. v. 23.10.1934, II 129/34 (Familiengesellschaft); BGH, Urt. v. 22.11.1956, II ZR 222/55, NJW 1957, 180; BGH, Urt. v. 29.4.2014, II ZR 216/13, NZG 2014, 820.

d) Abfindungsausschluss bei treuhänderischer Beteiligung

Zu begrüßen wäre es, wenn zumindest der Grundgedanke der Rechtsprechung des BGH zum Abfindungsausschluss bei **treuhänderisch gehaltenen Beteiligungen** von Mitarbeitern[16] auf rein vermögensverwaltende Familienpools angewendet würde.[17] Diese Auffassung vertritt wohl zumindest das OLG Karlsruhe.[18] In dem der Entscheidung zugrunde liegenden Sachverhalt hatte der Ehemann von seinen Schwiegereltern unentgeltlich eine Beteiligung an einer vermögensverwaltenden KG erhalten, deren Gesellschafter die Familienmitglieder seiner Ehefrau waren. Nach dem Gesellschaftsvertrag war der Ehemann im Fall einer Scheidung verpflichtet, den Gesellschaftsanteil nach Wahl seiner Ehegattin auf diese oder die zu ihrem Stamm gehörigen Kinder unentgeltlich zu übertragen. Obwohl der Fall zu Ausführungen über die Wirksamkeit von Abfindungsklauseln keinen Anlass bot, war das OLG Karlsruhe der Auffassung, dass der Gesellschaftsvertrag eine Abfindung zugunsten des weichenden Ehemanns hätte ausschließen können. Da der Ehemann den Gesellschaftsanteil in einem weiteren Sinne als Treuhänder für den durch seine ehemalige Gattin repräsentierten Familienstamm erhalten und gehalten habe, bestünden unter gesellschaftsrechtlichen Gesichtspunkten gegen eine entschädigungslose Übertragung keine Bedenken. Zwar habe ein ausscheidender Gesellschafter grundsätzlich einen Abfindungsanspruch in Höhe des Verkehrswertes seines Geschäftsanteils. Der BGH habe jedoch für das sog. **Managermodell** die weitgehende Beschränkung des Abfindungsanspruchs für gerechtfertigt erachtet, weil der Gesellschaftsanteil den einzelnen Mitarbeitern nur treuhandähnlich habe zugewandt werden sollen. Der Satzungszweck, das Gesellschaftsvermögen für künftige Generationen von Mitarbeiter-Gesellschaftern zu erhalten und zu vermehren, könne nur erreicht werden, wenn die Geschäftsanteile zu den Bedingungen zurückübertragen würden, zu denen sie überlassen worden seien. Das Gericht hielt den zu entscheidenden Sachverhalt für vergleichbar.[19] 17

e) Rechtsfolge unwirksamer Abfindungsklauseln

Bei der Prüfung der Zulässigkeit einer Abfindungsklausel ist zu differenzieren, ob von Anfang an ein Missverhältnis zwischen der vertraglich vorgesehenen Abfindungshöhe und der Abfindung nach dem vollen Wert des Geschäftsanteils bestand (**Inhaltskontrolle**) oder ob sich das Missverhältnis erst nachträglich entwickelt hat (**Ausübungskontrolle**). 18

16 Vgl. BGH, Urt. v. 19.9.2005, II ZR 342/03, BeckRS 2005, 12051; BGH, Urt. v. 29.4.2014, II ZR 216/13, NZG 2014, 820.

17 *Wolf*, MittBayNot 2013, 9, 13 f.

18 OLG Karlsruhe, Urt. v. 12.10.2006, 9 U 34/06, NZG 2007, 423.

19 *Ulmer* sieht zwar keine Parallelen zwischen den „Managergesellschaftern“ und den „Familiengesellschaftern“, befürwortet dann aber auch eine stärkere Begrenzungsmöglichkeit der Abfindung bei Familiengesellschaften, *Ulmer*, ZIP 2010, 805, 813 ff.

19 Ist die Abfindungsklausel bereits bei Gründung der Gesellschaft grob unbillig, so führt dies zur Nichtigkeit. An die Stelle der im Gesellschaftsvertrag vorgesehenen Abfindung tritt dann die gesetzliche Abfindung, also die Abfindung zum vollen Verkehrswert des Geschäftsanteils.[20]

20 Kommt es nachträglich zu einem **erheblichen Missverhältnis** zwischen der im Gesellschaftsvertrag vorgesehenen Abfindung und der Abfindung nach dem Verkehrswert, ist die gesellschaftsvertragliche Klausel nicht nichtig. Vielmehr ist im Wege **ergänzender Vertragsauslegung** des Gesellschaftsvertrages, unter Berücksichtigung der konkreten Umstände des Einzelfalles und unter Abwägung der beiderseitigen Interessen zu bestimmen, wie hoch die Abfindung des ausscheidenden Gesellschafters ist. Dabei ist auch die aktuelle Ertrags- und Vermögenslage der Gesellschaft von Bedeutung.

f) Schenkungsrechtliche Auswirkungen von Abfindungsklauseln

21 Werfen Abfindungsklauseln bereits unter dem gesellschaftsrechtlichen Blickwinkel zahlreiche Fragen hinsichtlich ihrer Wirksamkeit auf, bereitet bisweilen auch deren erb- und steuerrechtliche Qualifizierung unter schenkungsrechtlichen Gesichtspunkten Schwierigkeiten.

aa) Abfindungsmodifikationen als ergänzungspflichtige Schenkungen i.S.d. §§ 2325 ff. BGB

22 Ist durch den Gesellschaftsvertrag eine Abfindung des ausscheidenden Gesellschafters wirksam ausgeschlossen oder bleibt sein Abfindungsanspruch hinter dem tatsächlichen Wert zurück, stellt sich die Frage, ob der vertragliche Abfindungsverzicht **Pflichtteilsergänzungsansprüche** nach den §§ 2325 ff. BGB auslöst.

23 Das hängt zunächst davon ab, ob der Abfindungsverzicht begrifflich eine **Schenkung** i.S.d. § 2325 Abs. 1 BGB darstellt. Die h.M. versteht den Schenkungsbegriff i.S.d. §§ 516, 517 BGB und verlangt entsprechend objektiv eine Bereicherung des Begünstigten aus dem Vermögen des Erblassers sowie subjektiv die Einigung der Parteien über die **Unentgeltlichkeit der Zuwendung.**[21] Da dem ausscheidenden Gesellschafter ein Abfindungsanspruch nach § 738 Abs. 1 S. 2 BGB (ggf. i.V.m. § 105 Abs. 3 HGB bzw. § 161 Abs. 2 HGB) zusteht, lässt sich ein gesellschaftsvertraglicher Verzicht durchaus als Verfügung über einen künftigen Anspruch be-

---

20 BGH, Urt. v. 7.4.2008, II ZR 181/04, FD-MA 2008, 263473.

21 Palandt/*Weidlich*, § 2325 Rn 7; BGH, Urt. v. 26.3.1981, IVa ZR 154/80 Tz. 10, BeckRS 9998, 103727.

greifen, der zu einer Bereicherung des Anspruchsschuldners führt.[22] Die Bereicherung erfolgt auch ohne Zweifel aus dem Vermögen des Erblassers. Entscheidendes Kriterium ist damit die Einigung über die Unentgeltlichkeit der Zuwendung. Die h.M. differenziert hier grundsätzlich drei Fallkonstellationen.

Bei Ausschlüssen oder Beschränkungen zulasten nur eines Gesellschafters fehle 24
es an einer Gegenleistung derjenigen Gesellschafter, bei denen Abfindungsansprüche ihrer Erben gegen die Gesellschaft nicht ausgeschlossen seien (1).[23] Besteht also mit anderen Worten ein auffallend grobes Missverhältnis zwischen den zugrunde zu legenden Werten von Leistung und Gegenleistung oder ist eine Gegenleistung überhaupt nicht vorhanden, muss nach dem BGH im Einklang mit der Lebenserfahrung zunächst davon ausgegangen werden, dass die Vertragsparteien dies erkannt haben und sich in Wahrheit über die Unentgeltlichkeit der Bereicherung einig waren.[24]

Verzichten hingegen alle Gesellschafter wechselseitig auf eine Abfindung (2), 25
nimmt die h.M. aufgrund des **aleatorischen Charakters** der Vereinbarung einen gegenseitigen entgeltlichen Vertrag an.[25] Dasselbe gilt für eine Beschränkung der Abfindung.[26]

Verzichten zwar formal alle Gesellschafter wechselseitig auf eine Abfindung, 26
stehen die jeweiligen Risiken jedoch in einem **groben Missverhältnis** (3), etwa aufgrund einer ungleichen Lebenserwartung, entfalle der **Wagnischarakter** der Vereinbarung, mit der Folge einer Ergänzungspflicht.[27]

Die vorstehende Differenzierung wird für den **Abfindungsausschluss** bei einer 27
vermögensverwaltenden GbR angezweifelt. Der Verzichtende habe für den Fall des Zuerst-Versterbens keinen den Nachteil seiner Zuwendung ausgleichenden Vorteil; ihm fehle der persönliche Anreiz zur Risikobegrenzung.[28] Die Kritik an der vorstehend dargestellten Differenzierung dürfte jedoch weder im Ergebnis

22 Nicht vertieft werden soll an dieser Stelle, dass entgegen der herkömmlichen Darstellung in der Literatur Beschenkter i.S.d. § 2325 BGB nicht unmittelbar die verbleibenden Gesellschafter sind, denn die ihnen in Form der Anwachsung (§ 738 Abs. 1 S. 1 BGB) zustatten kommende wirtschaftliche Bereicherung stellt lediglich einen Rechtsreflex dar. Schuldner des Abfindungsanspruchs ist vielmehr die seit BGHZ 146, 341 rechtsfähige Personengesellschaft selbst, vgl. Staudinger/*Habermeier* (Neubearb. 2003), § 738 Rn 12.

23 *Lange*, ZErb 2014, 121, 123; Palandt/*Weidlich*, § 2325 Rn 15; BeckOK-BGB/*J. Mayer*, § 2325 Rn 15.

24 BGH, Urt. v. 26.3.1981, IVa ZR 154/80, BeckRS 9998, 103727. Der BGH spricht insoweit von einer „Beweiserleichterung im Sinne einer tatsächlichen Vermutung“.

25 BGH, Urt. v. 26.3.1981, IVa ZR 154/80, BeckRS 9998, 103727; Staudinger/*Olshausen*, (Neubearb. 2006), § 2325 Rn 33.

26 BeckOK-BGB/*J. Mayer*, § 2325 Rn 15.

27 BGH, Urt. v. 26.3.1981, IVa ZR 154/80; Staudinger/*Olshausen* (Neubearb. 2006), § 2325 Rn 33; Palandt/*Weidlich*, § 2325 Rn 15.

28 *Schindler*, ZErb 2012, 149, 154.

noch in seiner Begründung berechtigt sein. Denn einen die Zuwendung des Verzichtenden ausgleichenden, für diesen spürbaren Vorteil kann es aus der Natur der Sache nicht geben, wenn dieser zuerst verstirbt. Vielmehr ergibt sich der Entgeltlichkeitswert des wechselseitigen Abfindungsverzichts gerade aus der Ungewissheit, welcher Gesellschafter zuerst verstirbt und der Aussicht, im Falle des eigenen Überlebens wirtschaftlich überproportional zu partizipieren.

28 Eine Sonderstellung kommt den vermögensverwaltenden Gesellschaften jedoch in anderer Hinsicht zu. Denn zu beachten ist, dass der BGH Abfindungsbeschränkungen oder ihren völligen Ausschluss gewöhnlich nicht isoliert betrachtet, sondern einen Zusammenhang mit den Umständen der Gesellschaftsgründung oder Anteilsübertragung herstellt.[29] Angesprochen ist hier der Versuch, durch die Einbringung von Vermögensgegenständen in eine Gesellschaft und der Vereinbarung eines Abfindungsausschlusses den Pflichtteilsberechtigten Vermögen vorzuenthalten. Hierfür eignen sich vermögensverwaltende Personengesellschaften in besonderem Maße. Es verwundert deshalb nicht, dass die Rechtsprechung die Einbringung eines Unternehmens durch den Erblasser in eine mit seiner Ehefrau neu gegründete Gesellschaft drei Monate vor seinem Tod nicht als ergänzungsfeste Zuwendung angesehen hat, sondern der Auffassung war, die Gründung der Gesellschaft einerseits und das Übernahmerecht der Ehefrau nebst **Abfindungsausschluss** andererseits dürften nicht getrennt voneinander gewürdigt werden.[30] Denn auch wenn vertreten wird, dass eine **„Flucht in das Gesellschaftsrecht"** die Aushebelung des Pflichtteilsrechts ermögliche,[31] dürften offensichtliche **Umgehungsgestaltungen** jedenfalls im Hinblick auf eine **Pflichtteilsergänzungspflicht** kritisch sein.

29 Rechtstechnisch betrachtet handelt es sich hierbei indes nicht um ein Problem der Abfindungsbeschränkung. Denn die Frage, ob die Aufnahme in eine, insbesondere vermögensverwaltende, Personengesellschaft oder die Übertragung eines entsprechenden Anteils als ergänzungspflichtige Schenkungen anzusehen sind, stellt sich losgelöst von etwaigen Abfindungsbeschränkungen im Gesellschaftsvertrag. So hat auch der BGH ohne Bezugnahme auf eine Abfindungsbeschränkung angenommen, dass ein Kommanditanteil Gegenstand einer Schenkung sein kann.[32] Ebenso nimmt die jüngere obergerichtliche Rechtsprechung ohne Rekurs auf eine Abfindungsklausel bei der Übertragung von Beteiligungen an einer vermögensverwaltenden GbR eine ergänzungspflichtige Schenkung an, wenn eine persönliche Inanspruchnahme des Erwerbers aufgrund der Vermögensstruktur

---

29 Ebenso *U. Mayer*, ZEV 2003, 355, 356. BGH, Urt. v. 26.3.1981, IVa ZR 154/80, BeckRS 9998, 103727; OLG Schleswig, Urt. v. 27.3.2012, 3 U 39/11, ZEV 2013, 91.

30 BGH, Urt. v. 26.3.1981, IVa ZR 154/80, BeckRS 9998, 103727.

31 *Werner*, ZEV 2013, 66, 69.

32 BGH, Urt. v. 2.7.1990, II ZR 243/89, MittBayNot 1990, 316.

der Gesellschaft äußerst unwahrscheinlich ist und der Arbeitseinsatz des Begünstigten in den Hintergrund tritt.[33]

Legt man die Rechtsprechung des BGH[34] zugrunde, wonach es für den Fristbeginn nach § 2325 Abs. 3 BGB nicht ausreicht, dass der Erblasser alles seinerseits Erforderliche für den Erwerb durch den Beschenkten getan hat, sondern ein Zustand geschaffen worden sein muss, dessen Folgen der Erblasser selbst zehn Jahre zu tragen hatte und der schon im Hinblick auf diese Folgen von einer **„böslichen" Schenkung** abhält, fängt die Frist des § 2325 Abs. 3 BGB nicht vor dem Tod des Erblassers an zu laufen.[35] 30

Hinweis
Auch wenn der Abfindungsausschluss oder die Abfindungsbeschränkung gesellschaftsrechtlich wirksam ist, kann dies Pflichtteilsergänzungsansprüche auslösen.

Anspruchsgegner des Pflichtteilsergänzungsanspruches ist grundsätzlich der Erbe. Nur soweit der Erbe zur Ergänzung des Pflichtteils nicht verpflichtet ist, haftet gemäß § 2329 BGB der Beschenkte, also möglicherweise die Mitgesellschafter. Das ist insbesondere dann der Fall, wenn der Nachlass überschuldet ist. In der Praxis dürften die Mitgesellschafter daher aber wohl nur selten auf Ergänzung des Pflichtteils in Anspruch genommen werden. 31

bb) Erbschaftsteuerliche Schenkungsfiktionen bei Abfindungsmodifikationen

Ist der zu Lebzeiten ausscheidende Gesellschafter grundsätzlich gem. § 738 Abs. 1 S. 2 BGB abzufinden, bemisst sich der Abfindungsanspruch nach dem Verkehrswert der Beteiligung, mithin nach dem anteiligen Ertragswert auf der Basis einer fortgesetzten Gesellschaft (***Going-concern*-Prinzip**).[36] Sieht der Gesellschaftsvertrag eine Abfindungsbeschränkung, etwa auf den **Buchwert** der Beteiligung, vor, wächst der Anteil des ausscheidenden Gesellschafters den Mitgesellschaftern wertmäßig gleichwohl ungemindert nach § 738 Abs. 1 S. 1 BGB an. Dies führt zu einer objektiven Bereicherung der verbleibenden Mitgesellschafter. § 7 Abs. 7 S. 1 ErbStG fingiert daher bei einem nicht todesbedingten Anteilsübergang auf 32

33 OLG Schleswig, Urt. 27.3.2012, 3 U 39/11, ZErb 2012, 168.
34 BGH, Urt. v. 17.9.1986, IVa ZR 13/85, MittBayNot 1987, 40.
35 JurisPK-BGB/*Birkenheier*, § 2325 Rn 104; Münchener Anwaltshandbuch Erbrecht/*Horn*, § 29 Rn 353; Staudinger/*Olshausen*, (Neubearb. 2006), § 2325 Rn 56.
36 *Groß*, ErbStB 2004, 134; *Krumm*, NJW 2010, 187, 188.

die verbleibenden Gesellschafter eine Schenkung in Höhe des den Abfindungsanspruch übersteigenden Steuerwerts des anwachsenden Anteils.[37]

Auch die anlässlich des Todes eines Gesellschafters eintretende Anwachsung ist zu Lasten der bereicherten Mitgesellschafter gem. § 3 Abs. 1 Nr. 2 S. 2 ErbStG als Erwerb von Todes wegen steuerbar, soweit der nach § 12 ErbStG i.V.m. § 11 Abs. 2 BewG ermittelte Verkehrswert der anwachsenden Beteiligung die Abfindungsansprüche Dritter übersteigt.

3. Gewinnbezugs- und Stimmrechte

33 In Gesellschaftsverträgen von Familienpools gibt es oft ein Bedürfnis für Gewinnbezugs- und Stimmrechte, die sich nicht nach dem **Festkapitalanteil** der jeweiligen Gesellschafter richten, sondern davon abweichend geregelt sind. Grundsätzlich sind sog. **disquotale Gewinnbezugs- und Stimmrechte** zulässig.[38] Damit die gesellschaftsvertraglichen Regelungen aber auch bei einer zwar aktuell nicht absehbaren, aber dennoch natürlich immer möglichen Änderung der Rechtsprechung nicht unwirksam werden, sollte von zu extremen Gestaltungen abgesehen werden. Schließlich kann gerade ein Familienpool als **generationenübergreifendes Gestaltungsmittel** noch vielen Gesetzes- und Rechtsprechungsänderungen ausgesetzt sein.

a) Gewinnbezugsrecht

34 In Literatur und Rechtsprechung besteht weitgehend Einigkeit darüber, dass die Regelung zur Gewinnverteilung im Gesellschaftsvertrag von den gesetzlichen Vorgaben und damit auch vom Verhältnis der Kapitalanteile abweichen kann. Für die KG regelt § 168 Abs. 2 HBG dies ausdrücklich. Kritisch sind nur sehr stark disquotal ausgestaltete **Gewinnverteilungsschlüssel** (z.B. Gewinnanteil 95 % bei einem Kapitalanteil von 5 %).

---

37 Zum sog. Managermodell hat der BFH mit Urteil vom 4.3.2015, II R 51/13, ZEV 2015, 429, entschieden, dass jedenfalls nicht die GmbH Erwerberin i.S.d. § 20 Abs. 1 S. 1 i.V.m. § 7 Abs. 7 S. 1 ErbStG ist, wenn die Gesellschafter einer GmbH vereinbaren, dass sie beim Erreichen einer bestimmten Altersgrenze ihren Geschäftsanteil zum Nominalwert an einen Treuhänder verkaufen, der den Geschäftsanteil nach außen im eigenen Namen, im Innenverhältnis aber für die verbleibenden Gesellschafter erwirbt und hält und von diesen Gesellschaftern auch den Kaufpreis zur Verfügung gestellt bekommt. Zur Frage, ob die Gesellschafter eine steuerpflichtige Zuwendung erhalten haben, hat der BFH sich leider gar nicht geäußert.

38 *Mutter*, ZEV 2007, 512; *Schulz/Brunner/Werz*, Spezial zu BB 2005, Heft 32.

Formulierungsbeispiel: Gewinnverteilung 35
(1) Abweichend von der Beteiligung der Gesellschafter am Festkapital nehmen diese am Gewinn und Verlust in folgendem Anteilsverhältnis teil:
a) der Gesellschafter M zu 35 %;
b) die Gesellschafterin F zu 35 %;
c) der Gesellschafter S zu 15 %;
d) die Gesellschafterin T zu 15 %.
Das Gewinnbezugsrecht von M und F geht nach dem Tode des Erstversterbenden von beiden auf den überlebenden Ehegatten über. Nach dem Ausscheiden von M und F nehmen die Gesellschafter am Ergebnis im Verhältnis ihrer Festkapitalanteile teil.

Die Finanzverwaltung erkennt disquotale Gewinnbezugsrechte einkommensteu- 36
errechtlich an, wenn für eine vom gesetzlichen Verteilungsschlüssel abweichende Gewinnverteilung besondere Leistungen eines Gesellschafters ursächlich sind.[39] Schenkungsteuerlich behandelt die Finanzverwaltung die disquotalen Gewinnverteilungsschlüssel wie eine Schenkung unter **Nießbrauchvorbehalt.** Zudem kann in dem Gesellschaftsvertrag eine die Gründungsgesellschafter begünstigende **Entnahmeregelung** enthalten sein.[40]

Auch Entnahmerechte können disquotal ausgestaltet sein. 37

Formulierungsbeispiel: Entnahmen
(1) Guthaben auf den Darlehenskonten können grundsätzlich jederzeit entnommen werden. Entnahmen von dem Rücklagenkonto müssen mit einfacher Mehrheit der abgegebenen Stimmen beschlossen werden. Entnahmen von den Festkapitalkonten sind nur mit einer Mehrheit von 75 % der vorhandenen Stimmen zulässig.
(2) Gesellschafter, die noch nicht das 30. Lebensjahr vollendet haben, können Entnahmen immer nur mit Zustimmung von mindestens einem Elternteil vornehmen.

39 BMF-Schreiben vom 7.12.2000, BStBl 2001, S. 47.

40 Seit der Erbschaftsteuerreform 2008 ist Vorsicht geboten, wenn ein Gesellschaftsanteil mit überhöhtem Gewinnbezugsrecht verschenkt wird. Da den Gesellschaftern zunächst ihre Kapitalkonten aus der Gesamthandsbilanz gemäß § 97 Abs. 1a Nr. 1 lit. a) BewG zugerechnet werden und anschließend eine Aufteilung der stillen Reserven nach § 97 Abs. 1a Nr. 1 lit. b) BewG erfolgt, müsste die Fiktion des § 7 Abs. 6 ErbStG zu einer schenkungsteuerlichen Doppelerfassung der überhöhten Gewinnbeteiligung führen. Diese von dem Gesetzgeber wohl unbeabsichtigte Übermaßbesteuerung ließe sich dadurch vermeiden, dass disquotale Gewinnanteile bei der Zuweisung der stillen Reserven unberücksichtigt bleiben. Vgl. *Birnbaum/Escher*, DStR 2014, 1413, 1418.

(3) Die Eheleute M und F können aus der Gesellschaft bis zu ihrem Tode monatlich einen Betrag von insgesamt bis zu 5.000 EUR entnehmen, wobei diese Entnahme aus den auf sie entfallenden Erträgen und, falls die Erträge nicht ausreichen, aus der Substanz der Gesellschaft erfolgt. Nach dem Tode eines Ehegatten kann der überlebende Ehegatte die Entnahme von 5.000 EUR alleine tätigen.

b) Stimmrechte

38 Sowohl bei Personen- als auch bei Kapitalgesellschaften bestehen nach ganz herrschender Auffassung grundsätzlich keine Bedenken gegen eine disquotale Ausgestaltung der Stimmrechte.[41] Die disquotale Ausgestaltung der Stimmrechte ermöglicht es, die Vermögenssubstanz zur Ausnutzung der Schenkungsteuerfreibeträge auf die nächste Generation zu übertragen, ohne dass die „Senioren" zwingend auch schon ihre Leitungsmacht verlieren. Der Gesellschaftsvertrag des Familienpools kann z.B. eine Regelung enthalten, wonach die Gesellschafter M und F immer mindestens 75 % der Stimmen haben.

39 **Formulierungsbeispiel: Stimmrechte**
Solange M und/oder F Gesellschafter sind, sind Beschlüsse stets nur mit Zustimmung von mindestens einem von diesen wirksam. M und F verfügen unabhängig von der Höhe des jeweiligen Festkapitalanteils jeweils über mindestens 37,5 % der Stimmen. Nach dem Tode von M oder F verfügt der Überlebende von beiden über mindestens 75 % der Stimmen.

40 Bis zur endgültigen Aufgabe des sog. **Bestimmtheitsgrundsatzes** durch den BGH in seiner Entscheidung vom 21.10.2014[42] wurde meist verlangt, dass die der Mehrheitsentscheidung unterfallenden Beschlussgegenstände explizit bis ins Detail aufgelistet werden. Nunmehr ist ein Mehrheitsbeschluss bereits dann zulässig, wenn die Auslegung des Gesellschaftsvertrages nach allgemeinen Auslegungsgrundsätzen ergibt, dass der entsprechende Beschlussgegenstand einer **Mehrheitsentscheidung** unterworfen sein soll. Für eine restriktive Auslegung allgemeiner **Mehrheitsklauseln** mit der Herausnahme von **Grundlagengeschäften** und ungewöhnlichen Vertragsänderungen aus ihrer Reichweite bestehe kein Anlass mehr. Die endgültige Aufgabe des Bestimmtheitsgrundsatzes durch den BGH ist im Schrifttum auf breite Zustimmung gestoßen.[43]

---

41 Vgl. für die Personengesellschaft: BGH, Urt. v. 14.5.1956, II ZR 229/54, NJW 1956, 1198; Baumbach/Hopt/*Roth*, § 109 HGB Rn 31; *Mutter*, ZEV 2007, 512, 512; Becksches Notar-Handbuch/*Krauß*, A.V. Rn 211; für die Kapitalgesellschaften: Baumbach/Hueck/*Zöllner*, § 47 GmbHG Rn 67 ff.; *Mutter*, ZEV 2007, 512, 513; bei der Aktiengesellschaft ist zu beachten, dass eine Satzungsregelung, die Aktionären größere Stimmrechte zuspricht als sie ihrer Kapitalbeteiligung entsprechen würden, nicht zulässig ist. Es können aber stimmrechtslose Vorzugsaktien ausgegeben werden.

42 BGH, Urt. v. 21.10.2014, II ZR 84/13, DNotZ 2015, 65.

43 *Schäfer*, NZG 2014, 1401 m.w.N.

Nach wie vor wichtig bleibt die Unterscheidung der einzelnen Gesellschafterrechte in gegen den Willen des Gesellschafters unentziehbare und schlicht unverzichtbare Rechte des Gesellschafters.[44] 41

Von „**unentziehbaren**“ oder auch „**relativ unentziehbaren**“ Gesellschafterrechten spricht man, wenn ein Beschluss nicht gegen den Willen des betroffenen Gesellschafters gefasst werden, der Gesellschafter selbst aber auf diese Rechte nachträglich oder vorab im Gesellschaftsvertrag verzichten kann. Der Verzicht auf diese Gesellschafterrechte erfolgt meist durch **antizipierte Erklärung der Zustimmung** des Gesellschafters zu dem Eingriff in seine Mitgliedschaftsrechte. Für die Wirksamkeit einer antizipierten Zustimmung müssen Art und Umfang des Eingriffs bereits in der gesellschaftsvertraglichen Regelung möglichst genau umschrieben werden. Einigkeit besteht inzwischen dahingehend, dass Beitragserhöhungen, unmittelbare Eingriffe in das Stimmrecht, Änderungen des **Gewinnverteilungsschlüssels** und der Liquidationsfolgen, Änderungen des Gesellschaftszwecks, die Auflösung der Gesellschaft, Änderungen bei der Ausgestaltung der Geschäftsführung sowie Vertragsverlängerungen als relativ unentziehbar einzustufen sind.[45] 42

> **Formulierungsbeispiel: Antizipierte Zustimmung zu relativ unentziehbaren Rechten** 43
> Die Gesellschafter erklären bereits jetzt ihre Zustimmung zu Änderungen des Gesellschaftsvertrages, die den Gesellschaftern (…) und (…) trotz einer geringeren Beteiligung am Festkapital der Gesellschaft einen Gewinnanteil von bis zu 75 % des Jahresüberschusses gewähren.

Von „unverzichtbaren“ oder auch „absolut unentziehbaren“ Gesellschafterrechten spricht man, wenn ein Verzicht auch mit ausdrücklicher Zustimmung des betroffenen Gesellschafters nicht zulässig ist. Hierzu gehören gem. § 118 Abs. 1 HGB ein Mindestmaß an Kontrolle, gem. § 133 Abs. 3 HGB das Recht auf Auflösung der Gesellschaft aus wichtigem Grund, das Informationsrecht des Kommanditisten gem. § 166 Abs. 1 HGB und das Recht auf Teilnahme an den Gesellschafterversammlungen.[46] 44

4. Zusammenfassung zum Ausgangsfall

- Durch die Einbringung der vermieteten Immobilien und des Wertpapierdepots in den Familienpool durch die Eheleute M und F sowie die Beteiligung der Kinder und Enkelkinder können die Schenkungsteuerfreibeträge voll ausgenutzt werden, ohne jedoch das Familienvermögen zu „zersplittern“. 45

---

44 *Schäfer*, NZG 2014, 1401, 1404.

45 MüKo-BGB/*Schäfer*, § 709 BGB Rn 92 mit detaillierter weiterer Darstellung zu den bereits von Rechtsprechung und Literatur als relativ unentziehbar eingeordneten Rechten; Palandt/*Sprau*, Vorb v. § 709 Rn 11a ff.

46 Gute Darstellung mit Nachweisen bei BeckOK-BGB/*Klimke*, § 119 HGB Rn 48 ff.

- M und F erhalten weiterhin den gewünschten bzw. benötigten Teil der Erträge. Über die Entnahmeregelung ist sichergestellt, dass ausreichend hohe Mindestentnahmen auch dann möglich sind, wenn die Gesellschaft z.B. durch Investitionen oder Reparaturen keinen Gewinn macht.
- Durch die Regelungen in dem Gesellschaftsvertrag können M und F die Geschicke der Gesellschaft frei bestimmen. Dies gilt auch dann, wenn sie zukünftig noch geringer an der Substanz beteiligt sein sollten, da erneut zur Ausnutzung der Schenkungsteuerfreibeträge Anteile auf die Kinder und Enkelkinder übertragen werden.
- Die selbst bewohnte Immobilie sowie noch vorhandene Fest- und Tagesgeldkonten behalten M und F aus emotionalen Gründen bewusst in ihrem eigenen Bestand.
- Testamentarisch können M und F sich jetzt wechselseitig zu Erben einsetzen, ohne dadurch erbschaftsteuerliche Probleme auszulösen. Der Erstversterbende kann nämlich seine Gesellschaftsanteile an dem Familienpool vermächtnisweise den Kindern und Enkelkindern zuwenden. Aufgrund der Regelungen in dem Gesellschaftsvertrag kann der Längstlebende weiter die Geschicke der Gesellschaft frei bestimmen und in unverminderter Höhe Erträge aus der Gesellschaft erhalten.

D. Gestaltungsempfehlung für Abwandlung

46 Bei der Abwandlung reinvestieren die Eheleute M und F die Erträge aus dem Familienpool ganz überwiegend. Es sollten daher die Vorzüge der GmbH bei der laufenden Besteuerung genutzt werden. Anders als bei der KG oder der GmbH & Co. KG unterliegt der Gewinn der GmbH nicht der Einkommensteuer des Gesellschafters sondern zunächst nur unmittelbar auf der Ebene der GmbH der Körperschaftsteuer. Die Körperschaftsteuer beträgt lediglich 15 % zzgl. Solidaritätszuschlag. Aufgrund der im Vergleich zur Einkommensteuer wesentlich geringeren Steuerbelastung kann ein wesentlich größerer Teil der Erträge wieder reinvestiert werden. Erst wenn Ausschüttungen an die Gesellschafter erfolgen, unterliegt der Ausschüttungsbetrag der Abgeltungssteuer (vgl. hierzu § 9 Rdn 55).

Durch die entgeltliche Einbringung der Immobilien in den Familienpool lässt sich zudem neues Abschreibungsvolumen generieren.[47] Da die direkte Einbringung der Immobilien in einen Familienpool in der Rechtsform der GmbH Grunderwerbsteuer auslösen würde, sollte der Familienpool zunächst in der Rechtsform der gewerblich geprägten GmbH & Co. KG gegründet werden. So können die Immobilien in der Regel ohne Anfall von Grunderwerbsteuer in den

47 Zum sog. AfA-Step-up durch entgeltliche Einbringung von Grundvermögen in eine gewerblich geprägte GmbH & Co. KG vgl. BFH Urt. v. 29.7.2015, IV R 15/14, DStR 2016, 217.

Familienpool eingebracht werden. Nach 5 Jahren kann die GmbH & Co. KG dann ohne Anfall von Grunderwerb- und Einkommensteuer gem. § 25 UmwStG in eine GmbH umgewandelt werden. Bei M und F ist kein Veräußerungsgewinn zu versteuern, da § 23 EStG vorsieht, dass private Immobilienveräußerungen nicht steuerpflichtig sind, wenn zwischen Ankauf des Grundstücks und dem Verkauf bzw. der entgeltlichen Einbringung mehr als 10 Jahre liegen (vgl. hierzu § 9 Rdn 10).

Nachteil des Familienpools in der Rechtsform der gewerblich geprägten 47
GmbH & Co. KG oder der GmbH ist, dass auch nach Ablauf von 10 Jahren Grundstücke nicht steuerfrei veräußert werden können. Nach mindestens 6 Jahren Zugehörigkeit zum Anlagevermögen können die aufgedeckten stillen Reserven allerdings nach den Regeln des § 6b EStG auf Neuinvestitionen übertragen werden, so dass dann doch kein Veräußerungsgewinn versteuert werden muss. Da M und F die Immobilien ohnehin nicht veräußern wollen, kann dieser Nachteil vernachlässigt werden. Die steuerlichen Vorteile durch die Generierung von neuem AfA-Volumen und die wesentlich geringere laufende Besteuerung der nicht ausgeschütteten Gewinne dürften die Nachteile durch die Steuerverstrickung der Immobilien meist auch deutlich übersteigen.

E. Muster: Gesellschaftsvertrag Familienpool

Muster: Gesellschaftsvertrag Familienpool 48

Gesellschaftsvertrag der

Familie   Vermögensverwaltungs-KG

§ 1
Firma und Sitz

(1) Die Firma der Gesellschaft lautet Familie   Vermögensverwaltungs-KG.

(2) Jeder Gesellschafter, dessen Name in der Firma enthalten ist, ist damit einverstanden, dass die Firma bei seinem Ausscheiden fortgeführt wird.

(3) Sitz der Gesellschaft ist   .

§ 2
Gegenstand des Unternehmens

(1) Gegenstand des Unternehmens ist die Bewirtschaftung, die Verwaltung und die Verwertung des eigenen Vermögens.

Zusatz wenn keine gewerblichen Einkünfte, bei gewerblicher Prägung streichen

(2) Die Gesellschaft ist nicht berechtigt, in irgendeiner Weise gewerblich tätig zu werden, d.h. sie darf keine gewerblichen Einkünfte erzielen, insbesondere keine Vermögensanlagen durchführen, die zu gewerblichen Einkünften führen. Bei der Verfolgung des Gesellschafts-

zwecks dürfen die Grenzen einer rein vermögensverwaltenden Tätigkeit nicht überschritten werden.

(3) Die Gesellschaft ist berechtigt, alle Geschäfte zu tätigen, die dem Gesellschaftszweck unmittelbar oder mittelbar dienen.

§ 3
Gesellschafter, Kapitalanteile und Einlagen

(1) Das Festkapital der Gesellschaft beträgt insgesamt EUR. Der Anteil am Festkapital ist maßgeblich für die Beteiligung des Gesellschafters am Ergebnis und am Vermögen, an einem etwaigen Auseinandersetzungsguthaben sowie für sein Stimmrecht. Sofern und soweit das von einem Kommanditisten zu erbringende Festkapital die Höhe seiner Hafteinlage übersteigt, kann hieraus keine Haftung des Kommanditisten gegenüber den Gläubigern der Gesellschaft i.S.v. § 171 Abs. 1 HGB abgeleitet werden.

(2) An dem Festkapital der Gesellschaft sind beteiligt:

Die persönlich haftenden Gesellschafter:

, mit einem Festkapital (Pflichteinlage) von EUR

, mit einem Festkapital (Pflichteinlage) von EUR

Die Kommanditisten:

, mit einem Festkapital (Pflichteinlage) von EUR, wovon das Haftkapital nur EUR beträgt;

, mit einem Festkapital (Pflichteinlage) von EUR, wovon das Haftkapital nur EUR beträgt;

, mit einem Festkapital (Pflichteinlage) von EUR, wovon das Haftkapital nur EUR beträgt;

(3) Die von den Gesellschaftern zur Deckung des Festkapitals und des Haftkapitals zu leistenden Einlagen werden wie folgt erbracht:

Bei Bareinlage:

a) Der Beitrag des Gesellschafters wird durch Einlage eines Geldbetrages in Höhe von EUR, zahlbar bis zum , erbracht.

Bei Einbringung von Grundbesitz:

b) Der Beitrag des Gesellschafters wird durch die Einbringung des Grundbesitzes, eingetragen im Grundbuch von Blatt-Nr. , Flur , Flurstück erbracht. Die Einbringung erfolgt in einem separaten Einbringungsvertrag. Diese Sacheinlage wird von den Gesellschaftern mit EUR bewertet.

§ 4
Geschäftsjahr, Jahresabschluss und Gesellschafterkonten

(1) Geschäftsjahr ist das Kalenderjahr.

(2) Die persönlich haftenden Gesellschafter haben innerhalb der jeweils geltenden gesetzlichen Frist nach Ablauf jeden Geschäftsjahres den Jahresabschluss für das vergangene Geschäftsjahr nach den gesetzlichen Vorschriften aufzustellen. *Wenn eine Bilanzierung nicht zwingend gesetzlich vorgeschrieben ist, kann der Gewinn auch durch Einnahmen-/Überschussrechnung ermittelt werden* ***(bei gewerblicher Prägung streichen).***

(3) Der Jahresabschluss *bzw. die Einnahmen-/Überschussrechnung* ***(bei gewerblicher Prägung streichen)*** ist maßgeblich für die Gewinn- und Verlustverteilung. Sollte sich zum Zwecke der steuerlichen Gewinnermittlung eine zwingende Abweichung von der Handelsbilanz ergeben, ist letztere für die Gewinn- und Verlustverteilung maßgeblich. Sofern sich aufgrund einer steuerlichen Außenprüfung Änderungen der Bilanzansätze und der Jahresergebnisse ergeben, sind die veränderten Bilanzansätze im Innenverhältnis erst in dem auf die Außenprüfung folgenden Geschäftsjahr maßgebend. Eine Änderung der Jahresergebnisse findet im Innenverhältnis keine Berücksichtigung mehr.

(4) Die Kommanditisten haben etwaige Einwendungen gegen den Jahresabschluss den persönlich haftenden Gesellschaftern eine Woche vor der Gesellschafterversammlung in Textform mitzuteilen. Erfolgen solche Einwendungen nicht, gilt der Jahresabschluss als genehmigt. Über Einwendungen ist in der Gesellschafterversammlung abzustimmen.

Alternative 1: Kurzfassung zur Kontengliederung

(5) Der Anteil der Gesellschafter am Festkapital der Gesellschaft wird auf dem jeweiligen Festkapitalkonto gebucht. Die Höhe der Festkapitalkonten ist grundsätzlich unveränderlich und ausschlaggebend für die mitgliedschaftlichen Rechte und Pflichten der Gesellschafter, insbesondere für deren Anteil am Ergebnis und an den stillen Reserven. Das Festkapitalkonto ist unverzinslich.

(6) Auf einem weiteren variablen Kapitalkonto werden Entnahmen, Einlagen und Gewinne der jeweiligen Gesellschafter gebucht.

(7) Verluste werden auf einem Verlustvortragskonto gebucht. Gewinne können immer erst nach einem Ausgleich des Verlustvortragskontos auf dem variablen Privatkonto gutgeschrieben werden.

(8) Die Kontengliederung kann von den Gesellschaftern mit einfacher Mehrheit durch Beschluss konkretisiert oder geändert werden.

Alternative 2: Langfassung zur Kontengliederung

(5) Der Anteil der Gesellschafter am Festkapital der Gesellschaft wird auf dem jeweiligen ***Festkapitalkonto*** *gebucht. Die Höhe der Festkapitalkonten ist grundsätzlich unveränderlich und ausschlaggebend für die mitgliedschaftlichen Rechte und Pflichten der Gesellschafter, insbesondere für deren Anteil am Ergebnis und an den stillen Reserven. Das Festkapitalkonto ist unverzinslich.*

*(6) Auf einem weiteren **variablen Kapitalkonto** werden Entnahmen, Einlagen, Gewinne und Verluste der jeweiligen Gesellschafter gebucht.*

(7) Im Übrigen wählen die Gesellschafter folgende Kontengliederung:

a) *Auf dem **Rücklagenkonto** werden die dem Gesellschafter zustehenden, jedoch nicht entnahmefähigen Gewinne sowie über die Pflichteinlage hinausgehende Zuzahlungen, die die Gesellschafter in das Eigenkapital leisten, gebucht. Es dient zur Stärkung des Eigenkapitals der Gesellschaft und weisen keine Forderungen der Gesellschaft aus; es wird nicht verzinst. Von dem Rücklagenkonto sind etwaige Verluste anteilig abzubuchen. Die Gesellschafter können mit einer Mehrheit von 75 % der abgegebenen Stimmen beschließen, dass Guthaben auf den Rücklagenkonten auf das Privatkonto umgebucht werden.*

b) *Auf dem **Verlustvortragskonto** werden Verluste gebucht, die nicht mehr durch Guthaben auf dem Rücklagenkonto ausgeglichen werden können. Gewinne können immer erst nach einem Ausgleich des Verlustvortragskontos auf dem Privatkonto gutgeschrieben werden.*

c) *Auf dem **Privatkonto** werden mit Ausnahme von Darlehensverbindlichkeiten alle sonstigen Forderungen und Verbindlichkeiten zwischen Gesellschaft und Gesellschafter gebucht. Dies gilt insbesondere für Gewinngutschriften, soweit diese nicht zum Ausgleich des Verlustvortragskontos benötigt werden. Das Privatkonto wird im Soll und Haben mit 2 Prozentpunkten über dem zu Beginn eines jeden Kalenderjahres geltenden Basiszinssatz (§ 247 BGB) p.a. verzinst. Bemessungsgrundlage für die Zinsen ist der Stand des Privatkontos zum Ende eines jeden Kalendermonats. Die Zinsen auf den Privatkonten stellen im Verhältnis zu den Gesellschaftern Aufwand bzw. Ertrag dar. Die Gesellschaft ist zur Rückzahlung von Guthaben auf den Privatkonten an die Gesellschafter jederzeit berechtigt; Forderungen der Gesellschaft oder der Gesellschafter sind vorbehaltlich abweichender Vereinbarung jederzeit fällig.*

d) *Auf dem **Darlehenskonto** werden die von den oder an die Gesellschafter gewährten Darlehen verbucht. Die Verzinsung der Gesellschafterdarlehen wird im Einzelfall durch einen mit einfacher Mehrheit zu fassenden Beschluss festgelegt. Die Zinsen werden unbeschadet der steuerlichen Behandlung wie Aufwand oder Ertrag behandelt und auf dem Privatkonto verbucht.*

(8) Die Gesellschafter können mit einfacher Mehrheit eine andere Kontengliederung beschließen.

§ 5
Geschäftsführung und Vertretung

Alternative 1: Bei keiner gewerblichen Prägung

(1) Zur Geschäftsführung sind grundsätzlich nur die persönlich haftenden Gesellschafter berechtigt und verpflichtet. Sie können im Rahmen der Geschäftsführungsbefugnis alle Handlungen vornehmen, die der gewöhnliche Geschäftsbetrieb mit sich bringt und die zur Erreichung des Gesellschaftszwecks erforderlich sind. Darüber hinaus sind sie auch zur Vornahme außergewöhnlicher Geschäftsführungsmaßnahmen befugt; das Widerspruchsrecht der Kommanditisten gemäß § 164 Satz 1 HGB wird ausgeschlossen. Die Gesellschafter können die näheren Einzelheiten in einer Geschäftsordnung für die Geschäftsführung mit einfacher Mehrheit beschließen.

Alternative 2: Bei gewerblicher Prägung

(1) Zur Geschäftsführung ist ausschließlich die Komplementär-GmbH berechtigt und verpflichtet. Deren Geschäftsführer können im Rahmen der Geschäftsführungsbefugnis alle Handlungen vornehmen, die der gewöhnliche Geschäftsbetrieb mit sich bringt und die zur Erreichung des Gesellschaftszwecks erforderlich sind. Darüber hinaus sind sie auch zur Vornahme außergewöhnlicher Geschäftsführungsmaßnahmen befugt; das Widerspruchsrecht der Kommanditisten gemäß § 164 Satz 1 HGB wird ausgeschlossen. Die Gesellschafter können die näheren Einzelheiten in einer Geschäftsordnung für die Geschäftsführung mit einfacher Mehrheit beschließen

(2) Die Vergütung der handelnden Gesellschafter wird in den ordentlichen Gesellschafterversammlungen unter Berücksichtigung des Umfangs der Tätigkeit und der Ertragslage der Gesellschaft festgesetzt.

(3) Die Gesellschaft wird durch die persönlich haftenden Gesellschafter vertreten. Sie sind einzelvertretungsberechtigt und von den Beschränkungen des § 181 BGB befreit. Dies gilt auch für künftige persönlich haftende Gesellschafter.

Bei gewerblicher Prägung streichen

(4) Nach dem Ausscheiden von und können die Gesellschafter mit einfacher Mehrheit auch eine andere Regelung treffen und insbesondere auch einen Kommanditisten oder einen Dritten mit Geschäftsführungsaufgaben betrauen und umfassend bevollmächtigen.

§ 6
Gesellschafterversammlung

(1) Für die Einberufung von Gesellschaftsversammlungen gilt Folgendes:

a) Die ordentliche Gesellschafterversammlung findet jährlich spätestens zwei Monate nach Fertigstellung des Jahresabschlusses statt und ist von einem der *persönlich haftenden Gesellschafter/Geschäftsführer der Komplementär-GmbH* ***(Unzutreffendes streichen)*** einzuberufen.

b) Außerordentliche Gesellschafterversammlungen sind von einem der *persönlich haftenden Gesellschafter/Geschäftsführer der Komplementär-GmbH* ***(Unzutreffendes streichen)*** einzuberufen, wenn nach diesem Vertrag oder den gesetzlichen Bestimmungen eine Beschlussfassung notwendig wird oder ein Antrag von wenigstens 10 % des Festkapitals gestellt wurde.

c) Die Gesellschafterversammlungen finden am Sitz der Gesellschaft statt, es sei denn, dass sämtliche Gesellschafter mit einem anderen Versammlungsort einverstanden sind.

d) Die Einberufung der Gesellschafterversammlung erfolgt in Textform. Die Ladungsfrist beträgt zwei Wochen und beginnt mit der Versendung des Ladungsschreibens an die letzte bekannte Anschrift bzw. E-Mailadresse oder Faxnummer der Gesellschafter. Mit der Einladung ist die Tagesordnung zu übermitteln. Die Tagesordnung muss die vorgesehenen Beschlussgegenstände enthalten. Der Notar hat darauf hingewiesen, dass der Zugang der Einladung im Streitfall nachweisbar sein muss.

(2) Die Gesellschafterversammlung ist beschlussfähig, wenn 75 % des Festkapitals anwesend oder vertreten sind. Der Vertreter hat seine Vertretungsbefugnis durch Vorlage der Urschrift oder Ausfertigung der Dokumente, aus denen sich seine Rechtstellung als Vertreter ergibt, nachzuweisen, wenn nicht die Gesellschafterversammlung andere Nachweise ausreichen lässt.

Liegt keine Beschlussfähigkeit vor, so hat einer der persönlich haftenden Gesellschafter bzw. deren Geschäftsführer innerhalb von vier Wochen eine neue Gesellschafterversammlung mit gleicher Tagesordnung einzuberufen, die dann in jedem Fall beschlussfähig ist. Hierauf ist in der Ladung hinzuweisen.

(3) Gesellschafter können sich in der Gesellschafterversammlung sowie bei Beschlussfassungen außerhalb der Gesellschafterversammlung durch andere Gesellschafter, Nießbrauchberechtigte an Gesellschaftsanteilen, gesetzliche Vertreter, Vorsorgebevollmächtigte, Testamentsvollstrecker sowie Personen, die kraft Berufes zur Verschwiegenheit verpflichtet sind, vertreten und begleiten lassen. Eine Vertretung durch andere Personen ist grundsätzlich nicht gestattet. Die Vertreter haben ihre Vertretungsbefugnis durch Vorlage der Urschrift oder Ausfertigung der Dokumente, aus denen sich ihre Rechtsstellung ergibt, nachzuweisen. Die Gesellschafterversammlung kann mit einfacher Mehrheit weitere Personen und andere Nachweise zulassen.

(4) Sind die für die Einberufung und Ankündigung geltenden gesetzlichen oder gesellschaftsvertraglichen Vorschriften nicht eingehalten worden, können Beschlüsse nur gefasst werden, wenn die von dem Mangel betroffenen Gesellschafter anwesend oder vertreten sind und der Beschlussfassung nicht widersprechen.

§ 7
Gesellschafterbeschlüsse

(1) Beschlüsse werden grundsätzlich in Gesellschafterversammlungen gefasst. Außerhalb von Gesellschafterversammlungen können Beschlüsse, soweit nicht gesetzlich eine andere Form vorgeschrieben ist, auch schriftlich, per Telefax, per Mail oder telefonisch im Umlaufverfahren gefasst werden, wenn sich alle Gesellschafter mit dieser Art der Beschlussfassung einverstanden erklären oder sich an ihr beteiligen.

(2) Die Stimmrechte richten sich grundsätzlich nach den Festkapitalanteilen. Je 1 EUR Festkapitalanteil gewährt eine Stimme.

Bei gewerblicher Prägung mit StB Rücksprache halten ob zu streichen, da schädlich für Mitunternehmerstellung der Kommanditisten.

(3) Solange und/oder Gesellschafter sind, sind Beschlüsse stets nur mit Zustimmung von mindestens einem von diesen wirksam. und verfügen unabhängig von der Höhe des jeweiligen Festkapitalanteils jeweils über mindestens 37,5 % der Stimmen. Nach dem Tode von oder verfügt der Überlebende von beiden über mindestens 75 % der Stimmen.

(4) Ein Gesellschafter ist von seinem Stimmrecht ausgeschlossen, wenn das Gesetz oder der Gesellschaftsvertrag dies bestimmen oder wenn seine Entlastung, seine Befreiung von einer Verbindlichkeit, die Einziehung seines Geschäftsanteils oder die Einleitung eines Rechtsstreits der Gesellschaft mit ihm Gegenstand ist. Enthält der Gesellschaftsvertrag kein ausdrückliches Stimmverbot, ist der Gesellschafter im Zweifel stimmberechtigt.

(5) Als Inhalt eines Nießbrauchrechts an einem Gesellschaftsanteil kann vereinbart werden, dass der Nießbrauchberechtigte das Stimmrecht in laufenden Angelegenheiten allein, bei Grundlagenbeschlüssen zusammen mit dem Inhaber des belasteten Gesellschaftsanteils ausübt.

(6) Die Gesellschafter beschließen, sofern das Gesetz oder der Gesellschaftsvertrag nichts anderes vorsehen, mit der einfachen Mehrheit der abgegebenen Stimmen. Einer Mehrheit von 75 % des Festkapitals bedarf insbesondere die Beschlussfassung über

a) die Änderungen des Gesellschaftsvertrages,
b) die Zustimmung zur Verfügung über Gesellschaftsanteile,
c) die Aufnahme und Ausschließung von Gesellschaftern,
d) die Auflösung bzw. Fortsetzung der Gesellschaft,
e) alle Maßnahmen der Gesellschaft gegenüber einzelnen Gesellschaftern,
f) eine von den in diesem Vertrag festgelegten Grundsätzen abweichende Gewinnverwendung,
g) die Umwandlung der Gesellschaft,
h) sonstige Strukturmaßnahmen.

Soweit die vorstehenden Bestimmungen für einen Beschlussgegenstand keine Regelung enthalten, bestimmen sich die Mehrheitserfordernisse ergänzend nach den Mehrheitsregelungen des GmbH-Rechts.

(7) Beschlüsse, die den Grundsatz der anteiligen Gleichbehandlung aller Gesellschafter verletzen oder den Gesellschaftern zusätzliche Verpflichtungen, insbesondere Einlageverpflichtungen auferlegen, oder in Sonderrechte von Gesellschaftern eingreifen, bedürfen zudem der Zustimmung der Betroffenen.

(8) Die Leitung der Gesellschafterversammlung oder der Beschlussfassung außerhalb der Gesellschafterversammlung steht, wenn nicht mit einfacher Mehrheit etwas anderes bestimmt wird, dem ältesten persönlich haftenden Gesellschafter bzw. dem ältesten Geschäftsführer der Komplementär-GmbH zu. Der Leiter der Gesellschafterversammlung bzw. der Beschlussfassung außerhalb der Gesellschafterversammlung fertigt ein Protokoll und lässt das Protokoll allen Gesellschaftern unterschrieben zukommen. Waren nur zwei Personen an der Beschlussfassung beteiligt, so ist das Protokoll von beiden zu unterschreiben.

(9) Fehlerhafte Beschlüsse, deren Zustandekommen oder Inhalt nicht gegen zwingende gesetzliche Vorschriften verstößt, können nur innerhalb von zwei Monaten seit Kenntniserlangung von der Beschlussfassung durch Klage gegen die Gesellschaft angefochten werden. Die Anfechtung ist ausgeschlossen, wenn seit der Beschlussfassung 6 Monate verstrichen sind. Bis zur rechtskräftigen Feststellung ihrer Nichtigkeit bzw. Unwirksamkeit sind die Gesellschafterbeschlüsse als wirksam zu behandeln.

§ 8
Dauer der Gesellschaft, Kündigung

(1) Die Gesellschaft beginnt zwischen den Gesellschaftern am . Im Außenverhältnis besteht die Gesellschaft bis zur Eintragung im Handelsregister als Gesellschaft des bürgerlichen Rechts. Bis zur Eintragung im Handelsregister haben die Kommanditisten nur die Rechtsstellung von atypisch still beteiligten Gesellschaftern, für die die Bestimmungen dieses Vertrages entsprechend gelten.

(2) Die Gesellschaft ist auf unbestimmte Zeit errichtet. Sie kann von jedem Gesellschafter mit einer Frist von 24 Monaten zum Ende des Geschäftsjahres, jedoch erstmals zum ordentlich gekündigt werden. Das Recht zur außerordentlichen Kündigung der Gesellschaft

aus wichtigem Grund bleibt unberührt. Kündigungen sind mit eingeschriebenem Brief gegenüber der Gesellschaft und jedem Gesellschafter zu erklären. Das Recht, nach § 133 HGB Auflösungsklage zu erheben, wird, soweit gesetzlich zulässig, abbedungen.

(3) Kündigt ein Kommanditist, so scheidet er aus der Gesellschaft aus. Diese wird mit den verbleibenden Gesellschaftern fortgesetzt.

(4) Kündigt der einzige persönlich haftende Gesellschafter das Gesellschaftsverhältnis, wird die Gesellschaft mit Ablauf der Kündigungsfrist als OHG fortgesetzt, es sei denn, die übrigen Gesellschafter beschließen bis zum Ablauf der Kündigungsfrist mit einfacher Mehrheit die Liquidation oder unter gleichzeitiger Bestellung eines neuen persönlich haftenden Gesellschafters die Fortsetzung der Gesellschaft als KG. Der kündigende persönlich haftende Gesellschafter hat bei der Abstimmung kein Stimmrecht; im Falle der Fortsetzung als OHG oder KG scheidet er mit Ablauf der Kündigungsfrist aus der Gesellschaft aus.

(5) Kündigt ein Gesellschafter und ist die Kündigungsfrist abgelaufen, wenn die übrigen Gesellschafter von der Kündigung Kenntnis erlangen, sind sie berechtigt, sich innerhalb von zwei Monaten nach Kenntnis von der Kündigung dieser anzuschließen. (Anschlusskündigung)

(6) Besteht die Gesellschaft im Zeitpunkt der Kündigung eines Gesellschafters nur aus zwei Gesellschaftern, ist der andere Gesellschafter berechtigt die Geschäfte unter Übernahme aller Aktiva und Passiva fortzuführen.

Bei gewerblicher Prägung

(7) Die Kündigung der Komplementär-GmbH ist nur zulässig, wenn bereits eine andere Komplementär-GmbH die persönliche Haftung übernommen hat.

§ 9
Einsichts- und Auskunftsrecht

Jeder Gesellschafter kann Auskunft über die Angelegenheiten der Gesellschaft verlangen und die Bücher und Schriften der Gesellschaft einsehen. Er kann hierbei eine zur Berufsverschwiegenheit verpflichtete Person hinzuziehen oder mit der Einsichtnahme beauftragen. Entstehende Kosten trägt der Einsicht nehmende Gesellschafter.

§ 10
Gewinn- und Verlustverteilung

(1) Abweichend von der Beteiligung der Gesellschafter am Festkapital nehmen diese am Gewinn und Verlust in folgendem Anteilsverhältnis teil:

a) der Gesellschafter … zu … %;
b) die Gesellschafterin … zu … %;
c) der Gesellschafter … zu … %;
d) die Gesellschafterin … zu … %.

(2) Das Gewinnbezugsrecht von … und … geht nach dem Tode des erstversterbenden von beiden auf den überlebenden Ehegatten über. Nach dem Ausscheiden von … und … nehmen die Gesellschafter am Ergebnis im Verhältnis ihrer Festkapitalanteile teil.

Alternative 1: feste Vergütung für Komplementäre

(3) Die Tätigkeit der persönlich haftenden Gesellschafter wird auch in Verlustjahren mit einem gewinnunabhängigen Jahresgehalt in Höhe von jeweils ____ EUR entgolten, welches in 12 gleichen Raten jeweils zum Ende eines Monats zu zahlen ist. Jedes Jahr ist von den Gesellschaftern eine Anpassung der Tätigkeitsvergütung an die Entwicklung der allgemeinen Lebenshaltungskosten und die Entwicklung der wirtschaftlichen Lage der Gesellschaft vorzunehmen.

Alternative 2: Vorabgewinn für Komplementäre

(4) Die Tätigkeit der persönlich haftenden Gesellschafter wird mit einem Vorabgewinn in Höhe von jeweils ____ EUR entgolten, welcher in 12 gleichen Raten jeweils zum Ende eines Monats vorwegzuzahlen ist. Die Vergütung entfällt, wenn bzw. soweit ein Verlust entsteht; jeder Komplementär ist zur unverzüglichen Rückzahlung des betreffenden Vergütungsteils verpflichtet. Jedes Jahr ist von den Gesellschaftern eine Anpassung der Tätigkeitsvergütung an die Entwicklung der allgemeinen Lebenshaltungskosten und die Entwicklung der wirtschaftlichen Lage der Gesellschaft vorzunehmen.

Optional: Haftungsvergütung für GmbH bei GmbH & Co. KG

(5) Die Komplementärin erhält für die Übernahme der persönlichen Haftung eine Haftungsvergütung i.H.v. 1.500 EUR pro Jahr.

(6) Die Gesellschafter erklären bereits jetzt ihre Zustimmung zu Änderungen, die den Gesellschaftern ____ und ____ trotz einer geringeren Beteiligung am Festkapital der Gesellschaft einen Gewinnanteil von bis zu 75 % des Jahresüberschusses gewähren.

§ 11
Einlagen und Entnahmen

(1) Es können jeweils mindestens 50 % des Gewinns entnommen werden. Im Übrigen entscheiden die Gesellschafter mit einfacher Mehrheit der abgegebenen Stimmen über die Verwendung des Gewinns.

Mit StB klären, ob bei gewerblicher Prägung schädlich für Mitunternehmereigenschaft:

(2) *Gesellschafter, die noch nicht dass 30. Lebensjahr vollendet haben, können Entnahmen immer nur mit Zustimmung von mindestens einem Elternteil vornehmen.*

(3) ____ und ____ können aus der Gesellschaft bis zu ihrem Tode monatlich einen Betrag von insgesamt bis zu ____ EUR entnehmen, wobei diese Entnahme aus den auf sie entfallenden Erträgen und falls die Erträge nicht ausreichen aus der Substanz der Gesellschaft erfolgt. Nach dem Tode eines Ehegatten kann der überlebende Ehegatte eine Entnahme von ____ EUR alleine tätigen.

§ 12
Wettbewerbsverbot, Geheimhaltung

(1) Ein Wettbewerbsverbot soll nicht gelten.

(2) Jeder Gesellschafter ist verpflichtet, über alle Angelegenheiten der Gesellschaft und deren Beteiligungen auch nach seinem Ausscheiden strengstes Stillschweigen zu bewahren. Er ist

jedoch berechtigt, solche Angelegenheiten einer kraft Gesetzes zur Verschwiegenheit verpflichteten Person anzuvertrauen, wenn und soweit dies zur Wahrung seiner eigenen berechtigten Interessen erforderlich ist. Die Gesellschafter können mit einfacher Mehrheit Befreiung von der Geheimhaltungspflicht erteilen. Hierzu sind sie verpflichtet, wenn dem kein wichtiger Grund entgegensteht.

(3) Die Gesellschafter verpflichtet sich, für jeden Fall der Verletzung der Geheimhaltungspflicht an die Gesellschaft eine Vertragsstrafe in Höhe von 5.000,00 EUR zu zahlen. Bei Fortsetzung der Zuwiderhandlung trotz Abmahnung, wird die Vertragsstrafe für jeden Fall der Zuwiderhandlung geschuldet. Die Ansprüche auf Unterlassung und vollen Schadensersatz bleiben unberührt.

§ 13
Auflösung oder Fortsetzung der Gesellschaft, Ausscheiden eines Gesellschafters

(1) Die Gesellschaft wird durch Beschluss der Gesellschafter, durch die Eröffnung des Insolvenzverfahrens über das Vermögen der Gesellschaft oder durch gerichtliche Entscheidung aufgelöst. § 144 HGB bleibt unberührt.

(2) Im Falle der Auflösung der Gesellschaft sind nur die persönlich haftenden Gesellschafter Liquidatoren. Erteilte Geschäftsführungs- und Vertretungsbefugnisse bleiben bestehen. Die Liquidatoren und deren Geschäftsführer sind von den Beschränkungen des § 181 BGB befreit. Die Gesellschafter nehmen am Liquidationserlös im Verhältnis ihrer Festkapitalanteile teil.

(3) Die Gesellschaft wird in folgenden Fällen unter Ausscheiden des betreffenden Gesellschafters von den übrigen Gesellschaftern fortgesetzt:
a) bei Kündigung durch den Gesellschafter oder den Privatgläubiger eines Gesellschafters;
b) bei Eröffnung des Insolvenzverfahrens über das Vermögen eines Gesellschafters oder Ablehnung eines entsprechenden Antrags mangels Masse;
c) bei Zwangsvollstreckung in den Gesellschaftsanteil, den Gewinnanteil oder das Auseinandersetzungsguthaben eines Gesellschafters mit Zustellung des Pfändungs- und Überweisungsbeschlusses an die Gesellschaft, wenn dieser nicht innerhalb von drei Monaten wieder aufgehoben wird und die Voraussetzungen des § 135 HGB vorliegen;
d) bei Abgabe einer eidesstattlichen Versicherung nach § 807 ZPO durch einen Gesellschafter oder Anordnung der Haft zur Erzwingung ihrer Abgabe;
e) bei Erhebung der Auflösungsklage nach § 133 HGB.

(4) Durch einstimmigen Beschluss aller übrigen Gesellschafter können Gesellschafter aus wichtigem Grund aus der Gesellschaft ausgeschlossen werden. Der betroffene Gesellschafter hat bei dieser Beschlussfassung kein Stimmrecht. Die Gesellschaft wird dann mit den verbleibenden Gesellschaftern fortgeführt. Als wichtiger Grund gilt insbesondere, wenn:
a) ein Gesellschafter seinen Verpflichtungen aus dem Gesellschaftsvertrag trotz vorheriger Abmahnung nicht hinreichend nachkommt; als solches gilt auch die Behinderung der Verwaltung oder die Gefährdung der Erhaltung des Gesellschaftsvermögens;
b) ein Gesellschafter in seiner Person einen wichtigen Grund im Sinne des § 133 Abs. 1 HGB erfüllt;

Optional

c) *ein Gesellschafter nicht innerhalb von sechs Monaten nach Aufforderung durch einen Komplementär mit seinem Ehegatten eine Regelung trifft, wonach der Gesellschaftsanteil bzw. die Wertsteigerungen des Gesellschaftsanteils bei der Berechnung eines Zugewinn- oder Pflichtteilsanspruchs nicht berücksichtigt werden;*

d) alle sonstigen, in diesem Vertrag bestimmten Situationen, für die die Möglichkeit des Ausschlusses vorgesehen ist.

Der auszuschließende Gesellschafter ist vor Beschlussfassung mit einer angemessenen Frist zur Behebung des Ausschlussgrundes aufzufordern. Der Ausschluss wird zu dem in dem Beschluss genannten Zeitpunkt, frühestens jedoch mit Bekanntgabe des von dem Versammlungsleiter unterzeichneten Beschlusses, wirksam. Der Ausschlussbeschluss kann nur innerhalb einer Ausschlussfrist von drei Monaten nach Bekanntgabe gerichtlich angefochten werden.

(5) Die Gesellschafter können innerhalb von 6 Monaten ab Kenntnis eines zum Ausschluss berechtigenden Tatbestandes statt des Ausschlusses mit einfacher Mehrheit eine andere Regelung, z.B. die Verpflichtung zur Abtretung des Gesellschaftsanteils an zu benennende Personen oder die Fortsetzung der Gesellschaft mit dem betroffenen Gesellschafter bzw. dessen Gläubigern, beschließen. Der betroffene Gesellschafter hat bei dieser Beschlussfassung kein Stimmrecht. Für den Fall, dass die Gesellschafter die Abtretungsverpflichtung beschließen, bevollmächtigt jeder Gesellschafter hiermit unwiderruflich die Gesellschaft unter Befreiung von dem Verbot des § 181 BGB und über den Tod des Vollmachtgebers hinaus, die Abtretungserklärung in seinem Namen abzugeben.

(6) Scheidet der alleinig persönlich haftende Gesellschafter aus, ist die Gesellschaft aufgelöst und tritt in Liquidation, es sei denn, die übrigen Gesellschafter beschließen mit einer Mehrheit von 75 % ihrer Stimmen unter gleichzeitiger Bestellung eines neuen persönlich haftenden Gesellschafters die Fortsetzung der Gesellschaft bzw. der verbleibende alleinige Gesellschafter beschließt die Fortführung der Geschäfte unter Übernahme aller Aktiva und Passiva ohne Liquidation.

(7) Der ausscheidende Gesellschafter erhält eine Abfindung nach der entsprechenden Abfindungsregelung dieses Vertrages.

§ 14
Erbfolge

Alternative 1: Einfache Fortsetzungsklausel

Beim Tode eines Gesellschafters wird die Gesellschaft mit den Erben oder Vermächtnisnehmern fortgesetzt.

Alternative 2: Nichtgesellschafter können von Nachfolge ausgeschlossen werden

(1) Beim Tode eines Gesellschafters wird die Gesellschaft mit dessen Erben oder Vermächtnisnehmern fortgesetzt. Auf Verlangen der übrigen Gesellschafter sind die Erben oder Vermächtnisnehmer jedoch dazu verpflichtet, die Gesellschaftsanteile innerhalb einer schriftlich gesetzten Frist von drei Monaten an alle oder einzelne Mitgesellschafter zu übertragen. Den Erben oder Vermächtnisnehmern ist von den jeweiligen Gesellschaftern eine Abfindung nach der Abfindungsregelung dieses Vertrages zu zahlen. Jeder Gesellschafter bevollmächtigt hiermit

unwiderruflich die Gesellschaft unter Befreiung von dem Verbot des § 181 BGB und über den Tod des Vollmachtgebers hinaus, die Abtretungserklärung in seinem Namen abzugeben.

(2) Erfolgt die Abtretung nicht innerhalb der Frist nach Absatz 1, so kann der Gesellschafter aus der Gesellschaft ausgeschlossen werden. Auch in diesem Fall ist eine Abfindung nach der Abfindungsregelung dieses Vertrages zu zahlen. Der Beschluss über den Ausschluss muss innerhalb von einem Jahr seit Kenntniserlangung über die Erbfolge durch Vorlage eines Erbscheins oder einer eindeutigen notariellen Verfügung von Todes wegen mit Eröffnungsprotokoll gefasst werden.

Alternative 3: Qualifizierte Nachfolgeklausel

(1) Beim Tode eines Gesellschafters wird die Gesellschaft mit dessen Erben oder Vermächtnisnehmern fortgesetzt, sofern es sich hierbei um Abkömmlinge der Gründungsgesellschafter oder Mitgesellschafter handelt. Zum Zwecke der Erfüllung eines Vermächtnisses zugunsten eines nachfolgeberechtigten Vermächtnisnehmers können auch nicht nachfolgeberechtigte Erben vorübergehend Gesellschafter werden.

(2) Fehlen zur Nachfolge qualifizierte Erben oder Vermächtnisnehmer, so wird die Gesellschaft unter Ausschluss der Erben bzw. Vermächtnisnehmer des verstorbenen Gesellschafters von den verbleibenden Gesellschaftern fortgesetzt. Die Anteile des verstorbenen Gesellschafters wachsen den übrigen Gesellschaftern dann im Verhältnis ihrer Anteile an. Die nicht nachfolgeberechtigten Erben bzw. Vermächtnisnehmer erhalten dann ***lediglich eine Abfindung gemäß den Bestimmungen dieses Vertrages/keine Abfindung (Unzutreffendes streichen).*** *Die Gesellschafter können auch einstimmig einen nicht nachfolgeberechtigten Erben oder Vermächtnisnehmer als Nachfolger zulassen.*

Optional: Testamentsvollstreckung

(3) Die Anordnung der Testamentsvollstreckung für Gesellschaftsanteile ist zulässig. Der oder die Testamentsvollstrecker können auch berechtigt werden, als Bevollmächtigte oder als Treuhänder der Erben oder Vermächtnisnehmer sämtliche Rechte aus dem Gesellschaftsanteil auszuüben. Für die treuhänderische Übertragung von Gesellschaftsanteilen auf Testamentsvollstrecker und die Rückübertragung auf die Erben oder Vermächtnisnehmer ist die Zustimmung der anderen Gesellschafter nicht erforderlich.

Optional: Bestimmung des zukünftigen Komplementärs

4) Der einzige persönlich haftende Gesellschafter kann testamentarisch oder zu Lebzeiten bestimmen, welcher Gesellschafter oder zur Nachfolge qualifizierte Erbe oder Vermächtnisnehmer nach seinem Tode oder bereits vorher persönlich haftender Gesellschafter wird. Nimmt der letzte persönlich haftende Gesellschafter keine Bestimmung vor, wird die Gesellschaft nach dem Ausscheiden des persönlich haftenden Gesellschafters von den übrigen Gesellschaftern als OHG fortgeführt, wenn die übrigen Gesellschafter nicht mit einer Mehrheit von 75 % ihrer Stimmen einen neuen persönlich haftenden Gesellschafter wählen oder die Auflösung der Gesellschaft beschließen.

§ 15
Verfügung über Gesellschaftsanteile

(1) Verfügungen über Gesellschaftsanteile, insbesondere die Übertragung und Verpfändung, die Einräumung einer Unterbeteiligung, die Eingehung von Stimmrechts- oder Treuhandbindungen sowie die Abtretung oder Verpfändung von Gewinn- und künftigen Auseinandersetzungs- bzw. Abfindungsansprüchen bedürfen zu ihrer Wirksamkeit eines zustimmenden Gesellschafterbeschlusses mit einer Mehrheit von mindestens 75 % der abgegebenen Stimmen. *Verfügungen zugunsten von Abkömmlingen der Gründungsgesellschafter sind ohne Zustimmung der übrigen Gesellschafter zulässig./Solange … und … Gesellschafter sind, muss mindestens einer von diesen jeder Verfügung zustimmen.* ***(Unzutreffendes streichen)***

Optional: Nießbrauch für Ehegatte

(2) Zugunsten von Ehegatten können Nießbrauchrechte an Gesellschaftsanteilen ohne Zustimmung der anderen Gesellschafter zu Lebzeiten oder von Todeswegen bestellt werden. Zugunsten anderer Personen kann ein Nießbrauchrecht nur bestellt werden, wenn die Gesellschafterversammlung der Bestellung mit 75 % der abgegebenen Stimmen zugestimmt hat. Die Vereinbarung eines Vorbehaltsnießbrauchs bedarf keiner Zustimmung.

Optional: Verfügungsmöglichkeit an Dritte ohne Zustimmung

(3) Ab dem … können die Kommanditisten ihre Gesellschaftsbeteiligung zudem auch ohne Zustimmung der übrigen Gesellschafter an Dritte übertragen, wenn sie die Gesellschaftsbeteiligung vorher den anderen Kommanditisten oder der Gesellschaft schriftlich zur Übernahme gegen Abfindung angeboten haben. Die Abfindung richtet sich dabei nach den Regelungen dieses Vertrages. Die Kommanditisten oder die Gesellschaft können das Übernahmeangebot innerhalb von vier Wochen schriftlich annehmen. Bietet der übertragende Kommanditist die Gesellschaftsbeteiligung nicht vor Übertragung den anderen Kommanditisten oder der Gesellschaft an, so können die übrigen Gesellschafter mit einfacher Mehrheit der abgegebenen Stimmen die Ausschließung des übernehmenden Kommanditisten beschließen. Der übernehmende Kommanditist hat dabei kein Stimmrecht.

Optional: Veräußerungsverpflichtung

(4) Für den Fall, dass die Kommanditisten mit einer Mehrheit von mindestens 75 % der abgegebenen Stimmen eine Veräußerung der Gesellschaft beschließen, verpflichten sich alle Kommanditisten ihre jeweilige Gesellschaftsbeteiligung an die in dem Gesellschafterbeschluss benannten Personen oder Gesellschaften gegen Zahlung des anteiligen Kaufpreises zu übertragen. Diese Veräußerungsverpflichtung gilt auch für evtl. Nachfolger in den Kommanditanteil. Jeder Gesellschafter bevollmächtigt hiermit unwiderruflich die Gesellschaft unter Befreiung von dem Verbot des § 181 BGB und über den Tod des Vollmachtgebers hinaus, die Abtretungserklärung in seinem Namen abzugeben.

Optional: Bei GmbH & Co. KG

(5) Die Gesellschafter können der Übertragung eines Gesellschaftsanteils oder eines Teils eines solchen widersprechen, wenn der übertragende Gesellschafter nicht gleichzeitig einen entsprechenden Anteil seiner Beteiligung an der Komplementär-GmbH auf den Erwerber über-

trägt. Der Widerspruch ist innerhalb von 6 Monaten nach Bekanntwerden der Übertragung durch Beschluss der Gesellschafter mit einfacher Mehrheit der abgegebenen Stimmen ohne Beteiligung des betroffenen Gesellschafters zu erklären. Bei Nichtbeachtung des Widerspruchs kann der übernehmende Gesellschafter nach den Bestimmungen dieses Vertrages aus der Gesellschaft ausgeschlossen werden.

§ 16
Abfindung ausscheidender Gesellschafter

(1) Soweit nicht in diesem Vertrag oder durch Vereinbarung unter den Gesellschaftern anders geregelt, erhält der ausscheidende Gesellschafter bzw. seine Erben eine Abfindung entsprechend seiner Beteiligung an dem Vermögen der Gesellschaft unter Berücksichtigung der Rücklagen.

(2) Der der Abfindung zugrunde zulegende Betrag ist grundsätzlich der Verkehrswert. Dieser wird zunächst durch den Steuerberater der Gesellschaft auf Kosten der Gesellschaft auf den Zeitpunkt des Ausscheidens nach den Grundsätzen des Instituts der Wirtschaftsprüfer in Deutschland e.V. (IDW) bzw. seines Nachfolgerinstituts ermittelt. Der ausscheidende Gesellschafter hat dann die Möglichkeit auf eigene Kosten Einwände gegen das von dem Steuerberater der Gesellschaft erstellte Verkehrswertgutachten zu erheben. Wenn keine Einigung über die Höhe des Verkehrswertes zustande kommt entscheidet ein Obergutachter rechtsverbindlich über die Berechtigung der Einwände gegen das Gutachten des Steuerberaters. Die Beteiligten sollten sich möglichst einvernehmlich auf einen Obergutachter verständigen. Notfalls wird von der zuständigen Industrie- und Handelskammer ein Obergutachter bestimmt. Die Kosten des Obergutachters werden im Verhältnis des Obsiegens und Unterliegens getragen.

(3) Soweit in diesem Gesellschaftsvertrag nicht anders geregelt, ist bei der Abfindung für den Fall der ordentlichen Kündigung eines Gesellschafters oder für den Fall der Übernahme von Gesellschaftsanteilen durch Gesellschafter auf den Wert nach Absatz 2 ein Abschlag von 25 % vorzunehmen. In allen sonstigen Abfindungsfällen beträgt der Abschlag, soweit in diesem Gesellschaftsvertrag nicht ausdrücklich anders vereinbart, 30 %.

(4) Die Abfindung ist in allen Fällen der Abfindung nach diesem Gesellschaftsvertrag in fünf gleichen Jahresraten zu zahlen. Die erste Rate ist am Ende des Jahres, in dem eine Einigung über die Abfindungshöhe zustande gekommen ist oder die Abfindungshöhe rechtsverbindlich festgestellt wurde, fällig. Das Entgelt ist ab dem Tage des Ausscheidens mit 2 % über dem Basiszinssatz zu verzinsen. Die aufgelaufenen Zinsen sind mit jeder Rate zu bezahlen. Der Abfindungsschuldner ist berechtigt, das Entgelt ganz oder teilweise früher zu bezahlen.

(5) Der Anspruch auf Abfindung richtet sich nur gegen die Gesellschaft. Eine über das Gesellschaftsvermögen hinausgehende persönliche Haftung der übrigen Gesellschafter ist ausgeschlossen. Eine Sicherheitsleistung kann nicht gefordert werden. Die mit einer Übertragung verbundenen Kosten treffen den oder die Erwerber. Soweit die Gesellschaft die Abtretung des Gesellschaftsanteils an eine von ihr bezeichnete Person verlangt, wird die Abfindung für den abzutretenden Gesellschaftsanteil von dem Erwerber des Gesellschaftsanteils geschuldet. Die Zahlung der Abfindung ist nicht Bedingung für die Wirksamkeit der Kündigung, des Ausschlusses oder der Abtretung. Der ausscheidende Gesellschafter kann Befreiung von den Gesellschaftsschulden und Sicherheitsleistung erst dann verlangen, wenn er in Anspruch genommen

wird. Sein Abfindungsguthaben wird durch die nachträgliche Feststellung einer Außenprüfung nicht berührt.

(6) Für den Fall, dass die vorgesehenen Abfindungsregelungen von Anfang an unwirksam sein sollten oder die Abfindungsregelungen erst nachträglich unwirksam werden sollte, wird bereits jetzt vereinbart, dass dem ausscheidenden Gesellschafter die nach Gesetz und Rechtsprechung niedrigste noch zulässige Abfindung zu gewähren ist.

(7) Das Privat- und Darlehnskonto des ausscheidenden Gesellschafters wird bei der Berechnung der Abfindung nicht berücksichtigt. Ein Guthaben auf dem Privat- und dem Darlehnskonto ist dem ausscheidenden Gesellschafter unverzüglich nach seinem Ausscheiden auszuzahlen; einen Schuldsaldo hat der ausscheidende Gesellschafter unverzüglich auszugleichen.

(8) Befindet sich die Gesellschaft in wirtschaftlichen Schwierigkeiten und ist sie deshalb nicht in der Lage, ihrer Verpflichtung zur Zahlung der Abfindung nachzukommen, kann die Zahlung der Abfindung noch weiter gestreckt werden. Im Streitfall ist die Höhe der Raten von einem von der zuständigen Industrie- und Handelskammer zu bestellenden Wirtschaftsprüfer als Schiedsgutachter festzusetzen.

§ 17
Ehelicher Güterstand/Pflichtteilsverzicht

Alternative 1: Keine Verpflichtung

Eine Verpflichtung für verheiratete Gesellschafter mit ihren Ehegatten einen Ehevertrag abzuschließen, ist nicht gewollt.

Alternative 2: Ehevertragsverpflichtung

Verheiratete Gesellschafter sind verpflichtet, mit ihrem Ehegatten einen Ehevertrag und Pflichtteilsverzichtsvertrag abzuschließen, der dem Schutz des Gesellschafters vor Ansprüchen des Ehepartners bezogen auf die Gesellschaftsbeteiligung dient. Erfüllt ein Gesellschafter diese Verpflichtung nicht innerhalb von sechs Monaten, nachdem er von einem Komplementär bzw. dessen Geschäftsführer durch eingeschriebenen Brief oder eine vergleichbare Zustellungsart hierzu aufgefordert worden ist, so kann der Gesellschafter ausgeschlossen werden. Eine Befreiung von der vorstehenden Verpflichtung kann die Gesellschafterversammlung mit einfacher Mehrheit aussprechen.

§ 18
Beirat

Alternative 1: Kein Beirat

Ein Beirat soll nicht gebildet werden.

Alternative 2: Beirat

(1) Die Gesellschafter können mit den Stimmen von 50 % des Festkapitals beschließen einen Beirat zu bilden, der aus bis zu drei Mitgliedern besteht. Die Mitglieder des Beirats werden von der Gesellschafterversammlung mit einer Mehrheit von 75 % der abgegebenen Stimmen für zunächst 5 Jahre bestellt. Erhält kein Kandidat ausreichende Stimmen, so bestimmt der Präsident des für den Sitz der Gesellschaft zuständigen Landgerichts bis zu drei Beiratsmitglieder. Er soll dabei die Interessen der jeweiligen Gesellschafter und der Gesellschaft angemessen

berücksichtigen. Bei mehreren Beiratsmitgliedern wählen die Mitglieder des Beirats ein Mitglied des Beirats zum Vorsitzenden des Beirats. Einigen sich die Beiratsmitglieder nicht auf einen Vorsitzenden, so bestimmt der Präsident des Landgerichts am Sitz der Gesellschaft auch den Vorsitzenden des Beirats. Mit der Mehrheit von 51 % des Festkapitals können die Gesellschafter jederzeit die Abschaffung des Beirats beschließen.

(2) Jedes Beiratsmitglied kann sein Amt jederzeit ohne Angabe von Gründen mit einer Frist von drei Monaten zum Ende eines Kalendermonats durch schriftliche Erklärung gegenüber den Komplementären niederlegen, die die anderen Mitglieder des Beirats unverzüglich zu unterrichten haben.

(3) Jedes Beiratsmitglied kann von der Gesellschafterversammlung mit einer Mehrheit von 75 % der abgegebenen Stimmen abberufen werden, wenn ein wichtiger Grund vorliegt.

(4) Die Beiratsmitglieder sind nicht an Weisungen gebunden, sie haben ihre Entscheidung nach bestem Wissen und Gewissen zu treffen. Ihre Haftung ist auf vorsätzliches und grob fahrlässiges Handeln beschränkt.

(5) Der Beirat hat die folgenden Aufgaben und Rechte:

a) *Der Beirat hat die Komplementäre zu überwachen. Zu diesem Zweck kann er jederzeit Auskunft über alle Angelegenheiten der Gesellschaft verlangen und sich auch selbst darüber informieren; er kann insbesondere die Bücher und Schriften der Gesellschaft sowie deren Vermögensgegenstände einsehen und prüfen. Er kann mit dieser Prüfung auch einzelne seiner Mitglieder beauftragen. Die Komplementäre bzw. deren Geschäftsführer sind verpflichtet, dem Beirat jede gewünschte Auskunft über alle geschäftlichen Verhältnisse zu erteilen sowie auf Aufforderung zu den Sitzungen des Beirats zu erscheinen und ihm über alle Sachverhalte, die für die Entscheidung des Beirats von Belang sein könnten, zu berichten. Der Beirat muss von den Komplementären bzw. deren Geschäftsführern Auskunft zu bestimmten Fragen verlangen, wenn auch nur eines seiner Mitglieder dies wünscht.*
b) *Der Beirat erstellt oder überarbeitet bei Bedarf mit den Komplementären bzw. den Geschäftsführern der Komplementärin einen Katalog von Geschäften, die über den gewöhnlichen Geschäftsbetrieb hinausgehen und der Zustimmung des Beirats bedürfen.*
c) *Der Beirat hat jährlich in der ordentlichen Gesellschafterversammlung den Gesellschaftern über seine Tätigkeit im abgelaufenen Geschäftsjahr zu berichten.*
d) *Die Mitglieder des Beirats sind berechtigt an den Gesellschafterversammlungen teilzunehmen.*
e) *Bei Pattsituationen in der Gesellschafterversammlung entscheidet die Stimme des Vorsitzenden des Beirats bzw. bei nur einem Beiratsmitglied dessen Stimme.*
f) *Auf den Beirat sind Bestimmungen des Aktiengesetzes nicht entsprechend anzuwenden.*

(6) Der Beirat wird vom Vorsitzenden einberufen. Er tritt zusammen, so oft die Erfüllung seiner Aufgaben dies erfordert. Jeder Geschäftsführer der Komplementärin und jedes Mitglied des Beirats können unter Angabe des Zwecks und der Gründe die Einberufung verlangen.

(7) Der Beirat entscheidet mit einfacher Mehrheit der abgegebenen Stimmen. Enthaltungen werden nicht mitgezählt. Bei Stimmengleichheit gibt die Stimme des Vorsitzenden den Ausschlag. Schriftliche Beschlussfassungen durch Brief, Telefax oder E-Mail sind zulässig, wenn kein Mitglied einer solchen Beschlussfassung widerspricht. Über die Sitzungen des Beirats

sowie über die nicht in Sitzungen gefassten Beiratsbeschlüsse sind Niederschriften anzufertigen, die der Vorsitzende zu unterzeichnen und allen Beiratsmitgliedern zu zuschicken hat. Im Übrigen kann sich der Beirat selbst eine Geschäftsordnung geben.

(8) Die Mitglieder des Beirats haben Anspruch auf eine angemessene Vergütung und Ersatz ihrer Auslagen sowie die darauf etwa entfallende Umsatzsteuer in der jeweiligen gesetzlichen Höhe. Über die Höhe der Vergütung beschließen die Gesellschafter jährlich in der ordentlichen Gesellschafterversammlung unter Berücksichtigung des Jahresergebnisses der Gesellschaft.

§ 19
Schlussbestimmungen

(1) Ergänzend zu diesem Gesellschaftsvertrag gelten die Bestimmungen des HGB und des GmbHG.

(2) Sollten einzelne Bestimmungen dieses Vertrages ganz oder teilweise unwirksam oder unanwendbar sein oder werden, oder sollte sich in dem Vertrag eine Lücke befinden, so soll hierdurch die Gültigkeit der übrigen Bestimmungen nicht berührt werden. Anstelle der unwirksamen oder unanwendbaren Bestimmung oder zur Ausfüllung der Lücke soll eine angemessene Regelung treten, die, soweit rechtlich möglich, dem am nächsten kommt, was die Gesellschafter gewollt haben oder nach dem Sinn und Zweck dieses Vertrages gewollt haben würden, wenn sie den Punkt bedacht hätten.

(3) Alle das Gesellschaftsverhältnis betreffenden Vereinbarungen zwischen den Gesellschaftern oder zwischen der Gesellschaft und den Gesellschaftern bedürfen zu ihrer Wirksamkeit der Schriftform, soweit nicht kraft Gesetzes notarielle Beurkundung vorgeschrieben ist. Das gilt auch für einen etwaigen Verzicht auf das Erfordernis der Schriftform.

(4) Ausschließlicher Gerichtsstand für alle auf dem Gesellschaftsverhältnis beruhenden Auseinandersetzungen der Gesellschafter untereinander und mit der Gesellschaft ist der Sitz der Gesellschaft, soweit dies rechtlich zulässig vereinbart werden kann.

§ 9 Steuerliche Aspekte bei einem Familienpool

Übersicht: Rn

A. Einleitung

Wie bereits im Eingangskapitel ausgeführt, sollte die Besteuerung bzw. deren Vermeidung nicht zwingend die Hauptmotivation bei der Übertragung von Vermögen sein. Bei der Wahl der Rechtsform sollten jedoch auch die steuerlichen Aspekte in die Abwägung einbezogen werden. Insbesondere sollte vor der Übertragung von Vermögenswerten auf einen Familienpool der aktuelle steuerliche Status erhoben werden. Bei Immobilien gilt es zu ermitteln, wer der tatsächliche Eigentümer im steuerlichen Sinne ist und wie die Immobilie tatsächlich steuerlich zu behandeln ist. So gibt es immer wieder Fälle der nicht erkannten steuerlichen Zugehörigkeit zu einem (Sonder-)Betriebsvermögen bis hin zur unerkannten Betriebsaufspaltung bei der Überlassung wesentlicher Betriebsgrundlagen an die eigene GmbH. Die nachstehenden Ausführungen beziehen sich insbesondere auf die Übertragung von Immobilien und von Gesellschaftsanteilen auf eine Gesellschaft als Familienpool. Soweit einzelne Rechtsformen auch für andere Vermögenswerte geeignet erscheinen, erfolgt ein kurzer Hinweis. 1

Im Folgenden werden zunächst allgemeine Hinweise zu den im Rahmen der Übertragung auf einen Familienpool zu beachtenden Steuerarten gegeben. Anschließend erfolgen konkrete Hinweise zur steuerlichen Behandlung der drei üblichen Rechtsformen für Familienpools. 2

Auf die Umsatzsteuer soll im anschließenden Teil nicht weiter eingegangen werden. Es wird jedoch darauf hingewiesen, dass bei jeder Grundstücksübertragung die Problematik der Umsatzsteuer zu beachten ist; sei es zu beurteilen, ob eine Geschäftsveräußerung im Ganzen vorliegt, ob es zu Korrekturen nach § 15a

UStG kommen kann oder ob eine Optionsausübung nach § 9 UStG in Anspruch genommen werden soll.

B. Steuerliche Aspekte bei der Gründung eines Familienpools

I. Erbschaft- und Schenkungsteuer

3 Je nach Art des übertragenen Vermögens bestimmt das Erbschaftsteuergesetz in Verbindung mit dem Bewertungsgesetz unterschiedliche Methoden zur Wertermittlung. An dieser Stelle kann nicht ausführlich auf die einzelnen Bewertungsmethoden eingegangen werden. Es erfolgt lediglich eine grobe Beschreibung deren Wirkung.

Immobilien werden grundsätzlich mit dem Wert nach dem Vergleichs-, dem Ertrags- oder dem Sachwertverfahren angesetzt. Je nach Lage des Objektes erreicht der Wert in der Regel 70 % bis 90 % des Zeitwertes. Ergibt sich nach dieser Bewertung ein Wert, der über dem Verkehrswert liegt, kann durch Vorlage eines Gutachtens der Wertansatz reduziert werden.

4 **Anteile an gewerblichen Unternehmen** werden grundsätzlich gesondert nach § 151 BewG festgestellt. Für die Bewertung ist der gemeine Wert zu ermitteln. Im Regelfall wird dieser Wert zunächst durch ein rechtsformunabhängiges Ertragswertverfahren abgeschätzt. Erst wenn das Betriebsvermögen erbschaftsteuerlich korrekt bewertet ist, wird die Befreiung nach §§ 13a und 13b i.V.m. § 19a ErbStG geprüft und in Anspruch genommen. Die in der Regel anzuwendende Ertragswertmethode kann insbesondere bei ertragsstarken Gesellschaften zu sehr hohen Werten führen. Bei Einhaltung der Behaltensregeln und Lohnsummenfristen (5 bzw. 7 Jahre) erfolgt eine Steuerfreistellung bei der Regelverschonung von 85 % (+ zusätzlich 15 % Abzugsbetrag i.H.v. 150.000 EUR) und bei der besonderen Verschonungsoption zu 100 %. Voraussetzung hierfür ist bei der Regelverschonung ein Verwaltungsvermögen von max. 50 % und bei der besonderen Verschonungsoption ein Verwaltungsvermögen von max. 10 %. Zum sogenannten „Verwaltungsvermögen" gehören nach § 13b Abs. 2 S. 2 ErbStG hauptsächlich Dritten zur Nutzung überlassene Grundstücke, Anteile an Kapitalgesellschaften, wenn die unmittelbare Beteiligung am Nennkapital 25 % oder weniger beträgt und Beteiligungen an Gesellschaften, wenn bei diesen das Verwaltungsvermögen mehr als 50 % beträgt, sowie Wertpapiere und Zahlungsmittel. Bei den vorstehend genannten Vergünstigungen für die Übertragung von Betriebsvermögen handelt es sich um die Regelungen, die am 17.12.2014 vom Bundesverfassungsgericht für **verfassungswidrig** erklärt worden sind. Die Bundesregierung ist aufgefordert worden, bis zum 30.6.2016 ein neues Erbschaft- und Schenkungsteuergesetz vorzulegen. Bisher liegt ein Entwurf vor, bei dem die Betriebsvermögensvergünstigung zwar grundsätzlich erhalten bleibt; die Voraussetzungen der Begünstigung werden jedoch verschärft und ihr Umfang gerade für große Unter-

nehmen deutlich eingeschränkt werden. Da aber auch über diesen Entwurf bisher keine Einigkeit zwischen Bund und Ländern besteht, ist es momentan nicht absehbar, wann eine tatsächliche Gesetzesänderung erfolgt. Demnach wird sich an den Vergünstigungen nach dem 30.6.2016 zunächst nichts ändern. Das bisherige Recht bleibt weiter anwendbar bis ein neues Gesetz von der Bundesregierung verabschiedet wird.

Die Behaltensfrist und die Lohnsummenregelung haben keine große Bedeutung für Familienpools, wenn das Vermögen erhalten werden soll und die Mitarbeiterzahl kleiner als 20 ist. Problematisch sind die Grenzen des **Verwaltungsvermögens**. Besteht das Betriebsvermögen zu einem zu großen Teil aus Verwaltungsvermögen, entfallen die Vergünstigungen und das Vermögen wird wiederum nach den allgemeinen Regeln für die jeweilige Vermögensart bewertet. Insbesondere ausschließlich eigenen Grundbesitz verwaltende Gesellschaften unterliegen somit nicht den Vergünstigungen der §§ 13a, 13b ErbStG. Vielmehr ergibt sich der Wert der Gesellschaft als Summe des Wertes der einzelnen Immobilien, Beteiligungen und der weiteren Vermögensgegenstände. Bei zu Wohnzwecken vermieteten Grundstücken wird die Anwendung des 10 %-igen Bewertungsabschlags gem. § 13c ErbStG auch im Betriebsvermögen gewährt, sofern kein begünstigtes Vermögen nach § 13a ErbStG vorliegt. Weitere Vermögensgegenstände, insbesondere Wertpapiere, Geldforderungen, Schmuck, Kunstgegenstände usw. werden mit dem gemeinen Wert, Kurs- oder Nennwert berücksichtigt. 5

Die erbschaftsteuerliche Bewertung der Anteile an einem Familienpool erfolgt damit in der Regel als Summe der Einzelwerte, die sich im Vermögen der Gesellschaft befinden. Der Familienpool selbst unterliegt aufgrund des Verwaltungsvermögens regelmäßig nicht den Vergünstigungen des § 13a ErbStG. Hält der Familienpool wiederum eine Beteiligung an einem aktiven Unternehmen, hat die separate Bewertung des Beteiligungsunternehmens zu erfolgen. In der Praxis ist zu beachten, dass sich insbesondere bei **Minderheitsbeteiligungen** Diskussionen über den zeitlichen und finanziellen Umfang der Bewertung ergeben können. In derartigen Fällen sollte im Vorfeld geklärt werden, wer unter wessen Mitwirkung die Bewertung erstellt. Ergibt sich aus der Bewertung der Beteiligungsgesellschaft eine Vergünstigung im Sinne der §§ 13a, 13b, 19a ErbStG, gilt diese auch anteilig für den Familienpool, soweit der Wert auf diese Beteiligung entfällt und die Vorschriften für die Mindestbeteiligung eingehalten sind. 6

Im Umkehrschluss bedeutet dies aber auch, dass durch die Errichtung eines Familienpools erbschaftsteuerlich grundsätzlich keine günstigere Besteuerung der zu übertragenden Vermögenswerte erreicht werden kann. In Einzelfällen können sich durch die Bündelung der Anteile Vorteile aus der Anwendung des § 13a ErbStG ergeben. Die Vorteile bei der Erbschaft- oder Schenkungsteuer ergeben sich aus den Effekten der Strukturierung. So können die alle 10 Jahre neu gewährten persönlichen Freibeträge der Beschenkten ausgenutzt werden. Außerdem entstehen nach einer vorweggenommenen Erbfolge Wertzuwächse 7 unmittelbar im Vermögen der Nachfolgegeneration und fließen nicht in das Vermögen der Eltern, welches dann bei einer späteren Übertragung/Vererbung besteuert würde.

8 Durch eine gleichmäßige Verteilung der Anteile des Familienpools auf beide Ehegatten können die **maximalen Freibeträge** beider Elternteile gegenüber allen Kindern genutzt werden. Soweit die Ehegatten noch nicht zu annähernd gleichen Teilen an dem auf den Familienpool zu übertragenden Vermögen beteiligt sind, kann dies z.B. durch Schenkungen unter Ausnutzung der Freibeträge oder durch aktiven Zugewinnausgleich erfolgen (vgl. hierzu § 4 Rdn 26 ff.).

II. Ertragsteuern

1. Allgemein

9 Bei der Überführung der Vermögenswerte auf einen Familienpool können sich ertragsteuerliche Auswirkungen ergeben. Es ist stets zu prüfen, ob bei der Übertragung aus dem Privatvermögen ein Entgelt zu berücksichtigen ist, welches zu einem steuerlich relevanten Veräußerungsvorgang führt. Die Übertragung auf eine Gesellschaft stellt einen steuerlich relevanten Veräußerungsvorgang dar, wenn dem Übertragenden eine Gegenleistung gewährt wird. Diese Gegenleistung muss nicht zwingend ein explizit vereinbarter Kaufpreis sein. Auch die Befreiung von einer Verbindlichkeit oder die tauschähnliche Gewährung von Gesellschaftsanteilen können einen entgeltlichen Vorgang darstellen.

Ob die Übertragung tatsächlich zu einem steuerlich relevanten Vorgang führt, hängt von der Rechtsform des aufnehmenden Familienpools und von der Gestaltung des Übertragungsvertrags ab. Die Besonderheiten der einzelnen Rechtsformen werden in Rdn 21 ff. beschrieben.

2. Übertragung von Immobilien

10 Grundsätzlich stellt die Entgeltlichkeit nicht zwingend einen Nachteil dar, sondern kann vorteilhaft genutzt werden. Gerade bei der Übertragung von Bestandsimmobilien aus dem Privatvermögen, die bereits seit mehr als zehn Jahren im Eigentum des Übertragenden oder im Erbschaftsfall im Eigentum dessen Rechtsvorgängers liegen, führt die explizite Veräußerung zwar zur Aufdeckung der stillen Reserven. Eine Besteuerung unterbleibt jedoch, da § 23 EStG vorsieht, dass private Immobilienveräußerungen nicht steuerpflichtig sind, wenn zwischen Ankauf des Grundstücks und dem Verkauf mehr als 10 Jahre liegen. Als Gegenleistung muss nicht zwingend ein Kaufpreis fließen. Da auch die Übernahme von Krediten bzw. die Bezahlung einer Verbindlichkeit ein Entgelt darstellt, können neben den ohnehin auf die Immobilie entfallenden Krediten auch andere Verbindlichkeiten übertragen werden. Auf diesem Weg können Zinsen von bislang steuerlich nicht relevanten Krediten steuerlich abzugsfähig werden. Auch der nach

Übertragung der Verbindlichkeiten verbleibende Kaufpreis muss nicht zwingend ausgezahlt, sondern kann als Darlehen des Verkäufers behandelt werden, welches zu jedem späteren Zeitpunkt durch einen Bankkredit abgelöst werden kann. Daraus ergibt sich z.B. auch ein **Instrument zur Finanzierung der Erbschaftsteuer**. Durch Auszahlung der Kredite kann die Gesellschaft den Gesellschafter in die Lage versetzen, die auf den Erwerb der Anteile am Familienpool entstehende Erbschaftsteuer zu bezahlen. Anders als bei einem Privatkredit zur Finanzierung der Erbschaftsteuerschuld führt die Ablösung der Verbindlichkeit gegenüber dem Gesellschafter durch einen Bankkredit zu abzugsfähigen Zinsaufwendungen bei der Gesellschaft.

Bei der Einbringung/Übertragung mehrerer Immobilien innerhalb von fünf Jahren ist bei Vorliegen der Voraussetzungen auf die Gefahr des gewerblichen Grundstückshandels gem. § 15 Abs. 2 EStG hinzuweisen.

3. Übertragung von Gesellschaftsanteilen

Anders als bei der Veräußerung von Immobilien nach Ablauf der Spekulations- 11
frist von 10 Jahren führt die Veräußerung eines Anteils an einer gewerblich tätigen Gesellschaft stets zu einem steuerpflichtigen Vorgang. Die Aufdeckung der stillen Reserven kann in diesen Fällen nur durch Anwendung der Möglichkeiten des Umwandlungssteuergesetzes verhindert werden. Die Übertragung der Anteile an einer gewerblichen Personengesellschaft auf einen Familienpool in der Rechtsform einer gewerblich geprägten Personengesellschaft kann unabhängig von der Höhe der Beteiligung nach den Bestimmungen des § 24 UmwStG zu Buchwerten erfolgen. Die Übertragung eines Anteils an einer Personengesellschaft auf einen Familienpool in der Rechtform einer Kapitalgesellschaft ist nach § 20 UmwStG zu Buchwerten möglich.

Anteile an einer Kapitalgesellschaft können nach den Bestimmungen des § 6 12
Abs. 1 Nr. 5 EStG unabhängig von der Beteiligungshöhe mit den Anschaffungskosten auf einen Familienpool in der Rechtsform einer gewerblich geprägten Personengesellschaft übertragen werden. Dabei ist jedoch zu beachten, dass keine Gegenleistung, auch nicht in Form von Gesellschaftsanteilen, gewährt wird. Die Übertragung einer Beteiligung an einer Kapitalgesellschaft auf einen Familienpool in der Rechtsform einer Kapitalgesellschaft ist dagegen gemäß § 21 UmwStG nur dann zu Buchwerten möglich, wenn die aufnehmende Kapitalgesellschaft nach der Übertragung die Mehrheit der Anteile an der übertragenden Gesellschaft hält. In allen anderen Fällen führt die Übertragung der Anteile zur Aufdeckung der stillen Reserven.

Die Darstellung der detaillierten Voraussetzungen zur Anwendung der genannten 13
Gesetzesvorschriften würde den Rahmen dieses Kapitels sprengen. Es ist aber ohnehin zwingend notwendig, die individuellen Rahmenbedingungen z.B. in Bezug auf Haltefristen fachkundig überprüfen zu lassen.

4. Sonstiges Vermögen

14 Bei der Übertragung anderer Vermögenswerte auf einen Familienpool ist zunächst stets zu definieren, ob die Vermögensgegenstände dem Privatvermögen oder einem Betriebsvermögen zuzurechnen sind. Handelt es sich um steuerlich relevantes Vermögen, wie z.B. Wertpapiere in einem Depot, ist zu prüfen, ob die Übertragung zu einer Besteuerung auf der Basis des Zeitwertes führt. Ist die Übertragung eines Vermögenswertes geplant, der zu einem Betriebsvermögen gehört, ist die Wirkung der Übertragung individuell zu prüfen.

III. Grunderwerbsteuer

15 Die **Übertragung von Immobilien** auf eine Gesellschaft stellt grundsätzlich einen grunderwerbsteuerlichen Sachverhalt dar. Zu unterscheiden ist die Übertragung auf eine Personengesellschaft und die Übertragung auf eine Kapitalgesellschaft.

Für die Übertragung von Immobilien **auf eine Personengesellschaft** regelt § 5 GrEStG die Nichterhebung der Grunderwerbsteuer, soweit der Übertragende an der aufnehmenden Personengesellschaft beteiligt ist. Gehörte die Immobilie zuvor bereits einer Personengesellschaft, z.B. den Eltern gemeinsam als GbR, sind zusätzlich die Bestimmungen des § 6 GrEStG zu beachten, der die Nichterhebung der Übertragung von einer Personengesellschaft bestimmt, soweit der Übertragende Gesellschafter der übernehmenden Personengesellschaft ist. Die Befreiung entfällt nach beiden Vorschriften, soweit sich innerhalb eines Zeitraums von 5 Jahren die Eigentumsverhältnisse an der Immobilie ändern. Bei § 6 GrEStG ist ferner zu beachten, dass die Immobilie auch schon länger als 5 Jahre vor der Übertragung im Besitz der übertragenden Gesellschaft sein muss. Bevor jedoch bei der Änderung der Verhältnisse tatsächlich Grunderwerbsteuer entsteht, greifen zunächst die persönlichen Steuerbefreiungen des § 3 GrEStG. Diese sehen vor, dass Übertragungen zwischen Ehegatten und auf Abkömmlinge in gerader Linie grundsätzlich von der Grunderwerbsteuer befreit bleiben.

16 In der Konsequenz können Kinder an einer Personengesellschaft beteiligt werden, die zuvor Immobilien von den Eltern aufgenommen hat, ohne dass Grunderwerbsteuer entsteht. Gleichzeitig können die Vorschriften genutzt werden, zuvor von beiden Ehegatten getrennt gehaltene Immobilien in der Gesellschaft zu bündeln und darüber hinaus von Schenkungen oder Herbeiführung des Zugewinnausgleichs die Vermögenswerte gleichmäßig auf die Ehegatten zu verteilen.

17 Grunderwerbsteuer kann innerhalb der Familie lediglich bei der Übertragung zwischen Geschwistern entstehen. Dies kann dann der Fall sein, wenn auch Kinder Immobilien übertragen, die zuvor in ihrem Alleineigentum standen, oder wenn im Nachhinein Anteile an der Personengesellschaft zwischen den Geschwistern verschoben werden.

Bei der **Übertragung von Immobilien auf eine Kapitalgesellschaft** entsteht grundsätzlich Grunderwerbsteuer. Die GmbH stellt einen anderen Rechtsträger dar, für den das Grunderwerbsteuergesetz keinen Befreiungstatbestand vorsieht. Die unmittelbare Übertragung auf eine GmbH macht nur dann Sinn, wenn der Nachteil der Grunderwerbsteuer durch die Vorteile im Bereich der Ertragsteuern oder im gesellschaftsrechtlichen Bereich kompensiert werden kann. Die Kapitalgesellschaft eignet sich daher besonders für den Erwerb von Immobilien, die ohnehin von fremden Dritten mit Grunderwerbsteuerbelastung erworben werden sollen. 18

Die Umwandlung einer gewerblichen Personengesellschaft, insbesondere einer GmbH & Co. KG, in eine GmbH nach den Regeln des Umwandlungssteuergesetzes kann grunderwerbsteuerfrei erfolgen. Bei der Umwandlung sind jedoch die Bestimmungen des oben beschriebenen § 5 GrEStG zu beachten (siehe Rdn 15). Dies bedeutet, dass eine GmbH & Co. KG, auf die Immobilien grunderwerbsteuerfrei übertragen wurden, nach Ablauf von 5 Jahren in eine GmbH umgewandelt werden kann, ohne dass Grunderwerbsteuer entsteht. 19

Grunderwerbsteuer kann auch entstehen, wenn Gesellschaften auf einen Familienpool übertragen werden, die selbst Eigentümer von Immobilien sind. Nach § 1 Abs. 2a, 3 und 3a GrEStG wird Grunderwerbsteuer ausgelöst, wenn mindestens 95 % der Anteile an einer Gesellschaft übertragen werden, die selbst wiederum Eigentümerin von Immobilien ist. Das Gesetz spricht von der Vereinigung der Anteile in einer Hand bzw. wesentlicher Änderung des Gesellschafterbestandes einer Personengesellschaft. Schuldner der Grunderwerbsteuer ist in einem solchen Fall die immobilienbesitzende Gesellschaft und nicht der Gesellschafter. Grunderwerbsteuer entsteht auch, wenn im Rahmen der oben beschriebenen Einbringungsvorgänge im Sinne des Umwandlungssteuergesetzes Anteile an einer Gesellschaft auf eine andere Gesellschaft übertragen werden und die Anteilsvereinigung auf der Ebene der aufnehmenden Gesellschaft erfolgt. Anders als bei der Übertragung zwischen Gesellschaften innerhalb eines Konzerns mit einer Kapitalgesellschaft an der Spitze greift dieses sog. Konzernprivileg nicht bei der Übertragung aus dem Privatvermögen des Gesellschafters. 20

C. Wahl der Rechtsform

Als typische Rechtsformen für einen Familienpool bieten sich die einfache Kommanditgesellschaft (KG), die **GmbH & Co. KG und die GmbH** an. Im Folgenden werden die ertragsteuerlichen, die erbschaftsteuerlichen sowie die grunderwerbsteuerlichen Besonderheiten bei der Übertragung von Vermögenswerten auf diese Rechtsformen betrachtet. Anschließend erfolgt eine kurze Darstellung der laufenden Ertragsbesteuerung der Gesellschaften in den einzelnen Rechtsformen. 21

I. Kommanditgesellschaft

1. Ertragsteuern

22 Die Kommanditgesellschaft wird steuerlich wie eine GbR behandelt. Die Übertragung von Vermögen aus dem Privatbereich hat ertragsteuerlich keine Konsequenzen, soweit der Übertragende selbst an der KG beteiligt bleibt. Bildeten Ehegatten bislang eine GbR in Bezug auf das Eigentum z.B. an einer Immobilie oder einer Beteiligung an einer Kapitalgesellschaft und sind sie mit entsprechenden Anteilen als Komplementär und Kommanditist an der KG beteiligt, ist die Übertragung steuerlich nicht relevant.

23 Soweit im Moment der Übertragung auf die Gesellschaft oder zu einem späteren Zeitpunkt die Eigentumsverhältnisse an den Anteilen an der Gesellschaft verändert werden, ist zwischen einem unentgeltlichen und einem entgeltlichen Erwerb zu unterscheiden. Ein entgeltlicher Erwerb ergibt sich durch die Vereinbarung eines Kaufpreises oder die Übernahme von Verbindlichkeiten. Die ertragsteuerliche Wirkung entfaltet sich nur soweit, wie Eigentumsverhältnisse auf andere Personen übertragen werden. Die Entgeltlichkeit kann durch explizite Schuldübernahme/Kaufpreiszahlung durch den aufnehmenden Gesellschafter ausgelöst werden oder anteilig durch die Schuldübernahme/Kaufpreiszahlung durch die Gesellschaft.

24 Da Vermögenswerte aus dem Privatbereich übertragen werden, führt die anteilige Entgeltlichkeit zu einem privaten Veräußerungsgeschäft. Die Steuerpflicht ist nur dann gegeben, wenn ein einschlägiger zu besteuernder Veräußerungstatbestand vorliegt. Für die Veräußerung von Immobilien greifen die Bestimmungen des § 23 EStG mit der Spekulationsfrist von 10 Jahren. Liegt die Veräußerung eines Anteils an einer Kapitalgesellschaft vor, greifen die Bestimmungen des § 20 EStG, bei entsprechender Beteiligungshöhe auch § 17 EStG.

25 Soweit ein entgeltlicher Vorgang vorliegt, erzielt der Übertragende einen Veräußerungsgewinn oder -verlust, dessen Besteuerung sich nach den beschriebenen Vorschriften richtet. Die Übertragung einer Immobilie nach mehr als 10 Jahren Besitzzeit im Privatvermögen bleibt demnach steuerfrei. Unabhängig von der steuerlichen Behandlung auf der Ebene des Übertragenden liegen bei einem entgeltlichen Vorgang aus Sicht des Übernehmenden, sei es der hinzukommende Gesellschafter oder die Gesellschaft selbst, in vollem Umfang Anschaffungskosten vor. Soweit durch den Erwerbsvorgang stille Reserven aufgedeckt werden, sind diese in einer Ergänzungsrechnung für den erwerbenden Gesellschafter zu erfassen und entsprechend der Behandlung der Immobilie auf der Ebene der KG abzuschreiben. Dies bedeutet, dass Grundstücke nicht abgeschrieben werden, Gebäude auf die Restnutzungsdauer. Bei anderen Vermögenswerten sind die zusätzlichen Anschaffungskosten ebenfalls separat zu erfassen.

Wird keine Gegenleistung vereinbart, liegt eine unentgeltliche Übertragung der Vermögenswerte vor und die Übernehmenden treten in die fortgeschriebenen Anschaffungskosten und Behaltensfristen des Übergebers ein. Wie bereits beschrieben, liegt bei Übernahme von Verbindlichkeiten durch den Übernehmer stets ein entgeltlicher Vorgang vor. Soll die Entgeltlichkeit trotz Vorliegens von Verbindlichkeiten vermieden werden, kann der Übertragende die Verbindlichkeiten zurückbehalten. Falls die Zinsen bislang steuerlich abzugsfähig waren, beschränkt sich die Abzugsfähigkeit der Fremdkapitalzinsen dann auf den Anteil, zu dem der Übertragende weiterhin an dem finanzierten Vermögenswert beteiligt ist. Die Erfassung erfolgt im Sonderbereich des Gesellschafters der KG. 26

2. Erbschaft- und Schenkungsteuer

Bei der Übertragung von Anteilen an einer KG auf die Kinder oder die Beteiligung von Kindern an einer KG, auf die Vermögen übertragen wird, werden die Erben/die Beschenkten um die Summe der anteiligen Werte der einzelnen Vermögenswerte bereichert. Besteuert werden ausschließlich unentgeltliche Vorgänge. Erfolgt eine gemischte Schenkung, ist der entgeltlich übertragene Teil erbschaft- und schenkungsteuerlich nicht relevant. Soweit eine Bereicherung in Höhe der anteiligen unentgeltlich übertragenen Werte der einzelnen Vermögensgegenstände entsteht, werden die für die Art der Vermögenswerte einschlägigen Bewertungsmethoden angewandt. Immobilien werden mit dem Wert, der sich nach dem Vergleichs-, Ertrags- oder Sachwertverfahren ergibt, angesetzt, Unternehmensbeteiligungen mit dem gemeinen Wert nach den Regeln der §§ 199 ff. BewG unter Anwendung der Steuerbefreiungen der §§ 13a, 13b ErbStG und andere Vermögenswerte in der Regel mit dem gemeinen Wert berücksichtigt. Bei der Übertragung von Beteiligungen, die nach §§ 13a, 13b ErbStG besteuert werden, ist aufgrund der nur anteiligen Übertragung zu beachten, dass die Mindestwerte eingehalten werden. 27

Die Übertragung kann auch zur Absicherung des Versorgungsbedürfnisses des Übergebers mit einem **Nießbrauchsrecht** für den Übertragenden kombiniert werden. Dabei sind grundsätzlich zwei Fallgestaltungen möglich. Erstens die Übertragung der Immobilie unter Vorbehaltsnießbrauch auf die KG und anschließende schenkweise Übertragung der KG-Anteile (Vorsicht: Die KG hat keine Abschreibungsberechtigung, sodass dieser Fall steuerlich eher nachteilig zu beurteilen ist) oder zweitens die schenkweise Übertragung der KG-Anteile und Vereinbarung eines Vorbehaltsnießbrauchs. In diesem Fall mindert der Barwert des Nießbrauchsrechts die Bemessungsgrundlage für die Schenkungsteuer. Interessante Gestaltungsmöglichkeiten ergeben sich aus der Gesetzesfiktion, dass bei der Bewertung des Nießbrauchsrechts grundsätzlich die statistische Lebenserwartung des Begünstigten zu berücksichtigen ist. Dies gilt allerdings nach § 14 Abs. 2 BewG nur unter dem Vorbehalt des Erreichens einer Mindestlebensdauer des Nießbrauchsberechtigten. Verstirbt der Berechtigte früher, kommt es zur 28

Korrektur der Schenkungsteuerfestsetzung unter Ansatz der tatsächlichen Dauer des Nießbrauchs. Ein späterer Verzicht auf das Nießbrauchsrecht stellt einen eigenen Schenkungsteuertatbestand dar, der mit dem Barwert des Nießbrauchsrechtes im Moment des Verzichts bewertet wird.

3. Grunderwerbsteuer

29 Werden Immobilien auf die KG übertragen, wird gem. § 5GrEStG grundsätzlich keine Grunderwerbsteuer erhoben, soweit der Übertragende an der übernehmenden Gesellschaft beteiligt ist. Bei Übertragungen von Anteilen im Zeitpunkt des Eigentumsübergangs oder in den 5 Jahren danach (§ 5 Abs. 3 GrEStG) entsteht grundsätzlich anteilig Grunderwerbsteuer. Soweit jedoch Übertragungen auf den Ehegatten oder auf die Kinder erfolgen, greifen die Ausnahmen von der Besteuerung des § 3 GrEStG. Bei Übertragungen innerhalb der Familie kann Grunderwerbsteuer demnach nur entstehen, wenn Eigentumsübertragungen zwischen Geschwistern erfolgen.

30 Bei der Übertragung von Gesellschaftsanteilen auf die KG können sich grunderwerbsteuerlich relevante Erwerbsvorgänge ergeben, wenn die übertragene Gesellschaft Eigentümerin von Grundstücken ist. Werden innerhalb von 5 Jahren mindestens 95 % der Anteile am Gesellschaftsvermögen auf neue Gesellschafter übertragen (§ 1 GrEStG), entsteht Grunderwerbsteuer wegen Vereinigung der Anteile in einer Hand. Handelt es sich um eine übertragende Personengesellschaft, greifen wiederum die allgemeinen Befreiungsvorschriften für Ehegatten und Angehörige in gerader Linie. Bei Kapitalgesellschaften sind diese Befreiungsvorschriften nicht anwendbar.

II. GmbH & Co. KG

1. Ertragsteuern

31 Bei der Übertragung von Vermögenswerten aus dem Privatvermögen auf eine gewerblich geprägte GmbH & Co. KG[1] hängt die steuerliche Behandlung stets davon ab, ob für die Übertragung der einzelnen Werte eine Gegenleistung vereinbart wurde oder nicht. Als Gegenleistung gelten neben der Übernahme von Verbindlichkeiten auch die Gewährung von Gesellschaftsrechten oder eines Darlehens.

32 Anders als bei der Übertragung auf eine KG wird nicht die anteilige Übertragung auf einen anderen Miteigentümer betrachtet, sondern das Rechtsverhältnis zwischen Übertragendem und Gesellschaft. Daraus ergibt sich gegenüber der KG der Vorteil, dass eine volle Entgeltlichkeit vereinbart werden kann, um steuerfrei

1 Wenn nicht ausdrücklich anders erwähnt, wird nachfolgend unter GmbH & Co. KG immer eine gewerblich geprägte GmbH & Co. KG verstanden.

stille Reserven aufzudecken. Dies gilt insbesondere für die Übertragung von Immobilien, die seit mehr als 10 Jahren im Eigentum des Übertragenden stehen. Der bisherige Eigentümer erzielt einen steuerfreien Veräußerungsgewinn, während die Gesellschaft den Kaufpreis als Anschaffungskosten im Anlagevermögen aktiviert. Es ergeben sich eine höhere Bemessungsgrundlage für die Abschreibung der kommenden Jahre und höhere Restbuchwerte bei späteren Veräußerungen.

Sollen Immobilien übertragen werden, für die die 10-jährige Spekulationsfrist des 33 § 23 EStG noch nicht abgelaufen ist, kann zur Vermeidung eines steuerpflichtigen Vorgangs für den Übergeber eine **Übertragung ohne Vereinbarung von Gegenleistungen** erfolgen. Danach liegt ein Einlagevorgang nach § 23 Abs. 1 S. 5 Nr. 1 EStG vor, der keine Besteuerung auslöst, sofern eine spätere Veräußerung durch die GmbH & Co. KG innerhalb der 10-Jahresfrist unterbleibt. Möglich ist dies durch die Einlage des Grundstücks gegen Gutschrift auf dem ungebundenen Rücklagenkonto der Gesellschaft.

Da die Übernahme von Verbindlichkeiten eine Gegenleistung darstellt, können, wie auch bei der KG beschrieben, Verbindlichkeiten zurückbehalten und im Sonderbetriebsvermögen weitergeführt werden, soweit der Übertragende selbst an der Gesellschaft beteiligt ist.

Bei der Übertragung von Gesellschaftsanteilen auf eine GmbH & Co. KG gelten 34 die Regeln des § 6 Abs. 1 Nr. 5 EStG bzw. des Umwandlungssteuergesetzes, wonach eine Übertragung zu Buchwerten möglich ist. In den Fällen des § 6 Abs. 1 Nr. 5 EStG darf keine Gegenleistung vereinbart werden. Für die Anwendung des § 24 UmwStG muss dagegen eine Gegenleistung in Form von Gesellschaftsanteilen vereinbart werden. Alle anderen Vermögenswerte werden zu gemeinen Werten bzw. Teilwerten auf die Gesellschaft übertragen. Dabei ist wiederum zu entscheiden, ob eine Veräußerung erfolgen soll oder nicht.[2]

Hinweis 35

Steuerlich besteht die Möglichkeit, im Außenverhältnis eine GmbH & Co. KG zu betreiben, im Innenverhältnis jedoch die ertragsteuerlichen Folgen einer einfachen KG zu erhalten (**vermögensverwaltende Personengesellschaft**). Die GmbH & Co. KG gilt in der Regel gem. § 15 Abs. 3 Nr. 2 EStG als gewerblich geprägt, da ausschließlich nicht natürliche Personen zur Geschäftsführung befugt sind. Bestellt man jedoch einen Kommanditisten zum weiteren Geschäftsführer neben dem Komplementär, gilt die GmbH & Co. KG nicht als gewerblich geprägt und wird nach dem Charakter der

2 Der Einsatz einer gewerblich geprägten GmbH & Co. KG im Rahmen der privaten Vermögensnachfolge ist insbesondere bei Immobilien geeignet, die auch von der nachfolgenden Generation zur langfristigen Vermögensanlage eingesetzt werden und bei bereits größtenteils abgeschriebenen Immobilien sowie bei gezielter Gestaltung sukzessiver Vermögensnachfolge durch Abtretung von Teilkommanditanteilen in regelmäßigen Zeitabständen.

tatsächlichen Betätigung besteuert. Verwaltet die GmbH & Co. KG z.B. ausschließlich eigenen Grundbesitz, wird sie steuerlich als Personengesellschaft behandelt, die Einkünfte aus Vermietung und Verpachtung erzielt. Die Eintragung des weiteren Geschäftsführers in das Handelsregister ist nicht möglich. Der Finanzverwaltung reicht jedoch die gesellschaftsvertragliche Regelung bzw. der Gesellschafterbeschluss über die Bestellung aus.

2. Erbschaft- und Schenkungsteuer

36 Soweit im Rahmen der Übertragung von Vermögenswerten auf die GmbH & Co. KG andere Familienmitglieder an der Gesellschaft beteiligt werden, ergibt sich ein schenkungsteuerlich relevanter Vorgang. Gegenüber der KG wird der Wert des Gesellschaftsanteils und nicht der Wert der anteilig übertragenen Einzelwerte ermittelt. Auch wenn es sich um einen Gesellschaftsanteil handelt, der grundsätzlich unter die Bestimmungen der §§ 13a, 13b ErbStG fällt, wird sich jedoch in der Regel ein Wert ergeben, der weitestgehend dem Wert einer vergleichbaren KG entspricht. Die Gesellschaft als Familienpool erfüllt die Bedingungen für die Anwendung der Vergünstigungen der §§ 13a, 13b ErbStG in der Regel nicht. Die Bewertung der einzelnen Vermögenswerte im Gesellschaftsvermögen erfolgt wiederum nach den allgemeinen Vorschriften für die Vermögensart. Dies gilt sowohl in Bezug auf die Schenkungsteuer als auch in Bezug auf die Erbschaftsteuer.

37 Gegenüber der KG bietet jedoch die GmbH & Co. KG weitere Gestaltungsmöglichkeiten bei der Beteiligung der anderen Familienmitglieder an der Gesellschaft. Es kann zusätzlich auf der Ebene der Gesellschaft bestimmt werden, wie hoch die Gesellschaft mit Eigenkapital ausgestattet wird, welches anteilig übertragen wird. Bei entgeltlichen Übertragungen auf die Gesellschaft kann bestimmt werden, in welcher Höhe Verbindlichkeiten als Fremdkapital gegenüber dem Übertragenden ausgewiesen werden. Durch gesellschaftsvertragliche Regelungen und Gesellschafterbeschlüsse kann genau definiert werden, welche Beträge als Eigenkapital und welche als Fremdkapital ausgewiesen werden. Im Extremfall kann die Gesellschaft mit minimalem Eigenkapital ausgestattet werden und die anderen Familienangehörigen werden lediglich an späteren Wertsteigerungen beteiligt, während der Übertragende den Gegenwert der übertragenen Vermögenswerte als Darlehensforderung behält. Dabei ist jedoch zu beachten, dass dieses Darlehen einen eigenen Vermögenswert darstellt, der bei Schenkung oder Erbschaft mit dem Nominalwert zu berücksichtigen ist.

3. Grunderwerbsteuer

38 Da es sich bei der GmbH & Co. KG ebenfalls um eine Personengesellschaft handelt, gelten die Ausführungen zur einfachen KG entsprechend (siehe Rdn 29 f.).

III. GmbH

1. Ertragsteuern

Da für eine GmbH als Kapitalgesellschaft die Bestimmungen des § 6 Abs. 5 EStG nicht gelten, stellt grundsätzlich jeder Vorgang der Übertragung eines Vermögenswertes aus dem Privatvermögen einen entgeltlichen Vorgang dar. Selbst verdeckte Einlagen führen zur entgeltlichen Veräußerung durch den Übertragenden. Vor diesem Hintergrund ist bei der Übertragung von Immobilien aus dem Privatvermögen unbedingt die Spekulationsfrist des § 23 EStG zu beachten. 39

Lediglich die Übertragung von Gesellschaftsanteilen kann nach den Bestimmungen der §§ 20 und 21 UmwStG zu Buchwerten erfolgen. Demnach ist eine Übertragung von Anteilen an einer Kapitalgesellschaft zu Buchwerten möglich, wenn die übernehmende Kapitalgesellschaft nach der Übertragung über die Mehrheit der Anteile an der übertragenden Gesellschaft verfügt. Bei der Übertragung eines Einzelunternehmens oder eines Anteils an einer gewerblichen Personengesellschaft gibt es keine Anforderungen an eine Mindestgröße der Beteiligung. In beiden Fällen sind die formalen Ansprüche an eine Buchwertfortführung zu beachten. 40

2. Erbschaft- und Schenkungsteuer

Hier gelten die Ausführungen zur GmbH & Co. KG sinngemäß (siehe Rdn 36 f.). 41

3. Grunderwerbsteuer

Da bei der Übertragung von Immobilien grundsätzlich ein entgeltlicher Vorgang vorliegt, wird in jedem Fall Grunderwerbsteuer erhoben. Die für Personengesellschaften anwendbaren Steuerbefreiungen für Ehegatten und Verwandte in gerader Linie finden auf die GmbH keine Anwendung. 42

Gleiches gilt für die Übertragung von Anteilen an Gesellschaften, die wiederum selbst Immobilien in ihrem Eigentum haben. Grundsätzlich gelten hier dieselben Voraussetzungen wie für die Rechtsform der GmbH & Co. KG beschrieben. Auch hier finden die personenbezogenen Befreiungsvorschriften auch in Bezug auf die Übertragung von Anteilen an Personengesellschaften keine Anwendung.

Vor diesem Hintergrund eignet sich die GmbH eher zum Aufbau eines Immobilienvermögens beim Ankauf von Immobilien von fremden Dritten. Sollen Immobilien aus dem Privatvermögen auf eine GmbH übertragen werden, so kann die Grunderwerbsteuer nur auf Umwegen vermieden werden. Wie bereits beschrieben, ist die Übertragung von Immobilien aus dem Privatvermögen auf eine gewerblich geprägte GmbH & Co. KG in der Regel grunderwerbsteuerfrei. Wird eine derart ausgestattete GmbH & Co. KG nach Ablauf des Korrekturzeitraums 43 von 5 Jahren nach den Bestimmungen des § 25 UmwStG in eine GmbH umgewandelt, wird keine Grunderwerbsteuer fällig.

D. Laufende Besteuerung des Familienpools

I. Kommanditgesellschaft

44 Die einfache Kommanditgesellschaft gilt steuerlich nicht als Gewerbebetrieb kraft Rechtsform und wird nach den Bestimmungen für die tatsächlich erzielten Einkünfte besteuert. Einkünfte aus Vermietung und Verpachtung, aus Kapitalvermögen und sonstige Einkünfte können parallel erzielt und nach den jeweiligen Bestimmungen besteuert werden. Erzielt die KG jedoch auch nur teilweise gewerbliche Einkünfte, ergibt sich die Infektion der anderen Einkünfte und auch diese werden als gewerblich behandelt, § 15 Abs. 3 EStG.

45 Die Einkünfte werden den einzelnen Gesellschaftern in einem gesonderten und einheitlichen Feststellungsverfahren zugerechnet; hierzu gehören auch die ggf. anfallenden Sonderwerbungskosten. Zu beachten ist, dass **Einwände gegen die Einkünfte** nur in diesem Bescheid erhoben werden können. Ein Einspruch gegen den Folgebescheid (Einkommensteuerbescheid) scheidet aus. Bei der Ermittlung der Einkünfte ist der § 15a EStG sinngemäß anzuwenden.

46 Werden **Einkünfte aus Vermietung und Verpachtung** erzielt, gelten bei Veräußerungen von Immobilien auch die Bestimmungen des § 23 EStG mit der Möglichkeit der steuerfreien Veräußerung von Immobilien nach Ablauf von 10 Jahren. Die Ermittlung der 10-Jahresfrist richtet sich bei unentgeltlichen Übertragungen nach dem Anschaffungszeitpunkt des Übertragenden. Im Umfang eines teilentgeltlichen Erwerbs beginnen die Fristen für den betroffenen Gesellschafter neu.

47 Soweit eine Übertragung teilentgeltlich erfolgte, werden die zusätzlichen Anschaffungskosten im Ergänzungsbereich des einzelnen Gesellschafters erfasst. Gleiches gilt für möglicherweise zusätzliche Abschreibungen. Verbindlichkeiten einzelner Gesellschafter im Zusammenhang mit der Beteiligung werden im Sonderbereich des einzelnen Gesellschafters erfasst. Dies gilt insbesondere für zurückbehaltene Darlehen. Die Zinsen stellen Sonderwerbungskosten bzw. bei gewerblichen Einkünften Sonderbetriebsausgaben dar.

II. GmbH & Co. KG

48 Die GmbH & Co. KG gilt nach § 15 Abs. 3 Nr. 2 EStG als gewerblich geprägt, so dass die Gesellschaft vollumfänglich gewerbliche Einkünfte erzielt. Da die Gesellschaft zusätzlich nach den Bestimmungen des HGB bilanzierungspflichtig ist, gilt dies gemäß § 5 EStG auch steuerlich. In Bezug auf Vermögenswerte, die beim bisherigen Eigentümer den Überschusseinkünften zuzuordnen waren,

insbesondere Immobilien und Wertpapiere, bedeutet dies ein Umdenken, da die Erträge und Aufwendungen periodengerecht abzugrenzen sind. Der steuerliche Gewinn der Gesellschaft wird in der Einkommensteuerveranlagung der Gesellschafter berücksichtigt.

Aus der Anwendung der Bilanzierungsregeln für gewerbliche Einkünfte ergeben 49 sich aber auch neue Möglichkeiten. So besteht bei Wertverlusten die steuerwirksame Möglichkeit der Teilwertabschreibung. Bei Immobilienveräußerungen nach mindestens 6 Jahren Zugehörigkeit zum Anlagevermögen können die aufgedeckten stillen Reserven nach den Regeln des § 6b EStG auf Neuinvestitionen in Immobilien übertragen werden.

Einkünfte aus Wertpapieren und Beteiligungen an Kapitalgesellschaften unterlie- 50 gen dem **Teileinkünfteverfahren** und nicht der Abgeltungssteuer.

Grundsätzlich unterliegen die Einkünfte der GmbH & Co. KG der Gewerbe- 51 steuer. Erzielt die Gesellschaft jedoch Einkünfte aus Beteiligungen an anderen Personengesellschaften, bei der die Gesellschafter als Mitunternehmer anzusehen sind, unterliegen diese auf der Ebene der GmbH & Co. KG nicht der Gewerbesteuer. Erzielt die Gesellschaft Gewinne aus Anteilen an einer Kapitalgesellschaft, unterliegen diese auf der Ebene der GmbH & Co. KG nur dann nicht der Gewerbesteuer, wenn der Anteil zu Beginn des Erhebungszeitraums mindestens 15 % beträgt. Eine Ausnahme besteht lediglich für die Veräußerung von Anteilen an gewerblichen Personengesellschaften, deren Veräußerungsgewinn der Gewerbesteuer unterliegt. Dies gilt jedoch nur, wenn der Gewinn nicht auf eine natürliche Person entfällt. Bei den Gesellschaftern eines Familienpools handelt es sich in der Regel um natürliche Personen, sodass der Veräußerungsgewinn nicht der Gewerbesteuer unterliegt.

Von der Gewerbesteuer befreit sind Einkünfte aus der Verwaltung ausschließlich 52 eigenen Grundbesitzes gem. § 9 Nr. 1 S. 2 GewStG. Fällt Gewerbesteuer auf der Ebene der GmbH & Co. KG an, wird diese gemäß § 35 EStG anteilig auf die Einkommensteuer des Gesellschafters angerechnet.

Wie bei der KG werden die Einkünfte der Gesellschafter in einem gesonderten und einheitlichen Feststellungsverfahren bei der GmbH & Co. KG festgesetzt.

III. GmbH

Auch die GmbH erzielt ausschließlich gewerbliche Einkünfte. Insoweit gelten 53 die Ausführungen zur GmbH & Co. KG entsprechend. Anders als bei der GmbH & Co. KG unterliegt der Gewinn nicht der Einkommensteuer des Gesellschafters, sondern unmittelbar auf der Ebene der GmbH der Körperschaftsteuer. Die gewerbesteuerlichen Befreiungen entsprechen denen der GmbH & Co. KG.

Ausschüttungen aus Kapitalgesellschaften bzw. Gewinne aus der Veräußerung 54 von Beteiligungen sind gemäß § 8b KStG von der Körperschaftsteuer und damit auch von der Gewerbesteuer befreit. Lediglich 5 % der erzielten Gewinne gelten als nicht abzugsfähige Betriebsausgaben. Diese Befreiung entfällt für laufende Ausschüttungen, wenn die GmbH nicht mindestens zu 10 % (Körperschaftsteuer) bzw. 15 % (Gewerbesteuer) an der ausschüttenden Gesellschaft beteiligt ist.

55 Wurden Anteile an Kapitalgesellschaften gem. § 20 UmwStG in die GmbH eingebracht, ist die Veräußerung erst nach Ablauf von 7 Jahren steuerfrei möglich.

Schüttet die GmbH die erzielten Gewinne an die Gesellschafter aus, unterliegt der Ausschüttungsbetrag regelmäßig der Abgeltungsteuer. Gleiches gilt für die Veräußerung der Anteile an der GmbH.

56 **Beispielrechnungen**

Ausgangssituation:
Vater ist seit 20 Jahren Eigentümer eines Mehrfamilienhauses mit folgenden Werten:

– Gemeiner Wert	1.000.000 EUR
– Wert nach Bewertungsgesetz	800.000 EUR
– historische Anschaffungskosten	600.000 EUR
– Abschreibungen p.a.	9.600 EUR
– Abschreibungen in den 20 Jahren	192.000 EUR
– valutierende Verbindlichkeit	250.000 EUR
– Anteil Grundstück (Grund und Boden)	20 %
– schenkungsteuerlicher Freibetrag je Kind	400.000 EUR

Vorhaben: Übertragung auf einen Familienpool unter Beteiligung von 2 Kindern zu je 20 %

1. Schritt: Übertragung Mehrfamilienhaus auf Familienpool
2. Schritt: Übertragung der Gesellschaftsbeteiligung auf Kinder zu je 20 %

a) Familienpool in der Rechtsform einer KG
Vater: Komplementär mit 60 % Beteiligung
Kinder: Kommanditisten mit je 20 % Beteiligung
Fortführung der historischen Anschaffungskosten und Verbindlichkeiten auf Ebene der KG.
Weiterhin Abzug der bisherigen Abschreibung und der Zinsen.
Aufgrund Verbindlichkeitenübernahme teilentgeltlicher Erwerb durch die Kinder:

Verkauf durch Vater:	250.000 EUR/ 1.000.000 EUR =	25 %
Schenkung durch Vater:	750.000 EUR/ 1.000.000 EUR =	75 %

Erbschaftsteuer:

20 % von Steuerwert 800.000 EUR	=	160.000 EUR
20 % von Verbindlichkeit 250.000 EUR	=	50.000 EUR
Schenkung		110.000 EUR

Keine Erbschaftsteuer, da unterhalb des Freibetrags.
Grunderwerbsteuer:
keine Grunderwerbsteuer
Anteil Vater, § 5 Abs. 2 GrEStG
Anteil Kinder, § 3 Nr. 6 GrEStG

b) Familienpool in der Rechtsform einer GmbH & Co. KG
Vater: Kommanditist mit 60 % Beteiligung
Kinder: Kommanditisten mit je 20 % Beteiligung
Gesellschaft erwirbt zum gemeinen Wert gegen Übernahme der Verbindlichkeit und gegen Darlehensgewährung des Vaters.
Vor Übertragung auf die Kinder stellt der Vater das Darlehen in die Kapitalrücklage ein.
Bilanz der Gesellschaft nach Erwerb:

Aktiva		**Passiva**	
Grundstück	200.000	Kapital	750.000
Gebäude	800.000	Verbindlichkeiten Bank	250.000
	1.000.000		1.000.000

Erbschaftsteuer:

unentgeltlicher Erwerb der Anteile, 20 % von 750.000	150.000 EUR
Korrektur der Immobilie nach BewG, 20 % von 200.000	– 40.000 EUR
Schenkung:	110.000 EUR

Keine Erbschaftsteuer, da unterhalb des Freibetrags.
(Keine Begünstigung nach § 13a ErbStG, da ausschließlich Verwaltungsvermögen.)
Grunderwerbsteuer:
keine Grunderwerbsteuer
Anteil Vater, § 5 Abs. 2 GrEStG
Anteil Kinder, § 3 Nr. 6 GrEStG

c) Familienpool in der Rechtsform einer GmbH
Vater: Gesellschafter mit 60 % Beteiligung
Kinder: Gesellschafter mit je 20 % Beteiligung
Gesellschaft erwirbt zum gemeinen Wert gegen Übernahme der Verbindlichkeit und gegen Darlehensgewährung des Vaters.
Vor Übertragung auf die Kinder stellt der Vater das Darlehen in die Kapitalrücklage ein.
Bilanz der Gesellschaft nach Erwerb:

Aktiva		**Passiva**	
Grundstück	200.000	Kapital	750.000
Gebäude	800.000	Verbindlichkeiten Bank	250.000
	1.000.000		1.000.000

Erbschaftsteuer:

unentgeltlicher Erwerb der Anteile, 20 % von 750.000	150.000 EUR
Korrektur der Immobilie nach BewG, 20 % von 200.000	– 40.000 EUR
Schenkung:	110.000 EUR

Keine Erbschaftsteuer, da unterhalb des Freibetrags.
(Keine Begünstigung nach § 13a ErbStG, da ausschließlich Verwaltungsvermögen.)
Grunderwerbsteuer:
volle Grunderwerbsteuer

Laufende Besteuerung
Ausgangssituation wie oben

– Mieteinnahmen p.a.	80.000 EUR
– nicht umlegbare Kosten p.a.	10.000 EUR
– Zinsaufwand p.a.	5.000 EUR
– Steuerbelastung je Gesellschafter	48 %

a) Familienpool in der Rechtsform einer KG

Mieteinnahmen	80.000 EUR
nicht umlegbare Kosten	– 10.000 EUR
Zinsen	– 5.000 EUR
Abschreibungen unverändert	– 9.600 EUR
	55.400 EUR
Gewinnanteil Vater, 60 %	33.240 EUR
Gewinnanteil je Kind, 20 %	11.080 EUR

Berechnung der zusätzlichen Abschreibung je Kind durch teilentgeltlichen Erwerb (Kauf der Kinder):
entgeltlicher Erwerb, siehe oben: 25 %
Anteil der Kinder je 20 %
Entgeltlicher Erwerb der Kinder für das Haus i.H.v. 50.000 EUR (25 % von 20 % von 1.000.000 EUR)
Anteil Gebäude 80 % von 50.000 EUR = 40.000 EUR
Abschreibung: 2 % von 40.000 EUR = 800 EUR p.a.
Abschreibung auf Ebene der Gesellschaft, die auf die Kinder entfällt:
25 % von 20 % von 9.600 EUR p.a. = 480 EUR
Abschreibung auf den Anschaffungspreis = 800 EUR
Mehrabschreibung im Ergänzungsbereich je Kind: 800 EUR ./. 480 EUR = 320 EUR

korrigierter Gewinnanteil je Kind:	10.760,00 EUR
Steuerbelastung Vater	– 15.955,20 EUR
Steuerbelastung je Kind	– 5.164,80 EUR
Gesamtsteuerbelastung	– 26.284,80 EUR

b) Familienpool in der Rechtsform einer GmbH & Co. KG

Mieteinnahmen	80.000 EUR	
nicht umlegbare Kosten	– 10.000 EUR	
Zinsaufwand	-5.000 EUR	
Abschreibungen neu	– 16.000 EUR	2 % von 80 % von 1.000.000 EUR
	49.000 EUR	
Gewinnanteil Vater, 60 %	29.400 EUR	
Gewinnanteil je Kind, 20 %	9.800 EUR	
Steuerbelastung Vater	– 14.112 EUR	
Steuerbelastung je Kind	– 4.704 EUR	
Gesamtsteuerbelastung	– 23.520 EUR	

c) Familienpool in der Rechtsform einer GmbH

Mieteinnahmen	80.000 EUR
nicht umlegbare Kosten	– 10.000 EUR
Zinsaufwand	– 5.000 EUR
Abschreibungen neu	– 16.000 EUR
	49.000 EUR

Steuerbelastung 15 % KSt + SolZ bei Thesaurierung	– 7.754,25 EUR	
mögliche Ausschüttungen Vater	24.747,45 EUR	60 % von (49.000 EUR ./. 7.754,25 EUR)
mögliche Ausschüttungen je Kind	8.249,15 EUR	20 % von (49.000 EUR ./. 7.754,25 EUR)
Abgeltungsteuer Vater	– 6.527,14 EUR	
Abgeltungsteuer je Kind zusätzlich bei Ausschüttung	– 2.175,71 EUR	
Gesamtsteuerbelastung vor Ausschüttung	– 7.754,25 EUR	
Gesamtsteuerbelastung nach Ausschüttung	– 18.632,82 EUR	

E. Der Familienpool als Instrument zum Vermögensaufbau

57 Vor dem Hintergrund der Ausführungen zu den möglichen Rechtsformen eines Familienpools sei an dieser Stelle auch darauf hingewiesen, dass die Installation einer vermögensverwaltenden Holding bereits im Vorfeld einer erbrechtlichen Übertragung zum steueroptimierten Vermögensaufbau beitragen kann. Die Installation einer Familiengesellschaft als Holding in der Rechtsform einer GmbH, die die Anteile an einer aktiven Kapitalgesellschaft hält, kann die Privilegien des § 8b KStG nutzen. Ausschüttungen und auch der Verkauf der Beteiligung bleiben steuerfrei. Lediglich 5 % der Zuflüsse werden als nichtabziehbare Betriebsausgaben der Körperschaftsteuer und der Gewerbesteuer unterlegt. Werden die so erzielten Beträge auf der Ebene der Holding oder auf der Ebene einer weiteren Tochtergesellschaft reinvestiert, verbleibt es bei der geringfügigen Steuerbelastung.

58 Erfolgen Reinvestitionen in Immobilien auf der Ebene einer Tochtergesellschaft, gelten wiederum die vorgenannten Ausführungen. Da die Holding in der Rechtsform einer Kapitalgesellschaft geführt wird, kann die ausschließlich immobilienverwaltende Tochtergesellschaft in der Rechtsform einer GmbH & Co. KG geführt werden. Diese Rechtsform hat zum Einen den Vorteil, dass ebenfalls keine Gewerbesteuer erhoben wird und die zusätzliche Steuerbelastung gemäß § 8b KStG unterbleibt, da die Körperschaftsteuer unmittelbar auf der Ebene der Holding erhoben wird. Zusätzlich eröffnet sich bei Verwendung einer GmbH & Co. KG die Möglichkeit, zwischen der Holding und möglicherweise mehreren

Tochtergesellschaften in der Rechtsform einer GmbH & Co. KG grunderwerbsteuerfreie Immobilienübertragungen durchzuführen.

Der unmittelbare Erwerb einer Immobilie durch eine Kapitalgesellschaft bzw. 59
durch eine Personengesellschaft als Tochtergesellschaft einer Familiengesellschaft in der Rechtsform einer GmbH unter Beteiligung der Kinder bei Fremdfinanzierung der Immobilie führt zu einem unmittelbaren Vermögensaufbau bei den Kindern. Die Verwendung der Erträge zur Tilgung der Darlehen führt ebenfalls zu unmittelbarem Vermögensaufbau bei den Kindern. Durch die geringe Steuerbelastung kann eine besonders hohe Tilgung der Darlehen erfolgen, was den Effekt des Vermögensaufbaus noch verstärkt.

§ 10 Vermögenserhalt durch Einsatz von Stiftungen

Übersicht:

A. Einleitung

1 In den vergangenen Jahren hat die Rechtsform der selbstständigen Stiftung bürgerlichen Rechts stetig an Bedeutung gewonnen. So hat der Bundesverband Deutscher Stiftungen die Zahl der rechtsfähigen Stiftungen in Deutschland bis Ende 2014 mit knapp 21.784 angegeben.[1] In der rechtsgestaltenden Beratung bietet sich die Stiftung bei der Regelung der Vermögensnachfolge oftmals als charmante Alternative zu Gestaltungsmitteln wie etwa Erbeinsetzungen durch letztwillige Verfügung oder lebzeitigen Übergabeverträgen an. Es verwundert daher nicht, dass man in jüngster Zeit in der einschlägigen Literatur wieder vermehrt Gestaltungsempfehlungen findet, deren Nachfolgekonzepte sich des Instruments der Stiftung bedienen, und zwar sowohl der gemeinnützigen Stiftung als auch der privatnützigen Familienstiftung. Man kann insoweit schon fast von einer „Renaissance" der Stiftung in der Beratungspraxis sprechen.[2]

B. Formen von Stiftungen

I. Allgemeines

1. Begriffsbestimmung

2 Im allgemeinen Sprachgebrauch existiert kein einheitlicher Stiftungsbegriff. Auch das BGB hält keine Legaldefinition bereit. In Literatur und Rechtsprechung hat sich mittlerweile ein einheitlicher Begriff herausgebildet, wonach eine rechtsfähige Stiftung verstanden wird als ein selbstständiger, nicht auf einem Personenverband beruhender Rechtsträger, welcher bestimmte, durch ein Stiftungsgeschäft festgelegte Zwecke mit Hilfe eines ihm dazu dauerhaft gewidmeten Vermögens verfolgt.[3]

3 Die von der Judikatur und dem Schrifttum gewählte Begriffsbestimmung verdeutlicht, dass die Stiftung aufgrund ihrer Mitgliederlosigkeit in einem Gegensatz zu der Körperschaft und Gesellschaft bürgerlichen Rechts steht. Zwar verbindet die Stiftung mit der Körperschaft und der Gesellschaft die Ausrichtung auf einen

1 Statistik abrufbar unter http://www.stiftungen.org/fileadmin/bvds/de/Forschung_und_Statistik/Statistik_2015/Stiftungsbestand_2014.pdf.

2 Münchener Anwaltshandbuch Erbrecht/*Feick*, § 38 Rn 1.

3 BayObLG NJW 1973, 249; BVerwG NJW 1998, 2545, 2546; *Hopt/Reuter*, Stiftungsrecht in Europa, S. 109; Staudinger/*Hüttemann/Rawert*, vor § 80 Rn 1; MüKo/*Weitemeyer*, § 80 Rn 1; *Pues/Scheerbarth*, Gemeinnützige Stiftungen, S. 1; v. Campenhausen/Richter/*v. Campenhausen*, § 1 Rn 6; *Ebersbach*, Handbuch des Stiftungsrechts, S. 15; Werner/Saenger/*Mecking*, Die Stiftung, Rn 112, der den Begriff der Stiftung gar als „schillernd" bezeichnet.

bestimmten Zweck. Der maßgebliche Unterschied wird aber insbesondere bei der Bestimmung des Substrates der Organisation deutlich.[4] Während eine Personenvereinigung aus einem **personalen Substrat** besteht und in der Lage ist, sich selbst einen Vereinigungszweck zu setzen und diesen Zweck jederzeit abzuändern, tritt bei der Stiftung an die Stelle des personalen Substrates das **Stiftungsvermögen**. Der Wille des Stifters trägt den Zweck der Stiftung dem Grunde nach. Der Zweck ist nur nach den Voraussetzungen des gesetzlichen Zweckänderungstatbestandes des § 87 BGB abänderlich.[5] Auch wenn die jeweiligen Destinatäre[6] durch die von der Stiftung betriebene Zweckverfolgung begünstigt werden, indem sie etwa Zuwendungen von der Stiftung erhalten, sind Destinatäre keine Stiftungsmitglieder und nehmen auch keine vergleichbare Stellung ein.[7] Sie sind im Ergebnis lediglich Nutznießer des Stiftungsvermögens.[8]

2. Wesensmerkmale

Ausgehend von der oben genannten Definition des Stiftungsbegriffes, wonach 4
die Stiftung eine rechtsfähige, nicht verbandsmäßig organisierte juristische Person ist, die bestimmte per Stiftungsgeschäft festgelegte Zwecke mit Hilfe eines Vermögens verfolgt, das diesen Zwecken dauerhaft gewidmet ist,[9] beinhaltet diese Definition, dass die wesentlichen Merkmale einer Stiftung der **Stiftungszweck**, das **Stiftungsvermögen** und die **Stiftungsorganisation** sind.[10] Diese für die Stiftung wesentlichen Merkmale sollen zunächst kurz inhaltlich dargestellt werden.

---

4 MüKo/*Weitemeyer*, § 80 Rn 1.

5 Vgl. Staudinger/*Hüttemann/Rawert*, vor § 80 Rn 2, die darauf hinweisen, dass die Stiftung und ihr Zweck dem Grunde nach von natürlichen oder juristischen Personen als Träger gelöst sind und nach der Definition der Rspr. eine „reine Verwaltungsorganisation" bilden, „mit deren Hilfe der vom Stifter gewollte Zweck verwirklicht wird", vgl. BGH NJW 1987, 2364, 2365; Enneccerus/*Nipperdey*, BGB AT, S. 717.

6 Dieser Begriff stammt von dem lateinischen Verb destinare = „ausersehen" ab, sodass nach der juristischen Diktion ein Bezugsberechtigter oder Genussberechtigter so bezeichnet wird, vgl. *Tilch/Arloth*, Deutsches Rechts-Lexikon Band I, S. 1051.

7 *Hopt/Reuter*, Stiftungsrecht in Europa, S. 110; Staudinger/*Hüttemann/Rawert*, vor § 80 Rn 2.

8 BGH NJW 1987, 2364, 2365; *Hopt/Reuter*, Stiftungsrecht in Europa, S. 110; Staudinger/*Hüttemann/Rawert*, vor § 80 Rn 2.

9 BayObLG NJW 1973, 249; BVerwG NJW 1998, 2545, 2546; Staudinger/*Hüttemann/Rawert*, vor § 80 Rn 1.

10 Vgl. *Ebersbach*, Handbuch des Stiftungsrechts, S. 16; v. Campenhausen/Richter/*v. Campenhausen*, § 1 Rn 6; Staudinger/*Hüttemann/Rawert*, vor § 80 Rn 4; *Hopt/Reuter*, Stiftungsrecht in Europa S. 112; Palandt/*Ellenberger*, vor § 80 Rn 6 ff.; Erman/*O. Werner*, vor § 80 Rn 7.

a) Stiftungszweck

5 Der Stiftungszweck ist das bestimmende und zentrale Element der Stiftung. Er konkretisiert den Stifterwillen, was unmittelbar dazu führt, dass der Stiftungszweck die „Marschroute“ der Stiftung vorgibt. Der Stiftungszweck bildet insoweit die Leitlinie für die gesamte künftige Stiftungstätigkeit.[11] Mitunter wird deshalb auch zutreffend vom Stiftungszweck als die „Seele“ der Stiftung gesprochen.[12]

6 Festgelegt wird der Stiftungszweck im Rahmen des Stiftungsgeschäfts und der Stiftungssatzung. Nach dem Gesetz zur Modernisierung des Stiftungsrechts[13] hat der Stiftungszweck auch gesetzlich als Strukturmerkmal Einzug gehalten, soweit § 81 Abs. 1 S. 2 BGB bestimmt, dass das Stiftungsgeschäft die verbindliche Erklärung des Stifters enthalten muss, ein Vermögen zur Erfüllung eines von ihm vorgegebenen Zweckes zu widmen.[14] Hinzu tritt die in § 80 Abs. 1 S. 3 BGB ausdrücklich festgelegte Verpflichtung, dass die Stiftung durch das Stiftungsgeschäft eine Satzung erhalten muss, die sich auch zum Stiftungszweck verhält.

7 Der Stiftungszweck wird zudem von dem Element der **Dauerhaftigkeit** geprägt. Die Dauerhaftigkeit ist ein Kennzeichen des Stiftungszwecks.[15] An das Merkmal der Dauerhaftigkeit ist allerdings nicht das Erfordernis der Ewigkeit bzw. die inhaltliche Aussage geknüpft, dass die Stiftung nicht nur für eine bestimmte Zeit bestehen dürfe.[16] Die Errichtung einer zeitlich begrenzten Stiftung ist grundsätzlich möglich.[17] Die Dauer ist allerdings so bemessen, dass „die rechtliche Verselbstständigung der Zweckverfolgung in einer von ihren Promotoren getrennten Organisation erforderlich erscheint“.[18] Das Merkmal der „Dauerhaftigkeit“ der Zweckverfolgung verdeutlicht, dass sich die Stiftung – im Gegensatz zum Ver-

11 v. Campenhausen/Richter/*v. Campenhausen*, § 1 Rn 9; Staudinger/*Hüttemann/Rawert*, vor § 80 Rn 5.

12 *Ebersbach*, Handbuch des Stiftungsrechts S. 16; v. Campenhausen/Richter/*v. Campenhausen*, § 1 Rn 9; Staudinger/*Hüttemann/Rawert*, vor § 80 Rn 5; oder als „Herzstück“ bezeichnet, vgl. v. Campenhausen/Richter/*Hof*, § 7 Rn 1.

13 Das Gesetz vom 15.7.2002, BGBl I, 2634 ff., welches am 1.10.2002 in Kraft getreten ist.

14 Anders noch § 80 BGB a.F., der nur auf die Rechtsfähigkeit von Stiftungen verwies.

15 Erman/*O. Werner*, vor § 80 Rn 8; Palandt/*Ellenberger*, vor § 80 Rn 6; BT-Drucks 14/8765, S. 13.

16 Erman/*O. Werner*, vor § 80 Rn 23; Stumpf/Suerbaum/Schulte/Pauli/*Stumpf*, Stiftungsrecht, B 2. Kapitel § 80 Rn 46.

17 So die h.M. BeckOK-BGB/*Backert*, § 80 Rn 4; Soergel/*Neufhoff*, vor § 80 Rn 13; Staudinger/*Hüttemann/Rawert*, § 81 Rn 46; a.A. *Muscheler*, FS O. Werner, S. 129, 135, der eine zeitliche Befristung mangels einer § 74 Abs. 2 BGB vergleichbaren Regelung in den §§ 80 ff. BGB für unzulässig hält und im Ergebnis ablehnt.

18 MüKo/*Reuter*, 6. Auflage, vor § 80 Rn 57, der als Argumentationsstütze die Gesetzesbegründung heranzieht, in der es heißt, die Zweckerfüllung könne „auf eine längere Dauer gerichtet, aber dennoch mit einem zeitlichen Ende verbunden sein“, vgl. BT-Drucks 14/8765, S. 8, sowie BeckOK-BGB/*Backert*, § 80 Rn 4.

ein – gerade dadurch auszeichnet, dass eine autonome Zweckänderung durch ein Stiftungsorgan grundsätzlich nicht möglich ist.[19]

Bezüglich der Auswahl des Stiftungszwecks als solchen ist der Stifter autonom. 8
In Rechtsprechung und Literatur ist das Prinzip der „gemeinwohlkonformen Allzweckstiftung",[20] das nach dem Gesetz zur Modernisierung des Stiftungsrechts auch im Wortlaut des § 80 Abs. 2 BGB seinen Ausdruck gefunden hat, anerkannt. Demnach darf jeder Zweck verfolgt werden, solange und soweit er nicht gesetzeswidrig ist oder das Gemeinwohl gefährdet. Das Charakteristikum der Gemeinwohlkonformität beinhaltet allerdings nicht, dass der vom Stifter festgelegte Zweck auch **gemeinnützig** ist oder sein muss.[21] Vielmehr kann der Stifter der Stiftung jeden Zweck geben, den das Gesetz nicht verbietet. Der Stiftungszweck darf im Ergebnis lediglich das Gemeinwohl nicht gefährden.[22] Dem Stifter bleibt es also unbenommen, einen Stiftungszweck zu wählen, der in rechtmäßiger Weise nicht ausschließlich der Allgemeinheit, sondern privatnützigen Interessen des Stifters dient (z.B. die Förderung und Unterstützung von Familienangehörigen des Stifters).

Trotz der Normierung der Allzweckstiftung und dem damit verbundenen breiten 9
Spektrum möglicher Stiftungszwecke muss der Stifter bei der Wahl des Stiftungszweckes Grenzen beachten, auch um eine uferlose Zweckneutralität zu vermeiden. Eben diese Grenze überschreitet die sog. **Selbstzweckstiftung**, die einhellig als unzulässig angesehen wird.[23] Unter einer „Selbstzweckstiftung" wird eine Stiftung verstanden, die nur dem Zwecke dient, ihr eigenes Grundstockvermögen zu erhalten und zu mehren, also keinen darüber hinaus gehenden Zeck verfolgt.[24]

---

19 *Flume*, Juristische Person, S. 31; MüKo/*Reuter*, 6. Auflage, vor § 80 Rn 58, der zu dem Ergebnis kommt, dass, wenn man „den Zweck zur Disposition eines Organs oder Trägers stellt, man aus der Stiftung einen Verein oder eine (privatrechtlich unzulässige) Anstalt macht"; a.A. BeckOK-BGB/*Backert*, § 80 Rn 4; Soergel/*Neuhoff*, vor § 80 Rn 13.

20 Vgl. hierzu MüKo/*Reuter*, 6. Auflage, vor § 80 Rn 48–50.

21 Staudinger/*Hüttemann*/*Rawert*, vor §§ 80–88 Rn 7; v. Campenhausen/Richter/*Hof*, § 7 Rn 61; *Wochner*, MittRhNotK 1994, 89, 91; Werner/Saenger/*Nissel*, Die Stiftung, Rn 211; beachte jedoch *Andrick*/*Suerbaum*, Stiftung und Aufsicht, § 2 Rn 9, die die Begriffswahl in Bezug auf die gesetzlichen Vorgaben als irritierend und unscharf bezeichnen.

22 BeckOK-BGB/*Backert*, § 80 Rn 5; v. Campenhausen/Richter/*Hof*, § 7 Rn 61; kritisch *Muscheler*, NJW 2003, 3161, 3166, der nach intensiver Prüfung der gesetzlich normierten Gemeinwohlgefährdung zu dem Ergebnis kommt, dass die §§ 80 Abs. 2, 87 Abs. 1 BGB, soweit es in ihnen um die Gefährdung des Gemeinwohls geht, „rechtspolitisch verfehlt und verfassungswidrig" sind.

23 BeckOK-BGB/*Backert*, § 80 Rn 5; Staudinger/*Hüttemann*/*Rawert*, vor §§ 80–88 Rn 150; v. Campenhausen/Richter/*Hof*, § 7 Rn 61; Werner/Saenger/*Nissel*, Die Stiftung, Rn 209; Bericht der Bund-Länder-Arbeitsgruppe Stiftungsrecht, Abschnitt G I, S. 37; *Nietzer*/*Stadie*, NJW 2000, 3457; a.A. Münchener Anwaltshandbuch/*Beuthien*, V § 77 Rn 30; *Schewe*, Diss., S. 107.

24 Vgl. Staudinger/*Hüttemann*/*Rawert*, vor §§ 80–88 Rn 150.

Da das Stiftungsvermögen „nicht nur sich selbst und damit seiner eigenen Perpetuierung, sondern einem außerhalb seiner selbst liegenden Zweck gewidmet“ sein sollte, ist das Konstrukt der „Selbstzweckstiftung“ nicht mit dem geltenden Stiftungsbegriff vereinbar.[25]

10 Ebenfalls unzulässig ist die „Stiftung für den Stifter“. Hierunter versteht man eine Stiftung, die ausschließlich dem Stifter selbst zugutekommen soll. Ein solcher Stiftungszweck ist nicht zulässig, da der Stiftungszweck zumindest aus der Sicht des Stifters uneigennützigen oder fremdnützigen Charakter haben muss.[26] Das Konstrukt der „Stiftung für den Stifter“ beinhaltet jedoch nur einen einzigen Destinatär, nämlich den Stifter selbst. Diese rein egoistische Motivation ist mit dem Gedanken eines uneigennützigen oder fremdnützigen Zweckes nicht vereinbar. Die Rechtsform der Stiftung darf nicht dazu missbraucht werden, einem Stifter zu ermöglichen, sich als einzigen Destinatär zu bestimmen und damit dauerhaft selbst zu beschenken.

11 Die vorangegangenen Ausführungen verdeutlichen, dass bei der Beurteilung der Zulässigkeit eines Stiftungszwecks zwischen dem Stiftungszweck als solchem einerseits und den Motiven der Errichtung einer Stiftung andererseits unterschieden werden muss.[27]

b) Stiftungsvermögen

12 Ein weiteres wesentliches Element der Stiftung ist das Stiftungsvermögen. Erst das Stiftungsvermögen als „materielle Basis“ ermöglicht es der Stiftung, ihren Zweck zu verfolgen und zu erfüllen. Im Unterschied zum Verein, der bei der Zweckverfolgung auf „personelle Mittel“ in Form seiner Mitglieder zurückgreifen und damit auch ohne eigenen Vermögenseinsatz den Zweck des Vereins erreichen könnte, ist eine Stiftung bei der Zweckverfolgung zwingend auf das Stiftungsvermögen angewiesen. Dementsprechend müssen sich Art und Umfang der Vermögensausstattung an dem jeweiligen Stiftungszweck orientieren, da vom Stiftungszweck letztlich der „Mittelbedarf“ abhängt, der erforderlich ist, um überhaupt tätig werden zu können.[28]

---

25 BeckOK-BGB/*Backert,* § 80 Rn 5; Staudinger/*Hüttemann/Rawert*, vor §§ 80–88 Rn 8; v. Campenhausen/Richter/*Hof,* § 7 Rn 58; Werner/*Saenger,* Die Stiftung, Rn 181; ausdrücklich klarstellend im Bericht der Bund-Länder-Arbeitsgruppe Stiftungsrecht, Abschnitt G I, S. 37, in dem es zusammengekürzt lautet: „…. aufgrund des Wesens der Stiftung … ausgeschlossen …“; *Hopt/Reuter,* Stiftungsrecht in Europa, S. 517 bezeichnet ein solches Konstrukt gar als sog. „perpetuum mobile-Stiftung“.

26 Vgl. h.M. Staudinger/*Hüttemann/Rawert*, vor §§ 80–88 Rn 8; BeckOK-BGB/*Backert,* § 80 Rn 5; kritisch v. Campenhausen/Richter/*Hof,* § 7 Rn 60; a.A. *Burgard*, Gestaltungsfreiheit, S. 132 ff.; *Schewe*, Diss., S. 108 ff.

27 BayVGH StiftRpspr I, 76, 79; Staudinger/*Hüttemann/Rawert*, vor §§ 80–88 Rn 6; Erman/*O. Werner,* vor § 80 Rn 8; BeckOK-BGB/*Backert*, § 80 Rn 4.

28 *Hopt/Reuter*, Stiftungsrecht in Europa, S. 125; *Richter/Sturm,* NZG 2005, 655, 656.

Um eine begriffliche Eingrenzung des Stiftungsvermögens vornehmen zu können, ist zu unterscheiden zwischen Stiftungsvermögen im weiteren Sinne und Stiftungsvermögen im engeren Sinne.[29] Das Stiftungsvermögen im weiteren Sinne umfasst alle der Stiftung zur Verfügung stehenden Vermögenswerte, also alle Komponenten einer Stiftung, die ihre wirtschaftliche Leistungsfähigkeit ausmachen.[30] Im engeren Sinne beinhaltet der Begriff des Stiftungsvermögens nur das Grundstockvermögen, mit dem die Stiftung im Zuge ihrer Errichtung ausgestattet wurde.[31] Das Grundstockvermögen schließt sämtliche der Stiftung bei ihrer Errichtung von dem Stifter zugewendeten materiellen Werte, die nicht zum Verbrauch bestimmt sind, mit ein.[32] Es fungiert jedoch als austauschbare Dotationsquelle,[33] es sei denn, der Stifter hat ausdrücklich in der Satzung festgelegt, dass bestimmte Gegenstände nicht veräußert werden dürfen.[34] Für die Stiftung ist das Grundstockvermögen die finanzielle Grundlage. Hieraus kann die Stiftung die Erträge ziehen, die zur Erfüllung der vom Stifter vorgegebenen Zwecke benötigt werden.[35] 13

Erträge sind die Früchte und Nutzungen, die mit Hilfe des Grundstockes selbst erwirtschaftet werden. Diese können unterschiedlicher Natur sein, wie z.B. Zinsen, Dividenden und Miet-/Pachtzinsen aus dem Grundbesitz der Stiftung oder bei Anstaltsstiftungen die von den Benutzern zu zahlenden Gebühren.[36] Aufgrund des Thesaurierungs- bzw. Admassierungsverbots müssen die Erträge grundsätzlich zugunsten des Stiftungszwecks verwendet werden und dürfen nicht zum Grundstockvermögen gezogen werden.[37] Hierdurch soll die Erfüllung der vom Stifter vorgegebenen Zwecke sichergestellt werden. Ausnahmsweise darf 14

---

29 Staudinger/*Hüttemann/Rawert*, vor §§ 80–88 Rn 10; v. Campenhausen/Richter/*Hof*, § 9 Rn 4; Staudinger/*Hüttemann/Rawert*, vor § 81 Rn 53.

30 *Schwarz*, DStR 2002, 1718, 1721; Staudinger/*Hüttemann/Rawert*, vor §§ 80–88 Rn 10; *Hof*, DStR 1992, 1587; v. Campenhausen/Richter/*Hof*, § 9 Rn 4, der als Beispiele einer Vermögensausstattung Grundstücke, Gebäude, Anlagen, Wertpapiere, Beteiligungen und Forderungen aller Art nennt und zudem auf eine, in der Literatur aufkommenden, kritischen Begriffsgebrauch hinweist, im Ergebnis jedoch an der Unterscheidung von Stiftungsvermögen im engeren oder weiteren Sinne festhält.

31 Staudinger/*Hüttemann/Rawert*, vor §§ 80–88 Rn 10; BeckOK-BGB/*Backert*, § 80 Rn 7.

32 v. Campenhausen/Richter/*Hof*, § 9 Rn 5.

33 Dotationen sind allgemeine Finanzzuweisungen (im Gegensatz zu den zweckgebundenen Zuweisungen für bestimmte Vorhaben), vgl. *Tilch/Arloth*, Deutsches Rechts-Lexikon Band I, S. 1137.

34 *Schauhoff*, Handbuch der Gemeinnützigkeit, § 3 Rn 59; v. Campenhausen/Richter/*Hof*, § 9 Rn 5; Stumpf/Suerbaum/Schulte/Pauli/*Stumpf*, Stiftungsrecht, B 2. Kapitel § 80 Rn 48.

35 v. Campenhausen/Richter/*Hof*, § 9 Rn 5.

36 v. Campenhausen/Richter/*Hof*, § 9 Rn 9.

37 So in einer Vielzahl landesgesetzlicher Regelungen ausdrücklich bestimmt, Art 6 Abs. 3 S. 1 BayStiftG, § 7 Abs. 3 BremStiftG, § 6 Abs. 3 HessStiftG, § 6 Abs. 2 NdsStiftG, § 4 Abs. 3 StiftGNRW, § 7 Abs. 3 S. 1 RhPfStiftG, § 6 Abs. 2 SaarlStiftG, § 4 Abs. 3 S 1 SchlHolStiftG.

zur Begleichung von Vermögensverlusten oder zur Werterhaltung von dem Grundsatz abgewichen werden, sodass die Erträge dem Grundstockvermögen zugeführt werden können.[38]

15 Spenden, die grundsätzlich unmittelbar dem Stiftungszweck dienen, fließen desgleichen nicht in das Grundstockvermögen, da sie von ihrer Natur her zum zeitnahen Verbrauch bestimmt sind.[39] Ähnlich verhält es sich mit dem Sammelvermögen, welches von einer Mehrzahl von Personen für einen bestimmten Zweck gesammelt und sodann verbraucht wird. Die Pflicht, das Grundstockvermögen zu erhalten, unterscheidet die Stiftung auch von Sammelvermögen oder Spenden.[40]

16 Von entscheidender Bedeutung ist die Frage, wie die Vermögensausstattung des Grundstockvermögens aussehen muss. Grundsätzlich muss es im Sinne des § 80 Abs. 2 BGB zur dauerhaften und nachhaltigen Zweckerfüllung ausreichen. Der Stifter muss daher der Stiftung ein für die Zweckverfolgung ausreichendes Grundstockvermögen zugewendet haben.[41]

c) Stiftungsorganisation

17 Als letztes wesentliches Element der Stiftung ist die Stiftungsorganisation zu nennen. Durch sie wird der Stiftung die notwenige Handlungsfähigkeit ermöglicht.[42] Der Begriff der Stiftungs**organisation** findet sich nicht expressis verbis in den §§ 80–89 BGB wieder, gleichwohl ist die Organisation einer Stiftung von fundamentaler Bedeutung.

18 In erster Linie bestimmt sich die Organisation einer Stiftung nach der Satzung, subsidiär nach dem Landesrecht und dem BGB.[43] Als Mindestanforderung einer Stiftungssatzung normiert das BGB die Bestimmung eines Namens, eines Sitzes, eines Zwecks, des Vermögens und eines Vorstandes, § 81 Abs. 1 Nr. 1 bis 5 BGB. Im Gegensatz zum Verein fehlt es an Mitgliedern, die aus ihrer Mitte einen Vorstand der Körperschaft bilden können und letztendlich so für die Handlungs-

---

38 BeckOK-BGB/*Backert*, § 80 Rn 7; *Seifart*, BB 1987, 1889, 1894; zum Teil ist wiederum eine Zuführung von Erträgen zum Grundstockvermögen in den Landesstiftungsgesetzen, um dieses in seinem Wert zu erhalten, ausdrücklich gestattet, vgl. Art 6 Abs. 3 S. 2 BayStiftG, § 7 Abs. 3 S. 2 RhPfStiftG, § 4 Abs. 4 S. 1 SchlHolStiftG.

39 *Ebersbach*, Handbuch des Stiftungsrechts, S. 116; v. Campenhausen/Richter/*Hof*, § 9 Rn 19.

40 *Ebersbach*, Handbuch des Stiftungsrechts, S. 18; v. Campenhausen/Richter/*Hof*, § 9 Rn 6.

41 Staudinger/*Hüttemann*/*Rawert*, vor §§ 80–88 Rn 150; *Ebersbach*, Handbuch des Stiftungsrechts, S. 17; v. Campenhausen/Richter/*Hof*, § 9 Rn 35; so auch die Gesetzesbegründung zu § 80 Abs. 2 n.F. BGB, vgl. BT-Drucks 14/8277, 14/8765.

42 Staudinger/*Hüttemann*/*Rawert*, vor §§ 80–88 Rn 11; *Ebersbach*, Handbuch des Stiftungsrechts, S. 97; v. Campenhausen/Richter/*Hof*, § 8 Rn 3; Soergel/*Neuhoff*, vor § 80 Rn 17.

43 BeckOK-BGB/*Backert*, § 80 Rn 10; Staudinger/*Hüttemann*/*Rawert*, vor §§ 80–88 Rn 11; v. Campenhausen/Richter/*v. Campenhausen*, § 1 Rn 13.

fähigkeit selbst sorgen können. Die Organe einer Stiftung, in Form eines Vorstandes, Treuhänders, eventuell sonstiger satzungsmäßiger Organe, sind daher im Gegensatz zum Verein kein personales Substrat.[44] Die Stiftungsorgane sind vielmehr das einzige personale Element der Stiftung.[45] Die organisatorische Struktur wiederum wird vom Stifter selbst vorgegeben. In aller Regel wird er sich dabei an Zweck, Funktion und Vermögensausstattung der Stiftung selbst orientieren.[46]

Das Gesetz normiert als eine Mindestanforderung für die Entstehung einer Stiftung nach §§ 80, 81 BGB die Errichtung eines Stiftungsvorstands. Nach § 81 Abs. 1 S. 3 Nr. 5 BGB muss die Satzung dabei zwingend Regelungen über die Bildung des Vorstandes enthalten. Der Stiftungsvorstand hat in Folge dessen dem Stifterwillen – vorbehaltlich der durch Gesetz oder Satzung normierten Ausnahmen – ohne Drittbeeinflussung und in voller Unabhängigkeit Geltung zu verschaffen.[47] Er nimmt dabei die Stellung eines gesetzlichen Vertreters der Stiftung an, § 86 S. 1 i.V.m. § 26 Abs. 1 S. 2 BGB, so dass er die Stiftung gerichtlich und außergerichtlich vertritt. Der Vorstand kann jedoch nach § 86 S. 1 i.V.m. § 26 Abs. 1 S. 3 BGB im Umfang der Vertretungsmacht durch die Satzung mit Wirkung gegen Dritte beschränkt werden. 19

Von dem Vorstand einer Stiftung als Leitungsorgan sind die sog. Kontroll- und Aufsichtsorgane zu unterscheiden. Sie werden in ihrer konkreten Bezeichnung von dem Stifter selbst benannt. Eine feste Terminologie gibt es nicht, sodass sie häufig als Kuratorium, Verwaltungsrat oder Beirat bezeichnet werden.[48] 20

II. Erscheinungsformen von Stiftungen

Unter dem doch allgemein gehaltenen Oberbegriff der Erscheinungsformen einer Stiftung verbergen sich mitunter unterschiedlichste Stiftungstypen. Es gibt verschiedene Kriterien, die Erscheinungsformen untereinander abzugrenzen. Von dem gesetzlichen Grundmodell der privatrechtlichen Stiftung ausgehend, ist zunächst eine **rechtsformbedingte Unterscheidung** vorzunehmen. Hiervon losgelöst müssen jedoch auch **errichtungsbedingte Unterscheidungen** beachtet werden. Für die vorgenannten Unterscheidungen bei den einzelnen Erscheinungsformen werden die zuvor dargestellten Stiftungsmerkmale von besonderer Bedeutung sein. Anhand der Merkmale des Stiftungszwecks und des Stiftungsvermögens können die Unterschiede zwischen den einzelnen Erscheinungsformen von Stiftungen herausgestellt und verdeutlicht werden. 21

---

44 Soergel/*Neuhoff*, vor § 80 Rn 17; Staudinger/*Hüttemann/Rawert*, vor §§ 80–88 Rn 12.

45 BGH NJW 1987, 2364, 2365; BeckOK-BGB/*Backert*, § 80 Rn 10.

46 Staudinger/*Hüttemann/Rawert*, vor §§ 80–88 Rn 11; v. Campenhausen/Richter/*v. Campenhausen*, § 1 Rn 13.

47 BGH NJW 1987, 2364, 2365; BeckOK-BGB/*Backert*, § 80 Rn 10.

48 v. Campenhausen/Richter/*Hof*, § 8 Rn 80.

1. Rechtsfähige Stiftung als Leitgedanke

22 Die rechtsfähige Stiftung des Privatrechts stellt das Leitbild aller Stiftungen dar.[49] Als standardisierte Erscheinungsform fällt sie als Musterbeispiel unter den zuvor definierten Stiftungsbegriff. Die rechtsfähige Stiftung des Privatrechts ist abzugrenzen von der öffentlich-rechtlichen Stiftung, welche maßgebend durch den öffentlich-rechtlichen Status einer Stiftung geprägt ist, der wiederum durch Gesetz oder Verwaltungsakt festgelegt wird. Zudem kann die privatrechtliche Stiftung in ihrer Rechtsform unterschiedlich sein.

2. Rechtsformbedingte Unterscheidungen

a) Selbstständige Stiftung

23 Die rechtsfähige Stiftung des bürgerlichen Rechts wird im allgemeinen Sprachgebrauch regelmäßig als „selbstständige Stiftung“ bezeichnet.[50] Mit der Anerkennung als rechtsfähige Stiftung durch die Stiftungsaufsicht erlangt die selbstständige Stiftung ihre Rechtsfähigkeit und ist ab diesem Zeitpunkt alleinige Trägerin des Stiftungsvermögens und somit hierüber verfügungsbefugt und verwaltungsberechtigt.

b) Unselbstständige Stiftung

24 Von der selbstständigen Stiftung ist die unselbstständige Stiftung, die als Pendant zur rechtsfähigen Stiftung auch als nicht-rechtsfähige Stiftung bezeichnet wird, zu unterscheiden. Wie bei der rechtsfähigen Stiftung sind auch bei der nicht-rechtsfähigen Stiftung der Stiftungszweck, das Stiftungsvermögen und die Stiftungsorganisation wesentliche Elemente.[51] Anders als bei der rechtsfähigen Stiftung erfolgt die Zuwendung des Stiftungsvermögens nicht an „die Stiftung“, sondern an einen anderen mit Rechtsfähigkeit ausgestatteten Stiftungsträger verbunden mit der Maßgabe, die übertragenen Werte wirtschaftlich getrennt von dem Eigenvermögen des Rechtsträgers als Sondervermögen zu verwalten und dauerhaft zur Verfolgung des Stiftungszwecks zu nutzen.[52] Die nicht-rechtsfähige oder unselbstständige Stiftung unterscheidet sich also von der selbstständigen

---

49 v. Campenhausen/Richter/*v. Campenhausen,* § 2 Rn 1.

50 In der vom 21.7.1977 bis 15.2.2005 geltenden Fassung des § 2 Abs. 1 StiftG NRW hieß es zur begrifflichen Klärung noch: „Selbstständige Stiftungen im Sinne dieses Gesetzes sind die rechtsfähigen Stiftungen des privaten Rechts.“

51 v. Campenhausen/Richter/*v. Campenhausen,* § 2 Rn 4; Staudinger/*Hüttemann/Rawert,* vor §§ 80–88 Rn 231.

52 Staudinger/*Hüttemann/Rawert,* vor §§ 80–88 Rn 231; v. Campenhausen/Richter/*v. Campenhausen,* § 2 Rn 4; BeckOK-BGB/*Backert,* § 80 Rn 22; *Wochner,* ZEV 1999, 125, 126; OLG Stuttgart NJW 1964, 1231, 1232; *Muscheler,* Die Stiftung – Jahreshefte zum Stiftungswesen 2007, 59, der jedoch den Begriff der Zuwendung ersetzt und von einer Übertragung von Vermögensgegenständen ausgeht.

Stiftung durch das Fehlen einer eigenen Rechtspersönlichkeit. Sie entsteht auch nicht durch einen einseitigen Organisationsakt und staatliche Anerkennung, sondern wird vielmehr in die Organisation eines anderen, für sie tätig werdenden Rechtsträgers eingegliedert.[53]

Gleichwohl ist auch die unselbstständige Stiftung eine Stiftung im funktionalen Sinne und damit zulässig.[54] Sie ist jedoch keine Stiftung im Sinne der §§ 80 ff. BGB. Dies hindert den Träger der unselbstständigen Stiftung jedoch nicht daran, die Bezeichnung „Stiftung“ im Namen zu führen, es muss allerdings eine wirksame treuhänderische Bindung an den Stiftungszweck bestehen.[55] 25

3. Errichtungsbedingte Abgrenzungen

Der Zeitpunkt der Errichtung einer Stiftung kann variieren. Dieser Zeitpunkt hängt maßgebend davon ab, welchen Weg der Stifter für die Errichtung seiner Stiftung wählt. Hierbei ist er in seinem Ermessen frei. Es stehen ihm die Möglichkeiten der Stiftungserrichtung unter Lebenden oder von Todes wegen zur Verfügung. Der Umstand, ob eine Stiftung lebzeitig oder durch Verfügung von Todes wegen errichtet wurde, ist nicht zuletzt für die Frage maßgeblich, aufgrund welcher causa sich der Anfall des Stiftungsvermögens bei dem Anfallberechtigten vollzieht. 26

a) Stiftungserrichtung unter Lebenden

Ist im Stiftungsgeschäft bestimmt, dass die Stiftung bereits zu Lebzeiten des Stifters entstehen soll und werden Stiftungsgeschäft und Satzung zu Lebzeiten bei der zuständigen Stiftungsbehörde zum Zwecke der Anerkennung eingereicht, so handelt es sich um eine Stiftungserrichtung unter Lebenden. Über das Stiftungsgeschäft und die Satzung statuiert der Stifter seinen Stifterwillen, wobei das Stiftungsgeschäft eine einseitige, nicht empfangsbedürftige Willenserklärung darstellt.[56] Das Gleiche gilt auch, wenn das Stiftungsgeschäft Bestandteil einer Vertragsurkunde ist.[57] 27

Verstirbt der Stifter **vor** Anerkennung der Stiftung, ist dies für die Errichtung der Stiftung grundsätzlich unschädlich. Gemäß § 84 BGB gilt die Stiftung in solchen Fällen für die Zuwendungen des Stifters als schon vor dessen Tod entstan- 28

53 BeckOK-BGB/*Backert*, § 80 Rn 22; Staudinger/*Hüttemann/Rawert*, vor §§ 80–88 Rn 231; *Ebersbach*, Handbuch des Stiftungsrechts, S. 170.

54 Staudinger/*Hüttemann/Rawert*, vor §§ 80–88 Rn 231.

55 Palandt/*Ellenberger*, vor § 80 Rn 10; BayObLG NJW 1973, 249.

56 v. Campenhausen/Richter/*Hof*, § 6 Rn 11.

57 Palandt/*Ellenberger*, vor § 80 Rn 1; v. Campenhausen/Richter/*Hof*, § 6 Rn 11; bzgl. obligatorischer Verpflichtungen zur Stiftungserrichtung umfassend *Muscheler*, Stiftungsrecht, S. 104 ff; *ders.*, ZEV 2003, 41, 44 ff.

den.[58] Dies bedeutet, dass der Anspruch der Stiftung auf Übertragung des ihr im Stiftungsgeschäft zugesicherten Vermögens nach § 82 S. 1 BGB als schon vor dem Tod des Stifters entstanden gilt. Infolgedessen sind auch Rechte im Sinne des § 82 S. 2 BGB rückwirkend als Rechte der Stiftung anzusehen.[59]

b) Stiftungserrichtung von Todes wegen

29 Die Möglichkeit einer Stiftungserrichtung von Todes wegen ist ausdrücklich im Gesetz geregelt, § 83 BGB. Demnach obliegt es dem Stifter, das Stiftungsgeschäft in Form einer Verfügung von Todes wegen festzuhalten. Es kann in einem Testament oder im Rahmen eines Erbvertrages[60] vorgenommen werden. Das Stiftungsgeschäft unterliegt grundsätzlich denselben inhaltlichen Anforderungen wie das Stiftungsgeschäft unter Lebenden. Für den Fall jedoch, dass das Stiftungsgeschäft nicht den Erfordernissen des § 81 Abs. 1 S. 3 BGB genügt, bestimmt § 83 S. 2 BGB, dass die zuständige Behörde vor ihrer Anerkennung der Stiftung eine Satzung geben oder eine unvollständige Satzung ergänzen kann. Dabei soll der Wille des Stifters berücksichtigt werden.

30 Für die Stiftungserrichtung von Todes wegen gelten die persönlichen, sachlichen und formellen Voraussetzungen des Erbrechts.[61] Die Stiftung entsteht **nach** dem Tod des Stifters. Lediglich im Hinblick auf die Zuwendung des Stiftungsvermögens durch Verfügung von Todes wegen fingiert § 84 BGB, dass die Stiftung bereits vor dem Tod des Stifters als juristische Person bestand und – abweichend von der Bestimmung des § 1923 Abs. 1 BGB – das Vermögen durch Verfügung von Todes wegen erwerben konnte.[62]

31 Bei der Stiftungserrichtung von Todes wegen kann man zwei Effekte beobachten.[63] Zum einen kann, in der vorbezeichneten Art und Weise, durch eine letztwil-

58 § 84 BGB gilt in seiner gesetzlichen Fiktion sowohl für die Stiftung von Todes wegen als auch für die Stiftung unter Lebenden, vgl. BayObLG NJW-RR 1991, 523 = StiftRspr IV 145, 149; Staudinger/*Hüttemann*/*Rawert*, § 84 Rn 2; *Muscheler*, Stiftungsrecht, S. 150.

59 v. Campenhausen/Richter/*Hof*, § 6 Rn 46; verfügt der Erbe jedoch zwischenzeitlich, gelten diese Verfügungen als Verfügungen eines Nichtberechtigten, vgl. die daraus sich entwickelnde umfassende Problematik MüKo/*Weitemeyer*, § 84 Rn 4; *Muscheler*, Stiftungsrecht, S. 159.

60 BGH NJW 1978, 943, 944; eingehend dazu *Muscheler*, Stiftungsrecht, S. 95 ff.; sowie *Schewe*, Diss., S. 161–167 zur Kombination von letztwilligen Verfügungen mit Rechtsgeschäften unter Lebenden.

61 Staudinger/*Hüttemann*/*Rawert*, § 83 Rn 2; v. Campenhausen/Richter/*Hof*, § 6 Rn 67, insbesondere hat dies zur Folge, dass eine Stellvertretung unzulässig ist, §§ 2064, 2065 BGB, zudem ist die Formbedürftigkeit des Stiftungsgeschäfts nach Maßgabe der §§ 2231 ff. BGB zu beachten.

62 Vgl. Palandt/*Ellenberger*, § 84 Rn 1.

63 Vgl. in diesem Zusammenhang den Meinungsstand zu der Theorie der Zweiaktigkeit der Stiftung Staudinger/*Hüttemann*/*Rawert*, § 81 Rn 16, die auch für das Stiftungsgeschäft von Todes wegen Anwendung finden soll Staudinger/*Hüttemann*/*Rawert*, § 83 Rn 3.

lige Verfügung die Stiftungserrichtung vollzogen werden. Zum anderen fasst der Erblasser, bzw. zugleich Stifter, eine Regelung für seine Vermögensnachfolge, indem dieses Vermögen nun an die neu geborene juristische Person fließt. Dies führt zu der Besonderheit, dass die letztwillige Verfügung nicht nur einfach einen Erben benennt, sondern diesen zugleich erschafft. Somit besteht neben einem vermögensbezogenen Verfügungsteil auch ein „personenrechtlicher Kreationsteil“.[64]

Aus der Sicht eines angehenden Stifters stellt sich so die unabwendbare Frage, ob bereits zu Lebzeiten aus seinem Vermögen ein mitunter nicht unerheblicher Betrag für die Stiftung ins Grundstockvermögen fließen soll. Was wiederum unausweichlich zur Folge hätte, dass bereits zu Lebzeiten das Vermögen des Stifters geschmälert würde. Es dürfte sich letztendlich um eine rein philanthropische Abwägung handeln zwischen der Option, noch zu Lebzeiten bis zum Lebensende über das eigene Vermögen in Gänze verfügen zu können oder aber durch Errichtung einer Stiftung zu Lebzeiten ihren Bemühungen um Zweckverfolgung beiwohnen und mitunter genugtuend ihre Zweckerfüllung miterleben zu wollen.[65] 32

4. Stiftungen des öffentlichen Rechts

Die Anzahl der Stiftungen des öffentlichen Rechts ist geringer als die der Stiftungen des bürgerlichen Rechts.[66] Dennoch übernehmen sie in der Gesellschaft eine wichtige Rolle. Bisweilen erreichen sie eine beachtliche Größe. Sie nehmen dabei einen hohen Stellenwert ein und erlangen Anerkennung in der Gesellschaft.[67] 33

---

64 *Schewe*, Diss., S. 83, der zudem daraufhin weist, dass im Weiteren als Besonderheit nicht sofort der Erbfall eintreten kann, sondern letztendlich noch von dem staatlichen Anerkennungsakt der Stiftungsbehörde abhängt. Auf dieses Verfahren kann der Erblasser kraft Natur der Sache keinen Einfluss mehr nehmen und hat daher im Vorhinein eine Vorsorge zu treffen. Dem ist zuzustimmen. Gegebenenfalls sollte sich der potentielle Stifter – für den Fall der Verweigerung der staatlichen Anerkennung – ein alternatives Vorgehen überlegen und festhalten. Auf diese Situation hat die anwaltliche Beratung letztendlich hinzuweisen.

65 So auch in seinen Überlegungen Werner/Saenger/*Werner*, Die Stiftung, Rn 332, der anführt, dass der Stifter oftmals gar nicht absehen kann, ob sein Vermögen nicht doch zur eigenen Altersversorge oder bei unvorhersehbaren Schicksalsschlägen wie Krankheit, Invalidität etc. benötigt wird.

66 Vgl. Werner/Saenger/*Mecking,* Die Stiftung, Rn 114, für das Jahr 2005 existierten 14.401 rechtsfähige Stiftungen des bürgerlichen Rechts, gegenüber 626 rechtsfähige Stiftungen des öffentlichen Rechts. Jährliche Daten werden über das *Verzeichnis Deutscher Stiftungen* des Bundesverbands Deutscher Stiftungen erfasst; www.stiftungen.org/de/news-wissen/zahlen-daten-studien.html.

67 Beispiele für Stiftungen des öffentlichen Rechts sind: Stiftung Preußischer Kulturbesitz, Heimkehrerstiftung, die Stiftung für ehemalige politische Häftlinge, aber auch die Berliner Philharmoniker, dessen Träger das Land Berlin ist.

34 Definiert wird die Stiftung des öffentlichen Rechts jedoch nicht im BGB. Lediglich in § 89 BGB findet sie Erwähnung. Gesetzlich definiert wird sie teilweise von den jeweiligen Landesstiftungsgesetzen.[68] So lautet beispielsweise die Definition im Stiftungsgesetz Rheinland-Pfalz, § 3 Abs. 4 StiftGRP:

> *„Stiftungen des öffentlichen Rechts sind rechtsfähige Stiftungen, die zum Land, zu einer kommunalen Gebietskörperschaft oder zu einer sonstigen Körperschaft des öffentlichen Rechts in einer solchen Beziehung stehen, dass sie als öffentliche Einrichtung erscheinen und als Stiftung des öffentlichen Rechts errichtet oder anerkannt worden sind.“*

35 Die rechtsfähige Stiftung des öffentlichen Rechts ist letztendlich eine auf einen Stiftungsakt gegründete, aufgrund öffentlichen Rechts errichtete oder anerkannte Verwaltungseinheit mit eigener Rechtspersönlichkeit, die mit einem Kapital- oder Sachbestand Aufgaben der öffentlichen Verwaltung erfüllt.[69] Der Rechtscharakter einer Stiftung des öffentlichen Rechts wird daher auf den Entstehungstatbestand zurückgeführt. Abzustellen für den Entstehungstatbestand ist auf die Frage, ob die Stiftung durch Gesetz oder Verwaltungsakt entstanden ist.[70] Hierdurch können zugleich Zweifel an dem öffentlichen-rechtlichen Status ausgeräumt werden.

36 Mangelt es jedoch an einer verbindlichen und eindeutigen staatlichen Entscheidung, insbesondere wenn der Entstehungsakt nicht mehr klar nachgezeichnet werden kann, was bei älteren Stiftungen nicht selten vorkommt, ist als Anhaltspunkt auf die Eingliederung in das staatliche Verwaltungssystem abzustellen.[71] Hierfür ist die Stiftung mit öffentlich-rechtlichen Strukturmerkmalen ausgestattet. Als Indizien kommen die Zweckbestimmung, hoheitliche Befugnisse sowie die Art der Zuordnung zu einem Träger hoheitlicher Gewalt in Betracht.[72]

5. Besondere Erscheinungsformen der privatrechtlichen Stiftung

37 Wie bereits dargelegt, gehen die stiftungsrechtlichen Regelungen in den §§ 80–88 BGB nicht von unterschiedlichen Stiftungsformen aus, vielmehr regelt das BGB

---

68 Z.B.: § 2 Abs. 1 HessStiftG, Art. 1 Abs. 3 BayStiftG, § 3 Abs. 4 StiftGRP.

69 Vgl. Legaldefinition in § 46 Abs. 1 SchlHolLVwG; Staudinger/*Hüttemann/Rawert*, vor §§ 80–88 Rn 300; v. Campenhausen/Richter/*v. Campenhausen*, § 16 Rn 2.

70 Staudinger/*Hüttemann/Rawert*, vor §§ 80–88 Rn 301; v. Campenhausen/Richter/*v. Campenhausen*, § 16 Rn 5; Palandt/*Ellenberger*, vor § 80 Rn 9; BeckOK-BGB/*Backert*, § 80 Rn 21; beachte die umstrittene Abgrenzung zur Anstalt des öffentlichen Rechts v. Campenhausen/Richter/*v. Campenhausen*, § 16 Rn 11 ff.; Staudinger/*Hüttemann/Rawert*, vor §§ 80–88 Rn 302.

71 BVerfGE 15, 46, 66; OVG Münster DÖV 1985, 983 ff.; so auch schon in der Bedeutung Protokolle zum Allgemeinen Theile, Band I S. 586; *Mugdan*, Motive zum Allgemeinen Theile, Band I, S. 658; Staudinger/*Hüttemann/Rawert*, vor §§ 80–88 Rn 301.

72 Staudinger/*Hüttemann/Rawert*, vor §§ 80–88 Rn 301; v. Campenhausen/Richter/*v. Campenhausen*, § 16 Rn 5.

das Grundmodell einer Stiftung, welches auch als eine sog. Einheitsstiftung bezeichnet wird. In der Praxis und dem Stiftungsrecht der einzelnen Länder sind jedoch verschiedene Arten der privatrechtlichen Stiftung anerkannt. In Hinblick auf den Vermögensanfall sind auch diese Erscheinungsformen von Bedeutung und sollen daher ebenfalls dargestellt werden.

a) Kirchliche Stiftungen

Eine Sonderform von Stiftungen stellen die kirchlichen Stiftungen dar.[73] Nach 38
der gesetzlichen Regelung des § 80 Abs. 3 S. 1 BGB bleiben landesrechtliche Regelungen über kirchliche Stiftungen von den Vorgaben des § 80 Abs. 1, Abs. 2 BGB unberührt. Hierdurch wird es den Landesgesetzgebern ermöglicht, bei der Anerkennung von Stiftungen von den Anerkennungsvoraussetzungen des BGB abzuweichen. Dem wurde in den einzelnen Stiftungsgesetzen der Länder Rechnung getragen und der Begriff der kirchlichen Stiftung zwar nicht wörtlich einheitlich, aber inhaltlich jedoch weitestgehend übereinstimmend formuliert. Demnach liegt nach den Definitionen der meisten Stiftungsgesetze der Länder eine kirchliche Stiftung vor, wenn deren Zweck ausschließlich oder überwiegend kirchlichen Aufgaben dient und sie mit einer Kirche organisatorisch verbunden ist.[74] Zur Entstehung einer kirchlichen Stiftung bedarf es jedoch eines Anerkennungsaktes. Diese Anerkennung ist durch die zuständige kirchliche Behörde erforderlich.[75]

Der kirchliche Zweck einer Stiftung ist begrifflich weit auszulegen. Er ist weiter 39
zu fassen als der steuerliche Begriff in § 54 AO.[76] Zu den kirchlichen Zwecken zählen neben dem Kultuszweck, wie Gottesdienste, Messen, Verkündigung und Seelsorge, auch die Verwaltung des Kirchenvermögens, die Besoldung und Versorgung von Kirchenamtsinhabern sowie Erziehungs-, Unterrichts- und Wohlfahrtszwecke jedweder Art.[77] Es lässt sich daher zusammenfassen, dass für die Abgrenzung von kirchlichen und weltlichen Stiftungen drei Merkmale entschei-

---

73 Als Beispiel hierfür ist die Heilig Kreuz-Stiftung im Bistum Essen oder die erst 2005 gegründete Stiftung Geburtshaus Papst Benedikt XVI. zu nennen; eine interessante Zusammenfassung über die geschichtliche Herkunft und Entwicklung der kirchlichen Stiftung zeichnet Werner/Saenger/*Meyer*, Die Stiftung, Rn 1186 ff. m.w.N.

74 v. Campenhausen/Richter/*v. Campenhausen*, § 23 Rn 1; exemplarisch in den Landesgesetzen die Regelungen Art. 21 Abs. 1 StiftGBay, § 16 Abs. 1 StiftGBre, § 20 Abs. 1 StiftGHess; siehe hierzu MüKo/*Reuter*, 6. Auflage, § 81 Rn 77, der die einzelnen, teilweise graduell abweichenden Unterschiede der einzelnen Bundesländer darstellt.

75 v. Campenhausen/Richter/*v. Campenhausen*, § 23 Rn 10; Staudinger/*Hüttemann/Rawert*, vor §§ 80–88 Rn 204, die begrifflich von „kirchlich" anerkannt ausgehen; *Schiffer*, ZSt 2005, 199 ff.; *Risch*, ZSt 2006, 21, 26.

76 v. Campenhausen/Richter/*v. Campenhausen*, § 23 Rn 13; Staudinger/*Hüttemann/Rawert*, vor §§ 80–88 Rn 207.

77 v. Campenhausen/Richter/*v. Campenhausen*, § 23 Rn 14; Staudinger/*Hüttemann/Rawert*, vor §§ 80–88 Rn 207; *Schiffer*, ZSt 2005, 199, 200.

dend sind. Neben dem überwiegenden kirchlichen Zweck der Stiftung sind das eine organisatorische Nähe der Stiftung zur Kirche und ein entsprechender Stifterwille, eine kirchlich verwaltete oder beaufsichtigte Stiftung zu errichten.[78]

b) Kommunale Stiftungen

40 In einem Großteil der Landesstiftungsgesetze ist auch die kommunale Stiftung oder örtliche Stiftung als Stiftungstypus geregelt.[79] Kommunale Stiftungen im Sinne der Stiftungsgesetze sind solche Stiftungen, die eine Zuordnung zu einer kommunalen Körperschaft erfahren haben, deren Zweck im Rahmen der öffentlichen Aufgaben der Körperschaften liegt und die ihre Verwaltung durch die Organe der Körperschaft betreiben.[80] Der Stiftungszweck hat sich also zumindest im Rahmen der sachlichen und räumlichen Zuständigkeit einer Kommune zu bewegen. Die kommunale Stiftung hat somit nicht private Zwecke, sondern öffentliche Zwecke zu verfolgen.[81]

41 Dies darf jedoch nicht so verstanden werden, dass nur die öffentliche Hand eine kommunale Stiftung errichten kann. Es ist grundsätzlich jedermann möglich, eine kommunale Stiftung zu errichten. Es dürfte sogar der mehrheitliche Regelfall sein, dass einzelne Bürger als Stifter mit ihrer Zuwendung einen wohltätigen Zweck im Aufgabenbereich der Kommune unterstützen wollen und anstelle einer „einfachen“ Schenkung den Weg über eine kommunale Stiftung wählen. Hierzu kann der Stifter die Verwaltung der Stiftung der kommunalen Körperschaft übertragen und so die Verfolgung des Zwecks sichern.[82]

42 Eine Stiftungsaufsicht über kommunale Stiftungen findet vornehmlich nach den ländereigenen Regeln des staatlichen Kommunalrechts statt.[83] Anstelle der Stif-

---

78 *Schiffer*, NJW 2006, 2528, 2530; *Saenger/Veltmann*, ZSt 2006, 16; bestätigt durch BVerfGE 46, 73, 87 ff. (Goch-Entscheidung).

79 So z.B. § 19 Abs. 1 NStiftG, § 17 Abs. 1 StiftGSH, § 3 StiftGBbg, § 10 Abs. 1 StiftGMV, § 3 StiftGRP, § 25 Abs. 1 StiftGS-A, § 3 Abs. 5 StiftGTH, § 18 Abs. 1 StiftGHess, § 20 Abs. 1 StiftGSaarl, § 13 StiftGSachs, Art. 20 Abs. 1 StiftGBay; keine Regelungen treffen die Bundesländer: Bremen, Berlin, Hamburg; das StiftGNRW erwähnt die kommunalen Stiftungen seit der Novelle von 2010 gar nicht mehr (vorher § 2 Abs. 3 StiftGNRW). Die Definition ist in § 100 GO NRW „versteckt“; beachte zudem zur unselbstständigen kommunalen Stiftung *Meier*, Die Stiftung – Jahreshefte zum Stiftungswesen 2008, 123 ff.

80 v. Campenhausen/Richter/*v. Campenhausen*, § 30 Rn 4; Staudinger/*Hüttemann/Rawert*, vor §§ 80–88 Rn 226; *Twehues*, Rechtsfragen kommunaler Stiftungen, S. 12 ff.; beachte Werner/Saenger/*Kilian*, Die Stiftung, Rn 1004, der die kommunale Stiftung als staatliche Stiftung einstuft und thematisiert.

81 v. Campenhausen/Richter/*v. Campenhausen*, § 30 Rn 5; *Ebersbach*, Handbuch des Stiftungsrechts, S. 220.

82 v. Campenhausen/Richter/*v. Campenhausen*, § 32 Rn 3; *Ebersbach*, Handbuch des Stiftungsrechts, S. 222.

83 v. Campenhausen/Richter/*v. Campenhausen*, § 35 Rn 1; Staudinger/*Hüttemann/Rawert*, vor §§ 80–88 Rn 229; BeckOK-BGB/*Backert*, § 80 Rn 13.

tungsaufsicht übernimmt sodann häufig die Kommunalaufsicht der jeweiligen Kommune die Aufsichtspflicht.[84]

c) Familienstiftungen

Die Familienstiftung ist keine besondere Form der Stiftung, sondern letztendlich eine Anwendungsvariante der Stiftung bürgerlichen Rechts im Sinne der §§ 80ff. BGB[85] und nach h.M. zulässig.[86] Mitunter wird sie gar als „Prototyp der privaten Stiftung" bezeichnet, obwohl ihre Spezifizierung im Einzelnen umso schwerer fällt.[87] Eine einheitliche Begriffsdefinition oder gar ein festes Institut „Familienstiftung" ist nicht vorhanden. Dabei wird die Familienstiftung in den einzelnen Landesstiftungsgesetzen[88] und im Steuerrecht[89] durchaus erwähnt.[90] Bemerkenswert ist, dass die einzelnen Begriffsbestimmungen der Landesstiftungsgesetze Anlehnung finden an die Definition des preußischen Stiftungsrechts aus Art. 1 § 1 Abs. 1 pr. AGBGB vom 2.9.1899,[91] wonach unter einer Familienstiftung eine Stiftung verstanden wird, *„die nach der Stiftungsurkunde ausschließlich dem Interesse der Mitglieder einer bestimmten Familie oder mehrerer bestimmter Familien dient (Familienstiftung)."* 43

Gleichwohl gibt es keine einheitliche Begriffsdefinition. Allen Definitionen ist jedoch gemein, dass sie die Familienstiftung darüber definieren, dass in irgendei- 44

84 Die Landesstiftungsgesetze enthalten entsprechende Verweisungsnormen, so z.B. Art. 20 Abs. 3 StiftGBay, § 31 Abs. 2 Nr. 4 StiftGBW, § 20 Abs. 2 StiftGSaarl, § 18 Abs. 4 StiftGHess, § 11 StiftGRP, § 25 Abs. 3 StiftGS-A, § 10 Abs. 3 StiftGMV, § 19 Abs. 2 StiftGN, § 17 Abs. 4 StiftGSH.

85 *Muscheler*, Stiftungsrecht, S. 317; v. Campenhausen/Richter/*Pöllath/Richter*, § 13 Rn 1; beachtenswert dabei die Anzahl von Familienstiftungen, die laut Bericht der Bund-Länder-Arbeitsgruppe Stiftungsrecht, Abschnitt H II 1 S. 45, Anlage 9, im Jahre 2000 nicht sonderlich hoch war, namentlich 535; vgl. des weiteren *Muscheler*, Stiftungsrecht, S. 321, unter dem Punkt „Statistik", der für die folgenden Jahre 2001–2003 die Anzahl auf 679 Familienstiftungen berechnet, was einen Anteil an der Gesamtzahl der in Deutschland ansässigen Stiftungen bürgerlichen Rechts von 6 % ausmacht.

86 Ihre uneingeschränkte Zulässigkeit wird teilweise in Abrede gestellt, so MüKo/*Reuter*, 6. Auflage, § 81 Rn 96 ff., vgl. hierzu den zwischenzeitlichen Meinungsstand bei Staudinger/*Hüttemann/Rawert* vor §§ 80–88 Rn 185, sowie die umfassende Stellungnahme *von Gantenbrink*, Diss., S. 61 ff. und die Zusammenfassung von *Schuck*, Diss., S. 113 ff.

87 Staudinger/*Hüttemann/Rawert*, vor §§ 80–88 Rn 178; BeckOK-BGB/*Backert*, § 80 Rn 14.

88 So findet die Familienstiftung in § 3 Abs. 2 StiftGRP und § 2 Abs. 1 StiftGHbg Erwähnung, hingegen eine Begriffsbestimmung erfolgt in § 2 Abs. 2 StiftGBbg, § 10 Abs. 1 StiftGBln, § 17 StiftGBrem, § 19 S. 1 StiftGSH, § 13 Abs. 2 StiftGBW, § 21 StiftGHess.

89 Beachte *Muscheler*, Stiftungsrecht, S. 317, 318, der im Folgenden die einzelnen Legaldefinition des Begriffs der Familienstiftung und die einzelnen Unterscheidungen in den Steuergesetzen umfassend erörtert, so z.B. für die Vorschriften der § 15 Abs. 2 Außensteuergesetz, §§ 1 Abs. 1 Nr. 4, 15 Abs. 2 S. 1 ErbStG.

90 v. Campenhausen/Richter/*Pöllath/Richter*, § 13 Rn 3; BeckOK-BGB/*Backert*, § 80 Rn 14.

91 Vgl. preußisches Gesetzesblatt 1899, S. 177.

ner Art und Weise bestimmte Familien begünstigt werden.[92] Die Familienstiftung wird daher als eine Stiftung erfasst, die zumindest überwiegend dem Interesse einer oder mehrerer bestimmter Familien gewidmet ist.[93] Der Begriff der Familie umfasst hier alle durch Ehe oder Verwandtschaft im Sinne des BGB (§ 1589 BGB) verbundenen Personen.[94] Dabei muss der familiäre Ursprung der Destinatäre mit dem Kreis der Familienangehörigen nicht identisch sein. Es obliegt vielmehr dem Stifter, ob der Stiftungsnutzen nur einzelnen Familienmitgliedern zukommen soll oder ob er nicht zur Familie gehörende Personen in den Kreis der Destinatäre einbeziehen möchte.[95] Im letzten Fall ist jedoch für das Vorliegen einer Familienstiftung eine **überwiegende**[96] Familienbindung bei den Leistungen durch die Stiftung vonnöten. Die Leistung selber wird jedoch meistens den materiellen Interessen der begünstigten Familienmitglieder gewidmet sein. Der Nutzen kann dann zum einen voraussetzungslos gewährt werden oder zum anderen durch die Berechtigung von sachlichen Voraussetzungen, wie z.B. Bedürftigkeit oder Studium, abhängig gemacht werden.[97]

45 Als Besonderheit ist weiter zu beachten, dass nach den jeweiligen Landesstiftungsgesetzen die Familienstiftung von der staatlichen Stiftungsaufsicht teilweise oder ganz befreit ist.[98] Der Grund wird in der körperschaftsähnlichen Struktur der Familienstiftung gesehen.[99] Einer Aufsicht bedürfe es nicht, da diese zum einen einer unangemessenen Einmischung in die inneren Angelegenheiten der Familie (Art. 6 GG) gleichkäme und zum anderen bereits eine ausreichende Kontrolle durch die widerstreitenden Interessen der Familienangehörigen gewährleis-

---

92 *Sorg*, BB 1983, 1620; BeckOK-BGB/*Backert*, § 80 Rn 14.

93 So nach den zuvor bezeichneten Landesstiftungsgesetzen, vgl. zudem Staudinger/*Hüttemann/Rawert*, vor §§ 80–88 Rn 179; BeckOK-BGB/*Backert*, § 80 Rn 14; Münchener Handbuch/*Richter*, V § 80 Rn 7; *Hopt/Reuter*, Stiftungsrecht in Europa, S. 160; *Muscheler*, Stiftungsrecht, S. 318, 319.

94 Staudinger/*Hüttemann/Rawert*, vor §§ 80–88 Rn 179; *Ebersbach*, Handbuch des Stiftungsrechts, S. 30; *Frommhold*, AcP 117 (1919), 87, 95.

95 Vgl. Staudinger/*Hüttemann/Rawert*, vor §§ 80–88 Rn 180; BeckOK-BGB/*Backert*, § 80 Rn 14; sogar der Ausschluss männlicher oder weiblicher Nachkommen vom Stiftungsnutzen ist zulässig nach BGH NJW 1978, 943, 945.

96 Hierunter wird man eine Familienbegünstigung zu verstehen haben, die bei über 50 % liegt, vgl. hierzu das Schaubild bei v. Campenhausen/Richter/*Pöllath/Richter*, § 13 Rn 7; sowie zu dem Begriff „überwiegend" *Sorg*, Diss., S. 29, *Härtl*, Diss., S. 86, 88.

97 *Muscheler*, Stiftungsrecht, S. 319; Staudinger/*Hüttemann/Rawert*, vor §§ 80–88 Rn 180.

98 Vgl. Art. 10 Abs. 1 StiftGBay, § 13 Abs. 2 StiftGBW, § 27 StiftGBrem, § 21 Abs. 2 StiftGHess, § 27 StiftGRP, § 5 Abs. 1 StiftGHam, §§ 14 Abs. 4, 27 Abs. 2 StiftGMV, § 10 Abs. 2 StiftGN, § 19 StiftGSH; sowie *Schwarz*, ZEV 2003, 306, 307 ff., der die einzelnen Voraussetzungen in den Landesgesetzen herausarbeitet und darstellt.

99 *Kronke*, Stiftungstypus und Unternehmensträgerstiftung, S. 149; *Schwarz*, ZEV 2003, 306, 309.

tet sei.[100] Zudem bestehe kein besonderes öffentliches Interesse. Dem ist jedoch entgegenzutreten. Letztendlich wirkt die Stiftungsaufsicht dem Fehlen einer funktionsfähigen Kontrolle durch das Eigeninteresse natürlicher Personen entgegen.[101] Einem „Ausplündern" der Stiftung durch Stiftungsorgane oder Dritte kann so begegnet werden.[102] Insoweit dürfte bei einer Abwägung zwischen dem Interesse der Familienangehörigen, für die Stiftungsarbeit und -verwaltung maßgebliche Familieninterna nicht vor der Stiftungsaufsicht offenbaren zu müssen und dem Integritätsinteresse der Stiftung, sprich, dem Interesse an der Überwachung der Einhaltung und Erfüllung des Stifterwillens das Integritätsinteresse der Stiftung überwiegen und damit die Überwachung von Familienstiftungen durch die Stiftungsaufsicht rechtfertigen. Der Schutz der Stiftung selbst ist im Funktionszweck der Stiftungsaufsicht mitumfasst. Das Argument des fehlenden öffentlichen Interesses greift daher zu kurz.

d) Unternehmensverbundene Stiftungen

Bereits auf den ersten Blick wirft das Stichwort unternehmensverbundener Stiftungen Fragen bzgl. der Begrifflichkeit, ihres Typus und ihrer maßgeblichen praktischen Relevanz auf. Als ein besonderer Anwendungstypus der Stiftung im Sinne des BGB ist allen unternehmensverbundenen Stiftungen gemein, dass sie durch eine besondere Zwecksetzung, Vermögensausstattung und mitunter Organisationsform geprägt werden. Für Stiftungen, die im Vermögen ein Unternehmen oder eine Beteiligung an einem Unternehmen halten, werden jedoch unterschiedliche Begrifflichkeiten verwendet. Mitunter werden sie Stiftungsunternehmen, Unternehmensträgerstiftungen, gewerbliche oder beispielsweise unternehmensbezogene Stiftungen genannt.[103] 46

Besonders bekannte Beispiele für unternehmensverbundene Stiftungen, die Anteile an Unternehmen halten, sind die Bertelsmann Stiftung oder jene Stiftungen, 47

100 v. Campenhausen/Richter/*Pöllath/Richter*, § 13 Rn 24; *Härtl*, Diss., S. 153; *Richter/Sturm*, NZG 2005, 655, 659.

101 Vgl. Bund-Länder-Arbeitsgruppe Stiftungsrecht, Bericht vom 19.10.2001 Abschn. I, III; zudem kritisch Staudinger/*Hüttemann/Rawert*, vor §§ 80–88 Rn 180, 89, die die Stiftungsaufsicht als Ersatz für eine mitgliedschaftlich konstituierte Eigenorganisation als *funktional unentbehrlich* halten.

102 v. Campenhausen/Richter/*v. Campenhausen*, § 2 Rn 12; *Muscheler*, Stiftungsrecht, S. 351, der unter anderem die fehlende Wahlmöglichkeit des Stifter, ob für die konkrete Familienstiftung eine Aufsicht durch die Stiftungsbehörde erfolgen soll oder nicht, bemängelt.

103 Staudinger/*Hüttemann/Rawert*, vor §§ 80–88 Rn 132; BeckOK-BGB/*Backert*, § 80 Rn 16; *Heuel*, Entwicklung der Unternehmensträgerstiftung, S. 187 ff.; jedoch ist der Begriff der unternehmensverbundenen Stiftung vorzugswürdig und hat sich mittlerweile durchgesetzt, siehe *Muscheler*, ErbR 2008, 134; Palandt/*Ellenberger*, § 80 Rn 9.

die ein Unternehmen selbst betreiben, wie die frühere Carl-Zeiss-Stiftung[104] in Jena. Bemerkenswerterweise treten hier noch prominentere unternehmensverbundene Stiftungen hinzu, die fast jedem Bürger vertraut sein dürften, wie das Firmenimperium des Dieter Schwarz, oder besser bekannt durch seine Discountgeschäfte Lidl und Kaufland; als weitere bekannte Beispiele sind Aldi, Würth und die Metro-Handelsgruppe anzuführen.[105]

48 Es gibt zwei Arten von unternehmensverbundenen Stiftungen. Die unternehmensverbundene Stiftung kann zum einen eine (unmittelbare) **Unternehmensträgerstiftung** sein, zum anderen eine **Beteiligungsträgerstiftung.**[106] Die Unternehmensträgerstiftung umfasst eine Stiftung, die unter ihrer Rechtsform selbst ein Unternehmen führt. Hierzu steht im Gegensatz die Beteiligungsträgerstiftung, welche Beteiligungen an Personen- oder Kapitalgesellschaften hält.[107] Aufgrund der Tatsache, dass hier die Gestaltungsmöglichkeiten[108] flexibler sind und das Gesellschaftsrecht in der Art einer Beteiligung an einer anderen Rechtsform eine große Brandbreite aufweist,[109] findet die Beteiligungsträgerstiftung in der Praxis höheren Anklang.[110]

49 Nach der Funktion, welche das Unternehmen im Verhältnis zum Stiftungszweck ausfüllt, lassen sich demnach zwei Grundtatbestände unterscheiden, in welcher

---

104 Welche in der Zwischenzeit von einer Unternehmensträgerstiftung in eine Stiftung umgewandelt wurde, die nunmehr nur noch Beteiligungen an den Unternehmen Carl-Zeiss und Schott Glaswerke verwaltet, vgl. hierzu die rechtmäßig befundene Umwandlung LG Ellwangen, (unveröffentlichtes) Urt. v. 17.5.2002 – 2 O 313/01; Besprechung hierzu *Neuhoff,* ZSt 2003, 56 ff.; sowie OLG Stuttgart ZSt 2003, 203 ff.; BGH ZSt 2004, 143; *Richter/Sturm,* ZErb 2006, 75, 76.

105 Vgl. weitere Beispiele *Brandmüller,* Gewerbliche Stiftungen, S. 45 ff., der darauf hinweist, dass sich nicht immer aus den jeweiligen Firmennamen entnehmen lässt, ob eine Stiftung beteiligt ist oder nicht; sowie mit weiteren Beispielen Münchener Handbuch/*Gummert,* V § 81 Rn 58 ff., vgl. zudem *Muscheler,* ErbR 2008, 134, 137 ff., mit übersichtlichen Schaubildern über die rechtliche Struktur des „Dieter Schwarz-Imperiums" und der Würth-Gruppe.

106 BeckOK-BGB/*Backert,* § 80 Rn 16; Palandt/*Ellenberger,* § 80 Rn 9; *Fischer,* BWNotZ 2005, 97, 99; *Schiffer,* ZSt 2003, 252.

107 BeckOK-BGB/*Backert,* § 80 Rn 16; Staudinger/*Hüttemann/Rawert,* vor §§ 80–88 Rn 132, die noch eine dritte Art von unternehmensverbundenen Stiftungen aufführen, namentlich die *Holdingstiftung*, welche als oberstes Organ für die Verwaltung eines Konzerns fungiert.

108 Beachte hier die Tabelle bei v. Campenhausen/Richter/*Pöllath/Richter,* § 12 Rn 79, die versuchen, die Gestaltungs- und Kombinationsmöglichkeiten zusammenzufassen.

109 Dies kann die Stellung als Kommanditistin oder Komplementärin einer Stiftung & Co. KG sein, vgl. die häufige Einbindung einer Familienstiftung als Komplementärin *Nietzer/Stadie,* NJW 2000, 3457, 3460; *Muscheler,* ErbR 2008, 134, 135.

110 Soergel/*Neuhoff,* vor § 80 Rn 72, der die Anzahl der Unternehmensträgerstiftungen gerade mal auf ca. 20 schätzt; *Gantenbrink.* Diss., S. 47.

Form eine Stiftung mit einem Unternehmen in Verbindung stehen kann.[111] Es kann sich um einen Zweckverwirklichungsbetrieb handeln, welcher dann besteht, wenn das Unternehmen durch seine unternehmerische Tätigkeit selbst den Stiftungszweck verwirklicht. Das Unternehmen steht also in einer so engen sachlichen Beziehung zum Stiftungszweck, dass sich dieser ohne das individuelle Unternehmen nicht erreichen lässt und der Stiftungszweck damit auch über die Führung des Unternehmens entscheidet. Häufig genanntes Beispiel ist das einer Stiftung gewidmete Krankenhaus, das mit eigenen sachlichen Mitteln den Stiftungszweck der Krankenpflege erfüllt.[112] Zudem kann das Unternehmen auch als Dotationsquelle dienen, indem es nur zur Erzielung von Gewinnen eingesetzt wird, die die Stiftung zur Erfüllung ihres vom konkreten Unternehmen unabhängigen Zweckes benötigt.[113]

Gegen die Zulässigkeit unternehmensverbundener Stiftungen sind in der Vergangenheit von Teilen der Literatur Einwände erhoben worden, die hier nur kurz skizziert werden sollen.[114] Diese Einwände beruhten auf der Besorgnis, dass bei der Symbiose von einem Unternehmen und einer Stiftung ein Spannungsfeld entstehe, das neben einer positiven Ergänzung vor allem Barrieren schaffen könne.[115] Es wird die aus der Bindung des Vermögens folgende Refeudalisierung wirtschaftlicher Verhältnisse bemängelt.[116] Nach dem Inkrafttreten des Gesetzes zur Modernisierung des Stiftungsrechtes vom 15.7.2002[117] und der Thematisie- 50

111 BeckOK-BGB/*Backert,* § 80 Rn 17; Staudinger/*Hüttemann/Rawert,* vor §§ 80–88 Rn 132; Werner/*Saenger,* Die Stiftung, Rn 196.

112 Staudinger/*Hüttemann/Rawert,* vor §§ 80–88 Rn 137; v. Campenhausen/Richter/*v. Campenhausen,* § 2 Rn 16.

113 Staudinger/*Hüttemann/Rawert,* vor §§ 80–88 Rn 138; v. Campenhausen/Richter/*v. Campenhausen,* § 2 Rn 16.

114 Einen umfassenden Überblick über die geführte Diskussion geben *Burgard,* Gestaltungsfreiheit, S. 136 ff.; *von Gantenbrink,* Diss., S. 48 ff.; *Künnemann,* Diss., S. 55 ff.; *Stengel,* Diss., S. 28 ff.

115 Staudinger/*Hüttemann/Rawert,* vor §§ 80–88 Rn 141, 142; einen umfassenden Überblick der Vor- und Nachteile einer unternehmensverbundenen Stiftung zeigt *Muscheler,* ErbR 2008, 134, 139 ff. auf.

116 Staudinger/*Hüttemann/Rawert,* vor §§ 80–88 Rn 144 ff.; *Burgard,* Gestaltungsfreiheit, S. 137; *Kohl,* NJW 1992, 1922, 1923.

117 BGBl I 2002, S. 2634.

rung der unternehmensverbundenen Stiftung durch den Modernisierungsgesetzgeber[118] sind die Zulässigkeitseinwände weitestgehend verstummt.[119]

e) Bürgerstiftungen

51 Eine in Deutschland noch junge Erscheinungsform der Stiftung ist die sog. Bürgerstiftung.[120] Bei Bürgerstiftungen handelt es sich um Initiativen nach dem Vorbild der US-amerikanischen „Community Foundations". Die Grundlage der Bürgerstiftung bildet der Gedanke, dass die Stiftung **von Bürgern für Bürger** zur Förderung bestimmter Zwecke gebildet werden kann. So soll jedem Bürger die Möglichkeit gewährt werden, mit kleinen Beiträgen und persönlichem Engagement zur Lösung lokaler Probleme beitragen zu können.[121] Da die Bürgerstiftung keine Definition im Gesetz erfahren hat, wurde in den vergangenen Jahren nach einer merkmalsbezogenen Abgrenzungsformel gesucht. Hierbei hat sich der Bundesverband Deutscher Stiftungen hervorgetan, der in einer Art Empfehlung zur Merkmalbestimmung Kriterien aufstellte, nach der Bürgerstiftungen „gemeinnützig, durch eine Mehrzahl von Stiftern errichtet, wirtschaftlich, politisch und konfessionell unabhängig, geographisch begrenzt tätig, auf Kapitalzuwachs durch Zustiftungen, Projektspenden und unselbstständige Stiftungen angelegt sowie durch eine transparente Arbeit unter aktiver Teilnahme der Stifter geprägt sind".[122]

52 Diese Merkmalbestimmung hat jedoch eher Werbecharakter und ist mehr als ein Aufruf zur Teilnahme, denn als Definition zu verstehen. Es überrascht nicht, dass die Bürgerstiftungen in den letzten Jahren an Popularität gewonnen haben. Sie sind so zu einem „eigenständigen Realtypus" der zivilrechtlichen Stiftung geworden.[123] Dies liegt auch daran, dass dem Bürger eine einfache „Mitmachstruktur" geboten wird. Schätzungsweise 200 Bürgerstiftungen sind bis zur heuti-

---

118 Vgl. hierbei die durch die einzelnen Fraktionen des Deutschen Bundestages hervorgebrachten Entwürfe zur Reform des Stiftungsrechts. Nachweise und Überblick hierzu bei Staudinger/*Hüttemann/Rawert,* vor §§ 80–88 Rn 147.

119 MüKo/*Reuter,* 6. Auflage, § 81 Rn 103, der trotz alledem die Anerkennungsfähigkeit der Stiftung als „alles andere als unproblematisch" ansieht; anders hingegen Staudinger/*Hüttemann/Rawert,* vor §§ 80–88 Rn 144 ff., die nunmehr von ihrer strikten Unzulässigkeit abrücken; v. Campenhausen/Richter/*Pöllath/Richter,* § 12 Rn 36 ff.; zu den Einwänden Reuters siehe auch *Trappe*, Diss., S. 129, 130.

120 Vgl. die Ausführungen hierzu in *Klein*, Diss.

121 v. Campenhausen/Richter/*Hof,* § 14 Rn 1; *Zimmermann,* NJW 2011, 2931, 2935; *Schiffer,* NJW 2006, 2528, 2529.

122 Staudinger/*Hüttemann/Rawert,* vor §§ 80–88 Rn 192; „Merkmale" abrufbar unter: www.stiftungen.org/de/projekte/initiative-buergerstiftungen.html.

123 Staudinger/*Hüttemann/Rawert,* vor §§ 80–88 Rn 190.

gen Zeit entstanden,[124] sodass man den Schluss ziehen kann, die wachsende Anzahl und Nachfrage an Bürgerstiftungen legitimiere ihre Daseinsberechtigung.

Trotz der wachsenden Popularität von Bürgerstiftungen wird sowohl ihre Zulässigkeit als auch das generelle Erfordernis des Erscheinungstypus einer Bürgerstiftung kritisch betrachtet. So scheint das Konstrukt einer Bürgerstiftung eher bei dem bürgerlichen Verein als bei der Stiftung angesiedelt zu sein.[125] Dies bedeutet jedoch nicht, dass das rechtliche Konzept der klassischen Stiftung nun aufgeweicht und unterlaufen wird.[126] Das Bedürfnis der Bürger an einer größtmöglichen Partizipation mittels Stiftungen mit autonomen Zweckvermögen kann so befriedigt werden. Bei einem abnehmenden Interesse an einer auf Dauer angelegten Mitgliedschaft in Vereinen sowie der sinkenden Bereitschaft, sich als Vereinsmitglied zwangsläufig auch mit verbandstypischen Anliegen auseinandersetzen zu müssen, kommt die Bürgerstiftung dem schnelllebigen Bedürfnis zwangloser Verbundenheit besonders entgegen. Dies ist ein bürgerliches Phänomen, dem das moderne Stiftungsrecht mit der Erscheinungsform der Bürgerstiftung Rechnung trägt. 53

C. Wann ist der Einsatz von Stiftungen sinnvoll?

Stiftungen können für den Zweck des Vermögenserhalts vor allem dann interessant sein, wenn keine Abkömmlinge vorhanden sind, auf die das Vermögen übertragen werden könnte oder wenn eine bestimmte Vermögensnachfolge nicht gewünscht wird. Weiterhin kann es sinnvoll sein, einzelne Vermögenswerte aus einer potentiellen Erbmasse herauszunehmen, um sicherzustellen, dass diese Vermögenswerte nicht durch spätere Erbauseinandersetzungen in Mitleidenschaft gezogen werden. In diesen Fällen kann versucht werden, mit einer Stiftung den dauerhaften Erhalt von Vermögen oder auch von einzelnen Vermögensgegenständen (z.B. Kunstsammlungen) sicherzustellen. Darüber hinaus kann eine Stiftung auch dazu genutzt werden, Vermögen auszugliedern, um es so vor einem etwaigen Gläubigerzugriff zu schützen („asset protection“). 54

Soll mit der Stiftungserrichtung (auch) der Vermögenserhalt abgesichert werden, wird man in der Regel auf eine rechtsfähige Stiftung zurückgreifen. Nur die rechtsfähige Stiftung ermöglicht es, als **„mitgliederlose verselbstständigte Vermögensmasse mit eigener Rechtspersönlichkeit“**[127] Vermögen einerseits end- 55

124 Staudinger/*Hüttemann/Rawert*, vor §§ 80–88 Rn 190; graphische Übersicht der Anzahl von Bürgerstiftungen in Deutschland in den Jahren 1996 – 2006 *Walkenhorst*, Stiftung & Sponsoring 2007, 22, 23.

125 MüKo/*Reuter*, 6. Auflage, § 81 Rn 122; *Reuter*, NZG 2004, 939, 944.

126 v. Campenhausen/Richter/*Hof*, § 12 Rn 2, der zu mehr Augenmaß und Gelassenheit aufruft.

127 BeckOK-BGB/*Backert*, § 80 Rn 3.

gültig auszugliedern, ohne dass es der eigenen Vermögenssphäre noch zurechenbar ist, andererseits aber den unmittelbaren Zugriff auf das Vermögen durch entsprechende organisatorische Ausgestaltung zu erhalten.

56 Da eine Stiftung grundsätzlich darauf ausgelegt ist, einen bestimmten Zweck **dauerhaft** zu verfolgen, sollte man bei der Satzungsgestaltung die Stifterinteressen sehr sorgfältig herausarbeiten, da Änderungen nach der Anerkennung der Stiftung als rechtsfähig häufig nur sehr schwer umzusetzen sind. Im Rahmen der Gründungsberatung sollten insbesondere die nachfolgenden Fragen[128] abgeklärt werden:

57 Checkliste Stiftungserrichtung

1. Was will der Stifter erreichen?
2. Welchen Zweck soll die Stiftung verfolgen?
3. Welches Vermögen soll die Stiftung erhalten?
4. Ermöglicht das Stiftungsvermögen eine dauerhafte Zweckverfolgung?
5. Wer soll durch die Stiftung begünstigt werden (Destinatäre)?
6. Welche Stiftungsorgane soll es geben?
7. Ist eine kontinuierliche Besetzung der Stiftungsorgane sichergestellt?
8. Soll die Stiftung lebzeitig oder von Todes wegen errichtet werden?
9. Wie wirkt sich die Vermögensübertragung auf die Stiftung steuerrechtlich, erbrechtlich und stiftungsrechtlich aus?

I. Stiftungserrichtung und Vermögenszusammensetzung

58 Soll eine Stiftung als Instrument zum **Erhalt von Familienvermögen** eingesetzt werden, sollte vorab geprüft werden, wie sich das zu erhaltene Vermögen überhaupt zusammensetzt. Die Stiftung muss mit dem übertragenen Vermögen ausreichend Ertrag erwirtschaften können, um den jeweiligen Stiftungszweck überhaupt verfolgen zu können. Dass das Stiftungsvermögen nach Art und Höhe so beschaffen sein sollte, dass mit ihm die dauernde und nachhaltige Zweckerfüllung gesichert erscheint, ist dabei nicht nur eine Zweckmäßigkeitsüberlegung, sondern gem. § 80 Abs. 2 BGB auch als **Voraussetzung für die Anerkennung der Rechtsfähigkeit** einer Stiftung normiert.[129] Darüber hinaus ist bei der Vermögensausstattung zu beachten, dass die Stiftung nach ihrer Anerkennung auch wieder aufgehoben werden kann, wenn die Zweckverfolgung mangels ausreichender Erträge unmöglich geworden ist, § 87 Abs. 1 BGB.[130]

---

128 Siehe hierzu auch die Praxistipps zur Satzungsgestaltung in *Schiffer*, Die Stiftung in der Beraterpraxis, § 14.

129 BeckOK-BGB/*Backert*, § 80 Rn 8; v. Campenhausen/Richter/*v. Campenhausen*, § 1 Rn 12; v. Campenhausen/Richter/*Hof*, § 9 Rn 1; Soergel/*Neuhoff*, § 80 Rn 14.

130 Hierzu MüKo/*Reuter*, § 87 Rn 4.

Da die Aufhebung der Stiftung dazu führt, dass das Stiftungsvermögen dem in der Satzung benannten Anfallberechtigten zu übertragen ist und dies dem Ziel des dauerhaften Erhalts des Familienvermögens im Zweifel zuwider laufen wird, ist es ratsam, vor der Stiftungsgründung eine **Ertragskalkulation** vorzunehmen, um die Lebensfähigkeit der Stiftung sicherzustellen. Dabei ist auf erster Stufe das „ob" der Ertragsfähigkeit und auf zweiter Stufe die voraussichtliche Höhe der Erträge zu prüfen. Schaut man sich zunächst die abstrakte Ertragsfähigkeit von Stiftungsvermögen an, kann man in der Praxis regelmäßig folgende „Stiftungstypen" ausmachen: 59

1. Kapitalstiftungen

Kapitalstiftungen sind Stiftungen, die mit einem bestimmten Geldbetrag ausgestattet werden. Soll die Stiftung als reine Kapitalstiftung errichtet werden, wird die o.g. Ertragskalkulation recht einfach durchzuführen sein, da man anhand der jeweiligen Markt- und Zinsgegebenheiten relativ schnell abschätzen können wird, welche durchschnittliche Rendite sich mit dem jeweiligen Kapitalstock erwirtschaften lässt. Zudem haben Stiftungen hier die Möglichkeit, professionelle Vermögensverwalter mit der Anlage des Stiftungskapitals zu beauftragen. Allerdings sollte das Stiftungskapital dann so groß sein, dass die Kosten der Vermögensverwaltung problemlos aus den Zinserträgen gedeckt werden können, ohne im Übrigen die nachhaltige Zweckverfolgung zu gefährden. 60

2. Immobilien-Stiftungen

Stiftungen mit Immobilienvermögen sind nicht so weit verbreitet wie reine Kapitalstiftungen. Bei der Immobilien-Stiftung ist zu unterscheiden, ob die Immobilie als **„Zweckvermögen"** oder als **„Anlagevermögen"** übertragen wurde. Soweit es sich um reines „Zweckvermögen" handelt, wird die Stiftung erfahrungsgemäß keinen Ertrag erwirtschaften können, sondern im Gegenteil zusätzliches Vermögen für die Erhaltung der Immobilie aufwenden müssen. Ertragloses Immobilienvermögen, wie etwa das selbst genutzte Familienheim, eignet sich in der Regel nicht dafür, es mit einer Stiftungskonstruktion zu erhalten, wenn die Stiftung nicht mit weiterem, ertragbringenden Vermögen ausgestattet werden kann. 61

3. Sammler-Stiftung

Ebenso wie bei Immobilien-Stiftungen muss auch bei Sammler-Stiftungen geschaut werden, ob die jeweilige Sammlung als Zweckvermögen oder als Anlagevermögen eingebracht wird. Geht es um den Erhalt der Sammlung, eignet sich ein Stiftungskonstrukt nur, wenn entweder mit dem Zweckvermögen ausreichend Ertrag erwirtschaftet werden kann oder weiteres Vermögen eingebracht wird. 62

4. Unternehmens-Stiftungen

63 Ein besonderes Anwendungsfeld für Stiftungskonstruktionen sind Unternehmen und Unternehmensbeteiligungen. Der Erhalt eines Unternehmens kann durch Übertragung auf eine Stiftung sehr effektiv abgesichert werden. Zum einen gewährleistet das auf die Stiftung übertragene Unternehmen – unterstellt es ist wirtschaftlich gesund – einen dauerhaften Ertrag. Zum anderen ist mit der Stiftung die Unternehmensnachfolge dauerhaft gesichert, da die Stiftung als mitglieds- und inhaberlose juristische Person nur wegfällt, wenn Aufhebungs- oder Auflösungsgründe vorliegen.[131]

II. Stiftermotivation

64 Nach der Ertragskalkulation sollte weiterhin klar sein, welches Ziel der Stifter vorrangig mit der Stiftungsgründung erreichen will. In der Regel sind dies vor allem die nachfolgenden drei Ziele:[132]

1. Reduzierung von Pflichtteils- und Pflichtteilsergänzungsansprüchen
2. Bewahrung des Familienvermögens vor zukünftiger Zersplitterung durch Erbteilung und Veräußerung
3. Dauerhafte Versorgung der eigenen Familie (i.d.R. Ehepartner und Abkömmlinge).

Von der Klärung der jeweiligen Zielrichtung hängt insbesondere ab, ob die Stiftung zwingend zu Lebzeiten des Stifters errichtet werden muss oder ob auch eine Stiftung von Todes wegen (§ 83 BGB) in Betracht gezogen werden kann. Letztere hat den Vorteil, dass sich der Stifter nicht schon zu Lebzeiten eines wesentlichen Teils seines Vermögens begeben muss.

1. Pflichtteilsrechtliche Motivation

65 Wenn es bei der Stiftungserrichtung vorrangig um die **Reduzierung oder Vermeidung von Pflichtteils- und Pflichtteilsergänzungsansprüchen** geht, bleibt nur die lebzeitige Stiftungserrichtung, da sich etwaige Pflichtteilsansprüche nach dem Nachlassbestand zum Stichtag des Erbfalls richten und für Pflichtteilsergänzungsansprüche grundsätzlich die Schenkungen der letzten zehn Jahre vor dem Erbfall berücksichtigt werden, §§ 2311 Abs. 1, 2325 Abs. 3 BGB. Spätestens seit der „Frauenkirchenentscheidung" des BGH[133] ist höchstrichterlich geklärt, dass sowohl die Vermögensausstattung im Rahmen der Stiftungserrichtung als auch spätere Zustiftungen oder Spenden zur unmittelbaren Zweckverfolgung als pflichtteilsergänzungsrelevante Schenkungen i.S.d. § 2325 Abs. 1 BGB zu berück-

131 Hierzu auch *Schiffer*, Die Stiftung in der Beraterpraxis, § 11.
132 Vgl. *R. Werner*, ZEV 2006, 539, 540.
133 BGH NJW 2004, 1382.

sichtigen sind, soweit sie innerhalb der Zehn-Jahres-Frist des § 2325 Abs. 3 BGB erfolgten.[134]

2. Bewahrung des Familienvermögens

66 Soll mit der Stiftung der dauerhafte Vermögenserhalt sichergestellt werden, ist es zunächst ratsam, in der Stiftungssatzung eine entsprechende **Vermögenserhaltungspflicht** zu regeln. Fehlt eine solche Regelung, kann sich ansonsten die Frage stellen, ob der **Verbrauch des Stiftungsvermögens** bis hin zu seinem vollständigen Verzehr zulässig sein soll. Seit das Ehrenamtsstärkungsgesetz[135] am 28.3.2013 in Kraft getreten ist, gestattet das Gesetz einen solchen Verbrauch ganz ausdrücklich, § 80 Abs. 2 S. 2 BGB.[136]

3. Dauerhafte Versorgung der Familie

67 Geht es dem Stifter vorrangig um die Sicherstellung der Versorgung bestimmter Familienmitglieder, kann diese Motivation auch bei der Wahl des Errichtungszeitpunkts eine Rolle spielen. Gerade, wenn es um die Absicherung der Familie nach dem eigenen Tod geht, bietet es sich an, die Stiftung durch letztwillige Verfügung als Stiftung von Todes wegen zu errichten.

III. Bestimmung des Stiftungszwecks

1. Zulässige Stiftungszwecke

68 Gemäß § 81 Abs. 1 S. 3 BGB muss die Stiftung durch das Stiftungsgeschäft eine Satzung erhalten, die neben Regelungen über den Namen, den Sitz, das Vermögen und die Bildung des Vorstands auch eine Regelung über den Zweck der Stiftung erhält. **Zulässig** ist dabei **jeder Zweck, der das „Gemeinwohl nicht gefährdet“**, § 80 Abs. 2 S. 1 BGB.

2. Privatnützige Stiftungszwecke

69 Da das geltende Recht grundsätzlich jeden Zweck zulässt, den das Gesetz nicht verbietet,[137] sind auch rein privatnützige Familienstiftungen zulässig. Ein rein

134 Ausführlich zur Anwendbarkeit des § 2325 BGB auf Zuwendungen an Stiftungen *Werner*, ZEV 2007, 560–564; siehe auch MüKo/*Lange*, § 2325 Rn 42 mit Verweis auf BGH ZErb 2004, 129 = BGH NJW 2004, 1382; LG Baden-Baden ZEV 1999, 152 m. Anm. *Rawert*; *Klingelhöffer*, Rn 564; *Cornelius*, ZErb 2006,230, 232; *Rawert*, NJW 2002, 3151, 3152; *Röthel*, S. 793, 799 ff.; *Schiffer*, NJW 2004, 1565; *R. Werner*, ZEV 2007, 560,562.

135 BGBl I 2013, 556.

136 Zur Verbrauchsstiftung ausführlich MüKo/*Reuter*, § 81 Rn 17 ff.

137 BeckOK-BGB/*Backert*, § 80 Rn 5.

gemeinnütziger Zweck ist nicht erforderlich.[138] Unter einer Familienstiftung ist eine Stiftung zu verstehen, deren **Zweck** ausschließlich oder zumindest überwiegend dem Interesse einer bestimmten oder mehrerer Familien dient.[139] Zu beachten ist hier lediglich, dass der Stiftungszweck grundsätzlich **außerhalb** der Stiftung liegen muss, sich also grundsätzlich nicht in der Erhaltung und Mehrung des Stiftungsvermögens erschöpfen darf. Ein solcher Zweck würde zu einer reinen Selbstzweckstiftung führen, die nach ganz herrschender Meinung unzulässig wäre.[140]

3. Konkretisierung des Stiftungszwecks

70 Gemäß § 81 Abs. 1 S. 3 Nr. 3 BGB muss die Stiftungssatzung Regelungen „über den Zweck" der Stiftung enthalten. Hier reicht es nicht aus, lediglich den Stiftungszweck (z.B. Förderung von Wissenschaft und Forschung) zu benennen. Erforderlich ist vielmehr auch Angaben dazu zu machen, wie der **Stiftungszweck** konkret **verwirklicht** werden soll (z.B. „durch die Errichtung und den Betrieb von Forschungszentren").[141] Die Erforderlichkeit, Angaben zur Zweckverwirklichung zu machen, wird u.a. damit begründet, dass es erst die Konkretisierung ermögliche, die Lebensfähigkeit der Stiftung zu überprüfen, da anhand der Angaben zur Zweckverwirklichung überprüft werden könne, ob die der Stiftung zur Verfügung stehenden Mittel dafür ausreichen.[142] Angaben zur Zweckverwirklichung werden zudem aus steuerlicher Sicht verlangt, da § 60 Abs. 1 S. 2 AO besagt, dass die Satzung die in Anlage 1 zu § 60 AO enthaltenen Festlegungen enthalten **muss**. Die in Anlage zu § 60 AO enthaltene Mustersatzung sieht wiederum explizit Angaben zur Zweckverwirklichung voraus. Jedenfalls dann, wenn die Stiftung als **gemeinnützig** anerkannt werden soll, werden Angaben zur Zweckverwirklichung somit unumgänglich.

71 **Formulierungsbeispiel: Stiftungszweck einer privatnützigen Familienstiftung**

§ (...) – Stiftungszweck

(1) Zweck der Stiftung ist es, Angehörige der Familie (...) in angemessener Weise zu unterhalten, ihre Gräber zu pflegen und ihr Andenken zu ehren.

(2) Der Zweck wird insbesondere verwirklicht durch die Zahlung von Unterhaltsleistungen und die Übernahme von Ausbildungskosten, durch die Über-

---

138 Prinzip der „gemeinwohlkonformen Allzweckstiftung". Hierzu BeckOK-BGB/*Backert*, § 80 Rn 15; Staudinger/*Hüttemann*/*Rawert*, Vor § 80 Rn 185 f.

139 BeckOK-BGB/*Backert*, § 80 Rn 5; MüKo/*Reuter*, § 81 Rn 95 ff.; Staudinger/*Hüttemann*/*Rawert*, vor § 80 Rn 179, 185.

140 Staudinger/*Hüttemann*/*Rawert*, Vor § 80 Rn 8 mit Verweis auf MüKo/*Reuter*, Vorbem 52 zu § 80; §§ 80, 81 Rn 96.

141 Vgl. Staudinger/*Hüttemann*/*Rawert*, § 81 Rn 43 ff.

142 Staudinger/*Hüttemann*/*Rawert*, § 81 Rn 43.

nahme von Grabpflegekosten und die Organisation und Durchführung von jährlichen Familientreffen.
(3) Als Angehörige im Sinne der Satzung gelten: (…) (*Definition*).

IV. Stiftungsverfassung

72 Neben einem Stiftungszweck und einem für die Zweckverfolgung ausreichenden Vermögen benötigt jede rechtsfähige Stiftung einen Vorstand, § 81 Abs. 1 S. 3 Nr. 5 BGB. Bei lebzeitig errichteten Stiftungen kann der Stifter durch eine entsprechende Gestaltung der Satzung dafür sorgen, dass er selbst den Vorstand übernimmt oder, bei einem mehrköpfigen Gremium, den Vorstandsvorsitz innehat. Ein besonders wichtiger und häufig unterschätzter Aspekt bei der Regelung der Organbesetzung ist die Sicherung der **Kontinuität**. Gerade bei privatnützigen Familienstiftungen sollte darauf geachtet werden, dass eine lückenlose Gremienbesetzung sichergestellt ist.

73 Im Rahmen der Satzungsgestaltung sollten daher insbesondere die folgenden Fragen geklärt und durch entsprechende Satzungsbestimmungen geregelt werden:
- Soll die Stiftung neben dem Vorstand noch weitere Organe bekommen?
- Dürfen Mitglieder eines Organs zugleich Mitglieder in einem anderen Organ der Stiftung sein?
- Welche Funktion sollen etwaige weitere Organe haben (Aufsichtsfunktion, Beratungsfunktion)?
- Soll der erste Vorstand als Einzelvorstand gebildet werden oder mehrköpfig sein?
- Wie lange soll eine Amtsperiode dauern?
- Wer bestimmt den Amtsnachfolger, wenn ein Organmitglied ausscheidet (Nachfolge durch Kooptation?)
- Wie bestimmt sich die Nachfolge, wenn ein Organmitglied vor Ablauf der Amtsperiode ausscheidet (z.B. Nachfolge durch Kooptation)?
- Müssen Gremiumsmitglieder besondere persönliche oder sachliche Voraussetzungen erfüllen (Familienmitglied; besondere Sachkunde)?
- Ist die Handlungs- und Beschlussfähigkeit sichergestellt, wenn Organmitglieder dauerhaft wegfallen (Notgeschäftsführung)?
- Von wem und unter welchen Voraussetzungen können Gremiumsmitglieder abberufen werden?
- Wie ist bei Unstimmigkeiten zwischen Gremienmitgliedern innerhalb eines Organs zu verfahren („Intra-Organstreit“)?

74 Bei der Klärung des voranstehenden – nicht abschließenden – Fragenkatalogs sollte stets im Auge behalten werden, dass eine Stiftung ein „Ewigkeitskonstrukt“ darstellt. Die Stiftungsverfassung sollte daher so konzipiert werden, dass sie über die Generationen hinweg funktionsfähig bleibt. Grundsätzlich empfehlenswert ist daher ein ausgewogenes System von „***checks and balances***“, sowohl im Inte-

resse der Stiftung als auch im Interesse der Destinatäre. Erfahrungsgemäß legen Stifter, die lebzeitig eine Stiftung errichten, viel Wert darauf, möglichst ungehindert über „ihre“ Stiftung bestimmen zu können. Dieser autokratische Ansatz ist zu Lebzeiten des Stifters unproblematisch, für die Zeit nach dem Ausscheiden des Stifters aus den Stiftungsgremien zu vermeiden. Die Satzung sollte daher zumindest für die Zeit nach dem Ausscheiden/Ableben des Stifters Ergänzungsregelungen beinhalten, durch die eine angemessene Kontrolle ebenso wie eine kontinuierliche Besetzung der Stiftungsorgane sichergestellt wird.

75 **Formulierungsbeispiel: Stiftungsorganisation**

§ (...) – Organe der Stiftung
Organe der Stiftung sind
a) der Vorstand
b) der Stiftungsrat.

§ (...) – Vorstand
Der Vorstand besteht aus bis zu (...) Mitgliedern.
Geborenes Mitglied ist der Stifter, der weitere Mitglieder für den Vorstand benennen kann. Der Stifter entscheidet allein über die Berufung und Abberufung der weiteren Vorstandsmitglieder. Soweit der Stifter keine weiteren Mitglieder benennt, vertritt der Stifter die Stiftung als Einzelvorstand allein.
Scheidet der Stifter aus dem Vorstand aus, wählt der Stiftungsrat für die Dauer von (...) Jahren einen neuen Vorstand. Der Vorstand soll dann wenigstens (...) Mitglieder haben.
Ein Mitglied des Vorstands kann nicht auch zugleich Mitglied des Stiftungsrats sein.

§ (...) – Stiftungsrat
Der Stiftungsrat besteht aus bis zu (...) Personen. Der erste Stiftungsrat wird vom Vorstand bestellt. Der Stiftungsrat ergänzt sich jeweils selbst im Wege der Kooptation. Ein Mitglied des Stiftungsrats kann nicht zugleich Mitglied des Vorstands sein.
Der Stiftungsrat wählt aus seiner Mitte einen Vorsitzenden und seinen Stellvertreter.

§ (...) – Amtsdauer von Gremienmitgliedern
Der Stifter ist Vorstandsmitglied auf Lebenszeit. Im Übrigen werden Mitglieder der Stiftungsorgane für die Dauer von (...) Jahren bestellt. Wiederbestellung ist zulässig. Mitglieder der Stiftungsorgane scheiden jedoch spätestens mit der Vollendung des (...) Lebensjahres aus. Dies gilt nicht für den Stifter.
Nicht geborene Mitglieder des Vorstands können aus wichtigem Grund vom Stiftungsrat aufgrund eines Mehrheitsbeschlusses abberufen werden.
Scheidet ein Mitglied des Vorstands vor Ablauf seiner Amtszeit aus, wählt der Stiftungsrat für den Rest der Amtszeit einen Nachfolger.

Die Stiftungsbehörde kann Mitglieder des Stiftungsrats aus wichtigem Grund abberufen. Scheidet ein Mitglied des Stiftungsrats vor Ablauf seiner Amtszeit aus, wählt der Stiftungsrat für den Rest der Amtszeit einen Nachfolger

§ (...) – Aufgaben des Vorstands

Der Vorstand vertritt die Stiftung gerichtlich und außergerichtlich. Ist nur ein Vorstandsmitglied bestellt, vertritt es die Stiftung allein. Soweit der Stifter Mitglied des Vorstands ist, wird die Stiftung ebenfalls durch ihn allein vertreten. Hat die Stiftung nach dem Ausscheiden des Stifters aus dem Vorstand mehrere Vorstandsmitglieder, so wird sie durch zwei Vorstandsmitglieder gemeinschaftlich vertreten.

Der Vorstand kann sich eine Geschäftsordnung geben.

Der Vorstand verwaltet die Stiftung. Er hat die Geschäfte mit der Sorgfalt eines ordentlichen Geschäftsführers zu führen.

Der Vorstand hat insbesondere folgende Aufgaben:
- die Verwaltung des Stiftungsvermögens
- die Vergabe der Stiftungsmittel
- die Fertigung des Jahresabschlusses.

Um Streitigkeiten über Aufgaben und Befugnisse zu vermeiden, sollte die Stiftungssatzung klare Regelungen zur Aufgabenverteilung enthalten. Zudem besteht die Möglichkeit, dass sich die Organe zusätzlich Geschäftsordnungen geben, in denen vor allem Verfahrensmodalitäten wie z.B. die Einladung zu Gremiumssitzungen, Protokollführung etc. geregelt werden können. 76

Formulierungsbeispiel: Aufgaben des Stiftungsrats 77

§ (...) – Aufgaben des Stiftungsrats

Der Stiftungsrat steht dem Stifter beratend zur Seite, solange er Mitglied des Vorstands ist.

Ist der Stifter aus dem Vorstand ausgeschieden, hat er die folgenden Aufgaben:
- Wahl des Vorstandes
- Überwachung der Geschäftsführung des Vorstandes
- Entlastung des Vorstandes
- Schlichtung bei Streitigkeiten von Vorstandsmitgliedern
- Genehmigung des Jahresabschlusses

V. Stiftung und Unternehmensnachfolge

Die Vorbereitung und Umsetzung der Vermögensnachfolge im Bereich der Unternehmensnachfolge stellt für viele Unternehmer eine besondere Herausforderung dar. Gerade im unternehmerischen Bereich treffen eine Vielzahl, zum Teil auch gegenläufige Interessen des Unternehmers, seiner Familie und des Unternehmens als solchem aufeinander: Der Unternehmer und Unternehmensinhaber wird vor allem an dem Erhalt und an der Fortführung des Unternehmens interes- 78 siert sein. Die Unternehmensnachfolge kann in der Regel aber nicht auf einen größeren Angehörigenkreis übertragen werden, sodass sich regelmäßig die Frage nach einem finanziellen Ausgleich für weichende Familienmitglieder stellt, die in der Unternehmensnachfolge nicht berücksichtigt werden können. Etwaige Ausgleichungsforderungen können wiederum zu einem für das Unternehmen schädlichen Liquiditätsabfluss führen. Lebzeitigen vertraglichen Regelungen zum Schutz des Unternehmens werden nicht zuletzt durch das Pflichtteilsrecht Grenzen gesetzt. Die Übertragung eines Unternehmens bzw. von Unternehmensanteilen kann vor diesem Hintergrund ein Weg sein, den unterschiedlichen Interessen aller Beteiligten Rechnung zu tragen.

1. Unternehmensverbundene Stiftung

79 Die „unternehmensverbundene Stiftung“ bildet keinen eigenständigen Stiftungstypus. Die Bezeichnung gibt lediglich zu verstehen, dass es sich um eine Stiftung handelt, zu deren Vermögen ein Unternehmen oder eine Unternehmensbeteiligung gehört.[143] Die in der Literatur verwendete Terminologie ist dabei nicht einheitlich,[144] sodass man neben dem Begriff der „unternehmensverbundenen Stiftung“ auch die Bezeichnung „Unternehmensstiftungen“, „Unternehmensträgerstiftungen“ oder „gewerbliche, unternehmensbezogene“ Stiftungen antrifft, wobei den jeweils verwendeten Begriffen keine rechtliche Bedeutung zukommt.[145]

2. Tauglichkeit der Stiftung als Unternehmensinhaberin

80 Wenn ein Unternehmen in eine Stiftung überführt werden soll, bieten sich grundsätzlich zwei Möglichkeiten an, wie das Unternehmen übertragen wird:

a) Übertragung im Wege eines „asset deals“, mit der Folge, dass das Unternehmen unter der Rechtsform der Stiftung als „Stiftungsunternehmen“ fortgeführt wird, oder
b) die Übertragung im Wege eines „share deals“, mit der Folge, dass die Stiftung Anteilseignerin wird, das Unternehmen aber in seiner ursprünglichen Rechtsform fortgeführt wird.

---

143 BeckOK-BGB/*Backert*, vor §§ 80 Rn 16; Staudinger/*Hüttemann/Rawert*, vor §§ 80 Rn 132; MüKo/*Reuter*, § 81 Rn 88; Palandt/*Ellenberger*, § 80 Rn 9; ausführlich *Muscheler*, ErbR 2008, 134 ff.

144 Vgl. *Ihle*, RNotZ 2009, 557, 562.

145 BeckOK-BGB/*Backert*, vor §§ 80 Rn 16.

a) Stiftung als Unternehmensträger

Die rechtsfähige Stiftung hat sich in der Praxis nicht als Rechtsform für das Betreiben von Unternehmen durchgesetzt.[146] Als bekanntestes Beispiel eines Unternehmens, das zunächst in der Rechtsform der Stiftung betrieben wurde, wird regelmäßig die im Jahre 1889 von dem bekannten Physiker Ernst Abbe errichtete Carl-Zeiss-Stiftung in Jena genannt.[147] Seit 1891 war die Carl-Zeiss-Stiftung Alleininhaberin der Firma Carl Zeiss und seit 1919 der Firma Jenaer Glaswerk Schott & Gen. Bis zu einer Stiftungsreform im Jahre 2004 waren die beiden Stiftungsunternehmen Carl Zeiss und Schott rechtlich unselbstständige Teile der Stiftung. Im Zuge einer Stiftungsreform im Jahre 2004 wurden die Stiftungsunternehmen aus der Stiftung ausgegliedert und in die Rechtsform von Aktiengesellschaften überführt. Mit dieser Umstrukturierung war auch die Zeit der Carl-Zeiss-Stiftung als originäre Unternehmensträgerstiftung vorüber. Als alleinige Aktionärin der SCHOTT AG und der Carl Zeiss AG ist sie heute eine reine Beteiligungsträgerstiftung, deren Vermögen aus den Unternehmensanteilen der genannten Aktiengesellschaften besteht.[148] 81

Die rechtstatsächliche Bedeutung der Unternehmensträger-Stiftung wird man als eher gering einstufen können: Genaue Zahlen dazu, wie viele Unternehmen derzeit unter der Rechtsform Stiftung betrieben werden, sind nicht zu finden.[149] Angesichts der starren Ausgestaltung der Rechtsform, die insbesondere Änderungen der Organisation und des Zwecks nur schwer zugänglich ist, wird man der Stiftung letztlich die im unternehmerischen Bereich erforderliche Flexibilität absprechen müssen, um ein Unternehmen dauerhaft erfolgreich betreiben zu können.[150] Ein weiterer Nachteil von Unternehmensträgerstiftungen ist ihre eingeschränkte Möglichkeit, Eigenkapital zu beschaffen. Da die Stiftung keine Mitglieder bzw. Gesellschafter hat, kann sie – im Gegensatz zu Personen- und Kapitalgesellschaften – auch kein neues Eigenkapital von etwaigen Gesellschaftern beschaffen.[151] Der Weg über den öffentliche Kapitalmarkt und der Gang an die Börse ist ihr ebenfalls versperrt. Eine Stiftung ist daher zur Stärkung ihrer Eigenkapitalbasis stets auf Zuwendungen von außen (bei Familienstiftungen also regelmäßig auf Zuwendungen des Stifters) oder die Bildung von Rücklagen angewiesen. Die Selbstfinanzierung durch Rücklagenbildung ist allerdings auch nur 82

146 *Ihle*, RNotZ 2009, 557, 563.

147 Siehe etwa *Ihle*, RNotZ 2009, 557, 563.

148 Zur Umstrukturierung der Carl-Zeiss-Stiftung *Plumpe*, Eine Vision, Zwei Unternehmen – 125 Jahre Carl-Zeiss-Stiftung, S. 331 ff.

149 *Muscheler*, ErbR 2008, 134, 136 stellt die Zahl von etwa 20 Unternehmensträgerstiftungen in den Raum. Siehe auch Soergel/*Neuhoff*, vor § 80 Rn 72.

150 Vgl. *Ihle*, RNotZ 2009, 557, 565 mit Verweis auf *Stock*, NZG 2001, 440, 447.

151 *Ihle*, RNotZ 2009, 557, 568.

in begrenzten Umfang möglich, da auch für privatnützige Stiftungen das im Stiftungsrecht geltende Admassierungsverbot gilt.[152]

83 All dies verdeutlicht, dass die Rechtsform Stiftung als Rechtsträger eines Unternehmens eher ungeeignet ist und sich folglich auch für die Übertragung eines Familienunternehmens auf eine Stiftung im Wege eines „asset deals“ zur Absicherung der Unternehmensnachfolge kaum Anwendungsgebiete finden lassen.

b) Stiftung als Beteiligungsträger

84 Auch wenn sich die Stiftung als Rechtsform nicht dazu eignet, ein Unternehmen unmittelbar als „Stiftungsunternehmen“ fortzuführen, kann man sie doch recht unproblematisch als Beteiligungsträger einsetzen. Überträgt man ihr Unternehmensanteile, ändert sich lediglich die Inhaberschaft des Unternehmens, ohne dass hiervon das Unternehmen selbst tangiert wird. Im Gegensatz zur Unternehmensträgerstiftung ist die Beteiligungsträgerstiftung auch in der Praxis von Bedeutung, wenngleich auch hier aktuelle Zahlen zur Anzahl der derzeit existierenden Beteiligungsträgerstiftungen nicht vorliegen. Ältere Schätzungen gehen aber von wenigstens 300 Beteiligungsträgerstiftungen aus.[153] Da die Stiftung „sich selbst gehört“, über ihr also keine Anteilseigner o.Ä. stehen, kann die Übertragung der Anteile eines Familienunternehmens auf eine Stiftung ein attraktives Gestaltungsmittel zur Absicherung der Unternehmensnachfolge und des Fortbestands des Unternehmens darstellen.

aa) Erhaltung des Unternehmens

85 Die Übertragung von Unternehmensanteilen eines Familienunternehmens auf eine Stiftung bietet dem Unternehmensinhaber den wohl größtmöglichen Schutz vor einer ungewollten Zerschlagung, Veräußerung oder sonstigen Änderung des Unternehmens: Durch die (Allein-)Gesellschafterstellung der Stiftung muss bei der Fassung von Gesellschafterbeschlüssen stets der in der Stiftungssatzung manifestierte Stifterwille berücksichtigt werden. Somit wird über die Anteilsinhaberschaft der Stiftung das Unternehmen vor ungewollten Änderungen geschützt, da der Gesellschaftsvertrag des jeweiligen Unternehmens nicht mehr geändert werden kann, wenn diese Änderung im Widerspruch zum Stifterwillen steht.

86 Zu beachten ist allerdings, dass sich die Ausrichtung auf den in der Stiftungssatzung festgelegten Stifterwillen auch nachteilig auswirken kann, wenn etwaige Unternehmensanpassungen oder Umstrukturierungen nicht mehr mit der erforderlichen Schnelligkeit und Flexibilität erfolgen können.[154] Da Stiftungen der

152 *Ihle*, RNotZ 2009, 557, 568 mit Verweis auf v. Campenhausen/Richter/*Hof*, Stiftungsrechtshandbuch, 3. Aufl., § 9 Rn 137 ff.

153 *Muscheler*, ErbR 2008, 134, 136; siehe auch *Berndt*, Stiftung und Unternehmen, 7. Aufl., S. 579; *Spiegelberger*, ErbStB 2005, 43–47.

154 *Ihle*, RNotZ 2009, 557, 568.

Stiftungsaufsicht unterstehen, können Umstrukturierungen an dem von der Stiftung gehaltenen Unternehmen als Maßnahmen der Vermögensumstrukturierung unter Umständen von der Zustimmung der Stiftungsbehörde abhängen, die wiederum nicht mit der gewünschten oder erforderlichen Schnelligkeit erteilt wird.[155] In der Gestaltungspraxis kann solchen Störfaktoren aber mit einer entsprechende Satzungsgestaltung begegnet werden, indem man in der Satzung ausdrücklich regelt, dass eine Umwandlung des Beteiligungsunternehmens oder Änderungen an der Gesellschaftsorganisation zulässig sind, wenn dies die Marktsituation aufgrund geänderter Verhältnisse oder zur Kapitalbeschaffung erforderlich macht.

Formulierungsbeispiel 87

§ (...) – Stiftungsvermögen

Das Vermögen der Stiftung besteht zum Zeitpunkt ihrer Errichtung aus

a) dem Geschäftsanteil an der xy-GmbH (Beteiligungsgesellschaft),

b) (...).

Umschichtungen des Stiftungsvermögens sind grundsätzlich zulässig. Der Vorstand ist insbesondere ermächtigt, die Beteiligungsgesellschaft in eine andere Rechtsform umzuwandeln oder in eine Personen- oder Kapitalgesellschaft einzubringen.

Eine Veräußerung des Geschäftsanteils an der xy-GmbH oder des im Fall einer Umwandlung der Beteiligungsgesellschaft an seine Stelle tretenden Gesellschaftsanteils an den übernehmenden bzw. an den neu entstandenen Rechtsträger (Surrogat) ist ausgeschlossen.

Eine Umwandlung oder Einbringung der Beteiligungsgesellschaft ist nur insoweit zulässig, als die Stiftung auch nach der Umwandlung oder Einbringung Mehrheitsgesellschafterin bleibt.

Für die Beteiligungsträgerstiftung bestehen bei einer entsprechenden Satzungsgestaltung auch nicht die bei der Unternehmensträgerstiftung aufgezeigten Hürden bei der Beschaffung von Kapital für das von ihr gehaltene Unternehmen, da sie ohne weiteres neue Gesellschafter aufnehmen oder eine Kapitalerhöhung beschließen kann. Bei börsennotierten Unternehmen kann sie als Mehrheitsaktionärin zudem Schutz vor einer feindlichen Übernahme bieten.[156] 88

bb) Schutz vor Liquiditätsabfluss

Durch die Übertragung von Unternehmensanteilen auf eine Stiftung kann das Unternehmen weiterhin vor ungewollten Mittelabflüssen geschützt werden, die regelmäßig drohen, wenn Ehegatten oder Abkömmlinge güter- oder erbrechtliche Ausgleichsansprüche realisieren wollen. Durch die Anteilsübertragung kann der Stifter sein Unternehmen endgültig aus seiner eigenen Vermögenssphäre aus- 89

155 Zu dieser Problematik siehe auch *Ihle*, RNotZ 2009, 557, 568.

156 *Ihle*, RNotZ 2009, 557, 568.

gliedern. Kommt es nach der Unternehmensübertragung zu einer Beendigung des Güterstands oder verstirbt der Stifter, so bleibt der Unternehmenswert bei der Berechnung von Zugewinnausgleich- oder Pflichtteilsergänzungsansprüchen unberücksichtigt, wenn zwischen der unentgeltlichen Übertragung auf die Stiftung und dem jeweils maßgeblichen Stichtag (Beendigung des Güterstands bzw. Erbfall) mehr als 10 Jahre liegen.

90 Liegen zwischen der Übertragung der Unternehmensanteile auf die Stiftung und dem maßgeblichen Stichtag weniger als 10 Jahre, kann sich eine frühzeitige Übertragung auf die Stiftung jedenfalls im Rahmen der Pflichtteilsergänzung erheblich auf die Anspruchshöhe auswirken, da sich der in Ansatz zu bringende Unternehmenswert aufgrund der Abschmelzungsregel des § 2325 Abs. 3 S. 1 BGB pro Jahr um jeweils ein Zehntel reduziert.

91 **Beispiel**

Unternehmer U ist Alleingesellschafter der X-GmbH. Er überträgt die GmbH-Anteile Anfang 2006 unentgeltlich auf die von ihm errichtete privatnützige Familienstiftung S. Nach mehr als neun aber weniger als zehn Jahren verstirbt U im Sommer 2015. Zum Zeitpunkt der Übertragung hatte das Unternehmen einen Verkehrswert von 1 Mio. EUR, zum Zeitpunkt des Erbfalls einen Wert von 1,5 Mio. EUR. U hinterlässt eine Frau und drei Kinder. Seine Frau hat er testamentarisch zur Alleinerbin eingesetzt. Die Kinder machen wegen der Unternehmensübertragung Pflichtteilsergänzungsansprüche geltend.

Berechnung des Unternehmenswerts für Pflichtteilsergänzung (PTE)

1.	Wert Unternehmen 2006:	1.000.000,00 EUR
2.	Wert unter Berücksichtigung des Kaufkraftschwundes:	1.132.904,61 EUR
3.	Maßgeblicher Wert für Abschmelzung nach Niederstwertprinzip gem. § 2325 Abs. 2 S. 2 BGB:	1.132.904,61 EUR
4.	Abschmelzung nach § 2325 Abs. 3 S. 1 BGB:	90 %
5.	Anzusetzender Wert für Berechnung PTE:	**113.290,46 EUR**

92 Das Beispiel verdeutlicht, wie erheblich sich die Übertragung eines Unternehmens auf eine Stiftung auf die Ansprüche von Pflichtteilsberechtigten auswirken kann. Dagegen findet im Rahmen des Zugewinnausgleichs keine Abschmelzung statt. Hier bleiben unentgeltliche Zuwendungen, die innerhalb der Zehn-Jahres-Frist des § 1375 Abs. 3 BGB erfolgt sind, stets in vollem Umfang berücksichtigt, auch wenn der Güterstand kurz vor Ablauf der Frist beendet wurde.[157]

157 BeckOK-BGB/*J. Mayer*, § 1375 Rn 44.

cc) Sicherung des Gleichlaufs von Erb- und Gesellschaftsrecht

Ein besonderer Vorteil der Stiftung liegt in ihrer „Unsterblichkeit". Im Gegensatz zu einer natürlichen Person ist eine Stiftung grundsätzlich darauf ausgelegt, dauerhaft zu existieren und ihren Zweck generationenübergreifend zu verfolgen. Dementsprechend stellt sich für die Stiftung eher selten die Frage nach den Rechtsfolgen ihres „Ablebens", was insbesondere für die Nachfolgeregelungen im Gesellschaftsrecht von erheblicher Bedeutung ist: 93

(1) Stiftung als Inhaberin von Personengesellschaftsanteilen

Die Stiftung bürgerlichen Rechts kann als juristische Person problemlos Inhaberin von Anteilen an Personengesellschaften sein.[158] Bei Personengesellschaften stellt sich regelmäßig die Frage, was mit der Gesellschaft im Falle des Ausscheidens des Gesellschafters durch Tod geschehen soll. Die Gesellschaftsverträge enthalten daher regelmäßig Bestimmungen zur Fortführung der Gesellschaft ohne den verstorbenen Gesellschafter sowie Nachfolge-, Eintritts- und Abfindungsklauseln.[159] Da die gesellschaftsvertraglich getroffenen Nachfolgeregelungen mit den erbrechtlich getroffenen Verfügungen im Einklang stehen sollten, kann es bei der Unternehmensnachfolge zu erheblichen Schwierigkeiten und mitunter zu ungewollten zivil- und steuerrechtlichen Folgen kommen, wenn die gesellschaftsvertraglichen Regelungen von den erbrechtlichen Verfügungen eines Gesellschafters abweichen.[160] Durch die Zwischenschaltung einer Stiftung können daher die mit einem Versterben eines Gesellschafters verbundenen erb,- gesellschafts- und steuerrechtlichen Probleme, die mit einer Unternehmensnachfolge verbunden sind, erheblich reduziert werden. 94

(2) Stiftung als Inhaberin von Kapitalgesellschaftsanteilen, insbesondere von GmbH-Anteilen

Die Vererbung von Kapitalgesellschaftsanteilen stellt sich in der Regel etwas einfacher dar. Im Gegensatz zu Personengesellschaftsanteilen fallen Kapitalgesellschaftsanteile im Erbfall zunächst stets in den Nachlass, ohne dass dies durch gesellschaftsvertragliche Regelungen abbedungen werden könnte.[161] Im Ergebnis entfällt damit aber lediglich die Problematik einer etwaigen Sonderrechtsnachfolge im Unternehmen. Die Zwischenschaltung einer Stiftung zum Unternehmensschutz kann somit auch bei Kapitalgesellschaften sinnvoll sein, um die Gesellschaft vor einem ungewollten Liquiditätsabfluss zu schützen. 95

---

158 Siehe BeckOK-BGB/*Schöne*, § 705 Rn 54.

159 Hierzu ausführlich *Hecht*, JA 2012, 373 ff.

160 Ausführlich *Reimann*, ZEV 2014, 521 ff.

161 Vgl. BeckOK-BGB/*Müller-Christmann*, § 1922 Rn 86 (für Aktienanteile), Rn 87 (für GmbH-Anteile).

3. Konstrukt der Doppelstiftung

96 Setzt man die Stiftung als Instrument der Unternehmensnachfolge ein, so übernimmt sie im Ergebnis die Position der gesetzlichen oder gewillkürten Erben des Eigentümers. Die Familienmitglieder kommen nur noch als Destinatäre der Stiftung in den Genuss der Unternehmenserträge, ohne direkten Zugriff auf das Unternehmensvermögen zu haben. Durch eine entsprechende Besetzung der Stiftungsorgane kann ein dauernder Einfluss der Familie auf das Unternehmen sichergestellt werden. Die Einbringung des Unternehmens in eine Familienstiftung führt so einerseits zu einer vollkommenen Trennung von Familie und Unternehmen. Andererseits wird das Unternehmen auf diese Weise in seinem Charakter und seinen Früchten als Familienunternehmen erhalten. Eine besondere Konstruktion stellt in diesem Bereich die sogenannte Doppelstiftung dar.

a) Begriff der Doppelstiftung

97 Unter einer Doppelstiftung wird eine Konstruktion verstanden, bei dem sowohl eine gemeinnützige Stiftung als auch eine privatnützige Familienstiftung an einem Unternehmen beteiligt sind.[162] Beide Stiftungen sind also Gesellschafter desselben Unternehmens.

b) Zweck der Doppelstiftung

98 Da die privatnützige Familienstiftung nicht die steuerlichen Vorteile der gemeinnützigen Stiftung genießt, verknüpft man die privatnützige mit einer gemeinnützigen Stiftung, um die Vermögensnachfolge insoweit steuerlich zu optimieren, als man die steuerlichen Vorteile der gemeinnützigen Stiftung zu nutzen versucht.

c) Funktionsweise der Doppelstiftung

99 Die Besonderheit der Konstruktion der Doppelstiftung liegt in der unterschiedlichen Ausgestaltung der Beteiligungsrechte der beiden Stiftungsgesellschafter. Üblicherweise wird die Doppelstiftung so errichtet, dass die privatnützige Familienstiftung – aus erbschaftsteuerrechtlichen Gründen – nur eine geringe Beteiligung am Gesellschaftsvermögen erhält. Gleichzeitig überträgt man ihr eine qualifizierte Mehrheit der Stimmrechte. Auf diese Weise kann der Einfluss der Familie auf die Unternehmensführung dauerhaft gesichert und die steuerliche Privilegierung unentgeltlicher Vermögensübertragungen auf gemeinnützige Stiftungen genutzt werden, § 13 Abs. 1 Nr. 16 Buchst. b) ErbStG.[163]

---

162 Zur Doppelstiftung *R. Werner*, ZEV 2012, 244 ff.

163 *R. Werner*, ZEV 2012, 244; *Ihle*, RNotZ 2009, 621, 634; *v. Löwe*, Familienstiftungen, 18 f.; Beuthien/Gummert/*Richter*, Münchn. Hdb. des GesellschaftsR, 3. Aufl. 2009, Bd. 5, § 80 Rn 198; Wachter/Richter/*Wachter*, Hdb. des Internat. StiftungsR, § 22 Rn 58; *Werner*, ZEV 2006, 539, 543.

Ferner kann die Familienstiftung aufgrund ihrer erhöhten Stimmrechtsmacht dafür sorgen, dass der Großteil der Erträge im Unternehmen thesauriert wird. Durch entsprechende Vorgaben in der Stiftungssatzung kann der Stifter die Stiftungsorgane zur Umsetzung einer bestimmten Ausschüttungspolitik in der Beteiligungsgesellschaft verpflichten. Spiegelbildlich dazu wird die gemeinnützige Stiftung mehrheitlich nur am Vermögen der Beteiligungsgesellschaft beteiligt, ohne dass ihr nach dem Gesellschaftsvertrag der Beteiligungsgesellschaft entsprechende Stimmrechte zustehen. Die Unternehmensbeteiligung dient der gemeinnützigen Stiftung nur als Dotationsquelle und Mittel zur Erfüllung ihrer Stiftungszwecke. 100

Die Familienbegünstigung der Doppelstiftung kann dadurch gestärkt werden, dass der gemeinnützigen Stiftung im Stiftungsgeschäft aufgegeben wird, einen Teil ihres Einkommens im Rahmen der Drittelregelung des § 58 Nr. 5 AO zur Versorgung der nächsten Angehörigen des Stifters zu verwenden. 101

Das folgende Schaubild[164] gibt die klassische Konstruktion einer Doppelstiftung mit einer Tochterkapitalgesellschaft (Holding) wieder:

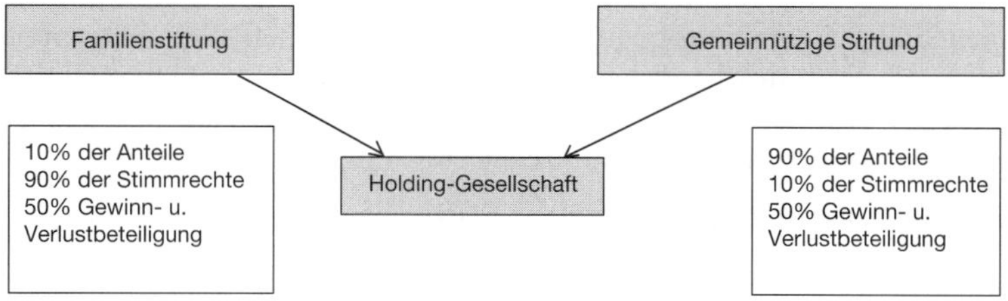

d) Organisation und Satzungsgestaltung bei der Doppelstiftung

Da der Stifter in der Regel sicherstellen will, in beiden Stiftungen den größtmöglichen Einfluss ausüben zu können, sind die Führungs- und Aufsichtsgremien beider Stiftungen häufig personell miteinander verflochten. Aus **steuerlicher Sicht** ist allerdings bei der Regelung der Gremienbesetzung darauf zu achten, dass die **Führung der Tochtergesellschaft** nicht mit der der gemeinnützigen Stiftung personenidentisch ist, da ansonsten die Einkünfte aus der Gesellschaftsbeteiligung bei der gemeinnützigen Stiftung nicht mehr Einkünfte aus einer steuerbegünstigten Vermögensverwaltung, sondern steuerpflichtige Einkünfte aus einem wirtschaftlichen Geschäftsbetrieb darstellen.[165] Dementsprechend sollte es grundsätzlich vermieden werden, dass es zwischen den Leitungsgremien der gemeinnützigen Stiftung und der Familienstiftung zu einer Personalunion kommt, wenn die Familienstiftung die Geschäftsführung des Unternehmens kontrolliert. 102

164 Schaubild nach *Ihle*, *RNotZ* 2009, 621, 635.
165 Vgl. *Ihle*, RNotZ 2009, 621, 626.

103 Bei der Satzungsgestaltung der gemeinnützigen Stiftung ist zudem zwingend darauf zu achten, dass die Vorgaben der Mustersatzung gem. Anlage 1 zu § 60 AO eingehalten werden. Zudem ist es ratsam, die Satzung der gemeinnützigen Stiftung vor Beantragung der Anerkennung bei der zuständigen Finanzbehörde einzureichen und abzuklären, ob dort gegen die Einhaltung der gemeinnützigkeitsrechtlichen Vorgaben Bedenken bestehen.

e) Rechtsform der Beteiligungsgesellschaft

104 Das Beteiligungsunternehmen der Doppelstiftung kann grundsätzlich in der Rechtsform einer Personengesellschaft[166] oder einer Kapitalgesellschaft betrieben werden. Soll das operativ tätige Unternehmen als Kapitalgesellschaft geführt werden, empfiehlt sich in der Regel die Wahl einer GmbH,[167] da sie aufgrund der weitreichenden Satzungsautonomie stark personalistisch ausgeformt werden kann, ohne auf den Vorteil der Haftungsbeschränkung auf das Gesellschaftsvermögen verzichten zu müssen.

105 Um die unternehmerische Verantwortung bei der Familienstiftung zu konzentrieren, können die der gemeinnützigen Stiftung übertragenen Geschäftsanteile von vornherein vom Stimmrecht ausgeschlossen werden[168] bzw. nur ein reduziertes Stimmrecht vermitteln. Im Gegenzug kann der Familienstiftung im Gesellschaftsvertrag der GmbH ein Mehrstimmrecht eingeräumt werden.[169]

106 **Formulierungsbeispiel: Gemeinnütziger Stiftungszweck**

§ 2 Stiftungszweck

(1) Die Stiftung (…) (*Name der Stiftung*) mit Sitz in (…) verfolgt ausschließlich und unmittelbar gemeinnützige/mildtätige/kirchliche Zwecke im Sinne des Abschnitts „Steuerbegünstigte Zwecke“ der Abgabenordnung (AO).

(2) Zweck der Stiftung ist

(…)

(…)

(z.B. die Förderung von Wissenschaft und Forschung, Bildung und Erziehung, Kunst und Kultur, des Umwelt-, Landschafts- und Denkmalschutzes, der Jugend- und Altenhilfe, des öffentlichen Gesundheitswesens, des Sports, die Unterstützung hilfsbedürftiger Personen).

---

166 Siehe hierzu das Muster bei *Brambring*, Formulare Erbrecht, Muster H.III.5.

167 Vgl. *Richter/Sturm*, ZErb 2006, 75, 77.

168 Zur Zulässigkeit sog. stimmrechtsloser Geschäftsanteile vgl. BGHZ 14, 264, 269.

169 Zur Zulässigkeit von Mehrstimmrechten BayObLG DNotZ 1986,373, 375; OLG Frankfurt GmbHR 1990, 79, 82; Baumbach/Hueck/*Zöllner*, GmbHG, § 47 Rn 67.

(3) Der Satzungszweck wird verwirklicht insbesondere durch / mit der
(…)
(…)
(…)
Förderung von Vorhaben, die geeignet sind (…),
Förderung von Maßnahmen, die (…)zum Ziel haben,
Durchführung von wissenschaftlichen Veranstaltungen und Forschungsvorhaben,
Vergabe von Forschungsaufträgen,
Gewährung von Stipendien,
Trägerschaft der (…)(-Einrichtung) in (…),
Zuwendungen an die (…)(-Einrichtung) in (…)
(4) Die Stiftung ist selbstlos tätig; sie verfolgt nicht in erster Linie eigenwirtschaftliche Zwecke.
(5) Die Mittel der Stiftung dürfen nur für die satzungsmäßigen Zwecke verwendet werden. Der/die Stifter und seine/ihre Erben/Rechtsnachfolger erhalten keine Zuwendungen aus Mitteln der Stiftung.

f) Besteuerung der Doppelstiftung

Die gemeinnützige Stiftung ist gemäß § 13 Abs. 1 Nr. 16 Buchst. b) ErbStG von der Erbschaftsteuer befreit. Daher empfiehlt es sich grundsätzlich, möglichst viele Vermögensanteile an der Kapitalgesellschaft auf die gemeinnützige Stiftung zu übertragen. Die Erbschaftsteuerfreiheit der gemeinnützigen Stiftung schont zugleich die Kapitalbasis des Unternehmens. 107

Die (privatnützige) Familienstiftung genießt keine steuerlichen Privilegien. Für sie gelten die allgemeinen Regelungen. Erbschaftsteuerlich kann daher lediglich versucht werden, bei der Übertragung der Gesellschaftsanteile, die der Familienstiftung zukommen sollen, auf erbschaftsteuerliche Verschonungsregelungen zurückzugreifen.

Bis zu der Entscheidung des Bundesverfassungsgerichtes vom 17.12.2014[170] zur Verfassungswidrigkeit des Erbschaftsteuerrechts (Az: 1 BvL 21/12) bestand die Möglichkeit, unter Ausnutzung der Verschonungsregelungen der §§ 13a, 13b ErbStG Betriebsvermögen steuerbegünstigt zu übertragen. Mit der vorgenannten Entscheidung hat das Bundesverfassungsgericht nunmehr festgestellt, dass die Verschonung von Erbschaftsteuer beim Übergang betrieblichen Vermögens in §§ 13a und 13b ErbStG angesichts ihres Ausmaßes und der eröffneten Gestaltungsmöglichkeiten mit Art. 3 Abs. 1 GG unvereinbar und deshalb verfassungswidrig sei. Es bleibt abzuwarten, welche Änderungen der Gesetzgeber bei den Verschonungsregelungen vornehmen wird und welche Möglichkeiten sich nach 108

170 BVerfG NJW 2015, 303.

künftiger Rechtslage bieten werden, Gesellschaftsanteile steuerbegünstigt zu übertragen.

g) Regelung der Gewinnverteilung zwischen Familien- und gemeinnütziger Stiftung

109 Da durch die Familienstiftung regelmäßig auch die Versorgung der Stifterfamilie abgesichert werden soll, bedarf es einer Regelung über die Verteilung des von der Tochtergesellschaft erwirtschafteten Gewinns. In der Regel wird eine von den Beteiligungsquoten abweichende Gewinnverteilungsabrede zugunsten der Familienstiftung vereinbart. Dies wirft steuerrechtliche Fragen auf. Zu beachten sind zudem die pflichtteilsrechtlichen Auswirkungen, wenn Anteile an einer Kapitalgesellschaft durch Änderung des Gesellschaftsvertrags mit einem Gewinnübermaß ausgestattet werden.

110 Die unentgeltliche Übertragung von Gesellschaftsanteilen auf eine oder mehrere Stiftungen kann außerdem Pflichtteilsergänzungsansprüche auslösen, wenn zwischen Übertragung und Erbfall weniger als 10 Jahre liegen, § 2325 Abs. 3 S. 2 BGB. Als Wert der Anteile ist nach dem Niederstwertprinzip der Verkehrswert anzusetzen, den diese zur Zeit des Erbfalls oder im Zeitpunkt der Übertragung haben, je nachdem, welcher Wert geringer ist, § 2325 Abs. 2 S. 2 BGB.

111 Die Vereinbarung einer disquotalen Gewinnbeteiligung kann sich zudem erbschaftsteuerlich auswirken: Gemäß § 7 Abs. 6 ErbStG wird die Einräumung einer erhöhten Gewinnbeteiligung an einer Personengesellschaft als eine selbstständige Schenkung gewertet. Dagegen findet sich für Kapitalgesellschaften keine entsprechende Regelung, da die Höhe der Gewinnbeteiligung hier bereits im Rahmen der Anteilsbewertung berücksichtigt wird.[171]

D. Fazit

112 Die Familienstiftung kann ein sehr effektives Instrument zur langfristigen und nachhaltigen Sicherung von Familienvermögen darstellen. Insbesondere im Bereich der Unternehmensnachfolge bietet die Stiftung als Beteiligungsträger viele Möglichkeiten, den Erhalt und die Fortführung des Unternehmens abzusichern.

171 *Meincke*, ErbStG, 15. Aufl. 2009, § 15 Rn 21.

§ 11 Schiedsgerichtsbarkeit bei Erbstreitigkeiten

Übersicht:

A. Einleitung

Drei Wege führen in Erbstreitigkeiten zum Schiedsgericht. Zum einen die Anordnung des Schiedsverfahrens in Testament oder Erbvertrag, zum anderen die Vereinbarung des Schiedsgerichts unter den Parteien sowie als dritter und ebenfalls praxisrelevanter Weg die Schiedsklausel in Verträgen zur Vermögensnachfolge: 1

- Anordnung in Testament/Erbvertrag
- Schiedsvereinbarung
- Schiedsklausel.

I. Allgemeines

Zunächst stellt sich die Frage, warum man überhaupt das Schiedsgericht aufsuchen und nicht die staatliche Gerichtsbarkeit nutzen sollte. Das Stichwort lautet hier: Konfliktlösung. Es lässt sich grundsätzlich – auch bei den streitigen Verfahren der staatlichen Gerichtsbarkeit – eine Tendenz dahingehend erkennen, dass die Gerichte lösungsorientierter an die Sachverhalte herangehen und nicht mehr ausschließlich die schlichte Konfrontation gesucht wird. Dies gilt insbesondere in Erbstreitigkeiten, da es dem zukünftigen Erblasser regelmäßig darum gehen wird, durch Anordnung des Schiedsverfahrens, ob in der letztwilligen Verfügung, in Vereinbarungen oder durch Schiedsklauseln, eventuell aufkommende Streitigkeiten beizulegen – und dies ohne Hilfe der staatlichen Gerichtsbarkeit. Denn landen Erbstreitigkeiten erst einmal vor dem Zivilgericht, ist das Tischtuch zumeist unwiderruflich durchschnitten. Dies gilt es zu vermeiden, wenngleich der Erblasser die Streitigkeiten naturgemäß selbst nicht mehr miterleben muss. 2

3 Neben dem Erblasserwillen ist es ebenfalls der Wille des Gesetzgebers, dass auch im staatlichen Verfahren die Einigung gesucht werden soll. Dies lässt sich bereits § 278 Abs. 2 ZPO entnehmen, der seit 2002 verlangt, dass vor der streitigen mündlichen Verhandlung stets eine Güteverhandlung stattzufinden hat. Darüber hinaus werden, etwa in versicherungs- oder bankenrechtlichen Angelegenheiten oft vor Durchführung des streitigen Verfahrens sogenannte Ombudsmänner aufgesucht. In nachbarrechtlichen Streitigkeiten ist ein Schlichtungstermin vor der Schlichtungsstelle als Zulässigkeitsvoraussetzung für die Klage durchzuführen. Es lässt sich also eine Entwicklung hin zu einer außergerichtlichen Konflikt- und Streitlösung, weg von der gerichtlichen Konfrontation, feststellen.

4 Das gleiche Ziel wird auch durch die immer stärker aufkommende Mediation verfolgt (siehe § 12). Im Gegensatz zur Mediation hat die Schiedsgerichtsbarkeit jedoch den erheblichen Vorteil, dass der Konflikt neben der Lösungsfindung, der Vertraulichkeit und dem schnellen Verfahren für die Beteiligten auch abschließend entschieden werden kann.

5 Häufig wird darauf hingewiesen, dass die Schiedsgerichtsbarkeit die ursprünglichste Art der Gerichtsbarkeit sei; dies beispielsweise bereits im römischen Recht. Dort sei es nationale Anschauung gewesen, dass die Entscheidung eines Zivilrechtsstreites nicht durch eine Obrigkeit unmittelbar, sondern vielmehr durch einen Vertrauensmann, also ähnlich einem Schiedsmann, der Parteien als Geschworenen zu erfolgen hatte.[1] Es lässt sich daher zunächst festhalten: Der Gedanke der Schiedsgerichtsbarkeit ist nicht neu. Gefördert werden soll die Konfliktlösung unter Zuhilfenahme eines von dem Erblasser bestimmbaren Schiedsrichters, etwa aufgrund des Vertrauens des Erblassers in die Urteilsfähigkeit. Daneben kann der Schiedsrichter auch von dritter Stelle bestimmt werden. Hintergrund ist dann zumeist die Vermeidung eines Zivilgerichtsverfahrens unter den strengen Anforderungen der ZPO, die Schnelligkeit des Verfahrens und der Gedanke, eine hinnehmbare Gesamtlösung für beide Parteien zu finden.

II. Schiedsgericht und Schiedsgutachten

6 Aufgrund der in diesem Zusammenhang immer noch häufig vorkommenden Verwechslungen soll der Vollständigkeit halber noch der Unterschied zwischen Schiedsgerichtsbarkeit und dem Schiedsgutachten Erwähnung finden.

Das Schiedsgericht entscheidet den Rechtsstreit endgültig. Der Schiedsgutachter stellt lediglich ein für ein Verfahren vor einem staatlichen oder einem Schiedsgericht entscheidendes Element des Rechtsstreits für die Parteien bindend fest. Es kommt also darauf an, ob der Dritte nur ein Element der Entscheidung begutachten soll oder ob anstelle des ordentlichen Gerichts endgültig entschieden werden soll. Nur im letzteren Fall liegt ein Schiedsverfahren vor.

1 *Bornhak*, ZZP 30 (1902), S. 1, 3.

Der Schiedsgutachter stellt also lediglich einzelne Tatsachen verbindlich fest. Er entscheidet im Anschluss daran den Rechtsstreit nicht, da er sich nur mit einem Teilaspekt des Rechtsstreits zu befassen hat, wohingegen im Schiedsverfahren der gesamte Rechtsstreit abschließend entschieden wird. 7

B. Welche Streitigkeiten sind schiedsfähig?

Zunächst ist stets zu klären, welche Streitigkeiten überhaupt unter Ausschluss des ordentlichen Rechtswegs einem Schiedsgericht zur abschließenden Entscheidung zugewiesen werden können, also schiedsfähig sind. 8

I. Grundsätzlich nur bürgerliche Rechtsstreitigkeiten schiedsfähig

Es sind nur bürgerliche Rechtsstreitigkeiten im Sinne von § 13 GVG schiedsfähig. 9
Nur hier geschieht die Gleichstellung mit der staatlichen Gerichtsbarkeit, wobei dann an die Stelle der Entscheidung durch das staatliche Gericht eben die Entscheidung des Schiedsgerichts tritt. Die Rechtswirkung erfolgt *inter partes*, was bedeutet, dass grundsätzlich nachlassgerichtliche Verfahren, welche Außenwirkung erzeugen, nicht einem Schiedsgericht unterworfen werden können.[2] Dazu gehören beispielsweise Testamentsvollstreckerzeugnisse, Verfahren zur Sicherung des Nachlasses, Bestellung des Nachlasspflegers, Betreuungsangelegenheiten etc. sowie auch das Erbscheinsverfahren.

II. Schiedsfähigkeit von nichtvermögensrechtlichen Ansprüche

Grundsätzlich gilt weiterhin, dass vermögensrechtliche Ansprüche stets schieds- 10
fähig sind, während nichtvermögensrechtliche Ansprüche nur insofern schiedsfähig sind, als über den Gegenstand des Streits ein Vergleich geschlossen werden kann.[3] Durch entsprechende Anordnung in der letztwilligen Verfügung kann der Erblasser dem Schiedsgericht eine Entscheidungskompetenz zukommen lassen, etwa zu der Frage der Erbenfeststellung im Falle eines Streites hierüber oder der Frage des Vorliegens oder Nichtvorliegens einer Bedingung, einer Ausgleichsverpflichtung etc.[4]

---

2 BayOLG FamRZ 2001, 873; Stein/Jonas/*Schlosser*, ZPO, § 1066 Rn 3; *Schwab/Walter*, Schiedsgerichtsbarkeit, Kap. 32 Rn 25 f.; OLG Karlsruhe NJW 2010, 688.

3 *Wegmann*, ZEV 2003, 20; BGH, Urt. v. 30.4.1959 – VII ZR 191/57, NJW 1959, 1493.

4 Palandt/*Weidlich*, § 2065 Rn 11; OLG Köln, Beschl. v. 19.3.1984 – 2 Wx 5/84, OLGZ 84, 299; KG, Beschl. v. 5.2.1998 – 1 W 6796/95, DNotZ 1999, 679, m. Anm. *Zawar*.

III. Schiedsfähigkeit von Pflichtteilsansprüchen

11 Ob Pflichtteilsansprüche der Schiedsgerichtsbarkeit unterworfen werden können, ist umstritten. Man könnte zwar argumentieren, dass § 1066 ZPO zumindest ausdrücklich keine Einschränkungen für das Pflichtteilsrecht enthält. Darüber hinaus hat der Gesetzgeber durch die Schiedsreform ausgedrückt, dass Schiedsgerichte den staatlichen Gerichten gleichzustellen sind. Zudem kann das Schiedsgericht sogar darüber befinden, wer Erbe ist, dann müsste es erst Recht darüber befinden können, wer Pflichtteilsberechtigter ist. Zwar ist diese Frage noch nicht höchstrichterlich geklärt, dennoch ist zunächst wohl davon auszugehen, dass § 1066 ZPO nicht auf das Pflichtteilsrecht anwendbar ist.[5] Die Ursache liegt darin begründet, dass der Erblasser nach den Vorschriften des BGB über das Pflichtteilsrecht grundsätzlich nicht verfügen können soll. Er kann es daher auch prozessual nicht entwerten, etwa durch die Anordnung der Schiedsgerichtsbarkeit. Hierfür spricht auch der Wortlaut des § 1066 ZPO, wonach der Erblasser erbrechtliche Ansprüche nur dann Schiedsgerichten zuordnen kann, wenn dies in gesetzlich statthafter Weise geschieht. Über Pflichtteilsansprüche kann der Erblasser nicht in gesetzlich statthafter Weise verfügen. Aus dem Gesetz geht hervor, dass der Pflichtteilsberechtigte umfassend geschützt werden soll, sowohl prozessual als auch materiell-rechtlich, sodass § 1066 ZPO dem Erblasser nicht ermöglicht, Pflichtteilsansprüche der Schiedsgerichtsbarkeit zu unterwerfen.

IV. Nachträgliche Anordnung der Schiedsklausel

12 Ein weiteres Problem in diesem Zusammenhang ist die nachträgliche Anordnung einer Schiedsgerichtsklausel durch den längerlebenden Ehegatten. Diese kann eine Schlechterstellung des Schlusserben zur Folge haben. Die nachträgliche Anordnung einer Testamentsvollstreckung wird aus diesem Grund allgemein für unwirksam gehalten. Ob diese Überlegung auf die Schiedsgerichtsanordnung übertragbar ist, ist umstritten. Das OLG Celle geht von der Zulässigkeit der nachträglich angeordneten Schiedsgerichtsklausel aus, da ausweislich des § 2270 Abs. 3 BGB die Bindungswirkung für die Anordnung des Schiedsgerichts bei einem Streit durch das gemeinschaftliche Testament bedachter Erben mit von

5 Für eine Schiedsfähigkeit von Pflichtteilsansprüchen: Zöller/*Geimer*, ZPO, § 1066 Rn 18; *Pawlytta*, ZEV 2003, 89, 94; *Crezelius*, in: FS Westermann, S. 161; gegen eine Schiedsfähigkeit von Pflichtteilsansprüchen: *Schiffer*, Mandatspraxis Schiedsverfahren und Mediation, VI., Rn 663; *Musielak*, ZPO, § 1066 Rn 3; LG Heidelberg, Urt. v. 22.10.2013 – 2 O 128/13, ZErb 2014, 292 m. krit. Anm. *Schiffer*; *Schulze*, Grenzen der objektiven Schiedsfähigkeit im Rahmen des § 1030 ZPO, S. 90; *Niklas*, Die subjektive Reichweite von Schiedsvereinbarungen, S. 138 f.

dem überlebenden Ehegatten eingesetzten Erben nicht gelte.[6] Dies ist wohl auch richtig, da eine rechtliche Beeinträchtigung durch die Einsetzung eines Schiedsgerichtes gerade nicht gegeben ist, da der Rechtsschutz durch das Schiedsgericht dem durch ein staatliches Gericht als gleichwertig gegenüberzustellen ist. In Erbverträgen oder gemeinschaftlichen Testamenten sollte eindeutig geregelt werden, ob es dem Längstlebenden, neben der Anordnung der Testamentsvollstreckung, vorbehalten ist, nachträglich ein Schiedsgericht einzusetzen. Auf das Risiko, dass eine nachträglich vereinbarte Schiedsklausel sonst ggf. wegen Schlechterstellung des Schlusserben als unzulässig angesehen werden könnte, ist aus Gründen anwaltlicher Vorsicht ansonsten hinzuweisen.

V. Wechselbezüglichkeit der Schiedsklauseln

Ebenfalls ein Problem kann die Bindungswirkung bzw. die Wechselbezüglichkeit der Schiedsvereinbarung werden (wie bereits dargestellt, siehe Rdn 12). Nach herrschender Meinung soll die Einsetzung des Schiedsgerichtes eine Anordnung *sui generis* sein. Sie unterfällt, so das OLG Frankfurt/Main, nicht der Wechselbezüglichkeit nach § 2270 Abs. 1 BGB, da sie keine Erbeinsetzung, Vermächtnis oder Auflage darstellt, auf die allein die Regelungen des § 2270 BGB anwendbar sind.[7] 13

C. Arten von Schiedsklauseln

I. Anordnung in letztwilliger Verfügung

Wie bereits eingangs festgestellt (siehe Rdn 1) gibt es drei Wege zum Schiedsgericht, von denen einer die Anordnung des Schiedsverfahrens im Testament oder Erbvertrag ist. Hier lässt sich etwa folgende Klausel – beispielhaft die Klausel der Deutschen Schiedsgerichtsbarkeit für Streitigkeiten e.V. (DSE) – formulieren: 14

Formulierungsbeispiel
Ich ordne an, dass alle Streitigkeiten, die durch meinen Erbfall hervorgerufen werden, unter Ausschluss der ordentlichen Gerichte der Deutschen Schiedsgerichtsbarkeit für Streitigkeiten e.V., Hauptstraße 18, 74918 Angelbachtal/Heidelberg, und ihrer jeweils gültigen Schiedsordnung unterworfen sind.[8]

---

6 OLG Celle, Beschl. v. 10.12.2015 – 6 W 204/15, BeckRS 2016, 02108; so auch *Haas*, ZEV 2007, 49; gegen die Zulässigkeit der nachträglichen Anordnung durch den längerlebenden Ehegatten: MüKo/*Leipold*, § 1937 Rn 30; OLG Hamm, Urt. v. 8.10.1990 – 8 U 38/90, NJW-RR 1991, 455.

7 OLG Frankfurt, Urt. v. 4.5.2012 – 8 U 62/11, BeckRS 2012, 17363.

8 So etwa die Deutsche Schiedsgerichtsbarkeit für Streitigkeiten e.V. (DSE).

II. Schiedsvereinbarung

15 Die Parteien können sich auch ohne eine solche Klausel nach dem Erbfall auf ein Schiedsgerichtsverfahren durch eine sogenannte Schiedsvereinbarung einigen. Hierzu bestimmen sie, dass alle oder nur vereinzelte Streitigkeiten, die zwischen ihnen entstanden sind, der Entscheidung durch ein Schiedsgericht unterworfen werden. Es muss dann eine Anordnung enthalten sein, wie das Schiedsgericht besetzt sein soll, entweder durch einen Einzelrichter als Schiedsrichter oder durch ein Kollegialgericht, welches ein Dreiergremium ist. Unterwirft sich auch der Pflichtteilsberechtigte dem Schiedsgericht, so sind dann auch Pflichtteilsstreitigkeiten schiedsfähig.[9]

III. Schiedsklausel

16 Schiedsklauseln können auch in Verträgen zur Vermögensnachfolge vereinbart werden. Hier ist folgende Schiedsklausel denkbar:

> **Formulierungsbeispiel**
> Die Vertragsparteien bestimmen, dass alle Streitigkeiten, die diesen Vertrag betreffen, unter Ausschluss der ordentlichen Gerichte der Deutschen Schiedsgerichtsbarkeit für Erbstreitigkeiten e.V., Hauptstraße 18, 74918 Angelbachtal/Heidelberg und ihrer jeweils gültigen Schiedsordnung unterworfen sind.[10]

Eine solche Vereinbarung kann etwa in Erbverträgen getroffen werden, in Übergabeverträgen, Gesellschaftsverträgen, Verträgen über die Unternehmensnachfolge sowie Verträgen rund um die Vorsorgevollmacht.

D. Vor- und Nachteile der Schiedsgerichtsbarkeit

I. Vorteile

1. Vertraulichkeit

17 Einer der nicht zu unterschätzenden Vorteile des Schiedsverfahrens ist – gerade für große Unternehmen oder Unternehmerfamilien – der Grundsatz der Vertraulichkeit. Schiedsgerichtsverfahren werden im Gegensatz zu staatlichen Gerichtsverfahren nicht öffentlich, sondern vertraulich geführt, sodass die unternehmerischen und privaten Aktivitäten nicht publik werden können. Ebenfalls dürfen Personen, die nicht am Verfahren beteiligt sind, nur dann teilnehmen, wenn das Einverständnis der Schiedsparteien vorliegt.

---

9 *Schiffer*, Mandatspraxis Schiedsverfahren und Mediation, Rn 663.
10 Siehe Deutsche Schiedsgerichtsbarkeit für Erbstreitigkeiten e.V. (DSE).

2. Schnelligkeit

Ein weiterer Vorteil ist die Schnelligkeit der Verfahren, da eine Überlastung wie bei den staatlichen Gerichten nicht vorliegt. Die Schiedsrichter wirken aus eigenem Interesse darauf hin, dass das Verfahren zügig abgewickelt wird, damit sie sich nicht aufgrund unnötiger Verzögerungen mehrfach in den Prozessstoff einarbeiten müssen. Zudem gibt es im Schiedsverfahren in der Regel nur eine Instanz und die Ausgestaltung des Verfahrens unterliegt nicht den engen Zwängen der ZPO. § 1042 ZPO enthält nur wenige Grundregeln, unter anderem die Vertraulichkeit des Verfahrens, welche es einzuhalten gilt. 18

3. Kosten

Ebenfalls von Vorteil kann die Kostenfolge sein. Üblich sind für Schiedsrichter die Gebühren der Rechtsanwälte nach dem RVG, welche sich bekanntlich nach dem Streitwert richten. Daraus folgt, dass je höher der Streitwert ist, desto günstiger – unabhängig von der Anzahl der Instanzen – der Vergleich für die Schiedsgerichtsbarkeit ausfällt. Dies liegt daran, dass die für Verfahren vor den staatlichen Gerichten anfallenden Gerichtskosten im Gegensatz zu den Gebühren nach dem RVG mit Zunahme des Streitwertes überproportional steigen. Es kann auch eine Regelung über die Kosten des Schiedsverfahrens getroffen werden, welche sich dann an der Qualität, dem Zeitaufwand und der Zusammensetzung des Schiedsgerichtes zu orientieren hat. 19

4. Durchsetzbarkeit

Darüber hinaus führt das regelmäßig größere Vertrauen der Schiedsparteien in das Schiedsgericht in der Regel zu einer größeren Vergleichsgeneigtheit der Parteien als in staatlichen Gerichtsverfahren. Ein nicht zu verkennender Vorteil, welcher immer wichtiger wird, ist auch der, dass sich die Schiedssprüche im internationalen Bereich leichter durchsetzen lassen als staatliche Gerichtsentscheidungen. Die meisten Staaten sind der Vollstreckung von Schiedsentscheidungen gegenüber deutlich liberaler eingestellt als gegenüber der Vollstreckung ausländischer Gerichtsurteile. Die internationalen Abkommen zur Schiedsgerichtsbarkeit sowie zahlreiche bilaterale Abkommen sichern in einer Vielzahl von Ländern die Anerkennung und Durchsetzbarkeit von deutschen Schiedssprüchen. 20

II. Nachteile

1. Keine Rechtsmittel

Nachteilig kann die fehlende Rechtsmittelfähigkeit sein, wenn man mit der Entscheidung des Schiedsgerichts nicht zufrieden ist. Andererseits ist die schnelle 21 abschließende Entscheidung des Rechtsstreits in nur einer Instanz auch gerade ein Vorteil der Schiedsgerichtsbarkeit. Zudem können sich die Parteien auch darauf einigen, dass ein Rechtsmittel gegen die Entscheidung des Schiedsgerichts zulässig ist.

2. Nicht alle Streitigkeiten schiedsfähig

22 Ein weiterer Nachteil sind die nach wie vor bestehenden Unsicherheiten im Hinblick auf die Schiedsfähigkeit bestimmter Streitigkeiten, z.B. Pflichtteilsstreitigkeiten.

§ 12 Mediation bei der Nachfolgegestaltung und bei Erbstreitigkeiten

Übersicht:

A. Einleitung

Mediation ist ein **vertrauliches, freiwilliges, strukturiertes** und **außergerichtliches** Verfahren, bei dem die Parteien mithilfe eines oder mehrerer Mediatoren einen Konflikt **einvernehmlich** regeln möchten.[1] 1

Grundsätze der Mediation:
- Teilnahme eines allparteilichen Dritten als Mediator
- Einbeziehung möglichst aller von dem Problem betroffenen Beteiligten
- Freiwilligkeit der Teilnahme
- Ergebnisoffenheit der Verhandlungen
- Selbstbestimmtheit der Konfliktparteien.

B. Wann eignet sich Mediation?

Wenn der Erbfall eingetreten ist, können z.B. die Mitglieder einer Erbengemeinschaft ein individuell auf sie zugeschnittenes Konzept erarbeiten, in dem alle Interessen möglichst Berücksichtigung finden. Würde die **Erbengemeinschaft** sonst streitig vor den Gerichten im Wege einer sog. **Erbteilungsklage** auseinandergesetzt, müssten zunächst alle nicht teilbaren Nachlassgegenstände, also z.B. Immobilien, Unternehmen, Kunstgegenstände, verwertet werden, um einen „teilungsreifen" Nachlass zu erhalten. Wenn keine Einigung unter den Miterben über die Art und Weise der Verwertung erzielt wird, müssten die Nachlassgegenstände versteigert werden. Gerade bei komplexen Vermögensstrukturen führt dieses vom Gesetz vorgesehene Verfahren meist zur „Zerschlagung" des Familienvermögens. 2

Im Rahmen der **Vermögensnachfolgeplanung** kann mit Unterstützung eines Mediators und unter Einbeziehung aller Erben sowie Vermächtnisnehmer ein von allen getragenes Konzept erarbeitet werden. Dadurch werden den Erben langwierige Erbstreitigkeiten in der Zukunft erspart. Auch bei der Gestaltung 3

1 *Meyer/Schmitz-Vornmoor*, DNotZ 2012, 895, 899.

der Unternehmensnachfolge kann Mediation zur Vermeidung oder Lösung von Konflikten unter den Familienmitgliedern oder Mitgesellschaftern eingesetzt werden. Auch Konflikte zwischen Gesellschaftern oder innerhalb von Unternehmerfamilien können durch Mediation in der Regel vermieden oder aber doch für alle Beteiligten zufriedenstellend und wirtschaftlich sinnvoll gelöst werden.

4 Wird erst einmal der Weg über die staatlichen Gerichte gesucht, kann dies nicht nur den Zusammenhalt in der Familie, sondern auch den Nachlass selbst gefährden. Befindet sich beispielsweise ein Unternehmen im Nachlass, kann die Auseinandersetzung der neuen Eigentümer die **Unternehmensleitung blockieren** und so die Erwerbsgrundlage für die Familie gefährden.[2] Dies gilt es zu vermeiden. Vorteilhaft ist das Mediationsverfahren daher insbesondere für **emotionsgeladene Konflikte** in der Familie oder im Gesellschafterkreis, also insbesondere bei Familienunternehmen mit mehreren Gesellschaftern. Ebenso geboten ist es bei Auseinandersetzungen, die nicht öffentlich werden sollen.

5 Der im Erb- und Gesellschaftsrecht spezialisierte Mediator kann aber auch hilfreich sein, wenn zwar noch keine gravierenden Meinungsverschiedenheiten zwischen den Erben, Gesellschaftern oder Familienmitgliedern bestehen, aber gemeinsam Fragen aufgeworfen werden und erste Unsicherheiten entstehen. Im Rahmen der Mediation ist es den Beteiligten möglich, gemeinsam einen Mediator mit der Wahrnehmung der anstehenden Aufgaben zu betrauen.

C. Vor- und Nachteile der Mediation

6 Grundsätzlich ist das Mediationsverfahren dann geeignet, wenn der Erhalt von Familienbeziehungen angestrebt wird, der Wunsch nach Gestaltung für die Zukunft besteht, die Kosten kalkulierbar bleiben sollen, hohe Emotionalität an den Tag gelegt wird und eine unklare Rechtslage besteht.

Vorteile des Mediationsverfahrens:

- **Zeitersparnis** gegenüber staatlichen Gerichtsverfahren, wenn alle Beteiligten an einer schnellen Lösung interessiert sind;
- **keine kostenaufwändige Vorbereitung** durch seitenlange Schriftsätze;
- hohe Vergleichsgeneigtheit/**hohe Vergleichsquote**;
- **keine weitere Eskalation der Gesamtsituation**; dauerhafter Schaden für die Familie und das Unternehmen bzw. Vermögen kann vermieden oder abgemildert werden;
- Ergebnisse werden von den Beteiligten besser akzeptiert, da sie von den Beteiligten **selbst erarbeitet** wurden;
- Grundsatz der **Vertraulichkeit** führt dazu, dass ein Konflikt in der Familie keine negativen Auswirkungen auf das Unternehmen hat;

2 Münchener Anwaltshandbuch Erbrecht/*Risse*, § 68 Rn 12.

- hohe **Flexibilität** bei der Lösungsfindung, da es im Rahmen des Mediationsverfahrens keine „Denkverbote“ gibt, können nämlich auch komplexe Vermögensstrukturen an geänderte Bedürfnisse der Familie angepasst werden.

Nachteile des Mediationsverfahrens:
- „Zeitschindung“ möglich, wenn einer der Beteiligten nicht an einer schnellen Lösung interessiert ist;
- keine Entscheidungskompetenz des Mediators; der Mediator soll „eigentlich“ auch auf Wunsch der Beteiligten keine Entscheidung treffen;
- keine Rechtsverbindlichkeit der Ergebnisse des Mediationsverfahrens, solange keine Vereinbarung von allen Beteiligten in der erforderlichen Form geschlossen wurde.

D. Funktionsweise der Mediation

Oft erscheint die Lösung von Konflikten zunächst unmöglich, da die Streitenden 7 den sachlichen Konflikt und das persönliche Verhältnis zu den Beteiligten emotional untrennbar miteinander verbinden. Die Beteiligten stellen daher oft jede vernünftige Kommunikation miteinander ein. Es entstehen **Blockaden**. Die Beteiligten denken, sie könnten überhaupt nicht mehr miteinander verhandeln. Der Mediator versucht dann durch **Kommunikationstechniken** und **strukturierte Verhandlungsführung** die Blockaden und Vorbehalte der Beteiligten zu lösen. Die Beteiligten kommen so wieder miteinander ins Gespräch.

Über die **Interessenlage der anderen Beteiligten** bestehen oft nur ungefähre oder 8 falsche Eindrücke. Die **eigene Interessenlage** kann durch Emotionen überlagert werden. Die Fragetechniken des Mediators helfen den Beteiligten, sich aus dieser emotionalen Sackgasse zu befreien. Die Probleme, die dem Konflikt eigentlich zugrunde liegen, werden deutlich. Die Beteiligten gelangen hierdurch dazu, nicht auf ihren Positionen zu verharren, sondern die Interessen des Anderen zu erkennen. Dadurch wird der Kern des Konfliktes deutlich. Lösungsmöglichkeiten werden sichtbar. Die Beteiligten sprechen wieder zielorientiert miteinander.

Das MediationsG regelt lediglich, dass Mediation ein **strukturiertes Verfahren** 9 ist, legt jedoch den Ablauf einer Mediation nicht im Einzelnen fest.[3] In der Praxis wird ein Mediationsverfahren meist in **fünf Phasen** durchgeführt, wobei es sich dabei nicht zwingend um fünf Termine handeln muss. Theoretisch können die fünf Phasen auch in einem Termin durchlaufen werden.

In der **ersten Phase** verständigen sich die Beteiligten auf die Durchführung eines 10 Mediationsverfahrens und auf die **Person des Mediators**. In dieser Phase wird auch geklärt, welche **Streitpunkte** bestehen, wer die **Beteiligten der Auseinan-**

3 *Meyer/Schmitz-Vornmoor*, DNotZ 2012, 895, 900.

dersetzung sind und wie das Verfahren ablaufen soll (**Ort, Zeit, Verfahrensschritte**). Dabei prüft der Mediator auch, ob ein für ein Mediationsverfahren geeigneter Konflikt vorliegt. Der Mediator informiert die Beteiligten über das Mediationsverfahren, erläutert die Rolle des Mediators und bespricht das weitere Verfahren.[4]

11 In der **zweiten Phase** stellen die Beteiligten zunächst ihre Sichtweise von der Situation dar. Dadurch verschafft sich der Mediator in Zusammenarbeit mit den Beteiligten einen Überblick über die zu behandelnden Themen. Am Ende dieser Phase wird auf der Grundlage der **Themensammlung** der weitere Ablauf (**Agenda**) der Mediation festgelegt, insbesondere die Reihenfolge, in der die Themen behandelt werden sollen.[5]

12 In der **dritten Phase** werden die Konfliktfelder bearbeitet, indem die **Konflikthintergründe** herausgearbeitet werden. Von besonderer Bedeutung ist dabei die für Mediationsverfahren prägende Unterscheidung von **Positionen** und **Interessen**. Am Ende der dritten Phase werden konfliktbezogene, ergebnisoffene Interessenprofile der Parteien erstellt, welche in den folgenden Mediationsphasen als Bezugs- und Bewertungssystem für alle Lösungsoptionen dienen.[6]

13 In der **vierten Phase** geht es um das **kreative Erarbeiten** von möglichst vielen **Lösungsoptionen**, die anschließend auf ihre Machbarkeit und Übereinstimmung mit den Interessenprofilen der Parteien geprüft werden. Die vierte Phase endet mit einer **Skizzierung der möglichen Einigung**.

14 Das Mediationsverfahren endet schließlich in der **fünften Phase** mit dem Abschluss einer für die Beteiligten verbindlichen Vereinbarung, die meist auch notariell beurkundet wird. Da gerade das Erb- und Gesellschaftsrecht eine sehr komplexe und komplizierte Materie ist, ist es zwingend erforderlich, dass der Mediator über die erforderlichen Kenntnisse im Erb- und Gesellschaftsrecht verfügt.

E. Die Auswahl des geeigneten Mediators

15 § 2 Abs. 1 MediationsG besagt, dass die Beteiligten den Mediator auswählen. Um späteren Streit um die Person des Mediators zu vermeiden, können die Beteiligten z.B. bereits in dem Gesellschaftsvertrag eine konkrete Person als Mediator benennen. Da Konflikte häufig jedoch erst nach Ablauf erheblicher Zeiträume auftreten, muss durch ergänzende Regelungen gewährleistet sein, dass ersatzweise eine andere Person als Mediator benannt wird.[7]

---

4 *Meyer/Schmitz-Vornmoor*, DNotZ 2012, 895, 900.
5 *Meyer/Schmitz-Vornmoor*, DNotZ 2012, 895, 901.
6 *Meyer/Schmitz-Vornmoor*, DNotZ 2012, 895, 901.
7 *Töben*, RNotZ 2013, 321, 325.

Eine Alternative zur **Auswahl des Mediators** durch die Beteiligten ist die Benennung einer Institution, die den Mediator bestimmt.[8] Die „Deutsche Institution für Schiedsgerichtsbarkeit e.V." (DIS) oder das „Europäische Institut für Conflictmanagement e.V." (EUCON) bieten die Auswahl des Mediators als kostenpflichtige Leistung an. Denkbar ist auch eine Benennung durch die zuständige Industrie- und Handelskammer oder den Präsidenten des zuständigen Landgerichts, wenn vorher abgeklärt wird, ob diese Stellen jeweils bereit sind die Auswahl vorzunehmen.[9] 16

Grundsätzlich **geeignete Mediatoren** findet man beispielsweise über die Internetseiten der Rechtsanwaltskammern. Rechtsanwälte dürfen sich nur dann als Mediator bezeichnen, wenn durch geeignete Ausbildung nachgewiesen werden kann, dass die Grundsätze des Mediationsverfahrens beherrscht werden. Die IHK bietet eine Ausbildung zum „Wirtschaftsmediator" an. 17

Insbesondere Notare sind aufgrund ihrer rechtlichen Qualifikation, der Befugnis zur Schaffung einer vollstreckbaren Urkunde und ihrer amtsbedingt neutralen Stellung in besonderer Weise für eine Tätigkeit als Mediator geeignet.[10] 18

F. Die Anordnung der Mediation durch Mediationsklauseln

Eine **Mediationsklausel** in Verträgen oder Testamenten **beseitigt faktische Barrieren** und ebnet den Weg zur einvernehmlichen Konfliktlösung, denn keiner der Beteiligten muss sich die „Blöße" geben, den ersten Schritt zu einer gütlichen Beilegung getan zu haben.[11] 19

Gerade letztwillige Verfügungen bergen Konfliktpotenzial, z.B. durch Wertveränderungen bei zugewiesenen Gegenständen, durch Auslegungsbedarf bezüglich der Bindungswirkung von gemeinschaftlichen Testamenten und Erbverträgen, durch Übergehen von Pflichtteilsberechtigten, durch Unklarheiten bezüglich der Pflichten und Bindungen aufgrund von Vor- und Nacherbschaft oder wegen Fragen zu Beschränkungen infolge von Testamentsvollstreckung. Hier kann eine Mediationsklausel in der letztwilligen Verfügung oft eine Eskalation der Situation durch Fehlvorstellungen von der tatsächlichen und rechtlichen Situation und Sichtweise des jeweils anderen verhindern. 20

Von einer Mediationsklausel können Erben, Vermächtnisnehmer und Testamentsvollstrecker erfasst werden. Pflichtteilsberechtigte werden grundsätzlich nicht von einer Mediationsklausel erfasst.[12] 21

8 *Risse*, SchiedsVZ 2012, 244, 247.
9 *Töben*, RNotZ 2013, 321, 325.
10 *Töben*, RNotZ 2013, 321, 343; *Meyer/Schmitz-Vornmoor*, DNotZ 2012, 895,
11 *Dendorfer/Krebs*, MittBayNot 2008, 85, 90; *Töben*, RNotZ 2013, 321, 323.
12 *Töben*, RNotZ 2013, 321, 334.

Eine Mediationsklausel in einer letztwilligen Verfügung könnte beispielsweise wie folgt formuliert werden:

> **Formulierungsbeispiel**
> Zur Beilegung von Streitigkeiten aus oder im Zusammenhang mit diesem Testament/Erbvertrag sollen die Streitparteien ein Mediationsverfahren nach der Verfahrensordnung der Deutschen Institution für Schiedsgerichtsbarkeit e. V. (DIS), Beethovenstraße 5–13, 50674 Köln, durchführen. Diese Klausel verpflichtet die Parteien aber nicht, an einem solchen Mediationsverfahren teilzunehmen. Die sofortige Einleitung eines gerichtlichen Verfahrens bleibt zulässig.[13]

22 Eine Formulierung, dass für den Fall des erfolglosen Mediationsverfahrens das Schiedsgerichtsverfahren angeordnet und der ordentliche Rechtsweg ausgeschlossen wird, könnte wie folgt lauten:

> **Formulierungsbeispiel**
> Kommt es im Zusammenhang mit diesem Testament zu Meinungsverschiedenheiten oder Streitigkeiten, werden sich die Beteiligten nach besten Kräften bemühen, diese einvernehmlich zu lösen. Hierzu beabsichtigen sie, für den Fall, dass sie nicht aus eigenen Kräften zu einer einvernehmlichen Lösung finden, ein Mediationsverfahren nach der Schlichtungsordnung der Deutschen Institution für Schiedsgerichtsbarkeit e.V. (DIS) durchzuführen.
> Können sich die Beteiligten im Konfliktfall gleichwohl nicht auf die Durchführung eines Mediationsverfahrens verständigen oder scheitert eine Mediation, werden alle Streitigkeiten, die sich im Zusammenhang mit diesem Vertrag oder über dessen Gültigkeit ergeben, nach der Schiedsgerichtsordnung der Deutschen Institution für Schiedsgerichtsbarkeit e.V. (DIS) unter Ausschluss des ordentlichen Rechtswegs endgültig entschieden.[14]

13 Münchener Anwaltshandbuch Erbrecht/*Risse*, § 68 Rn 27.
14 *Von Schubert*, Mandatspraxis Schiedsverfahren und Mediation, S. 311.

§ 13 Familienstrategie und Familiencharta

Übersicht: Rn

A. Vermögenserhalt aus der Perspektive wohlhabender Familien

I. Vermögenserhalt und Vermögensübertragung

1 Vermögenserhalt ist Ziel vieler wohlhabender Familien. Für manche stellt es eher ein Minimalziel dar, für andere beschreibt es den Kern diesseits von unvertretbar hohem Risiko und moralischer Gradwanderung (Gier). Dabei kann man über den Begriff „Erhalt“ vortrefflich streiten. Geht es um einen nominell gleichen Wert zu verschiedenen Zeitpunkten? Sind Inflation und Kaufkraft zu berücksichtigen? Geht es darum, das zu erhalten, was ein Vermögen heute vermag: z.B. Sicherheit vermitteln, Lebenschancen verwirklichen, Unabhängigkeit wahren, Status geben?

Häufig wollen Familien auch die Zusammensetzung des Vermögens bewahren: Familienunternehmen, Immobilien, diversifiziertes, fungibles Vermögen, Land und Forst, Sammlungen ... in verschiedenen rechtlichen Einheiten, unter dem Dach einer Holding, einer Familiengesellschaft oder vielleicht in einer Stiftungskonstruktion. Die Erscheinungsformen sind vielfältig.

2 Bei Überlegungen zum Vermögenserhalt bleibt **immaterielles Vermögen** oft außer Betracht. Für vermögende Familien kann es allerdings eine bedeutsame Ressource darstellen. Auf die Bedeutung von Werten und Traditionen für Familie und Vermögen ist noch zurück zu kommen.

Unabhängig von Zweck, Zusammensetzung und rechtlicher Konstruktion erfordert und veranlasst der Vermögenserhalt die Familie zu Kooperation und gemeinsamen Entscheidungen. Im Folgenden soll es darum gehen, wie die Familie sich organisieren kann, um angemessen zu kooperieren, und welche Anforderungen der Vermögenserhalt noch an sie stellt.

3 Unternehmerfamilien stehen im Folgenden stellvertretend für wohlhabende Familien. Die Unternehmerfamilie ist damit Denkmodell für eine Gruppe von Familienmitgliedern, die ein gemeinsames Interesse haben: den Erhalt von Vermögen und Familie.[1]

4 Bei dieser Betrachtung wird nicht vergessen, dass sich eine Familie aus Individuen formt. Und Kooperation bedeutet für den Einzelnen sowohl Vorteile als auch Zugeständnisse – materiell, emotional, kurzfristig oder auf längere Sicht.

Das Gesetz sieht das Familienmitglied vor allem als Individuum – als autonomes Rechtssubjekt mit gesetzlichen und vertraglichen Rechten und Pflichten.[2] Dahinter steht die Auffassung vom eigenverantwortlichen Handeln und Entscheiden mit der individuellen Freiheit, die Entscheidungsparameter zu bewerten und zu gewichten. Aus Sicht der Ökonomie geht es dabei um den Nutzen von Entscheidungsoptionen im Bestreben um Nutzenoptimierung. Die Entscheidung, langfristig zu kooperieren, kann demzufolge den optimalen materiellen und immateriellen Nutzen versprechen. Bindung ist also nicht mit Verzicht gleichzusetzen.

5 Die Vermögensübertragung – insbesondere aufgrund von Generationenwechsel – wirkt sich erheblich auf die Bedingungen der Kooperation aus. Für Unternehmerfamilien empfiehlt es sich, die Übertragung von Vermögen nicht bloß als rechtlichen Akt wahrzunehmen, sondern ergänzend die Übergabe und Aneignung im nicht-juristischen Sinne zu gestalten.

Vermögen zu erhalten, ist ein dauerhafter gestalterischer Prozess, der auch, aber nicht nur die Übertragung des Vermögens umfasst. Für eine Unternehmerfamilie bleibt die zentrale Herausforderung, ihre Handlungs- und Entscheidungsfähigkeit dauerhaft zu sichern, indem sie die Verhältnisse innerhalb der Familie und zum Unternehmen ordnet. Der Generationswechsel ist Prüfstein und Anlass für Veränderung.

II. Fallbeispiel: Familie V

6 **Beispiel**
Familie V ist nicht nur vermögend, sondern in der Region auch angesehen. Seit mehreren Generationen trägt sie zum wirtschaftlichen und gesellschaftlichen Wohl der Region bei.

1 Dieses doppelte gemeinsame Interesse wird hier unterstellt. Im Prozess der Familienstrategie ist diese Annahme zu hinterfragen.

2 Problembewusstsein für Besonderheiten von Näheverträgen, insbesondere von Verträgen in Unternehmerfamilien, schafft *Röthel*, Verträge in der Unternehmerfamilie – Autonomie in Nähebeziehungen, 2014.

Nach dem Tod von Mutter Veronica hat Vater Viktor erkannt, dass er zum Erhalt des Vermögens Vorkehrungen treffen sollte. Mit Anwalt und Steuerberater wurden die notwendigen Dokumente (sein Testament, Eheverträge und Verzichtserklärungen der Kinder, Gesellschaftsvertrag und vieles mehr) erarbeitet und der nächsten Generation zur Unterschrift empfohlen. Auf Bitten von Valeri, der Zweitältesten, wurden die Regelungen den Kindern und ihren Ehepartnern von den Fachleuten ganz ausführlich erläutert. Mit der familientypischen Mischung aus Autorität/Folgsamkeit und Vertrauen wurden alsbald die Unterschriften geleistet.

Wenig später stirbt Viktor. Die Kinder, Victor junior, Valeri und Volkmer, erben, was sie noch nicht geschenkt bekommen hatten. Streit gibt es nicht, die Steuerzahlungen sind erträglich. Zu den Vermögenswerten, die die Kinder von ihren Eltern erhalten haben, zählen:

- der Familienschmuck, insbesondere eine Goldkette
- Wertpapiere
- der Familien-Stammsitz
- das vom Vater gegründete Familienunternehmen
- die Familien-Historie (stellvertretend für andere immaterielle Vermögenswerte)

Ein Jahr später trifft sich die Familie. Valeri hat die Goldkette erhalten und dafür sofort ein Bankschließfach angemietet. Die Geschwister diskutieren, ob sie den Familienschmuck zu besonderen Anlässen tragen dürfe und solle.

Victor junior hat den Familiensitz übernommen. Nur für den definierten Unglücksfall ist ihm auferlegt, seinen Geschwistern im Nebenhaus Unterbringung zu gewähren. Ein Sturm hat das Dach beschädigt. Er muss handeln, scheut aber die Ausgaben. Die Geschwister drängen ihn, die Reparatur unverzüglich in Angriff zu nehmen. Allen klingen die Erzählungen im Ohr, welche Folgeschäden ein unzureichendes Dach den Großeltern aufgebürdet hatte. Victor junior wird auf seinen Teil des Wertpapierdepots zugreifen müssen, das unter den Geschwistern aufgeteilt wurde.

Volkmer hat 40 % der Unternehmensanteile erhalten und ist seinem Vater in die Geschäftsführung nachgefolgt. Er berichtet seinen Geschwistern, die je 30 % der Anteile halten, über die aktuelle Situation im Unternehmen. Er stehe vor der Frage, die Lagerhaltung zu automatisieren. Eine erhebliche Investition, die sich aber bezahlt mache, wenn die wirtschaftliche Entwicklung so anhalte. Victor junior zeigt wenig Interesse für die Frage, Valeri bohrt nach. Die Diskussion schraubt sich tief in den betrieblichen Alltag, ohne wirklichen Erkenntnisgewinn für Volkmer. Er denkt im Stillen an den Vater, der allein entscheiden konnte und niemandem Rechenschaft schuldig war. Die Geschwister gehen auseinander: Victor junior gelangweilt, Valeri verwirrt und Volkmer frustriert. Sie werden sich in Kürze zur Gesellschafterversammlung wieder sehen, das gibt der Gesellschaftsvertrag vor.

7 Im Beispiel verkörpern die Kinder drei charakteristische Konstellationen für den Vermögenserhalt in einer Familie:

Valeri hat den Familienschmuck erhalten und trägt damit Sorge für ein quasi **statisches Vermögen**. Eine gewisse Sorgfalt vorausgesetzt, ist sein künftiger Wert nur von äußeren nicht beeinflussbaren Faktoren abhängig: z.B. der Entwicklung des Goldpreises und des Marktes für Sammlerwerte oder gar dem Untergang des Bankschließfaches. Valeri ist alleinige Eigentümerin.

Auch Victor junior ist alleiniger Eigentümer. Der Erhalt des Familienstammsitzes bedeutet vorrangig **Substanzerhalt**. Die erforderlichen Entscheidungen kann er formal allein treffen. Potentiell haben sie auch auf seine Geschwister Auswirkungen, sollten sie je bei ihm Wohnung nehmen wollen.

Volkmer ist geschäftsführender Gesellschafter des Familienunternehmens. Vermögenserhalt bedeutet für ihn vorrangig **Erhalt des Ertragswertes**. Entscheidungen, die er trifft, wirken sich nicht nur auf sein, sondern auch auf das Vermögen seiner Geschwister aus. Als Geschäftsführer verfügt er über gewisse Gestaltungsspielräume, als Gesellschafter kann er als 40 %-Eigner nur im Team mit mindestens einem seiner Geschwister Beschlüsse fassen. (Keine abweichenden Stimmrechte unterstellt.)

Das Wertpapierdepot hat der Vater als Wertausgleich genutzt, um die materielle Gleichbehandlung der Geschwister sicher zu stellen.

Immaterielles Vermögen, z.B. die Erfahrungen und Historie der Familie, haftet offenbar der Goldkette ebenso an wie dem Familiensitz und vermutlich auch dem Unternehmen. Es wurde bei der Übertragung nicht thematisiert.

8 Schon dieser Überblick zeigt, dass die Anforderungen vielgestaltig sind, um Vermögen zu erhalten. Das Familienunternehmen repräsentiert hinsichtlich Vermögensumfang und -struktur hohe Komplexität. Es steht zugleich stellvertretend für andere Vermögenswerte, für die die Familienmitglieder gemeinsame Entscheidungen treffen müssen.

9 Trotz aller Sorgfalt der Anwälte und Steuerberater: Verträge, Vollmachten und testamentarische Regelungen allein können den Vermögenserhalt nicht sicherstellen. Es bleibt die Notwendigkeit zum Handeln und Entscheiden. Die Geschwister stehen vor der Herausforderung einer (lebenslangen) Kooperation. Was brauchen sie, um diese Herausforderung zu meistern? Welche Weichenstellungen hätten im Vorfeld noch erfolgen sollen? Oder anders formuliert: Welche weiteren Gestaltungsmöglichkeiten hat die Familie für ihren Vermögenserhalt?

B. Warum Familienstrategie und Familiencharta?

Die Familie hat und nimmt relevanten Einfluss auf das Vermögen. Dominiert in der ersten Generation[3] der Gründer, so erfolgt regelmäßig ab der zweiten die Einflussnahme durch mehrere Familienmitglieder. Die Beobachtung zeigt, dass Familien üblicherweise in einem ungeregelten Miteinander Entscheidungen treffen. Für Familien ohne bedeutendes Vermögen mögen Regeln entbehrlich bleiben. Denn für sie gilt: Familienangelegenheiten sind Privatsache. Familien sind auf die Pflege von (Intim-)Beziehungen und Erziehung spezialisiert.[4] Über eine zumindest vorübergehende Versorgung ihrer Mitglieder hinaus ist sie weiteren sachlichen Zwecken enthoben. 10

Ganz anders Unternehmen: sie sind zweckbezogene Organisationen. Sie stehen im Wettbewerb und bedienen sich Regeln und Strukturen, um diese Ziele bestmöglich zu erreichen. 11

Was für die durchschnittliche Familie funktioniert, setzt größere, wohlhabende Familien einem Risiko aus. Der Erhalt ihres Vermögens – ob unternehmerisch gebunden, in einem *Family Office* strukturiert oder auf andere Weise gemeinsam verwaltet – bedarf **geordneter Kooperation** zur Sicherung der langfristigen Handlungs- und Entscheidungsfähigkeit.

Ordnend wirken juristische Instrumente, wie Gesellschaftsverträge, Testamente und Erbverträge, eventuelle Pflichtteilsverzichte, Anordnen der Testamentsvollstreckung und Vollmachten. So unverzichtbar sie für den Vermögenserhalt auch sind, für die gestalterische Zusammenarbeit reichen sie nicht aus. Diese gründet vielmehr auf Kooperationsbereitschaft, einer gemeinsamen Perspektive und Vertrauen. Nur in wenigen Fällen erfüllen Unternehmerfamilien und andere wohlhabende Familien diese Voraussetzungen hinreichend.[5] Je größer eine vermögende Familie ist, desto eher stößt das an Personen gebundene Vertrauen an Grenzen. Da Kooperation ohne Vertrauen kaum möglich ist, bedarf es einer Form institutionalisierten Vertrauens, eines Systemvertrauens.[6] Dies setzt Regeln und ein Mehr an Organisation voraus. 12

In einer Familienstrategie organisiert die Unternehmerfamilie die Verhältnisse innerhalb der Familie und zum Unternehmen. Die Familienstrategie ist Prozess 13

3 Zum Zwecke der Anschaulichkeit wird hier der Begriff Generation und ihre Nummerierung idealtypisch verwendet. Statt von Generationen wird zutreffend auch von Evolutionsstufen gesprochen, so z.B. *Lange*, in Röthel/Schmidt, S. 34 ff.

4 Zur historischen Entwicklung der Familie knapp und anschaulich: *Groth/Vater*, Die Familie im Familienunternehmen – Ressource oder Risiko, in Frasl/Rieger (Hrsg.), Family Business Handbuch, S. 48 f.

5 Weniger als 10 % der Familienunternehmen bleiben bis in die vierte Generation in Familienhand, *Simon/Wimmer/Groth*, S. 39.

6 Ausführlich dazu *Kögel*, in Baus/Kögel, S. 32 ff.

und Ergebnis. Es geht um die strategischen Ziele der Familie für Familie und Unternehmen, ihr spezifisches Verständnis von Führung sowie grundsätzliche langfristige Maßnahmen zur nachhaltigen Zielerreichung. Zu den strategischen Zielen gehören u.a. regelmäßig die Sicherung des Fortbestandes von Unternehmen und Familie sowie des Einflusses der Familie auf ihr Unternehmen. Die Maßnahmen umfassen insbesondere Regeln und Strukturen. Die Ergebnisse der Familienstrategie werden in der Familiencharta dokumentiert und in die *Family Governance* umgesetzt. Der *Business Governance* liefern sie wesentliche Anhaltspunkte.

Familienstrategie, *Family Governance* und *Business Governance* befruchten sich gegenseitig. Sie bilden ein verzahntes lebendiges System.

Abb. 1: Familienstrategie und Familiencharta

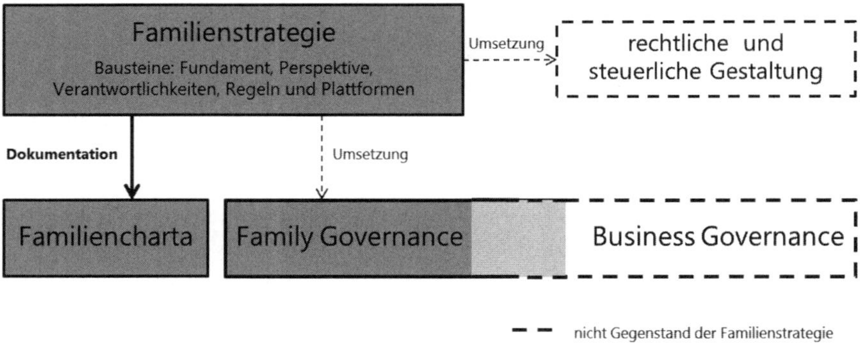

Durch das Mehr an Organisation und ein angemessenes Verständnis von Führung stärkt die Familie ihre Handlungs- und Entscheidungsfähigkeit und schafft wesentliche Voraussetzungen für den langfristigen Vermögenserhalt.

C. Ausgangssituation der Familienstrategie

14 Was erschwert Unternehmerfamilien die Kooperation? Drei charakteristische Herausforderungen haben sie zu bewältigen:

1. Fehlende Unterscheidung von Funktion und Person
2. Ungeeignete Entscheidungsmechanismen
3. Entfremdung.

I. Fehlende Unterscheidung von Funktion und Person

In Familienunternehmen und Unternehmerfamilien treffen widersprüchliche Prinzipien aufeinander: die Emotionen der Familie und die Rationalität des Unternehmens.[7] Das Miteinander in der Familie ist auf Beziehung ausgerichtet und geprägt von Fürsorge, Gleichwertigkeit und Konstanz. Die Person steht im Mittelpunkt. Im Unternehmen hingegen herrscht Zweckorientierung, sind Wettbewerb, Hierarchie und Dynamik bestimmend. Es geht weniger um die Person als ihre Funktion. 15

Abb. 2: Widersprüchliche Maßstäbe in Familie und Unternehmen

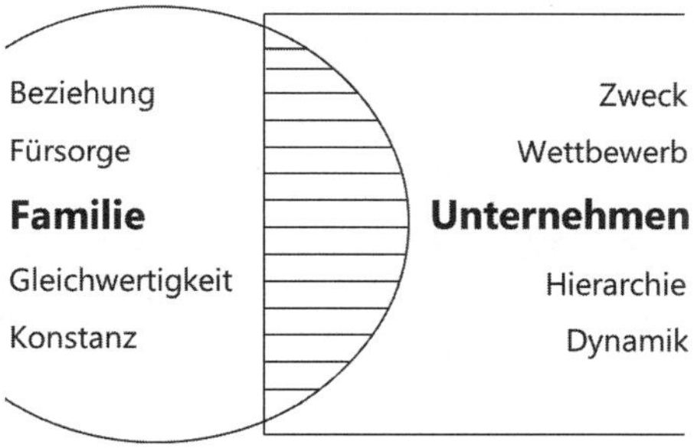

Für den Unternehmer, der gleichzeitig Vater ist, erschwert das die Entscheidung über die Unternehmensnachfolge. Das, was aus Sicht des Unternehmens richtig ist, z.B. eine vorrangig leistungsbezogene Beurteilung der Kinder, kann in der Familie zu Konflikten führen. Was aus familiärer Sicht wünschenswert erscheint, z.B. die Gleichbehandlung aller Kinder, ist für das Unternehmen womöglich nicht tragbar. Die Widersprüchlichkeit von Entscheidungskriterien erfordert eine Priorisierung. Verständlicherweise wird das als Herausforderung empfunden. Verunsicherung führt dazu, dass Entscheidungen vertagt werden. Unternehmen und Familie werden zu spät bzw. inkonsequent auf den Generationenwechsel vorbereitet. 16

Die Verquickung von Funktion und Person äußert sich in Missverständnissen. Der Sohn hört nicht den Unternehmer, sondern den Vater sagen: „Victor, du bist nicht der richtige Nachfolger.“ Die Entscheidung mag den Erhalt des Vermögens sichern, den Zusammenhalt in der Familie dürfte sie gefährden. 17

Eine Unterscheidung von Funktion und Person hingegen ermöglicht eine differenziertere Kommunikation. Die Entscheidungsparameter aus Sicht des Unternehmers und des Vaters, die Abwägung und die Schlussfolgerungen sind transparent zu machen. Das versachlicht die Situation. Es ermöglicht Vater und Sohn

7 Vgl. auch *Baus*, Familienstrategie, S. 26.

bzw. Unternehmer und potentiellem Nachfolger nachvollziehbar miteinander zu kommunizieren.

18 Die fehlende Unterscheidung von Funktion und Person stellt Familien aber nicht nur bei der Vermögensübertragung, sondern auch in ihrer Zusammenarbeit vor Herausforderungen. Ob als Gesellschafter, in der Geschäftsführung oder auf unterschiedlichen Hierarchieebenen im Unternehmen – es ist nützlich, sich die Prinzipien des Miteinanders im Unternehmen bewusst zu machen und von den familiären zu unterscheiden. Familiäre Rücksichtnahmen oder ein Gleichbehandlungsgebot für Geschwister auf unterschiedlichen Hierarchieebenen führt über kurz oder lang zu Konflikten.

Paradoxien im Familienunternehmen sind längst im Blick der Forschung.[8] Unter Hinweis auf die systemische Familienpsychologie formulieren *Hennerkes/Kirchdörfer* folgende Übersicht:

Abb. 3: Paradoxien in Familienunternehmen[9]

Familie	|	Unternehmen
Vertrauen	↔	Kontrolle
Emotion	↔	Leistung
Mündlichkeit	↔	Schriftlichkeit
Auf Dauer angelegt	↔	Auf Zeit angelegt
Unkündbar	↔	Kündbar
Loyalität	↔	Wettbewerb
Der Schwache wird gefördert	↔	Der Starke wird gefördert
Nachhaltigkeit	↔	Schnelllebigkeit
Begrenzter Mitgliederkreis	↔	Ständiger Wechsel und offener Mitgliederkreis

19 Als Besonderheit von Familienunternehmen wird gern ihre familiäre Kultur herausgestellt. Der Einfluss typischer familiärer Werte auf die Unternehmenskultur ist von der Verquickung von Funktion und Person zu trennen. Geht es bei der familiären Unternehmenskultur um Prinzipien, die für alle Mitarbeiter gleichermaßen gelten, so geht es bei der Vermischung von Funktion und Person um individuelle Erwartungen oder Verhaltensweisen aufgrund unterschiedlicher Beziehungen zweier Personen (Bruder/Geschäftsführer und Schwester/Buchhalte-

8 *Simon/Wimmer/Groth*, S. 30 ff., mit einer ausführlicher Auflistung der Paradoxien S. 35–38.

9 *Hennerkes/Kirchdörfer*, Die Familie und ihr Unternehmen, S. 77.

rin; Mutter/Gesellschafterin und Sohn/Geschäftsführer etc.), also um Ausnahmen von den üblichen Verhaltensnormen.

II. Ungeeignete Entscheidungsmechanismen

20 Der erfolgreiche Unternehmer gilt als entscheidungsstark, unbeirrt und umsetzungsfreudig. Und tatsächlich finden wir unter den Gründerunternehmern in dieser Hinsicht außergewöhnliche Persönlichkeiten. Für die Situation des Gründers mag diese Haltung geeignet sein. Vielleicht ist ein robustes **Alleinentscheider**naturell für ihn, der viele Entscheidungen mit sich selbst ausmachen muss, mitunter sogar erfolgsentscheidend. So wundert es nicht, wenn sich auch seine Erben nicht selten am Alleinentscheider ein Vorbild nehmen.

21 Beteiligt der Unternehmer nun mehrere seiner Kinder am Vermögen, führt das Alleinentscheidermodell zu Konflikten. Selbst wenn eines der Geschwister über die Stimmenmehrheit verfügt, hängt die Akzeptanz und Legitimation seiner Entscheidungen von seiner Kommunikation mit den Geschwistern ab. Anders als der Gründer und Alleineigentümer entscheidet er im Regelfall nämlich nicht nur über sein, sondern auch über das Vermögen seiner Geschwister. Zudem benötigt er auf längere Sicht ihre Kooperationsbereitschaft. Zum einen fehlen ihm womöglich formal die Stimmen für eine qualifizierte Mehrheit, z.B. wenn der Gesellschaftsvertrag geändert werden muss. Zum anderen wird das Vermögen über weitere Generationen in dieser Form nur zu erhalten sein, wenn die Familie in der Lage ist, ihren Zusammenhalt zu bewahren und ihre Kooperationsbereitschaft und -fähigkeit zu kultivieren. Für eine **Geschwistergesellschaft**, die das gemeinsame Vermögen für weitere Generationen erhalten möchte, heißt es darum „Werdet ein Team!“[10]

22 Zu den besonderen Herausforderungen gehört der Umgang mit den unterschiedlichen Entscheidungsgrundlagen der Geschwister: Nicht nur beurteilen unterschiedliche Persönlichkeiten Fakten und erst recht Chancen und Risiken unterschiedlich. In der Geschwistergesellschaft beginnt üblicherweise die Differenzierung der Gesellschafterfunktion: Es gibt tätige und nichttätige Gesellschafter. Und auch die tätigen Gesellschafter sind womöglich nicht alle in der Geschäftsführung, vielleicht nicht einmal auf Führungsebenen tätig. Ihre beruflichen Erfahrungen sind also ebenfalls verschieden und ebenso ihre Informationen über das gemeinsame Unternehmen. Über noch weniger Unternehmensinformationen verfügen in der Regel die nichttätigen Gesellschafter. Diese **asymmetrische Information** birgt ein hohes Konfliktpotential – für die Geschwistergesellschaft, erst recht aber für alle späteren Generationen. Es gilt, eine strukturierte Unterrichtung der Gesellschafter sowie Entlastungsmechanismen zu etablieren.

---

10 *Baus*, Familienstrategie, S. 110.

23 Der Übergang von der Geschwistergesellschaft, also einer überschaubaren Zahl von Entscheidern, zum **Vetternkonsortium** und zur **Familiendynastie** erfordert wiederum neue Entscheidungsmechanismen. Ist unter Geschwistern, also einer kleinen Zahl von Entscheidern, die sich gut kennen, das Aushandeln von Regeln und Ausnahmen noch möglich (wenn auch konfliktanfällig!), für eine Familiendynastie, also einen großen Kreis von Entscheidern (aus mehreren Generationen), ist es ungeeignet.

Idealerweise schon in der Geschwistergesellschaft, spätestens aber im Übergang zum Vetternkonsortium braucht die Familie Entscheidungsmechanismen, die sie entlasten: Strukturen, die an Funktionen und nicht an Personen ausgerichtet sind; Regeln und Verfahren, die transparent sind und für alle Familienmitglieder gleichermaßen gelten; in Summe also eine auf ihre Familie und ihre Vermögensituation zugeschnittene *Family und Business Governance*. In ihr wird der Konsens ein erstrebenswertes Ziel sein. Zur Handlungsfähigkeit einer größeren Familie gehört es aber, Mehrheitsentscheidungen zu akzeptieren.

Mithilfe der Familienstrategie kann die Familie den Übergang vom Alleinentscheider zum Team gestalten und die passende *Family Governance* erarbeiten.

III. Entfremdung

24 Neben der fehlenden Unterscheidung von Funktion und Person sowie ungeeigneten Entscheidungsmechanismen hat die vermögende Familie eine weitere charakteristische Herausforderung zu bewältigen. Mit zunehmender Zahl entfremden sich Familienmitglieder voneinander und vom Unternehmen. Die räumliche Distanz nimmt zu, unterschiedliche Lebenserfahrungen durch Beruf, Alter und Lebenssituation wirken wie Fliehkräfte auf den familiären Zusammenhalt. Wenig Berührung mit dem Unternehmen, geringe Beteiligungsquoten oder fehlende Qualifikation verringern das Interesse am Unternehmen. Die Fähigkeit und Bereitschaft zur Kooperation schwinden. Persönliche Interessen gewinnen an Gewicht, und je mehr die emotionale Bindung zurück geht, umso stärker treten materielle Interessen in den Vordergrund. Die Stärke des Familienunternehmens gegenüber Publikumsgesellschaften, dass die Familiengesellschafter im Zweifelsfall bereit sind, für das Wohl des Unternehmens zurückzustecken, verliert sich.

Entfremdung bedroht die Kooperationsfähigkeit im klassischen Familienunternehmen möglicherweise später oder weniger stark als bei der Verwaltung „anonymen" Vermögens. Die Präsenz des Unternehmens im familiären Alltag und dessen identifikationsstiftende Kraft wirken auf die Kinder des Unternehmers meist noch bindend.

25 Eine gemeinsame Erörterung, wie sie in der Familienstrategie strukturiert erfolgt, vermag diese Stärke zurückzuholen. Eine von allen akzeptierte *Family Governance*, die unterschiedliche Interessen einbezieht und Plattformen für Kommuni-

kation schafft, sowie eine Familiencharta, die das Erarbeitete dokumentiert, gibt der Zusammenarbeit eine neue Basis.

D. Ablauf der Familienstrategie

Am Prozess der Familienstrategie nehmen idealerweise alle Familienmitglieder 26
teil, die direkt oder indirekt auf das Vermögen Einfluss nehmen. Dazu gehören Schwiegerkinder und potentielle Gesellschafter der nachwachsenden Generation (etwa ab der Pubertät).

Die Familienstrategie zielt darauf, auf der Basis eines gemeinsamen Interesses der Familienmitglieder dauerhaft Handlungs- und Entscheidungsfähigkeit herzustellen.

Der Prozess ist in mehrere auf einander aufbauende Bausteine gegliedert. Schon während des Prozesses verändert sich das Miteinander der Familienmitglieder. Versachlichung, unterschiedliche Blickwinkel, Konkretisierung und gemeinsame Folgenabschätzung erweitern die Wahrnehmung. Sensibilität und Verstehen ergänzt das bis dahin ungeregelte Miteinander. Die Erkenntnis, dass einige Herausforderungen und Konflikte für Unternehmerfamilien charakteristisch und nicht „hausgemacht“ sind, entlastet ebenso wie die Vereinbarung von Kommunikationsregeln.

Die Erörterung der Verantwortlichkeiten in der Familie, für und im Unternehmen sowie die Erarbeitung geeigneter Regeln und Plattformen erfolgen erst, nachdem die Familie Fundament und Perspektive geklärt hat.

Die Familienstrategie ist ergebnisoffen: Fehlt der Familie die gemeinsame Grund- 27
lage für eine langfristige Kooperation, wird sie Beteiligungs- und Führungsmodelle erörtern, die weniger oder keine Kooperation der Familienmitglieder voraussetzen, z.B. Thronfolgelösung, Verkauf des Unternehmens oder Fremdmanagement. Diese Optionen sind auch relevant, wenn die notwendigen fachlichen und persönlichen Qualifikationen für die Aufgaben in den eigenen Reihen fehlen, bzw. nicht zeitgerecht erworben werden können.

Die Akzeptanz der Ergebnisse profitiert von der sachbezogenen Diskussion und von der überparteilichen Beratung im gemeinsamen Prozess der Familienstrategie.[11]

11 Die Akzeptanz ermöglicht, dass die Familie bei der Umsetzung an einem Strang zieht. Auch im Falle eines Verkaufes des gemeinsamen Unternehmens ist dieser Vorteil augenfällig: Ein angemessener Verkaufspreis ist im Interesse aller Gesellschafter. Zu seiner Realisierung sind aber betriebliche Maßnahmen und ein ausreichender zeitlicher Horizont erforderlich. Sie bedürfen einer – dann zeitlich befristeten – Kooperation der Familienmitglieder.

I. Zeitpunkt für den Beginn einer Familienstrategie

28 In jeder Generation kann die Familienstrategie sowohl im Generationswechsel als auch im Vorfeld oder im Nachhinein ihren Nutzen entfalten. Sowohl präventiv als auch im Konfliktfall ist sie wirkungsvoll. Oft ist von außen nicht einmal mit Sicherheit zu sagen, wie eine Unternehmerfamilie mit den beschriebenen typischen Herausforderungen und Konfliktpotentialen umgeht, ob das Vertrauen intakt, ihr Einfluss auf Unternehmen oder Vermögen günstig ist. Wenn Konflikte zum Zeitpunkt der Vermögensübertragung eskalieren, ist jedenfalls davon auszugehen, dass sie schon eine Vorgeschichte haben.

29 Mitunter aber wirkt die Lage ruhig und ausgeglichen. Mindestens zwei Fälle lassen sich unterscheiden:

Trügerische Ruhe herrscht, wenn die Autorität der Eltern verhindert, dass Kinder oder Schwiegerkinder ihre Interessen äußern. Eltern unterschätzen bisweilen, welche Kraft ihre Erwartungen an die Kinder haben. Insbesondere, wenn sich keine geeignete Kommunikations- und Konfliktkultur festigen konnte, werden die Kinder nicht ermutigt, ihre eigenen Vorstellungen zu äußern. Stabilität aber beruht auf dem reflektierten Ausgleich von Interessen.

Womöglich aber ist die Ruhe ein Zeichen intakter Balance: Einige Familien verfügen über eine Familienkultur, die die Unterscheidung von Funktion und Person früh trainiert, Konflikte versachlicht, Teamgeist fördert, offen, lebendig und über Grenzen hinweg kommuniziert. Aber sie sind die Ausnahme. Und auch diese Familien müssen eine ungeheure Energie aufbringen, um Generationenwechsel zu meistern. Denn die Balance ist vielen äußeren Einflüssen ausgesetzt: neue Familienmitglieder mit anderen Interessen sind zu integrieren, im Vermögen, im Unternehmen gibt es Umbrüche, gesellschaftliche Veränderungen dynamisieren Generationenkonflikte.

30 Die Familienstrategie setzt auf der jeweiligen Situation der Familie auf. Ob präventiv oder im Konfliktfall, der strukturierte Prozess und seine Ergebnisse entlasten und werden von den Familienmitgliedern als nützlich erlebt. Der Einfluss der Familie auf das Vermögen wird im positiven Wortsinne kanalisiert.

II. Bausteine der Familienstrategie

31 Die Familienstrategie festigt das Fundament, erarbeitet eine Perspektive und klärt die Verantwortlichkeiten. **Sie macht Unternehmerfamilien strategiefähig, um die Brisanzfragen von Führung, Beteiligung und Mitarbeit im Unternehmen zu klären.**[12] Sie stellt diese Fragen jedoch nicht an den Anfang. In den Familien entzünden sich die Konflikte ja gerade an den Fragen: Wer bekommt was? Wer

12 *Baus*, Familienstrategie, S. 69.

darf was? Wer verdient was? Sie sind emotional aufgeladen, verlangen aber nach sachlich fundierten Lösungen.

Abb. 4: Bausteine im Prozess der Familienstrategie

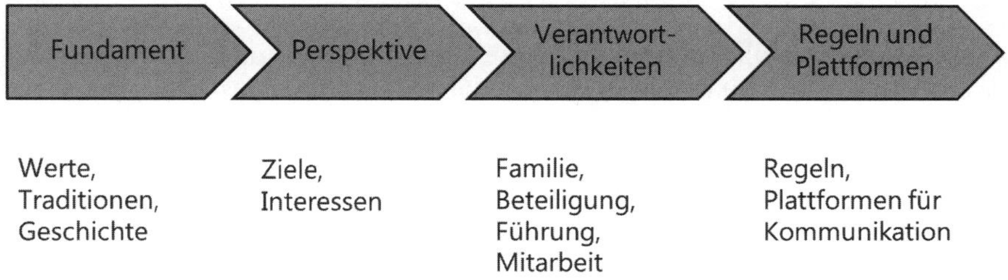

In der Familienstrategie geht es nicht um Antworten auf Einzelfragen. 32

> **Beispiel**
> In der Gesellschafterversammlung konfrontiert Volkmer seine Geschwister mit der Investitionsentscheidung und – zur Überraschung von Valeri und Victor junior – mit der Bitte, sein Gehalt anzupassen. Um Sachlichkeit bemüht, suchen die Geschwister nach Lösungen. Immer wieder sieht sich Volkmer veranlasst, die Annahmen der anderen zu korrigieren. Es fällt ihm schwer, ruhig zu bleiben, und geduldig die Amortisationsrechnung für die Lagerautomatisierung ein zweites und drittes Mal zu erläutern. Auch die Diskussion um sein Gehalt ist von gegenseitigem Bemühen um eine Lösung gekennzeichnet – aber ...

Lösungsansätze, wie Investitionsentscheidungen getroffen werden sollten, und 33
ein ausgewogener Vorschlag für Volkmers Gehaltsanpassung würden den Geschwistern helfen – aber nur kurzfristig. Auch eine moderierte Diskussion zu diesen Themen könnte zunächst entlastend wirken. Zu dauerhafter Stabilität findet die Geschwistergesellschaft dadurch aber nicht: Es sind nicht nur die Sachfragen, an denen sie sich aufreibt.

1. Fundament von Familie und Vermögen

Für den Zusammenhalt in der Familie ist die Identifikation mit der gemeinsamen 34
Geschichte und dem gemeinsamen Vermögen ein starkes Pfund. Nicht immer ist das gegeben. Entfremdung hat die gemeinsame Basis aufgeweicht oder das Vermögen hat seine identitätsstiftende Kraft verloren, z.B. wenn nach dem Verkauf des Familienunternehmens das Vermögen (über ein *Family Office* oder eine andere Form der Vermögensverwaltung) in anonyme Anlageformen oder in fungible Immobilien überführt wurde.

Was der Familie hilft, sind Werte, gemeinsame Grundsätze, die das Handeln und Entscheiden bestimmen. Sie stärken jedes Team. Sie sind zum einen Grundlage für die Vereinbarung vertraglicher Regeln, zum anderen füllen sie deren Gestaltungsspielräume. Sie schaffen ferner Berechenbarkeit in neuartigen Situationen. Sie prägen die Familien- und die Unternehmenskultur.

35 Ganz selbstverständlich prägen die Werte des Gründers sein Unternehmen: Wie er arbeitet, wie er Risiken einschätzt, welche Mitarbeiter er auswählt, und wie er mit ihnen umgeht. An all dem lassen sich seine Grundsätze ablesen. Und ebenso prägen die Eltern die Familie. Die gemeinsamen Grundsätze bewusst zu machen, sie zu benennen und zu konkretisieren, stärkt das Fundament und stiftet Vertrauen. Es ist hilfreich, sich auch auf die Verschiedenartigkeit der Maßstäbe einzulassen, die Familie und Unternehmen kennzeichnen (siehe oben Rdn 15–18). Widerstreitende Werte zu durchdenken, trägt erheblich dazu bei, die Verhaltensweisen von Personen in unterschiedlichen Funktionen in Familie und Unternehmen zu verstehen und zu gestalten.

36 Ein Team um *John L. Ward*, dem US-amerikanischen Begründer der Familienstrategie, erforschte typische Werte für Familienunternehmen. Sie finden sich in wechselnder Kombination auch in der Praxis deutscher Familienunternehmen. Zu ihnen gehören z.B.: Mut, Achtung, der gute Ruf, Fairness, Offenheit, Fleiß, Verlässlichkeit, Neugier, Bescheidenheit, Disziplin, Vorsicht, Loyalität, Ehrlichkeit, Respekt.[13]

37 Können gemeinsame Ziele Werte ersetzen, z.B. in Familien ohne lange Tradition? Diese Frage stellen sich Familien, die sich schwer tun, ihre gemeinsamen Werte zu artikulieren. Aber kehrt man den Prozess um und leitet aus den Zielen die Werte ab, klingt das folgendermaßen: „Damit das Unternehmen wächst, damit sich das Vermögen vermehrt, müssen wir fleißig sein und bodenständig bleiben."

Diese Herangehensweise instrumentalisiert die Werte, macht sie „verhandelbar". Steht – wie in dieser Formulierung – über allem das Ziel „Wachstum", dann finden sich auch andere Haltungen, die zielführend scheinen. Die Familie, die ihre Werte instrumentalisiert, beraubt sich der Chance, ein stabiles Fundament zu schaffen. Gerade sie machen unverwechselbar und erzeugen Stabilität. Sie sind immaterielles Vermögen.

In dieser normativen Kraft einer Familie steckt ein Vorteil von Familienunternehmen gegenüber Publikumsgesellschaften: eine derartige Auseinandersetzung über Werte ist auf einer Hauptversammlung schlicht nicht vorstellbar. Sie ist mit Blick auf die Fungibilität von Aktien und damit auf die ständigen Veränderungen im Gesellschafterkreis auch wenig nachhaltig.

---

13 *Tàpies/Ward*, Family Values and Value Creation, New York 2008, S. 4 (Übersetzung der Verfasserin).

2. Perspektive für Familie und Vermögen

Die Diskussion der Werte, die Erfahrung der Übereinstimmung sowie der Austausch über gemeinsame Erfahrungen und überlieferte Geschichten verändert den Ton in der Familie und erzeugt Gemeinschaft. 38

Die Formulierung und Konkretisierung der Ziele aber macht den Unterschied. In Familien, in denen die Entfremdung schon fortgeschritten ist, dominiert die Fragestellung: „Was nützt mir?“, „Was darf ich?“. Sind die Ziele von Familie und Vermögen bzw. Unternehmen nicht klar, nicht bewusst oder oft sogar von Widersprüchlichkeiten gekennzeichnet, so gewinnen persönliche, individuelle Ziele die Oberhand.

Die Verständigung auf gemeinsame Ziele richtet die Familie aus. Sie generiert eine gemeinsame Vorstellung von der Zukunft von Unternehmen, Vermögen und Familie. Durch die Beteiligung am Prozess erzeugt sie Verantwortung bei den Familienmitgliedern. 39

Gemeinsame Ziele geben auf alle drei oben genannten Herausforderungen (fehlende Unterscheidung von Funktion und Person, ungeeignete Entscheidungsmechanismen, Entfremdung) eine Antwort:

Üblicherweise streben Unternehmerfamilien danach, sowohl den Zusammenhalt in der Familie zu bewahren als auch ihr Vermögen zu erhalten. An der Auswahl eines geeigneten Nachfolgers oder der Entlassung eines mitarbeitenden Familienmitgliedes zeigt sich beispielhaft, wie konfliktär diese Ziele sind. Die Implikationen der Ziele zu Ende zu denken und schließlich Prioritäten zu setzen, macht Familien zukunftsfähig. Ziele der familiären oder Vermögenssphäre zuzuordnen, stärkt ihre Kompetenz, zwischen Person und Funktion zu trennen. 40

Gemeinsame Ziele zu definieren, ist auch für die Entwicklung geeigneter Entscheidungsmechanismen von zentraler Bedeutung. Die Geschwistergesellschaft, die sich vom Vorbild des Alleinentscheiders emanzipieren will, braucht die Erörterung gemeinsamer Ziele. Nicht die vorgegebenen, sondern die selbst gesteckten Ziele mobilisieren Verantwortung am wirkungsvollsten.[14] 41

Auch hierin kann die Gründergeneration Vorbild sein: bezieht sie die Erben im Rahmen einer Familienstrategie in die Entscheidungsfindung über die Vermögensübertragung ein, d.h. werden die Ziele offen besprochen und die möglichen Maßnahmen gemeinsam abgewogen, so wird die Nachfolgegeneration buchstäblich mit in die Verantwortung genommen.

Zur Diskussion von Zielen gehört ferner, die persönlichen Interessen und Ziele angemessen zu artikulieren. Im Prozess einer Familienstrategie wird so für den

14 Die Verantwortlichkeiten, wie nämlich Verantwortung in unterschiedlichen Funktionen zu konkretisieren und wahrzunehmen ist, ist von der Familie ebenfalls zu klären (siehe unten Rdn 45–51).

Einzelnen begreiflich, wo die Optimierung persönlicher Ziele mit dem Vermögenserhalt unvereinbar ist. Die Erfahrung lehrt aber auch, dass eine strenge Verzichtskultur Einfallstor für Konflikte ist und den familiären Zusammenhalt auf eine harte Probe stellen kann. Auf die Balance kommt es an. Und die Balance ist für jede Familie einzigartig und nur durch Kommunikation zu klären.

42 Für große Familien steht das Aushandeln der Balance nicht mehr im Mittelpunkt. Spätestens ab der 3. Generation, dem Vetternkonsortium, braucht die Familie eine Ablösung individualisierter, personenabhängiger Regeln und Ausnahmen. Mit dem Grundsatz „Unternehmensinteresse vor Familieninteresse vor Individualinteresse" kann sie ihr Miteinander an den Schnittstellen zum Unternehmen vereinfachen und stabilisieren und der Entfremdung späterer Generationen entgegen wirken. Diese Vereinfachung wirkt jedoch nur dann entlastend, wenn auf andere Weise der Familie genügend Raum gegeben wird.[15]

Je größer Familie und Vermögen, desto bedeutsamer wird die Festlegung der Ziele als Führungsinstrument. Entscheidungen werden delegiert, d.h. von ausgewählten Verantwortlichen getroffen (in einem entscheidungsbefugten Beirat, auf Geschäftsführerebene etc.). Die Diskussion von Zielen koordiniert die Erwartungen der Beteiligten, ihr Abgleich macht Erfolg oder Misserfolg transparent. Eingebettet in eine angemessene Kommunikationskultur und -struktur fördern sie Interesse und festigen Legitimation und Vertrauen.

3. Verantwortlichkeiten für Familie und Vermögen

43 Werte, Traditionen und eine lebendige Familiengeschichte bilden das Fundament. Ziele geben der Familie eine Perspektive, richten sie auf die Zukunft aus. Zu klären sind weitere Fragen:

- Wie wird verteilt?
- Wer übernimmt welche Aufgabe?
- Wie wird vergütet?

Die Familienstrategie beantwortet diese Fragen personenunabhängig. Für große Familien und große Unternehmen sind personenunabhängige Strukturen zwingend. Aus Sicht eines noch im Aufbau befindlichen Familienunternehmens ist das eine befremdliche Vorstellung. Personen, insbesondere Familienmitglieder werden als besonders wertvolle Ressource wahrgenommen, Strukturen und Abläufe an ihren Stärken ausgerichtet. Der erfolgreiche Gründer hat es vorgemacht: der Unternehmenserfolg ist Ergebnis der bestmöglichen Entfaltung seines Poten-

15 *„Die Bedeutung einer Family Governance ist nicht immer offensichtlich. Aber tatsächlich ist es einer der größten Vorteile der Beteiligung an einem Familienunternehmen, dass sie der Familie die Chance bietet zu erleben, wie es ist, zusammenzukommen und gemeinsam an der Verwirklichung gemeinsamer Interessen und Ziele zu arbeiten." Aronoff/Ward,* Familiy Business Governance, S. 12 (Übersetzung der Verfasserin).

tials. An dieser Philosophie hält die Familie erfahrungsgemäß mindestens eine weitere Generation fest. Sie stößt aber spätestens mit dem weiteren Wachstum an Grenzen. Den Übergang gilt es mit Respekt für beide Organisationsprinzipien zu gestalten. Aber wie ein wachsendes Unternehmen, so hat sich auch die wachsende Familie mit den Begriffen Führung und Verantwortung neu auseinander zu setzen.

a) „Wie wird verteilt?"

Die Erarbeitung der Werte, Ziele und Interessen zeigt, wieviel Kooperation die Familie sich zutrauen kann und will. Dabei löst die Familienstrategie einen Klärungs- womöglich sogar einen Entwicklungsprozess in der Familie aus. Die Kooperationsfähigkeit ist wesentliches Kriterium für die Wahl und Gestaltung des Beteiligungsmodells. Ob Gleich- oder Ungleichverteilung, Thronfolge, Realteilung, Verkauf, Stiftungslösung oder Mischformen – sie repräsentieren unterschiedliche Kooperations- und Qualifikationsanforderungen. Bisweilen wünschen Eltern, dass sich die Kooperationsfähigkeit ihrer Kinder an das Beteiligungsmodell anpasst. Doch hier ist Vorsicht geboten: Streitlustige oder wenig kommunikationsgeneigte Geschwister in einer 50/50-Verteilung haben es schwer mit dem Vermögenserhalt. 44

Neben der zentralen Frage, wie das Vermögen unter den Kindern verteilt wird, ist zu klären, ob eine Übertragung auch an Schwiegerkinder in Frage kommt. Auch Tabuthemen sind anzusprechen: Ist der Verkauf von Unternehmensanteilen legitim? Wie verhält er sich zu unserem Ziel, das Unternehmen langfristig in der Familie zu halten? Sind Szenarien denkbar, die zum Verkauf oder zur Aufnahme familienfremder Gesellschafter führen (z.B. strategischer Investor, Wachstumsfinanzier, Mitarbeiterbeteiligung)? Was bedeutet es für den Vermögenserhalt und den Familienfrieden, wenn ein Familienmitglied gegen seinen Wunsch Gesellschafter bleibt? Wie entstehen derartige Konstellationen, wie will die Familie gegebenenfalls vorbeugen? 45

Eine Familienstrategie im Vorfeld der Vermögensübertragung kann Lösungen für unterschiedliche Szenarien anlegen – ehe Sprachlosigkeit den Vermögenserhalt bedroht.

b) „Wer übernimmt welche Aufgabe?"

Wie will und kann die Familie künftig sich selbst und ihr Unternehmen führen? Wie balanciert sie diesbezüglich die unterschiedlichen Interessen? Was verlangen Fremdmanagement, gemischte Führung oder die operative Führung durch Familienmitglieder an Kooperationsfähigkeit und an Qualifikationen? Oder trifft die Familie diese Entscheidung nach anderen Prinzipien (Präsenz der Familie im Unternehmen, Entfaltungsmöglichkeiten von Familienmitgliedern etc.)? Das starke Wachstum einer Unternehmerfamilie erfordert erhebliche Änderungen der Führungsstrukturen. „*Wie die Familie diese schwierigen Themen entscheidet,* 46 *hängt maßgeblich davon ab, wie sie grundsätzliche Dilemmata (Werteparadoxien) auflöst.*“[16]

47 Die Anzahl der Familienmitglieder (siehe Rdn 23 Ausführungen zu den Entscheidungsmechanismen) und das gewählte Beteiligungsmodell geben einiges vor. Und doch sind darüber hinaus Gestaltungsspielräume der unterschiedlichen Führungsfunktionen zu dimensionieren: Die Gesellschafterstellung im Familienunternehmen ist nicht nur eine Vermögensposition. Was bedeutet für die Familie Unternehmensführung aus Gesellschaftersicht?[17] Ist eine Abstimmung nach Stämmen für uns geeignet? Welchen Beitrag könnte ein möglicher Beirat leisten? Was erwarten wir von einer Geschäftsführung?

Es geht darum, den Einfluss der Familie zu sichern und zugleich das Vermögen vor *verantwortungslosem Handeln seiner Eigentümer*[18] zu schützen. Es geht ferner darum, das immaterielle Vermögen der Familie (Werte, Historie, Talentpool etc.) zu nutzen, ohne das Unternehmen bzw. Vermögen zum Spielball familiärer Interessen werden zu lassen. Die familienspezifische Balance der Interessen von Unternehmen, Familie und Individuum gilt es in organisatorische Maßnahmen zu überführen und so zu stabilisieren.

48 Das Vorgehen versachlicht zentrale Fragen. Auf dieser Grundlage kann die Familie sich auch den emotionaleren Themen zuwenden: Welche Auswirkung hat es, Schwiegerkinder in diesen Gremien zuzulassen? Ist die Mitarbeit von Familienmitgliedern auch in anderen Funktionen möglich? Wie lauten die Voraussetzungen? Kann ich als Geschäftsführerin ausscheiden, wenn ich eine Familie gründen möchte? Wie gestalten wir das Loslassen des 79-jährigen Seniors?

Aber es geht nicht nur darum, den Einfluss der Familie auf das Vermögen zu kanalisieren. Es geht auch um die Frage, wie die Familie sich selbst führt, um ihre Ziele zu erreichen. Will die Familie spezifische Interessen in einer gemeinsamen Stiftung bündeln? Wie werden die Verantwortlichkeiten in der Familie verteilt?

Es ist selbstverständlich, zur Steuerung komplexer und dynamischer Unternehmen und großer Vermögen auf Strukturen und Regeln zurück zu greifen. Auch eine große Unternehmerfamilie mit ihren Schnittstellen zum Unternehmen ist komplex und dynamisch. Wie organisiert sie die Verantwortung für die Familie? Z.B. durch einen Verantwortlichen für die Unternehmerfamilie oder eine Gruppe von Verantwortlichen an der Schnittstelle von Familie und Unternehmen (Familienrat) wird sie personenunabhängig institutionalisiert. Es ist eine Führungsfunktion. Sie behält die Ziele für die Familie im Blick, beschafft die nötigen Ressour-

16 *Ward*, in *Tàpies/Ward*, Family Values and Value Creation, S. 102 (Übersetzung der Verfasserin).

17 Bei der Übertragung eines Ertragswertes ist die Frage nach der Übertragung von Verantwortung besonders wichtig – stärker als bei statischen oder vorrangig substanzorientierten Werten (Goldkette, Familiensitz).

18 *May*, in Frasl/Rieger (Hrsg.), Family Business Handbuch, S. 65.

cen. Sie entbindet die übrigen Familienmitglieder nicht von ihrer Verantwortung: „Zusammenhalt“ darf nicht zu einem unverbindlichen Wunsch verkommen.

Die folgende Abbildung illustriert beispielhaft einige Strukturelemente für die Unternehmerfamilie. 49

Abb. 5: Strukturen in der Unternehmerfamilie

Strukturen in der Unternehmerfamilie	
Familienrat	Koordination von Familienangelegenheit, ggf. koordinierende Schnittstelle zwischen Familie und Unternehmen
Stiftung	Koordination gemeinsamer wohltätiger, kultureller oder gesellschaftlicher Interessen etc.
Familienbüro/ Family Office	Koordination von Vermögens- und/oder Familienangelegenheiten als Dienstleister. Anders als im Familienrat wird die Tätigkeit meist vergütet; häufig familienfremde Mitarbeiter.

Beispiel

Der Anwalt der Familie V empfiehlt den Geschwistern einen Berater für Familienstrategie. Nach wenigen Treffen sind Fundament, Perspektive und die Verantwortlichkeiten geklärt (im Folgenden nur Ausschnitte dessen, was im Beispiel zu regeln wäre):

Die Geschwister etablieren einen Verantwortlichen für die Familie: Valeri wird sich künftig um die Belange der Familie kümmern. Dazu gehören z.B. die Fortführung des Familienarchivs und die Organisation regelmäßiger Treffen der wachsenden Familie am Familiensitz, um das immaterielle Vermögen der Familie zu erhalten.

Für das Unternehmen klären sie u.a. die Qualifizierung und Unterrichtung der Gesellschafter, auf Wunsch von Volkmer richten sie einen Beirat als Sparringspartner ein. Für die Geschäftsführung folgt daraus eine veränderte Berichterstattung. Valeri und Victor junior respektieren als nichttätige Gesellschafter das operative Geschäft als Domäne des Geschäftsführers – besonders Valeri empfindet es als Entlastung, nicht mehr alles wissen und verstehen zu müssen.

50 In der Vorbereitung eines Generationswechsels geht es nicht nur um die Vermögensübertragung, d.h. eine Veränderung in der Gesellschafterversammlung, oder nur um den Führungswechsel in der Geschäftsführung. Häufig stehen in allen Funktionen personelle Veränderungen, aber eben auch eine neue Ausgestaltung der Funktionen an. Erörtert die Familie die Entscheidungen gemeinsam, so verfügen die neuen Gesellschafter, Beiräte und/oder Geschäftsführer über einheitliche Erwartungen und eine stabile Legitimation. Das beugt Konflikten langfristig vor.

c) „Wie wird vergütet?"

51 Wer eine Aufgabe übernimmt, verdient ... Anerkennung, Respekt .... Das mag für die Funktion des Familienrates vielleicht ausreichen. Für alle Aufgaben im Unternehmen geht es auch um Geld. Für Gesellschafter um Ausschüttung bzw. Entnahmen, für Geschäftsführer (ggf. auch für Beiräte) um eine angemessene Leistungsvergütung, ebenso für weitere mitarbeitende Familienmitglieder. Es geht um die Verzinsung von Gesellschafterdarlehen, um die Vergütungen in Pacht-, Dienstleistungs- und Lieferverträgen oder anderen geschäftlichen Beziehungen. Und in aller Regel entscheiden Familienmitglieder über das, was andere Familienmitglieder erhalten. Vergütungsfragen sind eine Archillesferse des Familienfriedens. Familien sind gut beraten, diese Entscheidungen gut zu organisieren und sich der klassischen Entlastungsmechanismen zu bedienen. Delegation an einen familienfremden Verantwortlichen ihres Vertrauens: Der familienfremde Beiratsvorsitzende schlägt z.B. die Vergütung des Familiengeschäftsführers vor oder legt sie sogar fest. Regeln: x % des spezifizierten Cash Flows werden ausgeschüttet, sie dienen den Gesellschaftern ausdrücklich zum Aufbau privaten Vermögens. Oder: Die Vergütung von Leistungsbeziehungen mit Familienmitgliedern erfolgt wie unter fremden Dritten, evtl. fundiert durch Statistiken, Empfehlungen; keinesfalls entgegen den Richtlinien des Finanzamtes.

Die Familienstrategie ist nicht der geeignete Rahmen, um das Gewollte juristisch auszudrücken. Es geht um die Klärung des Grundsätzlichen und die Sensibilisierung für Zusammenhänge, insbesondere um die Auswirkungen auf den Erhalt des Vermögens (bzw. Fortbestand des Unternehmens) und den Zusammenhalt der Familie.

4. Regeln und Plattformen für die Familie

52 Neben der Klärung der Verantwortlichkeiten bedarf es weiterer Maßnahmen, um die Familie dauerhaft auf die gemeinsamen Ziele auszurichten und sie bei der Zielerreichung zu unterstützen.

Wie erläutert, stehen Unternehmerfamilien dabei nicht nur individuellen, sondern auch typischen Herausforderungen gegenüber. Für letztere haben sich einige geeignete Regeln und Plattformen herauskristallisiert, die Familien typischerweise einsetzen können. Sie reduzieren das Konfliktpotential und unterstützen die Familie im Umgang mit Konflikten. Sie vervollständigen die *Family Governance*.

a) Regeln

Regeln ordnen den Umgang der Familienmitglieder untereinander. Sie betreffen 53
z.B. Kommunikation, konstruktive Zusammenarbeit, den Umgang mit Konflikten oder mit Informationen. Sie werden bereits im Prozess der Familienstrategie angewandt und wirken sich schon dort positiv auf die Kooperationsbereitschaft aus.

Ferner flankieren Regeln die Verantwortlichkeiten. Sie helfen, familiäre und Unternehmensangelegenheiten zu trennen und die Funktionen entsprechend den gemeinsamen Zielen zu präzisieren. Dazu gehören insbesondere Vergütungs-, Zugangs- oder Qualifikationsregeln für Familienmitglieder. Im Rahmen der Familienstrategie geht es dabei vorrangig um die Konkretisierung und eine gemeinsame Ausrichtung der Erwartungen. Erst Kriterien ermöglichen Planung: Sind bspw. ein Studium und Führungserfahrung Anforderungskriterien für einen Geschäftsführer sowie ein gestufter Bewerbungsvorlauf von 2 Jahren (Interessensbekundung) und 1 Jahr (schriftliche Bewerbung) oder gilt eine Altersgrenze von 72 Jahren für den Beirat, dann können Kandidaten und Entscheider planvoll handeln.

Das Vereinbaren derartiger Regeln im gemeinsamen Prozess der Familienstrategie dient der Fairness in der Familie.[19] Es entlastet aber auch, indem es die Anzahl konfliktträchtiger Entscheidungen reduziert.

b) Plattformen

Eine Familienkultur festigt und erneuert sich in (ritualisierten) Begegnungen und 54
Kommunikation. Eine Unternehmerfamilie profitiert von spezifisch ausgestalteten Plattformen. Sie haben sich als wirksame Instrumente gegen Entfremdung bewährt. Ihre Ausgestaltung ist unterschiedlich, es geht im Folgenden um die Beschreibung typischer Elemente:

19 Vgl. dazu *Baus/Fritsch*, S. 29 ff.

Abb. 6: Plattformen der Unternehmerfamilie

Plattformen der Unternehmerfamilie	
Familientag	regelmäßige Treffen der Familie. Er dient dem Zusammensein und Austausch der Familienmitglieder, ihrer Qualifizierung und der Förderung des Interesses am Unternehmen
Familienseminar	zielgruppenspezifische Qualifizierung: Zusätzlich zum Familientag treffen sich Gruppen von Familienmitgliedern zur Weiterbildung in Gesellschafter-, Vermögens- oder auch Persönlichkeitsfragen
Familienarchiv/ Familien-Intranet	Sammlung und Austausch aktueller und historischer Informationen zur Familie (und ggf. Unternehmen sowie weiteren gemeinsamen Engagements)

55 Unter den genannten Elementen kommt dem Familientag in der Praxis die größte Bedeutung zu. Er bietet der Familie Gelegenheit zu Begegnung und Kommunikation. Dabei ist er weit mehr als ein unverbindliches Treffen der Familienmitglieder. Die Familie erhält sichtbar Gewicht im sonst oft vom Unternehmen oder Vermögen dominierten Miteinander. Besonders in großen Familien bietet er sowohl persönliche Begegnung als auch den Rahmen für einen strukturierten Austausch: in ihrer Funktion als Mitglieder der Unternehmerfamilie setzen sie die Arbeit an den Themen der Familienstrategie fort, treffen Entscheidungen über Fragen der *Family Governance*, unterfüttern das Interesse am gemeinsamen Unternehmen und Vermögen usw. aus der Perspektive der Familie.

In größeren Unternehmerfamilien spielt zudem die Ausgestaltung eines Familienseminars eine zentrale Rolle für die Qualifizierung (potentieller) Gesellschafter. Familienseminare stehen allen interessierten Familienmitgliedern offen, z.B. wird die Teilnahme von Ehepartnern oft ausdrücklich gewünscht.

E. Familiencharta

56 Die Ergebnisse der Familienstrategie werden in einer Familiencharta dokumentiert: das gemeinsame Verständnis der Familie von Fundament, Perspektive, Verantwortlichkeiten, Regeln und Plattformen. „*Die Familiencharta stabilisiert die Familie. Sie soll dadurch ihrer Verantwortung gegenüber Unternehmen und Vermögen besser gerecht werden.*“[20]

---

20 *Baus*, Familienstrategie, S. 134. Ein Beispiel für den Aufbau einer Familiencharta ebenfalls bei *Baus*, Familienstrategie, S. 137.

Die Struktur der Familiencharta korrespondiert mit den Bausteinen der Familienstrategie. So wie aber die Ergebnisse der Familienstrategie für jede Familie einzigartig sind, so familienspezifisch sind auch die Inhalte der Charta.

Abb. 7: Struktur einer Familiencharta[21]

Die Charta der Unternehmerfamilie Y		
I. Unser Fundament	Traditionen und Personen	
	Werte für Familie und Unternehmen	
II. Unsere Perspektive	Ziele für Familie und Unternehmen	
	Interessen und Prioritäten an der Schnittstelle von Familie und Unternehmen	
III. Unsere Verantwortlichkeiten	Funktionen in der Unternehmerfamilie	z.B.: Familienrat Stiftungsvorstand
	Funktionen im Unternehmen	Insbesondere: Gesellschafter Aufsichts-/Beirat Vorstand/Geschäftsführung Mitarbeit, Dienstleister etc.
IV. Unsere Plattformen	Begegnung und Kommunikation der Familienmitglieder	z.B.: Familientag Familien-Intranet Familienseminar
V. Unser Commitment	Geschichte und Gebrauch der Charta	
VI. Anhang	Regeln	z.B.: Kommunikationsregeln Verfahrensregeln Qualifikationsregeln
	Daten	zu den Familienmitgliedern zum Unternehmen/Vermögen

Adressaten der Familiencharta sind aktuelle und künftige Mitglieder der Unternehmerfamilie, die direkt oder indirekt Einfluss auf das Vermögen ausüben. Der Familienbegriff ist durch die Familie auszufüllen: Weder der Verwandtschaftsgrad noch die Beziehung zum Unternehmen sind allein ausschlaggebend. Die Familiencharta erleichtert die Kommunikation der Ergebnisse an neue Familienmitglieder – Kinder, Ehe- oder Lebenspartner – und ausgewählte Familienfremde (ggf. Führungskräfte, Testamentsvollstrecker etc). 57

21 Die Formulierungen in Abb. 7 sind auf Unternehmerfamilien zugeschnitten. Für Familien mit komplexem Vermögen (einschließlich oder ohne Unternehmensbeteiligung) werden sie modifiziert.

58 Von Überschneidungen mit vertraglichen Regelungen, insbesondere den gesellschaftsvertraglichen, ist schon aus praktischen Gründen abzusehen.[22] Generell ist es nicht Zweck der Charta, rechtlich verbindlich zu regeln. Ihr Zustandekommen, d.h. der Prozess und die Bausteine der Familienstrategie, zielen stattdessen auf das Commitment der Familienmitglieder, auf eine freiwillige Selbstbindung.

Die Familiencharta verzichtet bewusst auf Sanktionen. Sanktionen können die Kooperationsbereitschaft, eine gemeinsame Perspektive und das Vertrauen in einer Familie nicht herstellen und nicht ersetzen. Weniger die Familiencharta selbst als vielmehr der Prozess ihrer Erarbeitung erzeugen das Commitment der Familienmitglieder. Bei der Weitergabe an neue Familienmitglieder ist daher Wert auf die Vermittlung ihrer Inhalte und der Geschichte ihrer Entstehung zu legen.

Abb. 8: Unterschiede zwischen Gesellschaftsvertrag und Familiencharta bzw. Familienverfassung[23]

Familienverfassung	Gesellschaftsvertrag
Grundlagen und Werte an der Schnittstelle zwischen Familie und Unternehmen	Gesellschaftsrechtliche Ausgestaltung der Unternehmensform
Allgemein verständliche, untechnische Sprache	Juristisch-technische Sprache, die kaufmännisches und juristisches Verständnis voraussetzt
Rechtlich unverbindliche Absichtserklärung	Rechtlich verbindliche Regelungen, Rechte und Pflichten der Gesellschafter
Einstimmige Verabschiedung	Grundsätzlich gilt Mehrheitsprinzip
Rahmenregelungen für den grundsätzlichen Umgang der Familienmitglieder untereinander und im Verhältnis zur Gesellschaft	Detaillierte Regelung der einzelnen gesellschaftsvertraglichen Verhältnisse der Beteiligten

59 So verführerisch die Vorstellung auch sein mag, einer Familie den fertigen Vorschlag einer Familiencharta vorzulegen und so vermeintlich Zeit zu sparen, so wenig zielführend ist ein solches Vorgehen. Es geht ja nicht vorrangig darum, eine Familiencharta zu besitzen. Sie sollte keinesfalls als Statussymbol einer Unternehmerfamilie oder vermögenden Familie missverstanden werden. Das Nütz-

22 Ebenso *Lange*, in Röthel/Schmidt, S. 40. *Lange* legt nahe, auch auf eine Bezugnahme in der Präambel des Gesellschaftsvertrages auf die Charta zu verzichten, S. 44.

23 Abbildung aus *Hennerkes/Kirchdörfer*, Die Familie und ihr Unternehmen, S. 66; *Lange*, in Röthel/Schmidt, S. 39 plädiert für die Verwendung des Begriffs Familiencharta.

liche der Charta besteht vielmehr in der Verinnerlichung ihrer ganz spezifischen Inhalte. Dazu sind Reflexion und Kommunikation unerlässlich.

Die Inhalte der Familiencharta gilt es in der Familie präsent zu halten. Die allgemeinverständliche Sprache erleichtert dies[24] und verhindert, dass sie – wie so oft der Gesellschaftsvertrag eines Familienunternehmens – die Informationsasymmetrie noch verstärkt. Über die Charta zu sprechen, ihren Bezug zur Gegenwart herzustellen, erneuert die identitätsstiftende Kraft der in ihr formulierten Werte, die einende Kraft der Ziele, die ordnende Kraft der Verantwortlichkeiten, die Akzeptanz der Regeln und den Nutzen der Plattformen. 60

Die Familiencharta ist Ausdruck von Konstanz. Sie wird aber immer im Licht der Gegenwart gelesen. Familien ändern sich, Anforderungen ändern sich. Es ist darum klug, sie in einem definierten Prozess zu hinterfragen und in Korrespondenz zur gelebten *Family Governance* weiter zu entwickeln.

F. Fazit

Familienstrategie und Familiencharta sind Instrumente für den Vermögenserhalt. 61
Bei ihnen geht es bewusst nicht um die Gestaltung und Festschreibung rechtlicher Ansprüche. Das Denken in rechtlichen Ansprüchen kultiviert eher Abgrenzung und die Betonung von Individualinteressen und ist keine ausreichende Grundlage für Kooperation. Kooperation braucht ein gemeinsames Fundament und eine gemeinsame Perspektive.

Die Wirksamkeit von Familienstrategie und Familiencharta speist sich aus dem Commitment, aus der freiwilligen Selbstbindung der Familienmitglieder. Sie beruht sowohl auf dem Einbeziehen und Balancieren unterschiedlicher Interessen als auch auf einem verbesserten Verständnis sachlicher Zusammenhänge.

Das „*Regelungsdefizit*“[25] in Familien gilt es daher nicht in der Lesart der Juristen 62
auszugleichen. Es geht weniger um zusätzliche rechtliche Regelungen als um einen höheren Organisationsgrad und ein angemessenes Verständnis von Führung. Mithilfe einer Familienstrategie kann sich eine noch wenig geordnete Familie mit diffusem Interesse zu einer Unternehmerfamilie mit klarer Perspektive entwickeln.

Die Familienstrategie ist ein Klärungsprozess, der einer rechtlichen Gestaltung und steuerlichen Optimierung idealerweise vorgelagert ist. Er ordnet die Einzelfragen in einen strategischen Zusammenhang ein und ermöglicht so ihre grundsätzliche Beantwortung. Die Umsetzung der erforderlichen Maßnahmen profitiert von gefestigtem Vertrauen in der Familie und ihrer verbesserten Handlungs- und Entscheidungsfähigkeit.

---

24 Musterformulierung einer Familiencharta bei *Baus*, Familienstrategie, S. 145 ff.
25 *Baus*, Familienstrategie, S. 9.

§ 14 Vermögenserhalt durch professionelles Vermögensmanagement

Übersicht:

A. Asset Allokation

I. Einleitung

Im Rahmen der Vermögensallokation, der so genannten Asset Allokation, geht es um die Frage, wie die Vermögenswerte der Familie allokiert werden. Was bedeutet das? 1

Eine Unternehmerfamilie hat in der Regel einen Großteil ihres Vermögens im Unternehmen gebunden. Das Unternehmen generiert Erträge, die entweder in das Unternehmen reinvestiert oder an die Gesellschafter ausgeschüttet werden. Sofern sie ausgeschüttet werden, sammelt sich mit der Zeit Vermögen auch außerhalb der Firma an. Die Vermögenswerte können aber auch aus dem Verkauf des Unternehmens stammen.

Grundsätzlich ist das eigene Unternehmen den gleichen Elementarrisiken der **Inflation** und **Deflation** ausgesetzt wie alle anderen Anlageformen (auf die zahlreichen weiteren Risiken wird hier nicht gesondert eingegangen). Die Familie muss sich daher die Frage stellen, ob und welche andere Anlageklassen dazu beitragen können, das Risiko des **Gesamtvermögens** zu senken.

II. Strategische Asset Allokation

Die Beantwortung dieser Frage erfordert die Betrachtung von zwei zentralen Themenfeldern. Der erste Themenkomplex befasst sich mit den Kenntnissen der wirtschaftlichen Rahmenbedingungen und des Kapitalmarktes. Hierfür müssen die Charakteristika der **Anlageklassen** bekannt sein: Was zeichnet eine Anlageklasse aus? Wo liegen ihre spezifischen Risiken? Wie verhält sich die Anlageklasse in Phasen der **Deflation** oder **Inflation**? In welcher Situation befinden wir uns heute, und wie wirkt sich die aktuelle politische, gesellschaftliche und wirtschaftliche Gesamtsituation auf die Anlageklasse aus? 2

Der zweite Themenkomplex umfasst die familienindividuellen **Ertrags**- und **Risikoanforderungen**. Das bedeutet, dass im Zuge des Strukturierungsprozesses beantwortet werden muss, wie lange das zur Verfügung stehende Kapital gebunden sein kann, ob laufende Ausschüttungen benötigt werden und vor allem, wie stark das Vermögen schwanken darf: Wie hoch ist die Verlusttoleranz, falls das investierte Vermögen im Wert fällt? Bei Kapitalmarktanlagen muss den Vermögensinhabern klar sein, dass mit einer Schwankung zu rechnen ist.

3 In der **Finanzkrise** hat ein weltweites Aktienportfolio (beispielsweise ein Aktien-Welt-Indexfonds) vom Hoch im Jahre 2007 bis zum Tief im Jahre 2009 über 50 % seines Wertes verloren.[1] Der dadurch ausgelöste Stress und teilweise auch die Ängste der Vermögensträger führen mit großer Wahrscheinlichkeit zur Vernichtung von Vermögen, wenn zum falschen Zeitpunkt die „Reißleine" gezogen wird. Wenn die individuellen **Risikoneigungen** und **Risikotragfähigkeiten** innerhalb einer Familie unterschiedlich sind, dies aber im Vorfeld nicht berücksichtigt wurde, z.B. bei einer Bündelung in einer Familiengesellschaft, kann es neben den wirtschaftlichen Vermögensschäden zu Friktionen in der Familie kommen. Die Familienmitglieder mit einer niedrigeren Risikoneigung werden sich dann mit hoher Wahrscheinlichkeit früher oder später aus dem Verbund lösen.

4 Die laufenden Erträge aus einem breit gestreuten weltweiten Aktiendepot brachen während der Finanzkrise zwischen den Jahren 2007 und 2009 um ca. 30 % ein.[2] Falls im Rahmen einer Schenkung Vermögen schon zu Lebzeiten von der älteren auf die jüngere Generation unter Nießbrauchsvorbehalt übertragen wurde, kann ein solcher Rückgang des Einkommensstroms den Nießbrauch-Nehmer vor Probleme stellen.

Ein ganz wesentlicher Baustein zum langfristigen **Vermögenserhalt** ist daher die so genannte **strategische Asset Allokation**, also die Erarbeitung der passenden langfristigen Vermögensallokation. Vereinfacht gesagt handelt es sich um die Frage, wie hoch im langfristigen Mittel der Aktienanteil im **Gesamtvermögen**, die Zielaktienquote, sein sollte, und welcher Teil des Gesamtvermögens in festverzinslichen Anlagen, den Anleihen, angelegt wird. Dabei stehen Aktien für sämtliche Anlagen mit Eigenkapitalcharakter und Anleihen für sämtliche Investitionen mit Fremdkapitalcharakter.[3] Dazu müssen langfristige Ertragserwartungen erarbeitet und erwartete Risiken der Anlagen abgeschätzt und auf die individuelle Ertrags- und Risikoumgebung der Familie zu einer Langfriststrategie zusammengefügt werden.

Diese Entscheidung begründet einen Großteil der langfristig erzielbaren und in der Rückschau erreichten Wertentwicklung.

---

1 Quelle: HQ Trust GmbH.
2 Quelle: Datastream, HQ Trust GmbH.
3 Quelle: HQ Trust GmbH.

Die nächste Entscheidungsebene ist die Taktik. Hier werden kurz- bis mittelfristige Allokationsentscheidungen getroffen, z.B. ob deutsche oder japanische Aktien gekauft werden. Die Entscheidung, ob Aktie A oder Aktie B gekauft werden soll, wird Selektionsentscheidung genannt. 5

Das erzielte Gesamtergebnis wird durch diese drei Entscheidungsebenen abzüglich Kosten bestimmt. Es ist wichtig zu wissen, dass der wesentliche Teil der in langen Zeiträumen erzielten Wertentwicklung auf die strategischen und taktischen Entscheidungen zurückzuführen ist.

III. Ertrag und Risiko

Für den langfristigen Kapitalerhalt ist eine ungefähre Einschätzung des zukünftigen Ertrages und des damit verbundenen Risikos entscheidend. 6

Zur Verdeutlichung sollen folgende Beispiele dienen: Ein Vermögen, dass in US-Staatsanleihen angelegt war, stagnierte real, d.h. nach Inflation, 46 Jahre lang und verlor (von 1940 bis 1985) zwischenzeitlich ca. 57 % des Wertes. Ein komplett im US-Geldmarkt angelegtes Vermögen stagnierte real sogar 61 Jahre. Ein US-Aktienvermögen stieg im gleichen Zeitraum um ca. +1.800 % an.[4] Die vergangenen 30 Jahre dagegen waren der erste 30 Jahreszeitraum, in dem Anleihen sich in der Breite besser als Aktien entwickelten.

Was waren die Gründe hierfür? Und macht es überhaupt Sinn, sich mit der Frage zu beschäftigen, welche Anlageklassen zukünftig eventuell besser abschneiden werden? Viele Marktteilnehmer verneinen dies mit der Begründung, dass Märkte und Marktteilnehmer rational agieren, und es daher nicht möglich ist, eine Mehrrendite zu erzielen. 7

Durch den Vergleich der Historie mit der gegenwärtigen Situation lässt sich ein Mehrwert generieren, indem analysiert wird, mit welchem historischen Ausgangspunkt die heutige Situation vergleichbar ist. Aus dem Vergleich können wichtige Schlussfolgerungen gezogen werden.

Spiegelt der Preis einer Anlage die Zukunftsaussichten entsprechend wider? Diese Frage wird im Rahmen der Analyse und der Bewertung einer Anlage annähernd beantwortet.

4 Quelle: HQ Trust GmbH.

8 **Abbildung: Wirkung der Financial Repression**

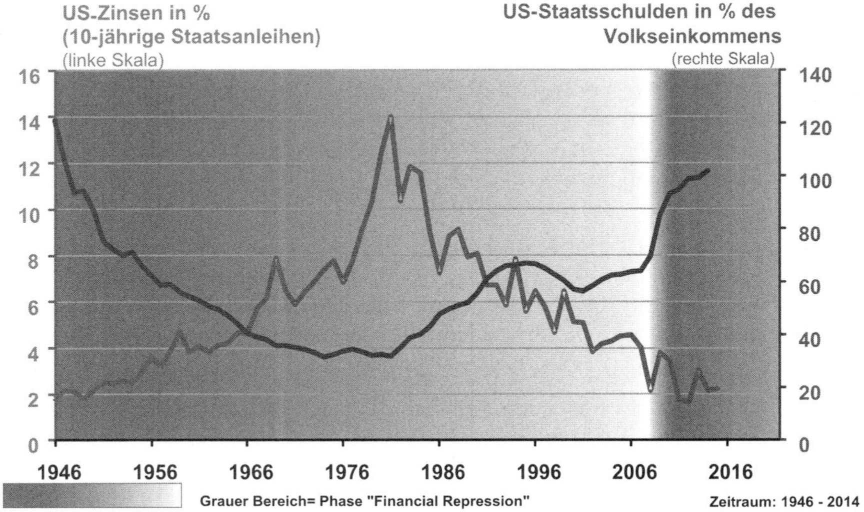

Nach dem Zweiten Weltkrieg waren die in den Krieg verwickelten Staaten hoch verschuldet. Vor dem Hintergrund der Erfahrungen aus der großen Depression (1929) entschieden sich die USA dafür, den Zins durch Käufe von Anleihen unter die Inflationsrate zu drücken. Die so genannte *Financial Repression* wurde durchgeführt.

Die Grafik[5] veranschaulicht, dass die Zinsen in Phasen hoher Verschuldung, z.B. nach dem Zweiten Weltkrieg oder im Jahr 2016, niedrig sind. In Phasen der moderaten Verschuldung dagegen sind die Zinsen deutlich höher.

9 Im Gegensatz zur richtigen kaufmännischen Logik, nämlich bei einem verschuldeten Kreditnehmer einen höheren Zins zu verlangen, passierte also genau das Gegenteil. Dadurch gelang es in einem Zeitraum von ca. 30 Jahren, die Staatsschulden, ausgedrückt in Prozent der Wirtschaftsleistung, von ca. 120 % auf wieder gut finanzier- und tragbare ca. 40 % der Wirtschaftsleistung zu reduzieren. Nur deshalb war es überhaupt möglich, dass *Paul Volker* als Chef der US-Zentralbank im Jahr 1980 den Zins innerhalb weniger Monate von 10 % auf 19 % anheben konnte, da der Schuldenstand so stark gesunken war. Damit begann die einmalige Phase, in der die Anleiherenditen bis auf die heutigen Rekordtiefstände sanken und Anleihen aktienmarktähnliche Erträge bei niedriger Schwankung brachten. Als Folge der niedrigen Zinsen haben die Staaten und viele private Anleger die Verschuldung wieder erhöht. Der letzte massive Anstieg war eine

5 Quelle: HQ Trust GmbH.

Auswirkung der Finanzkrise, als die Staaten insolvente Banken retten mussten, um einen vollständigen Kollaps des Weltfinanzsystems und der Weltwirtschaft zu verhindern. Überwiegend wurden die Staatsschulden aber in den Jahrzehnten davor durch falsche Politik angehäuft.

Die Gesamtverschuldung, d.h. die Verschuldung des Staates, der Haushalte, Firmen und Banken Europas beträgt 430 % des Bruttoinlandsprodukts.[6] In den USA beträgt der Wert 360 %,[7] und insbesondere Japan ist heute auf Rekordniveau. Ein weiteres Problem ist die demografische Entwicklung. Die zukünftig zahlenmäßig kleineren Generationen müssen die Mittel für die riesigen Schuldenberge erwirtschaften und für die Rückführung sorgen. Die Gesamtverschuldung Japans liegt bei atemberaubenden 637 %.[8] 10

Die langfristigen Auswirkungen sind enorm, und die weltweit aggressive Zentralbankpolitik ist nur eine Folge. Natürlich lassen sich unterschiedliche Rückschlüsse aus dem Vergleich mit der Historie ziehen, aber vor dem Hintergrund der oben beschriebenen Entwicklung, die bis heute zu nie gekannten Niedrigzinsen geführt hat, ist die Wahrscheinlichkeit sehr gering, dass sich die Entwicklung der letzten 35 Jahre fortsetzen wird.

IV. Bewertungsmodelle für Anlageklassen

Es existieren diverse Bewertungsmodelle für die unterschiedlichen Anlageklassen und Anlagen. 11

Dass die Bewertung eine Aussage über die zukünftig zu erwartenden Erträge zulässt, wird am Beispiel des so genannten **„realen Shiller-Kurs-Gewinn-Verhältnisses“** (**Shiller-KGV**) für US-Aktien deutlich. Diese Kennzahl wurde von Professor *Robert Shiller* entwickelt und gibt Auskunft darüber, welche Erträge eine Firma nachhaltig über einen Zeitraum von zehn Jahren erzielen konnte. Die realen Erträge, d.h. nach Abzug der Inflationsrate, werden durch den aktuellen Marktpreis (= der Börsenkurs einer börsennotierten Firma) dividiert. Durch die Berücksichtigung des langen Zeitraums von zehn Jahren sollen der Einfluss von kurzfristigen Schwankungen reduziert sowie verschiedene konjunkturelle Zyklen berücksichtigt werden. Die von einer Firma nachhaltig erzielten Gewinne sind entscheidend. Hier am Beispiel von US-Aktien:[9]

6 Quelle: Datastream, HQ Trust GmbH.
7 Quelle: Datastream, HQ Trust GmbH.
8 Quelle: Datastream, HQ Trust GmbH.
9 Quelle: HQ Trust GmbH.

Abbildung: Reales Shiller-KGV und US-Aktienmarktentwicklung

12 Im Jahr 1999 wurde der US-amerikanische Aktienmarkt als Folge der High-Tech-Aktien-Blase mit einem **Shiller-KGV** von 43 bewertet. Die Aktien wurden mit dem 43-fachen des durchschnittlich erzielten Gewinns der letzten zehn Jahre bewertet. Die Aktienperformance (gestrichelte Linie) lag daraufhin in den folgenden zehn Jahren bei jährlich –2,3 %. Die Aussagekraft dieser Kennzahl ist sehr hoch. Die nachfolgend dargestellte Regression zeigt, dass damit fast 72 % der zukünftigen Erträge erklärt werden können (siehe Grafik).[10]

10 Quelle: HQ Trust GmbH.

Abbildung: Regression Shiller-KGV und US-Aktienmarktentwicklung

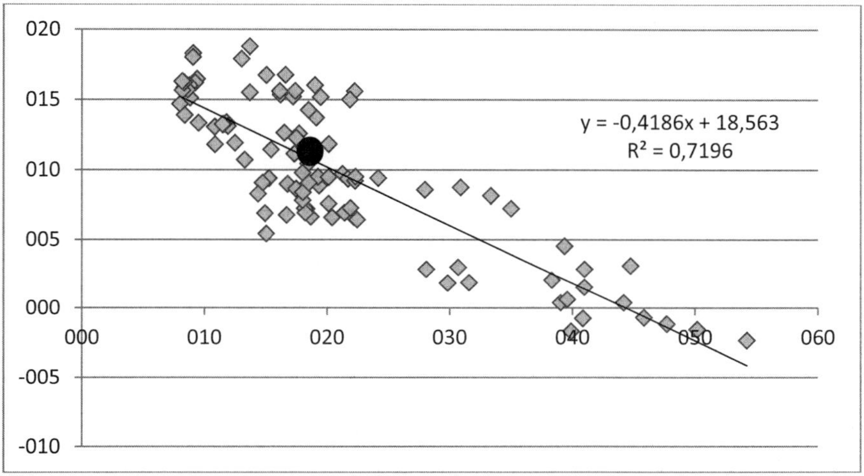

Eine Möglichkeit, die Bewertung von Staatsanleihen vorzunehmen, liegt in der Betrachtung der aktuellen Rendite. Da bei Anleihen kein Anwachsen des Zahlungsstroms stattfindet, sondern der Einkommensstrom gleich bleibt, wird auch die Bezeichnung „Rente" verwendet. Auf der Grafik[11] ist ersichtlich, dass die erzielte Wertentwicklung nach einem Zeitraum von zehn Jahren sehr nah an der Bewertung des Zeitpunktes von vor zehn Jahren orientiert ist. 13

11 Quelle: HQ Trust GmbH.

Abbildung: Anfangsrendite deutscher Staatsanleihen und Performance in den folgenden 10 Jahren

14 So ist die von heute an zu erwartende Wertentwicklung auf Basis dieser Überlegung mit ca. 0,4 % p.a. vor Steuern und Inflation anzusetzen. Die Erfahrung hat gezeigt, dass Zinsprognosemodelle auf Basis volkswirtschaftlicher Daten keine besseren Ertragsschätzungen ergeben.

Die Staatsanleiherendite ist die Orientierungsgröße für sämtliche anderen Anleihepapiere, seien es Pfandbriefe, Unternehmensanleihen und Hochzinsanleihen. Je nach Anleiheart müssen weitere bzw. andere Parameter berücksichtigt werden.

V. Korrelation von Aktien und Anleihen

15 Früher brachte ein typisches Portfolio, bestehend aus 50 % Anleihen und 50 % Aktien, eine Rendite von ca. 8,3 % p.a.[12] Die Anleger profitierten von der oben beschriebenen Entwicklung der vergangenen 36 Jahre. Zusätzlich kam seit 1998 ein weiterer begünstigender Faktor hinzu: Im Jahr 1998 wurde Russland zahlungsunfähig, und der Hedgefonds Long-Term Capital Management (LTCM) ging pleite. Daraufhin änderte sich die wirtschaftlich normale **Korrelation** zwischen Aktien und Anleihen. Was bedeutet das?

Bei gemischten Portfolios, bestehend aus Aktien und Anleihen, ergab sich in den vergangenen Jahren der große Vorteil, dass der Zusammenhang (Korrelation)

12 Quelle: HQ Trust GmbH, es wurde der MSCI Welt Index für Aktien und der Rexp Index für Anleihen verwendet.

zwischen Aktien und Anleihen negativ war (siehe Grafik[13]). Fielen die Aktien (-kurse), so stiegen die Anleihen(-kurse). Dies hatte den angenehmen Effekt, dass ein Portfolio relativ schwankungsarm zusammengesetzt werden konnte.

Abbildung: Korrelation von US-Aktien und US-Staatsanleihen

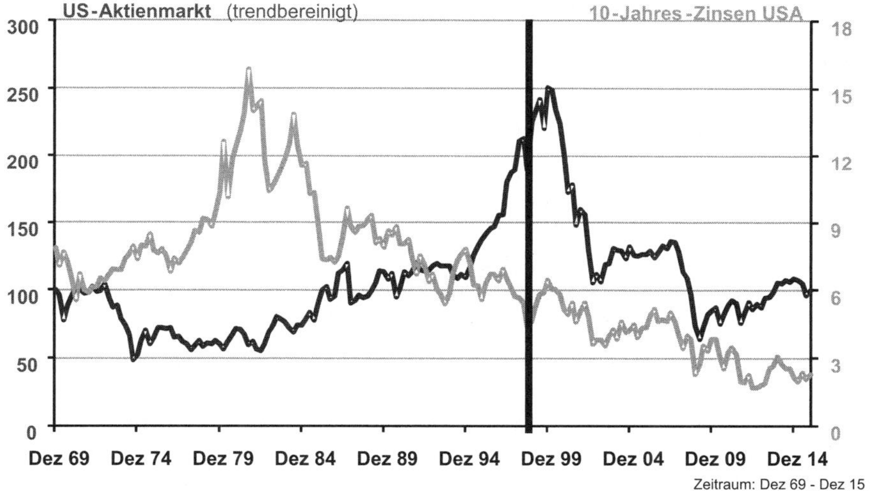

Was ist der Hintergrund für diese Einschätzung? Normalerweise steigt der aktuelle Wert eines Unternehmens, wenn die Zinsen sinken. Dies liegt daran, dass die zukünftigen Zahlungsströme einer Firma auf den heutigen Zeitpunkt abgezinst bei einem höheren Zins geringer ausfallen als bei einem niedrigen Zins. 16

Beispiel

Eine Firma generiert jährlich auf Dauer einen Zahlungsstrom von 1000. Bei einem Zins von 10 % ergibt sich ein Firmenwert von 10.000. Bei einem Zins von 5 % entspricht dies einem Wert von 20.000.

Dies ist in „normalen" Zeiten sinnvoll, da ein niedriger Zins auf viele Bereiche der Wirtschaft stimulierend wirkt und mit einer gewissen zeitlichen Verzögerung für eine erhöhte Wirtschaftstätigkeit und somit steigende Firmenergebnisse sorgt. In Kenntnis und im Vertrauen auf diesen Mechanismus antizipierten die Marktteilnehmer diesen Prozess und sinkende Zinsen führten zu steigenden Marktwerten der Unternehmen.

Dieses Vertrauen ist seit der Russland-Pleite und dem Zusammenbruch des Hedgefonds Long-Term Capital Management im Jahr 1998 gestört. Seither wer- 17

13 Quelle: HQ Trust GmbH.

den sinkende Zinsen als dauerhaft schlechte Perspektive bewertet, und infolgedessen ist die Korrelation negativ.

Lediglich in extremen Fällen der Überschuldung – wie beispielsweise Griechenland im Jahr 2011 – ist die Korrelation positiv, d.h. bei fallenden Anleihekursen (= steigende Zinsen) fallen auch die Aktienkurse. Griechenland mag aufgrund seiner desaströsen Politik und der „*Corporate Governance*" des gesamten Landes ein Sonderfall sein, allerdings ist der Zenit eines überschuldeten Landes auch bei besserer Politik und stärkerer Wirtschaftskraft irgendwann erreicht.

VI. Portfoliokonstruktion und Diversifikation

18 Angesichts der Kombination aus schlechter Bonität großer Teile des Anleiheuniversums und gleichzeitig aktuell extrem niedrigen Zinsniveaus müssen folgende Aspekte hinterfragt werden: Können Anleihen diesen „Schutz" im Portfolio noch leisten? Wie kann ein typisches „klassisches" Portfolio aus Aktien und Anleihen auf die heutigen Kapitalmarktherausforderungen ausgerichtet und in Einklang mit den familienspezifischen Vorgaben gebracht werden?

19 Dazu sollte das in Betracht kommende Anlageklassenspektrum erweitert werden. Beispielsweise bietet der Markt für nicht-börsengelistete Unternehmen, sogenanntes ***Private Equity***, eine Alternative. Ein breit gestreutes ***Private-Equity***-Portfolio hat in der Vergangenheit eine Wertentwicklung erwirtschaftet, die einige Prozentpunkte über der Aktienmarkt-Performance lag. Es ist vor allem aus zwei Gründen davon auszugehen, dass dies auch zukünftig erzielt werden kann.

Erstens ist die ***Corporate Governance*** häufig besser, da die Interessen der Zielfirmen und der Private Equity Fonds tendenziell stärker mit den Interessen der Anleger übereinstimmen. Zweitens können mittel- und längerfristige Entscheidungen zur Entwicklung der Zielfirmen getroffen werden, da im Gegensatz zu börsennotierten Gesellschaften der Druck der Analysten und des Kapitalmarktes wegfällt, der häufig die Ursache für kurzfristig ausgerichtete Entscheidungen ist.

20 Die Anleiheanlagen sollten um das Segment *Private Debt*, die private Kreditvergabe, erweitert werden. Dabei wird klassisches Kreditgeschäft gemacht, jedoch nicht von Banken, sondern von Fonds, die für Anleger ein diversifiziertes Kreditportfolio aufbauen. Banken ziehen sich zunehmend aus diesem Segment zurück, zum Teil wegen regulatorischer Anforderungen, aber auch, weil diese Fonds den Kreditnehmern eine größere Flexibilität bei den Kreditbedingungen ermöglichen. Unter Hinzunahme von Immobilien und Hedgefonds kann ein akzeptables **Ertragsziel** erreicht werden. Allerdings muss in Kauf genommen werden, dass das Vermögen illiquider wird.

21 Das Universum der Hedgefonds ist groß und beinhaltet unterschiedlichste Strategien. Es ist das Ziel dieser Fonds, unabhängig von der allgemeinen Marktbewegung durchgehend positive Erträge zu erwirtschaften. Dazu zählen z.B. Strategien, die eher Aktiencharakter haben, und solche mit eher defensivem Charakter,

vergleichbar mit Anleihen. Ein breit gestreutes Portfolio defensiver Hedgefonds-Strategien hat in der Vergangenheit eine Wertentwicklung gezeigt, die bei vergleichbarer Schwankung jährlich mehrere Prozentpunkte oberhalb der von Staatsanleihen lag. Zwar ist das absolute Renditeniveau aufgrund hoher Mittelzuflüsse und dem generellen Absinken des Niveaus von Staatsanleihen als Basisanlage vieler Strategien gesunken, aber es ist davon auszugehen, dass die Wertentwicklung auch zukünftig oberhalb der von Staatsanleihen liegen wird. Vor diesem Hintergrund haben Hedgefonds als Portfoliobeimischung ihre Berechtigung.

Immobilien sind ebenfalls sehr differenziert zu betrachten, sofern aber keine 22
Prestigeprojekte erworben werden, sollte die vermietete Wohnimmobilie ihren Beitrag im Portfolio leisten können. Gold ist nach wie vor ein Schutz vor **Deflation** und **Inflation**. In Zeiten des Papiergeldes und der gleichzeitig oben genannten enormen Verschuldung ist zu hinterfragen, ob die Mittel zur Begleichung der Schulden auf kaufmännische Art und Weise verdient und zurückgezahlt werden können. Insbesondere für die staatlichen Schuldner ist dies sehr unsicher. Die Historie zeigt, dass staatliche Schuldner tendenziell schlechte Schuldner sind. Vor allem gilt es zu bedenken, dass die Politik letztlich die „Spielregeln" durch die Gesetzgebung bestimmt. Insofern muss davon ausgegangen werden, dass die Kaufkraft des Geldes im Zeitverlauf deutlich abnimmt. Daher sollte Gold in jedem Fall ein Portfolio-Bestandteil sein. Es ist jedoch wichtig zu wissen, dass Gold diesen Schutz nicht permanent bietet. Aufgrund der hohen Schwankung, analog zu Aktien, kann es unter Umständen viele Jahre dauern, bis sich die Wertsicherung eingestellt hat.

So wird aus dem oben beschriebenen klassischen Aktien-Anleihe-Portfolio mit 23
einem langfristigen erwarteten jährlichen Ertrag von ca. 4,2 % ein Portfolio, das bei vergleichbarer Portfolioschwankung eine langfristige Ertragserwartung von 7,2 % p.a.[14] aufweist. Die über viele Jahrzehnte sicheren Rentenanlagen werden bis auf eine Restgröße ersetzt, um den oben beschriebenen Risiken aus dem Weg zu gehen (siehe folgende Grafik)

14 Quelle: HQ Trust GmbH.

Abbildung: „Klassische Allokation" versus „Alternativ-Allokation"[15]

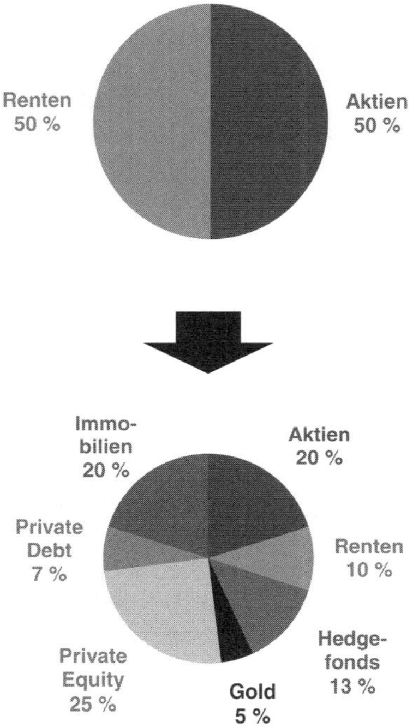

Durch die Hinzunahme von Anlagen, die aus rein wirtschaftlicher Betrachtung gute Ertragschancen aufweisen, lässt sich die Ertragserwartung für das **Gesamtvermögen** bei gleicher Schwankung deutlich steigern und dient somit dem langfristigen **Vermögenserhalt**.

B. Vermögenserhalt durch den Einsatz eines Family Offices

I. Einleitung

24 Das Familienbüro bzw. das *„Family Office"* ist zurzeit in aller Munde, und diese Bezeichnung wird häufig verwendet, da sie ein Synonym für die Beratung und Betreuung hochvermögender Kunden ist und damit ein für viele Berater und Unternehmen interessantes Betätigungsfeld. Teilweise ist es auch auf die Folgen der **Finanzkrise** zurückzuführen, bei der viele Finanzdienstleister und Anlagebe-

15 Quelle: HQ Trust GmbH.

rater an ihren Ansprüchen an die eigene Beratungsleistung gescheitert sind, dass sie sich eine andere, klangvolle Bezeichnung gesucht haben. Der eigentliche Grund für das steigende Interesse und das Wachstum des Marktes für *Family-Office*-Dienstleistungen ist aber, dass seit dem Zweiten Weltkrieg bedeutendes unternehmerisches Vermögen geschaffen wurde, das es zu erhalten und zu vermehren gilt. Gleichzeitig sind auch die Unternehmerfamilien gewachsen.

Allein aus diesen beiden Faktoren ergeben sich komplexe Fragestellungen zu Vermögens-, Nachfolge- und Strukturierungsthemen bis hin zu Berichtswesen und IT, vor allem aber Personalfragen. Welche Beratungsdienstleistungen Familien in Anspruch nehmen sollten und welche Struktur für sie am besten passt, hängt von ihren individuellen Zielen ab. Egal, für welche Form des *Family Offices* sich eine Familie entscheidet: An erster Stelle steht das Vertrauen in die Partner.

II. Was ist ein Family Office?

Ein *Family Office* befasst sich mit sämtlichen Aufgaben, die mit der Betreuung 25
von Familienangelegenheiten und der Verwaltung eines großen Vermögens einhergehen. Die Ausprägungen solcher *Family Offices* sind so vielfältig wie die dahinterstehenden Familien (siehe hierzu auch § 13 Familienstrategie und Familiencharta).

Durch ein *Family Office* werden in der Regel zwei große Tätigkeitsfelder in unterschiedlicher Dienstleistungstiefe abgedeckt: Neben der Organisation und Durchführung von Familienangelegenheiten, Familientagen und privaten Services übernimmt ein *Family Office* die Vermögensverwaltung (Strukturierung, Optimierung und Anlage des Vermögens), die Vermögensbuchhaltung, das Vermögensreporting und das Controlling. Dazu gehört auch die Steuerung von Dienstleistern, wie z.B. Banken, Immobilien- und Vermögensverwalter, die Informationsaufbereitung und die Koordination von Steuer- und Rechtsberatern. Da jeder Berater seine eigene Perspektive auf die jeweilige Aufgabenstellung hat, ist es wichtig, dass der *Family Officer* das übergeordnete Ziel verfolgt und die Koordination bzw. Projektsteuerung übernimmt.

Bevor eine Unternehmerfamilie ein eigenes *Family Office* gründet oder sich für 26
den Anschluss an ein bestehendes *Family Office* entscheidet, sollten gemeinsam die Ziele erarbeitet werden, die der Familie wichtig sind und die sie mithilfe des Familienbüros erreichen will. Die Ziele sind die Grundlage für den Zuschnitt des *Family Offices*. Eines der am häufigsten genannten Ziele ist die Wahrung des Familienzusammenhalts, die professionelle Begleitung und Organisation des Familienverbundes. Dieses vorrangige Ziel ist auch unter wirtschaftlichen Gesichtspunkten sehr sinnvoll. Die Bündelung des Familienvermögens ist von Vorteil aufgrund der erzielbaren Skaleneffekte und aus Gründen der **Asset Allokation**. Fixkosten lassen sich auf eine breitere Basis verteilen, die Verhandlungsposition gegenüber Dienstleistern wird gestärkt, und es können vorteilhafte Konditionen

verhandelt werden. So sinken z.B. die Honorare der Depotbanken und Vermögensverwalter, die in der Regel prozentuale Gebührensätze auf das verwaltete Vermögen berechnen, relativ zum Anlagevolumen.

27 Das Vermögen kann bei Bündelung mit größeren Losgrößen vorteilhafter allokiert werden. Häufig werden von erfolgreichen Asset Managern Mindestanlagevolumina verlangt, was durch die Bündelung erreicht werden kann.

Praxistipp
Ein Private Equity Manager verlangt ein Mindestzeichnungsvolumen von 1 Mio. EUR. Bei einer Zielquote von 15 % des **Gesamtvermögens** sollten für eine Mindestdiversifikation 15 Manager mit jeweils 1 % ausgewählt werden. 15 % entsprechen 15 Mio. EUR, und somit errechnet sich ein **Gesamtvermögen** von 100 Mio. EUR.

28 Typischerweise hat eine **Unternehmerfamilie** im Unternehmen und auch außerhalb über Jahre hinweg Vermögen gebildet, oder es wurde durch einen Unternehmensverkauf Vermögen freigesetzt. Neben vermögensspezifischen Fragen sind für den langfristigen **Vermögenserhalt** auch Fragen zur Familienstruktur und Organisation entscheidend (siehe § 13 Familienstrategie und Familiencharta). Denn ein *Family Office* ist ein Teil der gesamten Familienstruktur. So stellen sich Familien z.B. nach dem Verkauf des Familienunternehmens die Frage, was „danach" kommt. Über viele Jahre war das Unternehmen der Dreh- und Angelpunkt der Familie, manchmal vielleicht auch zum Leidwesen einiger Familienmitglieder. Ein breit gestreutes Vermögen ist dagegen abstrakter, und die bei wachsenden Familien wirkenden „Zentrifugalkräfte" sind nicht leicht zu steuern: Die Interessen der Familienmitglieder sind unterschiedlich, und die Charaktere mindestens ebenso. Wichtig ist, dass nicht der Patriarch für alle Familienmitglieder entscheidet, sondern dass auch die anderen Familienmitglieder, gerade die jüngeren, „abgeholt" werden. Denn die nächsten **Generationen** werden das ursprüngliche Unternehmen nicht mehr in der heutigen Form vorfinden, und der Vermögensausweis auf einem Bankbeleg entspricht eben nicht dem Wert des eigenen Unternehmens, auch wenn die Beträge identisch sind.

29 Um den Zusammenhalt in der immer größer werdenden Familie langfristig zu erhalten bzw. zu stärken, haben viele Familien regelmäßig stattfindende Familientage oder andere Formen des persönlichen Austauschs etabliert (siehe § 13 Rdn 55). Das *Family Office* kann bei der Erarbeitung des für die Familie passenden Formats und bei der Organisation unterstützen.

III. Übergeordnete Themen

30 Eine gute ***Corporate Governance***, d.h. die Grundsätze guter Unternehmensführung, gelten für ein *Family Office* genauso wie für jedes andere Unternehmen und sind entscheidend. Dazu gehören unter anderem folgende Fragen: Mit welchen Aufgabenbereichen möchte man sich beschäftigen? Welche Themen können

überhaupt eigenständig beurteilt werden? Wie werden Entscheidungsprozesse definiert? Sollen wesentliche Entscheidungen immer einstimmig in der Familie getroffen werden? Welche Entscheidungen sind relevant, welche nicht? Wie soll die Anreizstruktur für die Mitarbeiter gestaltet werden?

Zur Begleitung der Familie bei diesen und weiteren Fragestellungen wird häufig ein Beirat hinzugezogen. Neben der persönlichen und menschlichen Qualifikation der Beiratsmitglieder ist die Anreizgebung entscheidend. Soll ein Beirat beispielsweise bei unternehmerischen Entscheidungen mitwirken, so sollte auch die Anreizgebung unternehmerisch ausgerichtet sein.

Einige Fragen unterscheiden sich nicht von typischen unternehmerischen Fragen, 31
etwa die Frage nach dem Budget. Was soll das *Family Office* leisten und was darf es kosten? Mit welchem persönlichem Aufwand und Engagement ist es verbunden? Ist das gewollt? Im Rahmen der Entscheidungsfindung ist außerdem zu klären, welche Aufgaben und Tätigkeiten vom *Family Office* selbst ausgeführt werden sollen: „Make-or-Buy"? Denn grundsätzlich können alle Dienstleistungen auch am Markt bezogen werden. Sofern das nicht gewünscht ist, stellt sich neben der Kosten- auch die Personalfrage. Wer hat Interesse an den Aufgaben und entspricht außerdem den Anforderungen an seine Qualifikationen? Lasten die mit dem Vermögen verbundenen Themen die Mitarbeiter dauerhaft aus? Welche IT-Infrastruktur und Software wird benötigt? Es existieren verschiedene grobe Kostenschätzungen für ein *Family Office*, aber häufig wird nicht der Kostenfaktor die entscheidende Größe sein, sondern die familienspezifischen Ziele und Anforderungen.

Die Gestaltung der vorstehend skizzierten Themengebiete und die professionelle 32
Betreuung der Familie durch ein *Family Office* sind somit wichtige Elemente des langfristigen **Vermögenserhalts**.

C. Vermögensbuchhaltung und Reporting

I. Einleitung

Soll ein Vermögen professionell gesteuert werden, wird – wie in einem Unterneh- 33
men – eine Buchhaltung benötigt. Die **Vermögensbuchhaltung** bildet die Basis für das Berichtswesen, und das Berichtswesen dient der **Gesamtvermögenssteuerung**. In einer Buchhaltung werden sämtliche Geschäftsvorfälle erfasst und ausgewertet, es sollten liquide und illiquide Vermögensgegenstände erfasst und verarbeitet werden können. Analog zu einer Firmenbuchhaltung werden in einem *Family Office* Bestände, Bestandsveränderungen, Cashflow-Rechnungen, Ertrags- und Aufwandsrechnungen, Kostenrechnungen und die Performancerechnung für die Vermögensträger und anderen Adressaten aufbereitet. Die Vermögensbuchhaltung muss so aufgebaut sein, dass die individuellen Sichtweisen bzw. Erwartungen der verschiedenen Empfänger bedient werden. Dazu zählen die

Vermögensträger, der Controller, der Steuerberater und der *Family Officer*. Die Vermögensträger haben eine andere Anforderung als beispielsweise der Steuerberater. Daher muss die Buchhaltung die steuerlichen Daten einerseits erfassen und verarbeiten können, aber z.B. auch die Basis für die Performancerechnung liefern. Anhand der Performancerechnung wird gemessen, wie die Wertentwicklung des **Gesamtvermögens**, von Teilen des Vermögens oder einzelner Bestände war.

II. Vermögensbuchhaltung

34 Neben der Kapitalmarktanalyse ist die Vermögensbuchhaltung einer der wenigen Bereiche, in denen durch den Einsatz von Software Skaleneffekte erzielt werden können. Sie stellt in der Regel eine Kerndienstleistung eines Multi- oder Single *Family Offices* dar.

Anhand des Vermögensberichts werden u.a. folgende Fragen beantwortet:
- In welchen Anlagen und in welcher Höhe ist die Familie investiert? In welchen Währungen und in welcher Höhe ist die Familie investiert?
- Wie war die Wertentwicklung des **Gesamtvermögens** über Anlageklassen bis hin zur einzelnen Anlage?
- Wie war die Wertentwicklung in der Verbrauchs- und in der Fremdwährung?
- Welche Kosten und Steuern fielen an?

Falls die Familie über mehrere Rechtseinheiten oder Personen investiert, sind diese Fragen auch für jede dieser Einheiten zu beantworten.

35 Es ist aber nicht nur die Perspektive der Gesamtfamilie einzunehmen, sondern jedes Familienmitglied soll nachvollziehen können, welches Vermögen er oder sie auf sich persönlich vereint. Daher muss das Berichtswesen in der Lage sein, sämtliche Auswertungen auch für jedes einzelne Familienmitglied darzustellen, also eine Konsolidierung auf Personenebene. Dies ist typischerweise der Anteil an der Familiengesellschaft, die eigenen Immobilien und das sonstige persönliche Vermögen außerhalb der Familiengesellschaft.

36 Neben den klassischen Auswertungen dient die Buchhaltung außerdem als Basis für die Analyse und Bewertung getroffener Entscheidungen und für die Risikosteuerung. Welche Entscheidung hat zu welchem Ergebnis geführt? In welchen Anlagen ist die Familie besonders stark investiert? Spiegelt die Vermögensallokation die aktuelle Kapitalmarkteinschätzung und die Risikoumgebung wider?

37 Sofern die Kapitalmarktanalyse und die darauf auszulegende Portfolio-Konstruktion nicht in Eigenregie getroffen werden soll, kann dieser Vorgang ausgelagert werden. Der Berater sollte nach vorheriger Klärung der Risikotragfähigkeit und anderer wichtiger Parameter, wie z.B. Anlagezeithorizont, Entnahmeverhalten etc., die Allokationsentscheidungen treffen. Die Entscheidungsebenen können, wie eingangs beschrieben, in strategische, taktische und Selektionsentscheidungen unterteilt werden. Das Vermögensreporting als Mittel der **Vermögenssteuerung** sollte daher zur Beurteilung der Entscheidungen diese Ebenen abbilden können.

Auf dieser Grundlage können die Auswirkungen von Entscheidungen gemessen und ihre Qualität evaluiert werden. Bei klarer Trennung der Entscheidungsverantwortung und entsprechender Darstellung im Reporting werden Zuständigkeitsdiskussionen vermieden und die Gespräche auf die Sachentscheidungen gelenkt.

III. Absolutes und relatives Ertragsziel

Vermögende Familien formulieren häufig als Minimalziel den realen **Kapitalerhalt**. Das bedeutet, dass die Kaufkraft in der Zukunft nach Abzug der Inflationsrate genauso hoch sein soll wie heute. Dazu kommen noch Steuern und Entnahmen – durch diese Vorgaben können anspruchsvolle Ertragsziele entstehen. 38

Ein exemplarisches absolutes Ertragsziel für einen realen Kapitalerhalt könnte sich wie folgt zusammensetzen:

Inflationsannahme:	2 % p.a.
Entnahmen:	2 % p.a.
Kosten:	0,8 % p.a.
Steuern (vereinfacht ca. 30 %):	2 % p.a.
Ertragsziel:	6,8 % p.a.

Neben dem absoluten kann auch ein relatives Ertragsziel vereinbart werden. Dies kann z.B. eine Indexvorgabe sein, etwa 50 % Aktien-Welt und 50 % Renten-Welt.

Die Familie muss die Implikationen der unterschiedlichen Vorgaben kennen. Bei der absoluten Vorgabe ist das Ziel erreicht, wenn die Wertentwicklung über 6,8 % p.a. liegt. Falls allerdings die Kapitalmärkte boomen und beispielsweise um 10 % steigen, ist das für die Bewertung des eigenen Ergebnisses nicht relevant. 39

Außerdem ist zu bedenken, dass ein absolutes Ertragsziel keine Angabe über die Schwankung enthält. Es stehen aber keine Anlagen ohne Schwankung zur Verfügung, so dass nicht jedes Jahr eine absolute Hürde übertroffen werden kann. Je höher die Vorgabe ist, desto häufiger wird sie im Jahresvergleich unterschritten werden.

Das relative Ertragsziel hat den Vorteil, dass es sich auf konkrete Anlageklassen, etwa Aktien, Anleihen etc., bezieht. Es ist von Nachteil für die Familie, dass das Indexportfolio fallen kann, beispielsweise –10 %, der Verwalter mit –7 % jedoch weniger verliert und aus seiner Sicht eine relativ ordentliche Leistung erbracht hat. Es stellt sich allerdings die Frage, ob die Familie diese Einschätzung teilt, da ihr Vermögen in diesem Fall um 3 % geschrumpft ist. 40

Die Vorgabe eines relativen Ertragsziels beinhaltet wichtige Aussagen. Soll die Vorgabe beispielsweise anhand des DAX-Indexes für deutsche Aktien oder anhand eines Aktien-Welt-Indexes, z.B. *MSCI All Country World Index*, formuliert werden? Der DAX-Index beinhaltet die 30 größten deutschen börsennotierten Gesellschaften, dagegen weist *MSCI All Country World Index* über 2.400 Positionen[16] auf, und der USA-Anteil beträgt über 50 %.

Anhand dieses Beispiels wird deutlich, dass mit der Festlegung eines relativen Ertragsziels und der Vorgabe eines Indexes auch indirekt Allokationsentscheidungen vorgegeben werden. Sofern alle Beteiligten das Wissen zur Beurteilung der Entscheidungsinhalte und der Entscheidungsebenen haben, stellt dies kein Problem dar.

41 Diese Entscheidungen setzen wiederum nicht nur Kenntnisse über die Indexzusammensetzung voraus, sondern es muss letztlich auch eine vorhergehende Analyse und Bewertung der Attraktivität der Alternativanlageklassen und Anlagen durchgeführt werden. Dazu werden die oben ausgeführten Kenntnisse benötigt.

Beim absoluten Ertragsziel gilt es, ganz überwiegend nur in solche Anlagen zu investieren, die mit hoher Wahrscheinlichkeit das gesteckte Ertragsziel erreichen werden. Bei der Vorgabe des relativen Ertragsziels werden Vermögensverwalter sich schwer tun, komplett auf Anlagen zu verzichten, die unattraktiv, aber in den Vergleichsindizes enthalten sind.

42 Ein **gutes Vermögensreporting** sollte die Familie in die Lage versetzen, die richtigen Fragen an die Berater oder an das eigene *Family Office* stellen zu können, vor allem, wenn sie sich nicht tagtäglich mit den Themen beschäftigt. Das dient der erfolgreichen Vermögenssteuerung und somit dem langfristigen **Vermögenserhalt.**

16 Quelle: MSCI.com.

Stichwortverzeichnis

Fette Zahlen = §§, magere Zahlen = Randnummern, M = Muster